W0002726

BASTEI
LÜBBE

Von S. Fischer-Fabian sind bei Bastei Lübbe Taschenbücher lieferbar:

64152 Alexander der Große
60519 Lachen ohne Grenzen
61493 Karl der Große
64192 Die ersten Deutschen
64197 Die deutschen Kaiser
64204 Ritter, Tod und Teufel

Über den Autor:

S. Fischer-Fabian, in Bad Salzelmen geboren, verbrachte seine Jugend im ostpreußischen Königsberg. Er besuchte die Universitäten Heidelberg und Berlin, wo er nach dem Studium der Geschichte, der Germanistik und der Kunstgeschichte promovierte. Er lebt heute am Starnberger See.
Mit seinen historischen Sachbüchern *Die ersten Deutschen, Preußens Krieg und Frieden, Herrliche Zeiten, Die Macht des Gewissens, Lachen ohne Grenzen. Der Humor der Europäer* und mit der Columbus-Biographie *Um Gott und Gold,* die alle Bestseller wurden, eroberte er sich weit über die Grenzen Deutschlands hinaus ein großes Publikum.

S. FISCHER-FABIAN

Herrliche Zeiten

DIE DEUTSCHEN UND IHR KAISERREICH

BASTEI LÜBBE TASCHENBUCH
Band 64206

1. Auflage: März 2005

Vollständige Taschenbuchausgabe

Bastei Lübbe Taschenbücher ist ein Imprint
der Verlagsgruppe Lübbe

Das Buch erschien 1986 erstmals bei
Droemersche Verlagsanstalt Th. Knaur Nachf., München.
Titelbild: akg.images
Einbandgestaltung: Tanja Østlyngen
Satz: Textverarbeitung Garbe, Köln
Druck und Verarbeitung: Ebner & Spiegel, Ulm
Printed in Germany
ISBN 3-404-64206-6

Sie finden uns im Internet unter
www.luebbe.de

Der Preis dieses Bandes versteht sich einschließlich
der gesetzlichen Mehrwertsteuer.

Inhalt

Ein Wort zuvor

Niemand kennt des Lebens ganze Süße, dem die Zeiten des Ancien regime nicht zuteil geworden sind, hat der Herzog von Talleyrand gesagt. Vom Großvater (des Verfassers) stammt das Wort, wonach niemand weiß, wie gut es sich in Deutschland leben ließ, wer die Kaiserzeit nicht kennengelernt hat.

Für viele unserer Väter, Großväter und Urgroßväter ist es die gute alte Zeit gewesen. Sie erschien ihnen mit ihren dreiundvierzig Jahren tiefen Friedens glücklicher als alles, was nach ihr gekommen ist. Nostalgie, wie man sich angewöhnt hat, das Heimweh nach der Vergangenheit zu nennen, schwingt auch mit bei diesen Gedanken; aber es ist nicht nur Nostalgie.

Die Welt von damals war keine heile Welt. Es gab zu viele Menschen, die im Dunkeln lebten, und zu wenige im Licht; zu kraß war der Unterschied zwischen arm und reich, zwischen hoch und niedrig. Die Wilhelminische Epoche trägt deshalb ein Janushaupt, mit dem Gesicht des Glanzes und dem des Elends. Wer sie, wie manche Historiker, einseitig aus unserem heutigen Blickwinkel sieht, dem wird nur das Elendsgesicht aufscheinen. Der Engländer Michael Balfour stellte seiner Biographie über Kaiser Wilhelm II. die Worte voran: »Wir sollten es uns überlegen, ob wir frühere Generationen nach Kriterien beurteilen dürfen, um deren Verwirklichung wir heute noch kämpfen.«

War die Welt von gestern auch nicht gerade »heil«, so war sie doch auf ihre Weise wohlgefügt. Stefan Zweig hat von einem Goldenen Zeitalter der Sicherheit gesprochen, in dem die Rechte des einzelnen verbrieft waren und seine Pflichten vorgeschrieben; in der jeder wußte, was ihm erlaubt war und was ihm verboten, wieviel er besitzen durfte und was ihm nicht zukam. Gewiß, die gesellschaftliche Hierarchie zwängte die Menschen ein in Kasten, trennte sie nach Herkunft und Geburt, nach Verdienst und Verdienen, nach Bildung und Ausbildung, aber sie vermittelte auch Sicherheit. Man wußte, wer man war, wohin man gehörte, und nur wenige gelüstete es, in »anderen Kreisen« zu verkehren.

Wer in den Erinnerungen aus jenen Tagen blättert, in den Memoirenwerken der Berühmten und den Tagebüchern der gänzlich Unbekannten, wird immer wieder auf die Schilderung der einfachen Tugenden stoßen, auf die der Bescheidenheit und des Sichbescheidens, des Sichfreuenkönnens, der Hilfsbereitschaft und des Anstands. Auffällig sind der Lebensmut und der Hoffnungsglaube gerade der einfachen Menschen. »Der Baum, den ich gestern im Garten gepflanzt habe«, sagte der Großvater (des Verfassers) zu seinem Sohn, »der wird noch deinen Enkeln Schatten spenden.« Dieser geradezu phänomenale Optimismus, eine heute weitgehend ausgestorbene Lebenshaltung, kam nicht von ungefähr.

Der allgemeine Aufschwung in den achtziger und neunziger Jahren des 19. Jahrhunderts, der das vielgerühmte Wirtschaftswunder nach dem Zweiten Weltkrieg bei weitem übertraf, ist nicht nur den Adligen, den Industriellen, den Besitzbürgern zugute gekommen, auch die Handwerker, die Bauern, die Arbeiter haben davon profitiert. Ihr Fleiß und ihre Geschicklichkeit hatten das Gütezeichen *Made in Germany* geschaffen, ein Signum, das von den Engländern ursprünglich dazu bestimmt war, die Qualität deutscher Produkte herabzusetzen. Der Export vervielfachte sich, die Produktion wuchs, die Spareinlagen stiegen, das gesamte Volksvermögen übertraf das der Franzosen und der Engländer, der allgemeine Lebensstandard begann sich merklich zu heben.

Das Leben war leichter geworden durch die neuen Errungenschaften der Technik: in vielen Wohnungen gab es fließendes Wasser, elektrischen Strom zur Beleuchtung, Gas zum Kochen. Die medizinische Forschung machte die Schreckenswörter *Diphtherie, Tuberkulose* und *Typhus* beinahe zu Fremdwörtern, die Chemie wurde zur hilfreichsten Wissenschaft für die Menschen. Kaum ein Tag verging ohne ein D.R.P., ein Deutsches Reichspatent, und niemand errang so viele Nobelpreise wie die Deutschen. Huttens Wort, wonach es eine Lust sei zu leben, galt noch nicht für alle, aber alle glaubten, daß es eines Tages für sie gelten *würde*.

Und Kaiser Wilhelm II., der dieser Zeit den Namen gab? Der Kaiser war an allem schuld – das zu behaupten, war bequem geworden in den Jahrzehnten nach dem Ersten Weltkrieg. Jene, die seine Gunst genossen hatten, und die, die ihrer Karriere wegen zu allem geschwiegen, entlasteten sich, indem sie ihn belasteten. Niederlagen brauchen ihre Schuldigen, und nur Siege haben viele Väter. Der Kaiser trug seinen Teil der Verantwortung dafür, daß die von ihm prophezeiten »herrlichen Zeiten« in Blut und Tränen endeten; er hatte häufig genug betont, daß Er die Politik führe, daß Sein Kurs der richtige sei, daß Ihm allein gehorcht werden müsse. Wenn man von Schuld sprechen will, dann jedoch nur von der »Schuld« eines dynastischen Gesetzes, das den Erstgeborenen Aufgaben zu überantworten pflegte, denen sie nur sehr selten gewachsen waren.

Das Interesse an Kaiser Wilhelm II. ist wach geblieben über die Jahrzehnte hinaus. Nicht nur in Deutschland, auch in anderen Ländern, in Amerika und England war es, wie zahlreiche Biographien beweisen, besonders stark. Persönliches Regiment, Kamarilla, Byzantinismus, Kraftmeierei heißen die Schlagwörter eines Reizthemas, dem wir Deutschen uns nie mit Gelassenheit zu nähern vermochten. Unsere Urteile bewegten sich zwischen »Hosianna« und »Kreuziget ihn«. Meinungen, die sich so extrem nur bilden können angesichts einer Schicksalsgestalt.

In der Epoche zwischen 1871 und 1914, zwischen der Gründung des Deutschen Reiches und dem Anfang von seinem Ende, ist vieles von dem entstanden, was unser Leben noch heute ausmacht: auf dem Gebiet der Wirtschaft, der Technik, der Wissenschaften, der Künste und des Rechts. Gründe genug, sich mit dieser Zeit zu beschäftigen. Denn wir alle sind Enkel. Ob man aus der Geschichte lernen kann, oder ob sie nichts anderes ist als die ewige Wiederholung der gleichen Fehler, die Antworten auf diese Frage bleiben umstritten. Unbestreitbar aber bleibt die Tatsache, daß wir unsere Vergangenheit kennen müssen, wenn wir die Gegenwart verstehen und die Zukunft meistern wollen ...

I Bismarck sichert das Reich

Ein Prinz wird geboren

Die Hebamme hieß Fräulein Stahl.

Sie nahm das neugeborene Kind, das leblos schien und keinen Laut von sich gab, schlug es mit der flachen Hand und schüttelte es so lange, bis es zu schreien begann. Die achtzehnjährige Mutter lag in tiefer Ohnmacht, die Geburt war kompliziert gewesen, der Arzt hatte die Zange ansetzen müssen, und niemand hätte sagen können, ob die Gebärende überleben würde.

Doch nun schien es geschafft. Erleichterung machte sich breit bei Arzt, Hebamme, Wartefrau – und bei dem Vater des Kindes. Der im Vorzimmer des Kronprinzenpalais wartende General Wrangel stürzte an eines der großen, auf die »Linden« hinausführenden Fenster, zerschlug, da es sich nicht gleich öffnen ließ, die Scheibe und rief der wartenden Menge zu: »Kinder, es ist ein Prinz und ein strammer Rekrut dazu!« Über die Dächer Berlins rollte die erste Salve des Saluts, der bei einem Knaben hundertundeinen Kanonenschuß vorsah. Man schrieb den 27. Januar 1859.

Ein Prinz war Friedrich Wilhelm Viktor Albert von Preußen, wie man ihn taufte, zweifelsohne, aber an einem strammen Rekruten fehlte es. Drei Tage nach der Geburt entdeckte man, daß das Kind mit seinem linken Arm merkwürdig unbeholfene Bewegungen machte. Die Ärzte stellten fest, der Arm war aus dem Schultergelenk gerissen, die umgebenden Muskelpartien so beschädigt, *daß niemand den Versuch wagte, den Knochen wieder einzurenken*. Mit der ärztlichen Kunst schien man hier am Ende.

Der Prinz, den Europa unter dem Namen Wilhelm, als Kaiser Wilhelm II., kennenlernen sollte, konnte den Arm in seinem ganzen Leben nie so gebrauchen wie ein gesunder Mensch. Er blieb zu kurz, und die Hand, obgleich wohlgeformt, war zu klein, sie reichte knapp bis zur Jackettasche, worin Wilhelm sie in der Regel verbarg. Seine Kleidung war entsprechend geschnitten. Sogar der linke Ärmel seines Nachthemds war kürzer (was vor Jahren anhand eines seiner Hemden in einem Berliner Museum anschaulich gemacht wurde). Bei Tisch benutzte er, sofern er sich das Fleisch nicht vorschneiden ließ, eine raffinierte Kombination aus Messer und Gabel.

Die Ärzte unternahmen alle Anstrengungen, Hand und Arm zu normalisieren, und unterwarfen den jungen Prinzen wahren Torturen: Massagen, Elektroschocks, Armschienen, Klammern, das Tragen orthopädischer Schuhe. Als ein besonders teuflisches Folterinstrument erwies sich ein aus Stangen, Schienen und Gurten bestehendes Korsett, das die Nackenmuskulatur strecken sollte. Wenn der zum Anlegen des Apparats abkommandierte Unteroffizier das Zimmer betrat, fing Wilhelm an zu beten.

Doch keines der Mittel half, auch nicht der ständige Appell, er sei schließlich ein Hohenzoller und möge sich zusammenreißen. Er versuchte es, doch nicht nur der linke Arm war geschädigt, die ganze linke Körperseite schien anomal: er litt unter Schmerzen im Ohr, Irritationen im Bein und Gleichgewichtsstörungen. Aber er sollte doch einmal König von Preußen werden! Wer eingewendet hätte, das könne man auch mit *einem* Arm, wäre auf Kopfschütteln gestoßen. Zur Erziehung eines Prinzen gehörte die soldatische Ausbildung. Exerzieren also, Fechten, Reiten, Schießen. Ohne Soldat gewesen zu sein, ohne Uniform und ohne Rang war der Angehörige einer Dynastie undenkbar und ein Thronfolger erst recht.

Wilhelm erwies sich jedoch von erstaunlicher Energie, überwand alle Handicaps, lernte es, mit einem Arm das Gewehr zu halten, das Segel, das Ruder, das Tennis-Racket – und die Zügel. Die Kunst des Reitens allerdings erwarb er sich unter Qualen: Immer wieder von seinem Pony herunterfallend, immer wieder von seinem Erzieher hinaufgesetzt, gewann er erst nach monatelanger Quälerei das notwendige Gleichgewicht, beherrschte aber später sein Pferd wie ein altgedienter Kavallerist. »… bitter hart war der Unterricht«, schrieb er sich erinnernd, »und mein Bruder Heinrich hat oft aufgeheult vor Schmerz, wenn er das Martyrium meiner Jugend mit ansehen mußte.«

Wenn das Martyrium allzu groß wurde, erzählte ihm der Vater von jener uralten Weissagung eines Zisterziensermönches aus dem brandenburgischen Kloster Lehnin, wonach das Reich der Deutschen unter einem einarmigen Kaiser seiner größten Macht entgegengehe. Es ist nicht überliefert, ob er ihm auch den Spruch der *Schlesischen Sibylle* mitteilte, in dem es hieß, der Hohenzollern Herrlichkeit werde nach 500 Jahren enden (was sich dann in etwa als richtig erweisen sollte).

Die Kraftmeierei des nachmaligen deutschen Kaisers, seine Redseligkeit, sein allzu forsches Auftreten in der Öffentlichkeit hat das in die Psychologie verliebte 20. Jahrhundert als Kompensation von Minderwertigkeitskomplexen gedeutet, die durch körperliche Mängel entstehen. Schon Gracian hatte geschrieben, daß viele ihre Gebrechen überspielen, indem sie sie in Zierden zu verwandeln suchen – »… in der Art, wie Cäsar sein kahles Haupt mit dem Lorbeerkranz zu schmücken wußte«. Kompensation kann man gewiß als einen Grund für Wilhelms Haltung und Gehabe ansehen, aber eben nur als *einen*; Milieu, Erziehung, Erbmasse spielen eine nicht minder große Rolle. Sonst müßte jeder mit einem körperlichen Makel Geborene zu ähnlichem Ausgleich erlebter

Minderwertigkeit neigen, sprich zur Perversion charakterlicher Anlagen.

Zurück ins Jahr der Geburt des Prinzen, 1859. In diesem Jahr führte Garibaldi seinen Befreiungskrieg, komponierte Wagner seine Oper »Tristan und Isolde«, starb Wilhelm Grimm, dem wir zusammen mit seinem Bruder Jacob die Grimmschen Märchen verdanken, malte Menzel, schrieb Darwin »Die Entstehung der Arten durch natürliche Zuchtwahl«, kam Dunant auf dem Schlachtfeld von Solferino die Idee zum Roten Kreuz, arbeitete Karl Marx an seinem epochemachenden Werk »Das Kapital«, wurde Sigmund Freud drei Jahre alt – machte man den preußischen Gesandten am Frankfurter Bundestag, Otto von Bismarck, zum Botschafter in Petersburg.

Kaltgestellt an der Newa, wie Bismarck schrieb, damit den deutschen Wortschatz um einen neuen Begriff anreichernd, wartete er grollend auf seine Stunde, von Hypochondrien geplagt, auch von wirklichen Krankheiten, wie jener von der Bärenjagd herrührenden Beinverletzung. Ein Kurpfuscher hatte sie derart verarztet, daß Bismarck ein Testament machte und seinem Ende mit jener Bereitwilligkeit entgegensah, zu der unerträgliche Schmerzen verleiten.

Am liebsten plauderte er bei Hofe, wenn er nicht mit Alexander II. oder seinem Kanzler Gortschakow politische Gespräche führte, mit der Zarenwitwe Charlotte, die mit ihrer Anmut und ihrer Würde eindrucksvoll an die unvergessene Mutter, die Königin Luise von Preußen, erinnerte.

Bismarcks Schilderung seiner Petersburger Tage gehört mit ihrem sarkastischen Humor zum Köstlichsten in seinen »Gedanken und Erinnerungen«. So, wenn er die mit schöner Herzlichkeit verbrämte Korruption schildert, die treuherzige Bespitzelung durch die Dienerschaft, die mit rührender Selbstverständlichkeit vorgenommene Verletzung des Briefgeheimnisses, die an Verschwendungssucht grenzende Gastfreundschaft und, absoluter Höhepunkt, den Wachposten im Sommergarten, von dem niemand zu sagen weiß, warum er dort steht, bis sich ein Veteran meldet und bekundet: »Die Zarin Katharina [gestorben 1796!] hat an der Stelle einmal ungewöhnlich früh im Jahre ein Schneeglöckchen wahrgenommen und befohlen, man solle durch einen Posten dafür sorgen, daß es nicht abgepflückt werde.«

Im Frühjahr 1862 ging das Petersburger Zwischenspiel zu Ende. Der Weg führte den Gesandten Bismarck nach Berlin, allerdings noch nicht ins Amt des preußischen Ministerpräsidenten in der Wilhelmstraße.

Ein weiteres Intermezzo folgte: das des Gesandten in Paris. Es war dies ein Posten, den er mehr mit Warten verbrachte als mit Arbeiten, bald resignierend, denn was waren schon *Macht und Ehre vor Gott anders als Ameisenhaufen, die der Huf eines Ochsen zertritt*, bald *bereitwillig, aber nicht mutwillig*, den Unternehmungsgeist jenes Tieres in sich spürend, *welches auf dem Eis tanzen geht, wenn es ihm zu wohl ist*.

Am 18. September dann das erlösende Telegramm des Kriegsministers Roon »Periculum in mora. Dépêchez-vous. – Verzug bringt Gefahr. Beeilen Sie sich.« Vier Tage später stand Bismarck im Schloß Babelsberg vor seinem König, der, dem Kampf zwischen Krone und Parlament nicht gewachsen, mit dem Gedanken spielte abzudanken. Bismarck packte ihn in einer dramatischen Unterredung bei seiner Offiziersehre und versicherte, lieber mit seinem König, wie ein kurbrandenburgischer Lehnsmann, unterzugehen, als ihn im Kampf mit der Parlamentsherrschaft im Stich zu lassen. Nach der Ernennung zum Ministerpräsidenten und zum Minister des Äußeren bekannte er im stillen Kämmerlein: »Wenn die Demokraten wüßten, wie ich zittere und bebe vor der Größe meiner Aufgabe …« und empfahl seiner Frau Johanna, sich in Gottes Fügung zu schicken.

In einer seiner großen Reden versuchte Bismarck den Abgeordneten seine Überzeugung nahezubringen, daß, wenn Krone und Parlament sich nicht zu einigen vermochten, die Macht des Königs diese »Lücke« füllen müsse. Am Schluß sagte er: »Es ist ein eigentümlicher Zufall, daß die Beratung ... gerade zusammenfällt mit dem heutigen Geburtstag des jüngsten mutmaßlichen Thronerben. In diesem Zusammentreffen, meine Herren, sehen wir eine verdoppelte Aufforderung, fest für die Rechte des Königtums, fest für die Rechte der Nachfolger Seiner Majestät einzustehen.«

Die Braut aus England ...

Vier Jahre alt war Prinz Wilhelm an diesem Tag geworden, zu jung, um die auf ihn gemünzten Worte zu verstehen, doch als er Kronprinz geworden war, verstand er sie allzu gut. Von den zitierten *Rechten des Königtums*, die Bismarck in dieser Form praktisch begründet hatte, die er immer wieder untermauerte, auf die er sich stets bei unpopulären Maßnahmen berief (der »wirkliche faktische Ministerpräsident in Preußen ist der König«), machte Wilhelm später so folgenschwer Gebrauch, wie der Kanzler es nie hätte erahnen können.

1866, als Bismarck die deutsche Frage durch Eisen und Blut zu entscheiden sich anschickte, war Wilhelm sieben Jahre alt und las mit glühenden Wangen von der Schlacht bei Königgrätz, wo der Generalstabschef Moltke durch sein Fernglas sah und der auf dem Feldherrnhügel in zehrender Ungeduld harrenden königlichen Suite verkündete: »Die Armee Seiner Königlichen Hoheit des Kronprinzen greift ein. Die Bataille ist entschieden ...«

Der Kronprinz Friedrich Wilhelm – das war der Vater des Siebenjährigen – war ein Held, und der König Wilhelm war sein Großvater und ein noch größerer Held, und der gewaltige Kanzler diente ihnen, und die Geschichte seines Vaterlands, die war nichts anderes als die Geschichte seiner Familie, und das Volk jubelte ihr zu, und der liebe Gott segnete sie, denn er war ihr Alliierter, und er half den Hohenzollern fünf Jahre später, den mächtigen Kaiser Napoleon gefangenzunehmen und Frankreich, den Erbfeind, in den Staub zu strecken. Und der Zwölfjährige, angetan mit der Uniform des Ersten Garderegiments und den Rangabzeichen eines Leutnants, ritt auf seinem Pony die Siegesparade durch das Brandenburger Tor mit, die »Linden« entlang, und anderntags las er in der Zeitung, daß aus seiner jugendfrischen Gestalt die Verheißung dessen spräche, was der Kaiser übernommen, was er geschaffen hätte, und daß mit jedem weiteren Jahr die Augen der Welt erwartungsvoller auf ihm ruhten.

Ja, das Leben konnte schön sein und die Zukunft rosig, so rosig, daß sogar der schreckliche Dr. Hinzpeter mit seinen spartanisch-barbarischen Erziehungsmethoden erträglich schien. Dieser trockene, düstere Mensch, der nie lachte, nie lobte, sein tägliches Zwölf-Stunden-Programm erbarmungslos durchpaukte, vergaß nie, Calvinist, der er war, darauf hinzuweisen, daß der Mensch nur dann von der Erbsünde zu erlösen und den Auserwählten zuzurechnen sei, wenn er arbeite, arbeite, arbeite. Hinzpeter praktizierte Erziehungsmethoden, die schon deshalb erfolglos bleiben mußten, weil der Lehrer seinen Schüler nicht liebte. Der freudlose Mann mit der dürren Figur und dem pergamentenen Gesicht mochte noch nicht einmal sich selbst.

Liebeleer war auch Wilhelms Verhältnis zur Mutter, einer Tochter der Königin Victoria, nach der ein ganzes englisches Zeitalter, das Viktorianische, benannt wurde. Vicky, wie man sie rief, gehörte zu jenen Frauen, die jedermann in ihrer Umgebung zu erziehen versuchen, die Erziehung der eigenen Kinder aber vernachlässigen. Ihre Interessen waren zu mannigfaltig, und neben der Beschäftigung mit Mathematik, Chemie,

Medizin, Bergbau, Metallurgie, Religion, Gartenbau, Baukunst, neben der Fürsorge für Hospitäler und Heime für gefallene Mädchen, der Tätigkeit als Malerin, Pianistin, neben der Lektüre politischer Zeitschriften und der klassischen Literatur blieb eben wenig Zeit für die Kinder. Diese Vernachlässigung, einmal erkannt, führte dann zur Übererziehung, was im allgemeinen noch schädlicher ist.

Die lebenskluge Queen faßte diese Erkenntnis in die Worte: »Ich bin überzeugt, daß ihr über euren guten Jungen mit großer Gewissenhaftigkeit wacht, doch denke ich oft, daß zu große Sorgfalt, zu viel Überwachung die Gefahren geradezu heraufbeschwören, die man zu vermeiden trachtet.« Und Vickys Vater Albert, ein Deutscher aus dem Hause Sachsen-Coburg-Gotha, glaubte, in Anspielung auf den verkrüppelten Arm des Enkels, mahnen zu müssen: »Du darfst Deinen Sohn nicht schamhaft verstecken, so wie Du Deine Zeichnungen in der Zeichenmappe versteckt hast.«

Viktoria, als älteste Tochter des britischen Königspaares »Princess Royal« und nun preußische Kronprinzessin, war nicht nur eine energische Mutter, sondern auch eine alles bestimmende Ehefrau, und die Chancen Wilhelms waren gering, wenn er nach Art der Kinder sich beim Vater zu holen versuchte, was ihm die Mutter verweigerte: wenn nicht Liebe, so doch Gerechtigkeit. Das ersehnte Machtwort blieb meist aus, der Held von Königgrätz erwies sich zu Hause als ein Held des Pantoffels, nannte seine Gemahlin »Frauchen« und nahm sich kaum Zeit für seine Kinder. Die Mahnung der Londoner Schwiegermutter, man möge den Erstgeborenen nicht mit jenem schrecklichen preußischen Hochmut und Ehrgeiz erziehen, war überflüssig, weil der Vater sich um die Erziehung nur kümmerte, wenn es darum ging, die Einhaltung des Hinzpeterschen Stundenplans zu gewährleisten.

Die Queen war wohl die einzige, die dem Buben aus Potsdam wirkliche Liebe entgegenbrachte. Dabei hatte sie wenig

Grund dazu, denn Wilhelm benahm sich bei seinen Besuchen in England wie ein kleiner Wilder. Englische Historiker, für die kleinen Dinge am Rande des historischen Geschehens sich nie zu schade, berichten mit Behagen, wie er als Fünfjähriger die Beherrscherin eines Weltreichs mit »Hallo, old duck« begrüßte, bei der Hochzeit des Prince of Wales in der St. Georg-Kapelle von Schloß Windsor aus dem ihm verliehenen Ehrendolch die Edelsteine herauspolkte, sie wie Murmeln über den Boden rollte, den ihn zur Ordnung rufenden Prinzen Arthur ins Bein biß und auf der Rückfahrt den kostbaren Muff seiner königlich-britischen Tanten aus dem Kutschfenster warf.

Queen Victoria nannte ihren Enkel daraufhin einen geradezu unglaublich pöbelhaften, absurden, unfairen Knaben, war aber rasch wieder versöhnt und schenkte ihm zum Abschied ein goldenes Fünfpfundstück. Wilhelm trug es noch als alter Herr in seiner Rocktasche, als Glücksbringer. Glück allerdings hat es ihm nicht gebracht.

»Die Königin ist von Anfang an voll besonderer Güte gewesen«, schrieb Wilhelm später in seinem Buch *Aus meinem Leben*, »eine rechte Großmutter, und dieses innige Verhältnis hat bis zu ihrem Tode keine Trübung erfahren. Ich habe an denselben Plätzen und mit demselben Spielzeug spielen dürfen wie einstmals meine englischen Onkel und Tanten, als sie im selben Alter waren. So durften wir in der entzückenden Miniatur-Milchwirtschaft mit voll eingerichteter Kinderküche, die sich im Park von Windsor bei Frogmore befand, selbst Butter und Käse herstellen und Tee trinken. In Osborne durfte ich mit alten eisernen Kanonen auf einer Modellschanze spielen, die früher meinen Onkeln, als sie noch Knaben waren, als Spielzeug gedient hatte.«

Den Arm schien die Queen nicht zu bemerken, so wenig übrigens wie Wilhelm selbst auch. Es war ihr unverständlich, daß ihre Tochter nicht darüber hinwegkam und einmal in einem Brief geschrieben hatte, daß Willy ein sehr hübscher Junge sein würde, »hätte er nicht unglücklicherweise diesen lahmen Arm, der sich mehr und mehr bemerkbar macht, seinen Gesichtsausdruck in Mitleidenschaft zieht, seine Haltung, seinen Gang und seine Figur verändert, alle seine Bewegungen linkisch macht und ihm ein Gefühl der Unsicherheit gibt, da er sich seiner vollkommenen Abhängigkeit bewußt ist, weil er nichts ohne Hilfe tun kann. Dies bedeutet eine große Schwierigkeit für seine Erziehung und ist nicht ohne Einfluß auf seinen Charakter. Für mich ist es eine unerschöpfliche Quelle der Sorge!«

Queen Victoria liebte ihre Vicky. Es brach ihr fast das Herz, als das junge Paar nach der Hochzeit die königliche Jacht bestieg, die Themsefischer dem Bräutigam Friedrich Wilhelm zuriefen: »Be true to her!«, »Keep her well!« und das Schiff langsam im Nebel verschwand. Sie war jedoch nicht blind gegen Vickys Fehler, wußte, daß es ihr an gesundem Menschenverstand fehlte, sie *very clever but not wise* war, was sich besonders im mangelhaften Taktgefühl ausdrückte. Takt und Einfühlungsvermögen aber waren die Tugenden, die man von einer Fremden erwartete: in einem Staat, dessen Bewohner – wie alle Emporkömmlinge ihrer selbst noch unsicher – empfindlich reagierten, wenn man ihre Gebräuche und Institutionen bekrittelte.

Die Braut aus England fand reichlich Gelegenheit zur Kritik. Da war das düstere alte Berliner Schloß mit den seit Ewigkeiten nicht bewohnten riesigen Räumen, die schlecht zu heizen waren, zugig, mit schweren Möbeln verbaut, die ohne königliche Erlaubnis nicht umgestellt werden durften. Öffnete die Prinzessin die Türen abgelegener Zimmer, flatterten ihr Fledermäuse entgegen, und die Diener erzählten schaudernd von der Weißen Frau, die hier umgehe. Jeder Tropfen Wasser für Küche und Bad mußte von Soldaten herbeigeschleppt werden, Toiletten mit Wasserspülung waren unbekannt. Die Lakaien zeigten sich impertinent, die Hofetikette war verzopft.

Ihren neuen Landsleuten blieb Vickys »Besserwisserei« nicht verborgen, und sie lehnten ihrerseits das *englische Gewese* ab, mißbilligten ihre Vorliebe für britische Kinderfrauen, britische Ärzte, britische Erziehungsmethoden, fanden ihre mannigfaltigen Interessen unweiblich und ihre politischen Aktivitäten extravagant. Den Frauen war das Reich der Kinder, der Küche und der Kirche zugewiesen, ansonsten galt für sie der Bibelspruch aus den Korintherbriefen »Mulier taceat in ecclesia – Die Frau schweige in der Gemeinde«.

... und ein Bräutigam aus Potsdam

Viktoria aber schwieg nicht. »In Birmingham gibt es mehr Silbergeschirr als in ganz Preußen«, sagte sie, auf das ihr zur Verfügung gestellte Tafelsilber verweisend. Einen englischen Diplomaten, dem der Wind den Hut entführt hatte, bedauerte sie mit den Worten: »Und in einem solchen Land können Sie sich noch nicht einmal einen neuen kaufen.« Richard Wagners Musik war ihr ein Greuel, Schillers Ode an die Freude fand sie furchtbar übertrieben, und die ganze Hofgesellschaft sei derart provinziell, daß ihr das Mark in den Knochen gefriere. Da sie stets laut zu denken pflegte und ihre Meinung meist in der Form eines Vergleichs zwischen England und Preußen-Deutschland kundtat, wobei das Gastland regelmäßig schlecht abschnitt, blieb ihr Freundeskreis klein.

In allem schien sie das Bismarcksche Vorurteil zu bestätigen, wonach eine englische Prinzessin, als Gattungsbegriff betrachtet, eine der schlechtesten Partien Europas sei. Auch ihr gelang es nicht, ihre Herkunft zu vergessen und eine Preußin zu werden. Auf ihre Art war sie gewiß darum bemüht, schon ihres Mannes wegen, den sie sehr liebte, doch ihr Unterbewußtsein wehrte sich dagegen: glaubte sie doch, eine Mission erfüllen zu müssen.

Ihr Vater hatte sie damit betraut, jener Prinzgemahl Albert aus dem Coburger Hause, deutscher Herkunft also, und nur ein Deutscher konnte es so gut meinen und so weit die Wirklichkeit verkennen. Seiner Tochter war nichts Geringeres aufgetragen, als Preußen, war sie einmal Herrscherin, auf den Weg einer konstitutionellen Monarchie à la Great Britain zu bringen, und die notwendige Einigung Deutschlands unter das Zeichen des demokratischen Liberalismus zu stellen, auf daß ein solcherart geeintes Deutschland zusammen mit dem stammverwandten England der Welt *law and order* sowie *peace and freedom* schenke.

Er hatte sie für diese Rolle, die sie auf der Bühne der Weltgeschichte spielen sollte, sorgfältig vorbereitet, sie jeden Abend zwischen sechs und sieben Uhr zu einer Art Generalverhör empfangen, sie Aufsätze über römische und deutsche Geschichte schreiben lassen und sie mit den speziellen politischen Problemen Preußens vertraut gemacht. Eine von ihr verfaßte Denkschrift über staatsrechtliche Ministerverantwortung gegenüber dem Parlament überzeugte ihn, und er glaubte, daß sie jeden anderen gesunder Logik zugänglichen Menschen ebenfalls überzeugen würde.

Ihr liberales Gedankengut mußte Friedrich Wilhelm und Viktoria mit jenen in Konflikt bringen, die einen beherrschenden Einfluß auf die Geschicke Preußens ausübten: mit den Junkern und Militärs. Sie waren optimistisch genug zu glauben, daß sie diesen Konflikt zu ihren Gunsten entscheiden würden. Der Liberalismus hatte in ganz Europa seine hohe Zeit. Das gebildete Bürgertum und Teile des niederen Adels, die ihn in Preußen trugen, waren nicht zu unterschätzen und hatten das Übergewicht im Abgeordnetenhaus. Bismarcks ganzer Zorn galt während des wegen der Heeresreform entstandenen Verfassungskonflikts den gegen ihn opponierenden Liberalen. Er ging mit äußerster Rigorosität vor, »disziplinierte« das weitgehend liberale Beamtentum, zum

Beispiel durch Strafversetzungen, Herabstufungen und Beförderungsstopps, und erließ 1863 eine *Preßordonnanz*, mit deren Hilfe sich mißliebige Blätter mundtot machen ließen. Schließlich löste er das Abgeordnetenhaus auf.

Friedrich Wilhelm und Viktoria hatten sich geschworen, niemals zu schweigen, wenn gegen die Verfassung verstoßen werden sollte, und die Preßordonnanz war ein Verstoß. Schweigen hätte hier Zustimmung bedeutet, und die energische, aktivere Vicky tat alles, was sie konnte, um ihren Fritz zum Handeln zu bewegen. Anläßlich der Taufe des Kriegsschiffs »Vineta« in Danzig beklagte er in seiner Rede, daß er zu einer Zeit in diese schöne Stadt habe kommen müssen, in der zwischen Regierung und Volk ein Zerwürfnis eingetreten sei. »Ich habe von der Verordnung, die dazu führte, nichts gewußt. Ich war abwesend. Ich habe keinen Teil an den Ratschlägen gehabt, die dazu geführt …«

Die Wirkung der Danziger Rede war explosiv: die Liberalen jubelten, aus England trafen Glückwünsche ein, aus Frankreich Sympathiekundgebungen, König Wilhelm aber, obwohl über die rigorosen Bismarckschen Maßnahmen nicht glücklich, sah in den Worten des Sohnes, wenn nicht Hochverrat wie beispielsweise Wrangel, so doch Treulosigkeit und verlangte, daß er seine Äußerungen richtigstelle und sich entschuldige. Friedrich Wilhelm antwortete seinem ganzen Wesen gemäß mit Anstand und Noblesse.

»Meine Worte waren nicht unüberlegt«, schrieb er an den König. »Ich war schon längst meinem Gewissen und meiner Stellung schuldig, mich zu der Meinung zu bekennen, deren Wahrheit ich täglich deutlicher fühle. Nur die Hoffnung, doch den Widerspruch gegen Dich vermeiden zu können, beschwichtigte meine innere Stimme. Nun aber hat das Ministerium, mich völlig ignorierend, Beschlüsse gefaßt, die meine und meiner Kinder Zukunft gefährden. Ich werde mit demselben Mute für meine Überzeugung einstehen, wie Du für die Deinige. Ich kann deshalb nichts zurücknehmen, werde aber schweigen.«

Von Viktoria getrieben, raffte er sich noch zu einem Brief an Bismarck auf, in dem er darlegte, daß es zu den Prinzipien einer jeden Regierung gehöre, Gesetz und Verfassung loyal zu handhaben und einem leicht zu führenden, intelligenten und tüchtigen Volk wie dem preußischen mit Achtung und Wohlwollen zu begegnen. Er schloß mit dem Satz: »Sie werden an der Verfassung so lange herumdeuteln, bis sie in den Augen des Volkes jeden Wert verliert ... Ich betrachte diejenigen, welche den König in solche Bahnen leiten, als die gefährlichsten Ratgeber für Krone und Land.«

Starke Worte, hinter denen jedoch keine Stärke stand. Friedrich Wilhelm besaß viele preußische Tugenden, bis auf eine: die Kampfbereitschaft, den Willen, sich durchzusetzen. Sein Angebot zu schweigen wurde vom König dahingehend ausgelegt, daß er sich in Zukunft gar nicht mehr in die Politik einmischen würde. Er war, wie die energische Viktoria bald erkannt hatte, *despondent by nature*, von Natur aus kleinmütig.

Das hatte sich besonders gezeigt, als sich ihm die Gelegenheit bot, den Zipfel des Mantels Gottes zu erfassen und festzuhalten, wie Bismarck so etwas auszudrücken pflegte. Das war im Jahre 1862 gewesen, als König Wilhelm, vom Verfassungskonflikt zermürbt, seine Abdankungsurkunde entworfen hatte, die bekanntgeben sollte, daß ihm kein anderer Ausweg bliebe, als auf die Ausübung der königlichen Rechte zu verzichten und *dieselben dem recht- und gesetzmäßigen Nachfolger zu übergeben*. Ein einziges kleines »Ich bin bereit« hätte Friedrich Wilhelm zum König gemacht und ihm die historische Chance geboten, Preußen nach seinen liberalen Grundsätzen zu regieren, Deutschland mit Hilfe *moralischer Eroberungen* zu einigen und zusammen mit England den europäischen Frieden zu gewährleisten und damit die Vision des Prinzen Albert zu erfüllen.

Selbst Viktorias Drängen, *das Opfer anzunehmen* – »Sonst, Fritz, wirst du es einst bereuen« –, konnte ihn nicht zum Handeln bewegen. Pietät gegenüber dem Vater war es gewiß auch, was ihn tatenlos machte, die Scheu davor, den alten Herrn auf das Abstellgleis zu schieben. Entscheidend aber war die Furcht, den Aufgaben und der Verantwortung nicht gewachsen zu sein.

Ein Augenblick war dahin, in dem die Schicksalsgöttin für Sekunden ratlos schien und es den Menschen überließ, wie ihr weiterer Weg sich gestalten sollte. Daß dieser Weg in eine andere Richtung geführt hätte, ist, zumindest was Deutschland betrifft, nicht unwahrscheinlich, denn eins hätte der sich von seinem Vater so sehr unterscheidende Friedrich Wilhelm bestimmt nicht getan: Bismarck berufen.

Die Danziger Affäre – von Bismarck später zur »Episode« verniedlicht – bedeutete für das Kronprinzenpaar eine Niederlage und die politische Isolierung. Abneigung, ja Haß gegen Bismarck zog sich von nun an durch alle ihre Gespräche, und der Knabe Wilhelm wuchs in dem Gefühl auf, daß es sich bei diesem Mann zwar um einen großen, aber auch um einen *bösen Mann* handeln müsse.

Abschied von Versailles

Anfang März 1871, einen Tag nach dem Einmarsch der deutschen Truppen in Paris, war Bismarck bis zum Arc de Triomphe geritten. Der Hüne mit den Kürassierstiefeln, in Frankreichs Zeitungen häufig genug karikiert und abgebildet, wurde sogleich erkannt und mit Pfiffen und Drohrufen bedacht. Er ritt an einen der Schreier heran und meinte: »*Vous aimez beaucoup la musique, monsieur.* – Sie sind wohl ein Musikliebhaber.« Im Bois de Boulogne rief ihm ein Arbeiter nach: »*Tu es une fameuse canaille!* – Du bist eine berühmte Kanaille!« Dem Grafen Beust erzählte er später in Bad Gastein: »Ich konnte ihn festnehmen lassen, aber der Mut des Menschen gefiel mir.«

Vier Tage später verließ er Versailles, wo er in der Villa der Tuchmacherswitwe Jesse den Frieden mit Frankreich ausgehandelt und jenes komplizierte Gebilde gefertigt hatte, das sich Deutsches Reich nannte. Es waren die Arbeiten des Herkules gewesen und die Freunde dabei fast hinderlicher als die Feinde.

Hart mitgenommen hatte ihn beim Kampf um den Frieden die Auseinandersetzung mit den Militärs. Sie wollten das ganze Elsaß, das ganze Lothringen und weder auf die Festung Belfort noch auf Metz verzichten. Metz käme, so Moltke, einer Armee von 120 000 Soldaten gleich. Bismarck, für die Generalstäbler ein militärischer Idiot, war der Besitz von Festungen gleichgültig. Außer Belfort hatten sie ohnehin alle kapituliert und wären in einem zukünftigen Krieg schon gar nicht zu halten, wie es die Zukunft dann auch beweisen sollte an Maginotlinien, West- und Atlantikwällen. Außerdem wollte er nicht so viele Fremde im deutschen Haus, und er war nicht so töricht wie die Chauvinisten in der Heimat, die die Elsässer und die Lothringer mit fliegenden Fahnen in dieses Haus ziehen sahen, glücklich darüber, endlich vom *welschen Joch* befreit zu sein.

Es hat nie vorher, und schon gar nicht nachher, einen solchen Sieger gegeben wie diesen deutschen Kanzler, einen, der wußte, daß die Abtretung ganzer Provinzen nur die Rache gebiert. Erbittert mußte er sich nach beiden Seiten wehren. Er beschwor seine Landsleute, maßvoll zu bleiben. Er bat die französischen Bevollmächtigten Favre und Thiers: »Verlangen Sie nichts Unmögliches von mir. In Deutschland behauptet man schon, ich verlöre die Schlachten, die Moltke gewonnen hat.« Am liebsten hätte er Elsaß-Lothringen den Franzosen zur Gänze gelassen und nur die französischen Festungen geschleift. Den Vorschlag allerdings, anstelle der beiden Provinzen französischen Kolonialbesitz zu übernehmen, wies er zurück; so etwas, meinte er, erinnere ihn an polnische Adelsfamilien, die Zobelpelze trügen, aber keine Hemden besäßen.

Belfort und die französischsprachigen Gebiete Lothringens verblieben den Franzosen, und statt der ursprünglich geforderten sieben Milliarden Kriegsentschädigung waren nur fünf zu zahlen. Selbst die Zahlung dieser Summe, klagten Thiers und Favre, würde Frankreich ruinieren und darüber hinaus ganz Europa in ein Finanzchaos stürzen. Wüßte man eigentlich, wie ungeheuerlich eine solche Summe sei? So ungeheuerlich, daß jemand, der zu Jesu Zeiten angefangen hätte, sie Franc für Franc auszuzählen, heute noch nicht damit fertig sein würde? Worauf Bismarck antwortete, weil dem gewiß so sei, habe er einen Experten mitgebracht, der bereits am Schöpfungstag mit dem Zählen begonnen habe.

Der Experte hieß Gerson Bleichröder. Sein Berliner Bankhaus besorgte die Geldgeschäfte der Hohenzollern und, höchst privat, auch die des Kanzlers, weshalb man ihn verächtlich seinen »Privatjuden« nannte. Bleichröder hatte bereits Rat gewußt, wie 1866 der Feldzug gegen Österreich zu finanzieren war, auch woher die Gelder für die französische Kampagne zu bekommen waren. Er bewährte sich wieder, den Bismarckschen Worten entsprechend: »Der Bleiche muß gleich nach Paris hinein, sich mit seinen Glaubensgenossen beriechen und mit den Bankiers reden, wie das zu machen ist …«

Es war zu machen. Fünf Milliarden Francs, sprich vier Milliarden Mark, erschienen auf den ersten Blick als astronomisch hohe Forderung, doch Bleichröder und Henckel-Donnersmarck hatten die französische Wirtschaftskraft richtig eingeschätzt: innerhalb der gesetzten Dreijahresfrist waren die Reparationen beglichen. Der Patriotismus und der Wille, die verhaßten Besatzungstruppen auf diese Weise schnell loszuwerden, hatten als Motor gedient.

Am 1 . März 1871 hatte Kaiser Wilhelm auf der Rennbahn von Longchamps die Parade seiner siegreichen Truppen abgenommen, darunter die Bayern, die sich besonders gut geschlagen hatten unter der neuen, der preußischen Führung. Wilhelm war nur schwer zu bewegen gewesen, den Kaisertitel anzunehmen, einen Titel, der ihm vorkam wie der eines Charaktermajors (so wurden die an der Hauptmannsecke hängengebliebenen Offiziere genannt, die zum Abschied den Charakter eines Majors bekamen). Und wenn schon Kaiser, dann wollte Wilhelm wenigstens *Kaiser von Deutschland* und nicht *Deutscher Kaiser* sein.

Doch Bismarck hatte seine Bedenken vorgebracht, daß der Titel *von Deutschland* einen Anspruch auf die nichtpreußischen Gebiete bedeutete und den deutschen Fürsten nicht gerade lieblich in den Ohren geklungen hätte. Darüber war Wilhelm so verärgert gewesen, daß er nach der Kaiserproklamation im Spiegelsaal zu Versailles wortlos an dem Mann vorüberging, dem er verdankte, daß er überhaupt noch preußischer König war. Viel später erst hat Bismarck dieses deprimierende Ereignis kommentiert und gesagt, es gebe schwarze Menschen und weiße Menschen – und Monarchen. Auch in Longchamps holte ihn Wilhelm nicht an seine Seite, blieb verschnupft und tröstete sich mit der bevorstehenden großen Siegesparade auf den Champs-Élysées.

Was die Parade betraf, hatte Wilhelm seine Rechnung ohne Adolphe Thiers gemacht, den von Bismarck geschätzten, ja beinahe geliebten Journalisten, Historiker und Politiker. Der kleine, tapfere weißhaarige Mann, von der neu gewählten Nationalversammlung zum Regierungschef erkoren, vertrat die unpopuläre Meinung, daß nicht nationale Interessen Frankreich in diesen Krieg ziehen ließen, sondern die Fehler der Regierung. Diesem Thiers gelang es zusammen mit Favre, die in

Bordeaux tagende Nationalversammlung so rasch zur Anerkennung des Vorfriedens zu bewegen, daß die Preußen gezwungen waren, auch ihre Zusage einzuhalten: Räumung von Paris, Ratifizierung, keine Siegesparaden.

Die deutschen Soldaten zogen ab, widerwillig, aber vertragsgetreu, nachdem sie, in gewohnter Disziplin, niemandem ein Haar gekrümmt hatten, kein Eigentum berührt, jeden Stein auf dem anderen gelassen. Die Pariser sahen in ihnen trotzdem die barbarischen Kinder der Teutonen. Viele von ihnen mögen die Steine, die sie dem letzten Bataillon hinterherwarfen, sehr bald bereut haben. Nicht lange nach dem Abzug versank ihre Stadt in Blut und Feuer.

Der Aufstand der Pariser Kommune wurde ausgelöst durch die als nationale Schmach empfundene Kapitulation vor den Deutschen. Seine Ursachen waren wirtschaftliche Not und der Haß der republikanischen Hauptstädter gegen die nunmehr in Versailles tagende, monarchisch gesinnte Nationalversammlung. Literaten, Schauspieler, Abenteurer und die Anhänger der sozialistischen Internationale schürten die Glut. Reguläre Truppen auf der einen Seite, die Pariser Bürgergarde auf der anderen zusammen mit den Enterbten, Verelendeten, den Proletariern jeden Alters und Geschlechts, diese Konfrontation ließ die Schrecken der Französischen Revolution von 1789 wieder lebendig werden. Ströme von Blut röteten das Pflaster der Boulevards, im Flammenschein der brennenden Tuilerien, des Louvre, des Justizpalasts wüteten die Straßenkämpfe, Terror wechselte mit Gegenterror, und als in den letzten Tagen des Mai die Salven der Hinrichtungskommandos verhallt waren, zählte man an die 20 000 Tote, das waren sechsmal soviel, wie die Schlacht von Sedan an Gefallenen gekostet hatte.

Diese Revolte, die der französischen Geschichte angehört, hatte ihre Auswirkungen auch in Deutschland. Karl Marx deutete sie in einen planmäßigen Versuch einer sozialistischen

Revolution um und erreichte so eine Glorifizierung und eine Mythisierung, die aber mit der historischen Wirklichkeit wenig zu tun hatte und das Ansehen der deutschen Sozialdemokraten schwer schädigte.

Am 6. März räumte Bismarck das Haus in Versailles, das ihm beinah zum zweiten Heim geworden war, und wenn er gern etwas mitgenommen hätte, dann war es der kleine viereckige Tisch, an dem er mit den französischen Unterhändlern den Vorfrieden unterzeichnet hatte. Madame Jesses Forderungen waren jedoch so unverschämt, daß er darauf verzichtete. Er war im übrigen glänzender Laune, froh über die geleistete Arbeit; selbst mit Moltke sprach er wieder, dem *verknöcherten Generalstäbler*, mit dem es so oft Auseinandersetzungen gegeben hatte über den Vorrang politischer oder militärischer Notwendigkeiten, und die ihn häufig quälenden Gesichtsschmerzen schienen wie weggeblasen.

Wenn er etwas vermisse in dem Vertragswerk, scherzte er, dann eine Klausel, die ihm einen alljährlichen kostenfreien Aufenthalt in Biarritz garantiere, das er nicht nur wegen Katharina Orlow schätzte, in die er sich als Pariser Botschafter verliebt hatte.

Auf der Rückreise nach Deutschland machte Bismarck in Metz Station, der Stadt, die er ihres rein französischen Charakters halber zu den für Deutschland *unverdaulichen* Elementen rechnete. Er besuchte den Präfekten der deutschen Zivilverwaltung und erfuhr, während der Hufschlag der patrouillierenden preußischen Ulanen durch die Fenster drang, von der feindseligen Stimmung in der Provinz. Frankreich, hat er später einmal gesagt, Frankreich käme ihm vor wie ein Fuchs, den man, von den Hunden zerbissen, als tot fortträgt, der aber trotzdem den Treiber noch in den Hintern beißt ...

»Bedenke, dass du sterblich bist!«

Ende März 1871 wurde Bismarck von seinem Kaiser und König in den Fürstenstand erhoben. Das trage ihm nur den Neid des alten Adels ein und den Zwang zu teurer Repräsentation, knurrte er. »Ich war ein reicher Junker und bin ein armer Fürst geworden.« Bei der Verleihung des Hohenzollernschen Hausordens mit Brillanten bemerkte er: »Ein Faß Rheinwein oder ein gutes Pferd wäre mir lieber gewesen.« Er sagte nichts mehr, als ihm im Juni der vor den Toren Hamburgs gelegene Sachsenwald mit der Herrschaft Friedrichsruh übereignet wurde.

Die uralte Gemarkung, von den Karolingern einst angelegt, um ihr Reich gegen die heidnischen Sachsen zu schützen, umfaßte 25 000 Morgen und wurde auf über eine Million Taler geschätzt. Damit gehörte Bismarck zu den größten Grundbesitzern in Deutschland, wenn auch nicht zu den erfolgreichsten. Das Feld der Politik beackerte er mit mehr Nutzen als die eigenen Fluren. Die Landwirtschaft brachte ihm nichts ein. Die Forstwirtschaft blieb ein Zuschußunternehmen. Zu seinen Wäldern hatte er ein gefühlsseliges Verhältnis, liebte seine Bäume, und man konnte ihn dabei beobachten, wie er sich mit einer alten Eiche unterhielt. Als ihm hinterbracht wurde, daß sein britischer Kollege Gladstone das Fällen alter Bäume zu seinem Steckenpferd gemacht hatte, meinte er: »Sagen Sie ihm, daß ich, während er die Axt an die Bäume legt, eifrig beim Pflanzen bin.«

Friedrichsruh wurde zu seinem Lieblingswohnsitz, obwohl das Haus, ein ehemaliges Gasthaus, keine Voraussetzungen dafür bot. Es war häßlich und wurde noch häßlicher durch die vom Kanzler vorgenommenen Anbauten. Wer heute die wenigen, im Friedrichsruher Museum stehenden Möbel sieht, die vor den Brandbomben im Frühjahr 1945 gerettet werden konnten, ahnt, daß die Inneneinrichtung nicht viel schöner ausgesehen haben kann. Es bleibt eine euphemistische Umschreibung zu sagen, seine Behausung habe einer Familienpension aus viktorianischer Zeit geglichen. Bismarck hatte keinen Geschmack, und er pflegte zu sagen: »Wer an der Einrichtung interessiert ist, interessiert sich nicht fürs Essen. Die Hauptsache aber ist, gut zu essen.« Petroleumlampen fand er gemütlicher als elektrisches Licht, das er erst gar nicht legen ließ. Die Zimmernummern über den Türen im Korridor ließ er stehen.

Wilhelm erwies sich nicht nur seinem Kanzler gegenüber als großzügiger Herrscher. Wer sich verdient gemacht hatte, sollte nun auch verdienen. Der Chef des Generalstabs Moltke, der Kriegsminister Roon und der Generaladjutant Manteuffel fanden auf ihren Konten je 300 000 Taler vor. Minister Delbrück kassierte 200 000, General Blumenthal von der Armee des Kronprinzen 150 000; der Taler zu drei Goldmark. Das aus der französischen Kriegsentschädigung gespeiste Füllhorn ergoß sich über einige Gerechte und viele Ungerechte.

»Die Ausdehnung dieser Geldbelohnungen ... hat für mein Gefühl etwas Unwürdiges«, notierte die Baronin von Spitzemberg, die bei Bismarcks aus und ein ging, in ihrem Tagebuch, »man gebe den zwei, drei Ersten Nationalbelohnungen in großem Maßstabe, nicht aber jedem General, der einfach seine Schuldigkeit getan ... Man sagt hier, es sei von jeher preußische Sitte gewesen, deshalb aber ist es doch nicht schön und der Ritterlichkeit nicht entsprechend, mit der sonst dem König und Vaterland gedient wird.«

Es gab Männer von Noblesse, wie den sächsischen Kronprinzen Albert und seinen Bruder, den Prinzen Georg, die ihre Belohnung zurückwiesen. Andere aber nahmen das Geld entgegen und scherten sich nicht darum, daß es bei ihnen nichts anderes war als Blutgeld. Zu diesen zählte der General von Kameke, der, ruhmgierig und ehrsüchtig, eine einzelne

Brigade gegen die festungsartigen Höhen von Spichern getrieben und geopfert hatte. Oder der Prinz August von Württemberg, ein Mensch von hoher geistiger Einfalt und militärischem Unverstand, der bei Saint-Privat Tausende von braven Gardegrenadieren verbluten ließ, nur weil er den Sachsen die Lorbeeren nicht gönnte.

»Mißbrauch mit der todesmutigen Tapferkeit der Leute, nur Faust ohne Kopf«, hatte Bismarck damals an Johanna geschrieben und solche Attacken als unsinnig, ja verbrecherisch bezeichnet.

Das Deutsche Reich war gegründet. Ob zum Heil oder Unheil, ob es auch ohne Blut und Eisen zustande gekommen wäre, ob es jenes *kunstvoll gefertigte Chaos* war, von dem der Kronprinz gesprochen hatte, oder das unter den gegebenen Umständen Erreichbare, ob man das Volk dabei hätte stärker beteiligen müssen und das Militär weniger, ob es klug gewesen war, es ausgerechnet in Versailles aus der Taufe zu heben, viel ist darüber gerichtet und gerechtet worden.

Wer nicht mit Schiller sagen will, daß die Weltgeschichte das Weltgericht sei, wird zubilligen, daß die Gründung des Deutschen Reiches einen uralten Traum verwirklichte, daß die Mehrheit der Deutschen dieses Reich wollte.

Jedenfalls waren die in der Minderzahl, die, wie der Landwehrmann Kutschke in der satirischen Zeitschrift *Kladderadatsch*, nörgelten: »Und hör den Kaiserjubel ick von Junker, Pfaff und Zofe, dann denk ick halt janz still bei mich: wat ick mir davor koofe!« Und jene in der Überzahl, denen, wie dem Historiker Sybel, die Tränen der Freude und Erschütterung die Wangen herunterliefen, oder wie die Baronin von Spitzemberg, Frau des württembergischen Gesandten in Berlin, die keineswegs nur die Gefühle des Adels ausdrückte, wenn sie die Tagebucheintragung machte: »Jedes deutsche Herz hatte das erhofft, keines geahnt, daß seine Träume sich in dieser Weise so bald und so herrlich erfüllen würden. Glücklich sind wir, daß wir nicht nur den Stern deutscher Größe und Herrlichkeit aufgehen sahen, sondern daß wir noch jung genug sind, um uns unter seinen Strahlen zu wärmen, um die … Früchte zu genießen, die aus dieser unter Blut und Tränen gesäten Saat hervorgehen. Möge Gott den Geist meines Volkes also lenken, daß seine Entwicklung eine friedliche und zivilisatorische bleibe, sein Reich ein Reich des Lichts, der Freiheit, der wahren christlichen Gesittung sei.«

Was in der Mitte Europas entstanden war, dieser neue Machtblock, imponierend an Fläche, Bevölkerung, wirtschaftlicher und militärischer Kraft und in nichts mehr vergleichbar mit dem einstigen Sammelsurium an Klein- und Kleinststaaten, deren Gebiet dem Wanderer, so der spottende Heine, versehentlich an der Schuhsohle hätten kleben bleiben können, dieser Block ließ Europas Kinder nicht mehr ruhig schlafen.

So etwas konnte nicht im Sinne französischer Tradition sein, nämlich *die Dinge des Deutschen Reiches in der größtmöglichen Unordnung zu halten*, auch nicht in dem der Engländer, deren Oppositionsführer Disraeli von einer *German Revolution* sprach, *einem größeren politischen Ereignis als die französische des letzten Jahrhunderts*, und der bewegt Klage führte, daß Europas Gleichgewicht zerstört sei. Rußland, das Preußen 1870 gegen Frankreich und 1866 gegen Österreich den Rücken gedeckt hatte, Rußland entwickelte mehr und mehr den slawischen Sendungsgedanken, einen Panslawismus, der sich gegen das alte Europa und damit auch gegen das Reich der Deutschen richtete. Kleinere Nachbarstaaten, wie Holland, Belgien, die Schweiz, Luxemburg, fragten sich, wenn sie die seit 1864 von Berlin einverleibten oder angegliederten Länder zählten, wann sie selber wohl an der Reihe sein würden.

Das Mißtrauen bei jenen abzubauen, die zum Bündnispartner – vorerst – nicht taugten, sowie das Vertrauen bei jenen zu stärken, mit denen Bündnisse möglich schienen, war die vorrangige Aufgabe. Bismarck versicherte, daß das Reich saturiert sei und keine neuen Forderungen mehr stellen würde. »Wenn wir nun in gute Häfen gekommen sind, so wollen wir zufrieden sein und pflegen und erhalten, was wir gewonnen haben«, sagte er, und seine Saturiertheit ging manchmal so weit, daß er seufzen konnte: »Ich langweile mich, die großen Dinge sind getan ...« Was nicht unbedingt ernst zu nehmen war, denn er wußte, daß die sogenannten kleinen Dinge wichtig genug waren.

Der *Eiserne Kanzler*, den die Lust am Wort zu der Formulierung hingerissen hatte, daß die großen Fragen der Zeit nicht durch Reden und Majoritätsbeschlüsse entschieden werden, sondern durch Eisen und Blut, womit er allerdings das ausgesprochen hatte, wovon er überzeugt war, er kehrte nicht mehr den Eisernen heraus, sondern den Friedlichen. Die Geschichte beweist uns anhand schlechter Beispiele, daß es nicht selbstverständlich ist, wenn ein Sieger sich friedlich zeigt. Wäre Bismarck gewesen wie der erste Napoleon, hätte er seinem Reich noch einige Länder einverleiben können: die baltischen Ostseeprovinzen Rußlands zum Beispiel, die deutschen Teile der Schweiz, die von den deutschsprachigen Flamen bewohnten Gebiete Belgiens, Deutschösterreich, Teile der Niederlande, das deutsche Luxemburg. Doch trotz dreier siegreicher Feldzüge brauchte Bismarck niemanden, der ihm, wie weiland den römischen Cäsaren bei ihren Triumphzügen, ständig hätte zurufen müssen: »Bedenke, daß du sterblich bist!«

Politik blieb für ihn die Kunst des Möglichen und nicht die des Wünschbaren. Wünschbar wäre es gewesen, die Franzosen zu versöhnen, um irgendwann ein Bündnis mit ihnen schließen zu können, das den Rhein zu einem Strom des Friedens gemacht hätte. Möglich schien es nicht. Für die Grande Nation war die Niederlage von 1870/71 keine gewöhnliche

Niederlage, sondern eine Schande, die Zahlung der Kriegsentschädigung eine Demütigung, die Abtrennung Elsaß-Lothringens eine nationale Katastrophe.

Waren sich die Republikaner und Monarchisten sonst nicht einig, im außenpolitischen Programm waren sie's: Rache, Revanche! Diesmal nicht für Sadowa, sondern für Sedan. Victor Hugo, der Dichter der französischen Romantik, hatte beim Abmarsch der deutschen Truppen aus Paris ausgesprochen, was viele Franzosen dachten: »Eines Tages wird Frankreich sich unbesiegbar erheben. Es wird Lothringen, das Elsaß, den Rhein – Mainz und Köln wiedernehmen.«

Drei Kaiser in Berlin

Bismarcks Bestreben ging dahin, Frankreich zu isolieren, es planmäßig zu vereinsamen; ein Bestreben, das zu paradoxen Denkweisen führte: wenn er an Paris dachte, wurde der eingefleischte Monarchist zum überzeugten Republikaner. Einem republikanischen Frankreich nämlich würde es schwerer fallen, Freunde zu finden, als einem kaiserlichen oder königlichen Frankreich. Der République Française haftete noch immer der Blutgeruch der Revolution von 1789 an, ein Geruch, der besonders dem russischen Zaren und dem österreichischen Kaiser widerwärtig sein mußte.

Frankreich ohne Freunde zu lassen hieß für Deutschland, selbst welche zu finden. Der Blick auf die Landkarte lehrte, wie lebensnotwendig das für ein Land war, das im Herzen Europas lag, grenzenlos verletzbar im Osten wie im Süden und Westen. Die geographische Lage, die England unangreifbar machte, Frankreich schützte, Rußland geborgen sein ließ, war dem Reich der Deutschen seit Anbeginn ein Fluch gewesen. Seit Jahrhunderten lag es offen für die Wanderungen der

Stämme, für die Durchzüge der Heere, war es Kriegsschauplatz, bot es Schlachtfelder.

Der Alptraum gegen Deutschland gerichteter Bündnisse, die es zwingen würden, gleichzeitig an zwei, ja drei Fronten zu kämpfen, *le cauchemar des coalitions*, der Bismarck später oft den Schlaf raubte, begann ihn zu bedrücken.

Die seit den Befreiungskriegen schon traditionelle Freundschaft mit Rußland zeigte den Partner Numero eins – aber gleichzeitig die Gefahr, in russisch-englische Interessengegensätze hineingezogen zu werden und Österreich-Ungarn an die Seite Frankreichs zu treiben. Unbehagen über Deutschlands plötzliches Übergewicht auf der einen Seite und Bismarcks Mißtrauen gegen einen parlamentarisch regierten Staat auf der anderen ließen England als Bundesgenossen ausscheiden. Italien war zu schwach und schon 1870 nur treu geblieben, weil Preußen so rasch gesiegt hatte.

Eine Anlehnung an Rußland schien, auch wegen der Freundschaft der beiden Herrscher, bei allem Risiko unumgänglich. Um aber eine Abhängigkeit zu vermeiden, bot sich ein Zusammengehen mit Österreich an. Um so mehr, da die für die Schmach von Königgrätz Revanche fordernde Clique um den Erzherzog Albrecht machtlos geworden war. Ein neuer Ministerpräsident und, vor allem, ein neuer Außenminister, der ungarische Graf Julius Andrássy, einer der wenigen Politiker, die Bismarck auch persönlich schätzte, boten Gewähr für neue Freundschaft.

Andrássy nahm die Gründung des Deutschen Reichs als gegeben hin und machte deutlich, daß die Interessen seines Landes nun vornehmlich auf dem Balkan lägen, einer Region, die dem Reich gleichgültig war. Sie sei, so der Kanzler, nicht die gesunden Knochen eines einzigen pommerschen Musketiers wert. Der ungarische Graf hörte es gern und auch sein Souverän, Kaiser Franz Joseph, der bereits im lieblichen Ischl und im schönen Salzburg Vetter Wilhelm umarmt hatte; dabei lediglich von der Tatsache irritiert, daß seine Landsleute dem Ausländer mehr Beifall spendeten als ihm selber. Es hielt ihn nicht davon ab, für die Manöver im Herbst 1872 seinen Besuch in Berlin anzukündigen.

Als Zar Alexander II. davon hörte, ließ er nicht ohne Eifersucht durchblicken, daß es ihm wenig angenehm sei, »wenn sein bester Freund [Wilhelm] mit einem Dritten zusammenkommt, und er sozusagen vor der Tür seines Freundes stehen bleiben muß, während die zwei anderen miteinander verkehren«. Das Auswärtige Amt in der Berliner Wilhelmstraße verstand den Wink mit dem Zaunpfahl, und aus dem Zweikaisertreffen wurde ein Dreikaisertreffen – zum Vergnügen der Einwohner Berlins, die sich erst daran gewöhnen mußten, daß sie immer stärker zum Mittelpunkt europäischen Interesses wurden.

1871 zählte ihre Stadt 823 000 Einwohner, und die Zahl kletterte so rapide, daß am Ende des Jahrzehntes die Million weit überschritten war. Eine internationale Metropole allerdings, wie David-Kalisch das in seiner Posse »Berlin wird Weltstadt« verkündete, war die Stadt nicht. In den Straßen, selbst so vornehmen wie der Behrenstraße, auch in der Französischen, stanken die Rinnsteine, in die nach altem Brauch Nachttöpfe und Spüleimer entleert wurden, zum märkischen Himmel. Zum Bau der Kanalisation war gerade der erste Spatenstich erfolgt, nach langen Querelen übrigens; es gab nicht wenige, die davor gewarnt hatten: würden doch die unterirdischen Kanäle sich zu Pesthöhlen entwickeln und die Bevölkerung binnen zweier Jahre durch Krankheiten aller Art hinwegraffen. Die von Pferden gezogenen Omnibusse waren bei ihrer Einführung vor anderthalb Jahrzehnten ebenfalls als für die Allgemeinheit lebensbedrohend empfunden worden. Lebensbedrohend aber war lediglich das Pflaster. Über das Tempelhofer Feld zogen riesige Schafherden, und am Kreuzberg breitete sich eine Sandwüste aus.

Die Berliner waren trotzdem stolz auf die neue Haupt- und Residenzstadt, und wenn etwas ihren Stolz übertraf, dann war es ihre Neugierde. Es gab in der Tat einiges zu sehen bei den Paraden, Umzügen, Aufmärschen; und wenn der Neffe Alexander seinen Onkel Wilhelm umarmte, Franz Joseph mal in russischer, mal in preußischer Uniform erschien und alle drei sich zum Großen Zapfenstreich an der Schloßfreiheit einfanden, kannte der Jubel keine Grenzen. Anschließend zählte Berlin, wie eine Zeitung bemerkte, elf Einwohner weniger: sie waren bei dem entstandenen Gedränge umgekommen.

Wilhelms Vater Friedrich Wilhelm III., der Mann der Königin Luise, hatte in seinem Testament beschwörend darauf hingewiesen, Preußen, Russen und Österreicher mögen sich nie voneinander trennen. Das gelobte man erneut, spielte ein wenig Heilige Allianz seligen, das heißt unseligen Angedenkens, hatte doch die Entente à trois damals, 1815, dazu gedient, durch das Einvernehmen der Herrscher die Völker unmündig zu halten. Zwar wollte man auch diesmal zusammenstehen gegen sozialistische und republikanische Tendenzen, doch im Vordergrund stand das Bemühen, durch *persönliche Verständigung zwischen den Souveränen den europäischen Frieden gegen alle Erschütterungen aufrechtzuerhalten.* So hieß es im Text des im Jahr 1873 abgeschlossenen Dreikaiserabkommens, eines unverbindlich gehaltenen Vertrags, der gegenseitige militärische Hilfe nicht bindend machte, sondern lediglich als möglich in Aussicht stellte.

So viel Unverbindlichkeit genügte Bismarck vorerst. Das Abkommen hatte Frankreich draußen gelassen, den österreichisch-russischen Gegensatz, entstanden durch gegenläufige Interessen auf dem Balkan und im Orient, einigermaßen überbrückt und Deutschland davor bewahrt, sich für eine der beide Mächte entscheiden zu müssen. Und sein Prinzip, zu dritt zu bleiben, solange die Welt durch das wenig stabile

Gleichgewicht von fünf Großmächten bestimmt wurde, war ebenfalls gewahrt.

Die Nachbarn jenseits des Rheins schliefen unterdessen nicht. Mit jener Kraft, die nur der Haß verleiht, und mit der Hoffnung, einst Rache zu üben, arbeiteten sie daran, ihre Vorherrschaft in der europäischen Völkerfamilie wiederzugewinnen. Weil die fünf Milliarden Kriegsentschädigung weit vor der gesetzten Frist bezahlt worden waren, hatte man Zinsen gespart und Ansehen gewonnen. An die Stelle des verbindlichen Zivilisten Thiers war der unzugängliche Marschall MacMahon getreten, ein Landsknechttyp und Held vieler Feldzüge.

Unter dem neuen Präsidenten der Republik wurde ein neues Wehrgesetz erlassen, das durch die Vermehrung von Bataillonsstäben und Offiziersstellen die Möglichkeit schuf, im Kriegsfall 145 000 Infanteristen mehr ins Feld zu führen. Diese Maßnahme sollte, wie es hieß, die Schlagkraft der Armee erhöhen, sei somit eine Neugliederung und Modernisierung, aber keine Kriegsdrohung. Die deutschen Militärs fühlten sich trotzdem bedroht, sie wollten sich auch bedroht fühlen, bestand doch dann die Aussicht, einen Präventivkrieg führen zu können. Und ein solcher Krieg würde die Deutschen, so der Generalstabschef Moltke, 100 000 Mann weniger kosten.

Prävention heißt Verhütung, und das lateinische Wort *praevenire* bedeutet *zuvorkommen*. Wer einen Präventivkrieg führt, kommt seinem Gegner zuvor und verhütet dessen Angriff, bevor dieser Gegner zu stark geworden ist, insofern also ein erlaubter Verteidigungskrieg. Doch ist die Rechtslage bis heute unklar geblieben, weil die jeweiligen Militärs ohnehin bestimmen, wann und ob überhaupt ein solcher Angriff droht.

Bismarck war gegen den Präventivkrieg, hatte ihn 1867 abgelehnt und lehnte 1887 wieder ab, als es gegen Rußland gehen sollte. Der Mensch sei nicht imstande, Gottes Wege zu erkennen, und habe deshalb nicht das Recht, der göttlichen Vorsehung zuvorzukommen. Auch politisch sei es, wenn nicht verwerflich, so doch töricht, durch einen solchen Krieg das Vertrauen in die eigene Vertragstreue zu zerstören. Was Frankreich betreffe, so wäre es allerdings angebracht, dem französischen Streitroß in die Kandare zu greifen und seinen Reiter derart einzuschüchtern, daß ihm die Lust zu einer künftigen Attacke vergehe.

IST DER KRIEG IN SICHT?

Anfang April 1875 erschien in der freikonservativen Zeitung »Die Post« ein Artikel mit der Überschrift *Ist der Krieg in Sicht?* – einer selbstgestellten Frage, die das Blatt auch selbst beantwortete: »Der Krieg ist allerdings in Sicht, was aber nicht ausschließt, daß die Wolke sich zerstreut.«

Der Artikel war nicht offiziell, höchstens offiziös – das Blatt galt als Sprachrohr des Auswärtigen Amts –, und doch war die Wirkung brisant: Panik in Paris; Nervosität in London, Petersburg, Wien; Kursstürze an den Börsen. Berlin blieb nichts anderes übrig, als abzuwiegeln und zu versichern, daß niemand in Deutschland kriegslüstern sei, und das tat das Auswärtige Amt mit Hilfe seines Botschafters in Paris. Doch die Geister, die man gerufen hatte, wurde man nun nicht mehr los. Aus einem Artikel wurde eine Krise, die *Krieg-in-Sicht-Krise*.

Frankreichs Außenminister Decazes, der an alles andere glaubte als an einen deutschen Angriff, ließ dessenungeachtet Äußerungen des deutschen Generalstabschefs über die Notwendigkeit von Präventivkriegen in den Hauptstädten zirkulieren, bat London und Petersburg, sein Land vor so viel Aggressivität zu schützen. Premier Disraeli, ohnehin kein

Deutschenfreund, meinte daraufhin, man müsse Bismarck, diesem neuen Napoleon I., Zügel anlegen, und machte seinen Berliner Botschafter mobil. Der Zar ergriff auf der Durchreise nach dem Modebad Ems die Gelegenheit, mit seinem Onkel Wilhelm I. die Angelegenheit zu besprechen, während sein Außenminister Gortschakow gleichzeitig im Auswärtigen Amt vorstellig wurde. Den Herren wurde unisono beschieden, daß Deutschland friedfertig sei. Dieses Bekenntnis formulierte Fürst Gortschakow in einem Rundtelegramm an die Auslandsvertretungen derart, daß der Eindruck entstand, als sei die plötzliche Friedfertigkeit nicht zuletzt ein Ergebnis des russischen Eingreifens. Bismarck bekam vor Zorn prompt seine Gesichtsneuralgien, und in seinen Erinnerungen spürt man noch die Ausläufer eines fernen Bebens, wenn er beschreibt, wie er den Minister, diesen *Friedensengel in bengalischer Beleuchtung*, zur Rede stellte: »… sagte ihm, es sei kein freundschaftliches Verhältnis, wenn man einem vertrauenden und nichts ahnenden Freunde plötzlich und hinterrücks auf die Schultern springe, um dort eine Zirkusvorstellung auf seine Kosten in Szene zu setzen … Wenn ihm daran liege, in Paris gerühmt zu werden, so brauche er deshalb unsere russischen Beziehungen noch nicht zu verderben, ich sei gern bereit, ihm beizustehen und in Berlin Fünffrankenstücke schlagen zu lassen mit der Unterschrift: Gortschakoff protège la France.«

Auch bei Alexander beschwerte er sich über den Theatercoup. Der Zar gab den Tatbestand zu, beschränkte sich aber auf die Feststellung, man möge diese kleine Eitelkeit seines Ministers nicht zu ernst nehmen. Daß eine gute Lüge zählebiger ist als eine brave Wahrheit, zeigt sich in Bismarcks Satz, wonach des Zaren Mißbilligung niemals einen hinreichend authentischen Ausdruck gefunden habe, »um die Legende von unserer Absicht, 1875 Frankreich zu überfallen, aus der Welt zu schaffen«.

Der Kanzler sah sich in der ungewohnten Rolle des betrogenen Betrügers, hatte eine Schlappe erlitten und darüber hinaus erkennen müssen, wie wenig dazu gehörte, Mißtrauen gegen das junge Deutsche Reich zu erwecken, wie sehr die Großmächte ein starkes Frankreich als Gegengewicht wünschten.

Mehr noch als die diplomatische Niederlage schmerzte Bismarck der üble Coup des Herrn Gortschakow. Er haßte ihn seitdem, und jedermann wußte, daß Bismarck ein furchtbarer Hasser sein konnte. »Wenn ich schlaflos im Bett liege, kommen mir Gedanken über ungesühntes Unrecht, das mir vor dreißig Jahren widerfahren ist, dann werde ich förmlich heiß darüber und träume im Halbschlaf von der nötigen Abwehr.« Von Johanna eines Morgens gefragt, warum er heute so schlecht aussehe, antwortete er: »Ich habe die ganze Nacht gehaßt!«

Mit des Kanzlers Gesundheit stand es in jenen Tagen nicht gut, das heißt, eigentlich stand es nie gut damit. Sein Leben lang hat er darüber geklagt, manchmal übertrieben aus taktischen Gründen: wenn er bei seinem Kaiser etwas durchsetzen wollte; wenn es galt, gewisse Parlamentarier psychologisch aufzuweichen, oder einfach, um sich vor gesellschaftlichen Verpflichtungen zu drücken. Doch war er kein Hypochonder, seine Leiden bildete er sich nicht ein, und wer seine Pathographie liest, mag sich fragen, warum dieser Mann so alt geworden ist und so Großes hat leisten können. *Gesichtsneuralgie (tic douloureux), Gicht, Muskelrheumatismus, Krampfadern, Schlaflosigkeit, Gallensteine, gastrische Störungen, Migräne* heißt es da, *status nervosus: äußerst reizempfindlich, labil, hysterisch, neurasthenisch.*

An manchen seiner Leiden war des Kanzlers Maßlosigkeit schuld. Dr. Schweninger aus München, der später sein Leibarzt wurde, traf bei seinem ersten Besuch in Varzin Bismarck beim Frühstück. Er tat sich gütlich an ungeheuren Mengen kalten Fleisches, an Pasteten, Eierspeisen, Kaviar, Räucheraal, Austern, Heringen, trank dazu Champagner, vermischt mit Portwein, und sprach anschließend, der Verdauung wegen, einer schweren Havanna und mehreren Kognaks zu. Es war halb eins, der Kanzler erst kurz zuvor aufgestanden, denn meist war die Nacht sein Tag. »Der meiner Schätzung nach etwa 245 Pfund schwere Körper sah abgefallen aus«, notierte Schweninger.

Er setzte ihn radikal auf Diät, empfahl, das Trinken einzuschränken, verbot alle Schlafmittel und verordnete heiße Umschläge, Packungen, Massagen. Bismarck gehorchte, wurde aber gelegentlich rückfällig. »Acht Tage hatte sich der Titan gefügt«, schreibt die Baronin Spitzemberg, »und sehr merkliche Besserung verspürt. Dann trank er heimlich vier Gläser Buttermilch auf einmal und hinterher Kognak und ist nun recht elend an Indigestion, Aufgetriebenheit, Magenschmerz und Erbrechen. Es ist ein rechtes Elend mit dem großen Mann und tieftraurig zu sehen, wie klein und schwach er ist, wenn es heißt, den eigenen Willen zu brechen.«

Johanna war, zum Verdruß der Ärzte, allzu leicht bereit, ihr Ottochen bei seinen heimlichen Sünden zu unterstützen, in der Furcht, er würde zu stark vom Fleisch fallen. Bei einem Schlachtfest hatte er sich auf das Wellfleisch gestürzt, eine Reihe von Leberwürsten aufgeschlitzt, die blutige Wurstsuppe geschlürft und seinem *liebsten Herz* dann einen Wink gegeben, daß er einen 42prozentigen Nordhäuser benötige. Das Geschick ereilte sie in der Gestalt Professor Schweningers, der saugrob sein konnte wie der Doktor Eisenbarth.

»Wenn Sie Ihrem Mann das Saufen wieder angewöhnen wollen, bin ich hier überflüssig«, schrie er, nahm ihr die Flasche weg und warf sie in hohem Bogen durch das Fenster in den Park. Schweninger hatte es nicht leicht mit einem Patienten, der über Magenschmerzen klagte, gleichzeitig aber grüne Äpfel und saure Heringe aß und Sekt dazu trank. Als man ihm heiße Umschläge und kalte Güsse verschrieb, meinte er, daß er es vorziehe, auf natürliche Art zu sterben.

Seine Angst vor Zahnärzten bescherte ihm anderen unnötigen Kummer. Zahnärzte sind, im Gegensatz zu ihren anderen Kollegen, noch nie populär gewesen, und ihre Kunst war vor 100 Jahren keine hohe Kunst. Bismarck nannte sie Folterknechte, doch hinter seinen Flüchen lauerte die Angst vor der Zange. Anstatt sich den bösen Zahn ziehen zu lassen, litt er lieber, wälzte sich schlaflos im Bett und hatte doppelten Verdruß, wenn sein Kaiser anderntags, anstatt ihn zu bemitleiden, über seine eigene Schlaflosigkeit zu lamentieren begann.

Während der Krieg-in-Sicht-Krise fühlte sich der gerade sechzig Jahre alt gewordene Mann wie ein Siebzigjähriger, und Botschafter Schuwalow glaubte seiner Regierung nach Petersburg berichten zu müssen, daß der Zustand des deutschen Kanzlers eine Gefahr für ganz Europa sei. Bismarck hat Rücktrittsdrohungen oft genug dazu benutzt, um sich in wichtigen politischen Angelegenheiten durchzusetzen, mit seinem Abschiedsgesuch kurz vor dem Besuch des Zaren im Mai 1875 war es ihm ernst. Der Kaiser bewilligte das Gesuch nicht, sei doch niemand unentbehrlicher als der Fürst, war aber bereit, einen langen Urlaub zu gewähren.

Für ein halbes Jahr zog sich der Unentbehrliche in die hinterpommerschen Wälder zurück, nach Varzin. Fünf Eisenbahnstunden und eine anderthalbstündige Kutschfahrt von der Wilhelmstraße entfernt, war er dort ganz eins mit der Natur, lehnte sich mit der Stirn an die Bäume, berauschte sich am Duft des Heus, lauschte dem Schrei der Zugvögel. Er hatte sich nicht geändert seit jenen Tagen, da er als Schüler des Grauen Klosters in Berlin vor Heimweh zu weinen begann, wenn er am Stadtrand die Kartoffelfeuer rauchen sah.

Der Balkan brennt

Die Balkanhalbinsel wurde bewohnt von Griechen, Albanern, Bulgaren, Thrakern, Bosniaken, Serben, Kroaten, Slowenen, Mazedoniern, von Volksstämmen, für die es kennzeichnend sein mag, daß sie kein einheimisches Wort für *Herrscher* besitzen. Anarchisch in ihrem Hang, sich niemandem unterzuordnen, mehr getrennt als vereint durch ihre Sprachen, ihre Religionen und ihre Kultur, im Haß verbunden, wenn es gegen die sie unterjochenden Großmächte ging, in blutigen Fehden entzweit, wenn Freiheit vorübergehend errungen war, machten diese Völker ihre Heimat zu einem Brandherd, dessen Flammen immer wieder auf Mitteleuropa überzugreifen drohten.

Verarmt, verwildert, in die Verzweiflung getrieben durch die Mißwirtschaft der sie beherrschenden Türken, erhoben sich im Sommer 1875 Bosniaken und Herzegowiner in einem Aufstand, der, später auf die Bulgaren übergreifend, für europäische Maßstäbe unvorstellbare Greuel auf beiden Seiten gebar. Allein in Bulgarien wurden über 10 000 Menschen von den Türken abgeschlachtet, wurden 54 Dörfer eingeäschert, deren Bewohner, meist Frauen, Kinder und Greise, man bei lebendigem Leib verbrannte.

Als Serbien und Montenegro den Aufständischen zu Hilfe kamen, indem sie der Türkei den Krieg erklärten, waren die europäischen Mächte, die sich über die *bulgarischen Greuel* nicht sonderlich erregt hatten, plötzlich alarmiert. Rußland, das seine Kriege gegen die Türken immer als Kreuzzüge zum Schutz der unter dem Halbmond lebenden Christen hingestellt hatte, gab diesmal an, die slawischen Brüder retten zu müssen, und verlangte, von den Europäern zu dieser Rettungsaktion förmlich beauftragt zu werden. Von ihnen abgewiesen, schloß Petersburg mit Österreich-Ungarn ab, dem großen Nachbarn der aufständischen Völker, dergestalt, daß bei einer türkischen Niederlage die Türkei etwas verkleinert werden sollte – zugunsten der beiden an dem Geheimabkommen zu Reichsstadt beteiligten Mächte, versteht sich.

Der *kranke Mann am Bosporus*, wie man das von offenbar wahnsinnigen Sultanen regierte, total verschuldete, bis zum letzten Beamten korrupte Osmanische Reich nannte, war noch nicht krank genug, um gegen die Balkan-Rebellen zu unterliegen. Die Türken besiegten die Serben und zwangen sie zu einem Waffenstillstand. Nun entschloß sich Rußland, von den kriegslüsternen Panslawisten vorwärtsgepeitscht, in den Krieg einzugreifen. Doch der Weg nach Konstantinopel führte über Wien. Man brauchte Rückenfreiheit, und um sie zu bekommen, brauchte man wiederum Berlin.

Aus seinem im Herbst bevorzugten Schloß Livadia am Schwarzen Meer fragte der Zar telegrafisch in der Wilhelmstraße an, ob Deutschland, wenn es zum Kriege mit Österreich kommen sollte, sich neutral verhalten werde. Die halb private Übermittlung der Frage durch den deutschen Militärbevollmächtigten war so ungewöhnlich wie ihr Inhalt heikel. Der Zar nahm nämlich Bezug auf die Haltung seines Landes im Jahre 70, als er zu Beginn des Deutsch-Französischen Krieges die Österreicher wissen ließ, er würde 300 000 Mann an ihrer gemeinsamen Grenze aufmarschieren lassen, wenn sie ihre Truppen mobilisierten. Wie wichtig das damals für Preußen war, hatte er sogar schriftlich.

»Preußen wird niemals vergessen, daß es Dir zu verdanken ist, wenn der Krieg nicht die äußerste Dimension angenommen hat« – so der Wortlaut des Telegramms, das Wilhelm seinem Neffen Alexander nach dem Abschluß des Vorfriedens gesandt hatte. Aus jüngerer Zeit hatte der Zar einen Brief des Onkels aus Berlin, in dem noch einmal geschrieben stand, daß Deutschland Rußland unterstützen würde, *was auch kommen mag*. Die Gretchenfrage »Wie hältst du's mit Österreich?« kam einer Nötigung gleich, schien doch 1870 nicht vergleichbar mit 1876, denn Preußen hatte damals eine russische Neutralitätserklärung nicht verlangt. Doch geantwortet werden mußte, und wie die Antwort auch ausfiel, sie mußte einen der beiden Partner des Dreikaiserabkommens vor den Kopf stoßen – und womöglich in eine andere Koalition treiben.

Bismarck war durchaus Wilhelms Meinung, daß Rußland Unterstützung verdiene, auch wenn er Telegramm und Brief nicht billigte, nur wollte er keinen Wechsel in blanko zeichnen, den der Zar nach Belieben ausfüllen und Österreich, auch England, präsentieren konnte. Also antwortete er indirekt bei einer Tischrede, und die Antwort war zugleich Warnung, daß Deutschland eine Verletzung der Donaumonarchie nicht dulden werde. Die Panslawisten, denn sie bestimmten die russische Politik, mußten sich nach dieser Abfuhr nun die Rückendeckung von Österreich *erkaufen*. Damit es sie nichts kostete, verteilten sie das Fell des Bären, bevor er erlegt war, mit anderen Worten: Habsburg sollte im Fall eines Sieges – und an dem zweifelte niemand – Bosnien und die Herzegowina erhalten.

Die türkischen Soldaten bewiesen aber trotz schlechter Bewaffnung eine gute Moral und verteidigten sich am Schipkapaß und bei Plewna so hartnäckig, daß die in ihren trostlosen Garnisonen verkommenen russischen Regimenter, geführt von einem dem Nihilismus verfallenen Offizierskorps, bis zum Januar 1878 brauchten für ihren etwas kläglichen Sieg. Bismarck betrachtete dieses Kriegsschauspiel mit Befriedigung. Er hoffte, daß Siege, Beförderungen, Georgskreuze und eroberte Roßschweife den Tatendrang der Russen befriedigen und von den Grenzen des Deutschen Reichs ablenken würden. Wie er überhaupt angetan davon war, die Großmächte auf dem Balkan derart beschäftigt zu sehen.

Österreich und England waren über die vom russischen Sieger dem Osmanischen Reich diktierten Friedensbedingungen von San Stefano verstört. Ein sich bis zur Ägäis erstreckender großbulgarischer Staat sollte aus den Gebietsabtretungen errichtet werden, und das bedeutete nichts anderes als ein russischer Satellit. Die Briten taten das, was sie in solchen Fällen, meist mit Erfolg, immer taten: sie schickten ihre Panzerkreuzer in das Krisengebiet, in diesem Fall in das Marmarameer. Die Bedrohung der Meerengen war eine Bedrohung britischer Lebensinteressen im östlichen Mittelmeer, und im Angesicht Konstantinopels lagen sich nun britische und russische Kriegsschiffe gegenüber. Um die eigenen Belange zu wahren und einen europäischen Krieg zu verhindern, schlug Wien durch seinen Minister Andrássy einen internationalen Kongreß vor.

Gortschakow erklärte sich gezwungenermaßen einverstanden und votierte für Berlin als Tagungsort. Das schien sehr schmeichelhaft für die Hauptstadt des neuen Deutschen Reiches, auch wenn Gortschakow lediglich die hier zu erwartende deutsche Unterstützung interessierte. Die Deutschen waren berauscht von dem Gedanken, den *arbiter mundi* spielen zu können. Schiedsrichter – das war eine Rolle, die sie in ihrer Geschichte kaum jemals hatten verkörpern dürfen.

Es gibt keinen ehrlichen Makler

Bismarck war zu klug, um die allgemeine Begeisterung zu teilen. Unparteiische, das wußte er, machen es selten allen recht, um so leichter verschaffen sie sich überall Feinde. Und er wies darauf hin, daß er nicht Schiedsrichter sein wollte, auch nicht Schulmeister, sondern lediglich ein *ehrlicher Makler*, gewillt, *das Geschäft wirklich zustande zu bringen*. Das Wort vom Makler wurde zum geflügelten Wort; die skeptische Bemerkung des Bankiers Bleichröder aber steht leider nicht im Büchmann: »Es gibt keinen ehrlichen Makler«, hatte er gesagt, und er mußte es wissen.

Bismarck konnte nicht umhin, den Vorsitz der Kongresses zu übernehmen. Er schien prädestiniert für diese Aufgabe, weil sein Land als einzige Großmacht kaum Interessen auf der Balkanhalbinsel zu verteidigen hatte. Und jedermann wollte wissen, was das Orakel von Berlin verkünden würde.

Wie er hätte sich kein Staatsmann die Chance entgehen lassen, einer Versammlung der Großen vorzusitzen. Der alte Fuchs sah sie darin, den Frieden zu wahren, ohne die Mächte allzu friedlich untereinander zu stimmen; sie an unerwünschten Koalitionen zu hindern und dahingehend zu beeinflussen, gute Beziehungen zum Reich als höchst erstrebenswert anzusehen. In einem Brief an den Kronprinzen drückte er dies so aus: »Es würde ein Triumph unserer Staatskunst sein, wenn es uns gelänge, das orientalische Geschwür offen zu halten und dadurch die Einigkeit der anderen Großmächte zu vereiteln und unsern eigenen Frieden zu sichern.«

Die Eröffnung des Kongresses im Reichskanzlerpalais, Wilhelmstraße 77, Mitte Juni 1878, stand unter keinem guten Stern. Der Reichstag war aufgelöst worden, die Parteien bereiteten sich streitbar und erbittert wie selten zuvor auf die Wahl vor. Und der *Kulturkampf*, wie die Auseinandersetzung der Regierung mit der katholischen Kirche genannt wurde, war auch noch nicht beigelegt. Der eigentliche Gastgeber, Wilhelm I., konnte seinen Pflichten nicht nachkommen. Knapp zwei Wochen zuvor war er bei einem Attentat schwer verletzt worden.

Die Besetzung des Kongresses war so glanzvoll wie malade. Die Welt wurde schon damals von älteren Herren regiert, die an allerlei Krankheiten litten. Englands Premier Disraeli, vierundsiebzigjährig, geschlagen von Asthma, Gicht, Sehstörungen, tastete sich mit Hilfe eines Stocks in den Verhandlungssaal und war oft bettlägerig. Der achtzig Jahre alte Gortschakow hatte sich förmlich nach Berlin geschleppt; eitel wie eh und ehrgeizig wie je, hatte er dem Grafen Schuwalow, seinem Rivalen, das Feld nicht überlassen wollen. Bismarck wurde wieder von seiner Gesichtsneuralgie gepeinigt und hatte sich, um die Zuckungen des *tic douloureux* zu verdecken, einen Vollbart wachsen lassen.

Der Graf Andrássy, als Fünfundfünfzigjähriger den anderen gegenüber wie ein junger Mann wirkend, war ein Vollblutungar und der Meinung, daß Politik ein Zeitvertreib für Edelleute sei, für magyarische nach Möglichkeit; zum Arbeiten habe man in K.-u.-k.-Landen die Deutschen, zum Geschäftemachen die Juden, für die Musik die Zigeuner, für die Küche die Böhmen.

Frankreich und Italien waren durch ihre Außenminister vertreten. Die Türkei erschien mit ihrer zweiten Garnitur. Die Ersten des Landes wußten, daß sie nur schlechte Nachrichten heimbringen würden, und Unglücksboten hatte man bereits in der Antike umgebracht. Die Türken waren jedoch raffiniert genug, einen Christen zu schicken – und einen Deutschen. Mehmed Ali Pascha hieß eigentlich Karl Detroit, hatte einst als Schiffsjunge seine vor Konstantinopel ankernde Brigg verlassen, war zum Islam übergetreten und in der türkischen Armee zu Ruhm und Ehren gekommen. Marschall war er nun und Sieger über die Truppen des russischen Thronfolgers, eine abenteuerliche Karriere, wie sie heute nicht mehr denkbar ist, ein faszinierender Mann.

Bismarck behandelte ihn, als sei er immer noch der entlaufene Schiffsjunge. Er zeigte sich ohnehin übel gelaunt und entsprach nicht dem glanzvollen Gemälde des Historienmalers Anton von Werner, das ihn, dem Grafen Schuwalow jovial die Hand schüttelnd, inmitten der erlesenen Versammlung zeigt. Es war die Abschlußsitzung. In den ihr vorangegangenen vier Wochen hatte er, wie die Karikaturisten es darstellten, Europa vom Bock zu kutschieren versucht, schon zu Beginn darauf verweisend, daß er Mitte Juli seine alljährliche Kur, diesmal in Bad Kissingen, anzutreten gedenke.

Von den Russen sind bittere Vorwürfe gegen Bismarcks Verhandlungsführung erhoben worden, die sich zu der Behauptung steigerten, der Deutsche habe Rußland verraten und sei, so Zar Alexander II., *eine schreckliche Kanaille*. Schuwalow klagte nach seiner Rückkehr, Bismarcks Händedruck habe ihn seine Karriere gekostet: man ernannte ihn nicht, wie erhofft, zum Nachfolger des derzeitigen Kanzlers Gortschakow, vielmehr machte man ihn zum Sündenbock dafür, daß die Russen einen Teil ihres Kriegsgewinns wieder herausgeben mußten. Aus dem von ihnen erstrebten Großbulgarien mit dem Zugang zum Mittelmeer wurde nichts. Sie behielten noch genug – Ardahan, Kars, Batum und Bessarabien – mehr jedenfalls, als sie bekommen hätten, wenn sie es, ohne Bismarck, gegen England und Österreich mit den Waffen hätten erkämpfen müssen.

Gewiß, Bismarck mochte Gortschakow nicht, und seine Bemerkung »Jetzt sieht er, was es ihn kostet, daß er mich 1875 so brüskiert hat« sprach Bände. Er wußte trotzdem, so hart es ihn auch angekommen sein mag, Persönliches von Sachlichem zu trennen. Er durfte sich als das fühlen, was er hatte sein wollen, als ein ehrlicher Makler, einer, der für sein eigenes Land nicht einmal die Maklergebühren präsentierte.

Dieses »Versäumnis« trug ihm in Deutschland den Tadel der Liberalen ein, die Rußland bevorzugt sahen; den Tadel der ostelbischen Großgrundbesitzer, die eine Herabsetzung der russischen Einfuhrzölle erwartet hatten; und den der Klerikalen, die in den Ergebnissen des Kongresses ein Schwächung Österreichs sahen. Die Italiener waren empört über die *Stärkung* Österreichs durch das den Habsburgern zugesprochene Bosnien und die Herzegowina. Frankreich hatte Berlin unter Protest verlassen wollen, weil England Zypern bekam und damit praktisch die Seeherrschaft im östlichen Mittelmeer gewann. Britannien, dies *Kleinod in der Silbersee* laut Shakespeare, war wie fast immer in der Geschichte des 19. Jahrhunderts zum Gewinner der Partie geworden.

Verlierer waren die Türken. Sie zahlten mit zwei Fünfteln ihres europäischen Besitzes. Die eigentlichen Leidtragenden aber waren die Völker des Balkans, die Mazedonier, Bulgaren, Serben, Montenegriner, Herzegowiner, Bosniaken, Rumänen, *ces gens là-bas*, wie die Kongreßteilnehmer sie nannten. Die Nichtachtung jener *Leute da unten*, über deren Interessen, nationale Sehnsüchte und Selbstbestimmungsrechte man gleichgültig hinwegging, sollte sich furchtbar rächen. Der Zündstoff, der sich auf dem Balkan ansammelte, genügte, um 39 Jahre später ganz Europa in Brand zu setzen. Nur insofern kommt dem Berliner Kongreß das Prädikat welthistorisch zu. Seine Beschlüsse sind von der Geschichte allzu schnell null und nichtig gemacht worden.

»Die größte Torheit meines Lebens«, hat Bismarck später geäußert, »war der Berliner Kongreß. Ich hätte Rußland und England sich raufen und gegenseitig auffressen lassen sollen, wie die zwei Löwen im Walde, von denen nur die zwei Wedel übrigblieben ... Aber ich habe damals Politik gemacht wie ein Stadtverordneter.«

Das war, wie angedeutet, erst viel später. Nach Abschluß des Kongresses war er mit sich zufrieden. Er hatte, trotz aller Schelte, an Prestige gewonnen und, vor allem, an Glaubwürdigkeit. Der Mann von Blut und Eisen, dem viele Menschen in Europa Schuld an drei Kriegen zugemessen und ihm deshalb nie recht über den Weg getraut hatten, er hatte durch Uneigennützigkeit bewiesen, daß Deutschland tatsächlich saturiert war und sich nur an einem wirklich interessiert zeigte: am Frieden, getreu jenem Passus in der Thronrede des Kaisers: »Die Achtung, welche Deutschland für seine eigene Selbständigkeit in Anspruch nimmt, zollt es bereitwillig der Unabhängigkeit aller anderen Staaten und Völker, der schwachen wie der starken.« Diesen Passus hatte der Reichstag in seiner Antwort noch einmal unterstrichen mit den Worten, daß die Tage der Einmischung in das innere Leben der Völker unter keinem Vorwande und in keiner Form wiederkehren würden.

DAS REICH UND DIE PREUSSEN

An einem Vorfrühlingstag des Jahres 1871 war in ganz Deutschland die Volksvertretung gewählt worden, die das neu geschaffene Reich der Deutschen in Zukunft repräsentieren sollte. Glocken läuteten, Kanonen donnerten, überall wehten Fahnen, denn man feierte gleichzeitig den Abschluß des Vorfriedens mit Frankreich. Wahl in *ganz Deutschland*, das hieß in den vier Königreichen Preußen, Bayern, Sachsen, Württemberg, in den sechs Großherzogtümern Baden, Hessen, Mecklenburg-Schwerin, Mecklenburg-Strelitz, Oldenburg, Sachsen-Weimar-Eisenach, in den fünf Herzogtümern Anhalt, Braunschweig, Sachsen-Meiningen, Sachsen-Altenburg, Sachsen Coburg-Gotha, in den sieben Fürstentümern Reuß ältere Linie, Reuß jüngere Linie, Schwarzburg-Rudolstadt, Schwarzburg-Sondershausen, Lippe, Schaumburg-Lippe, Waldeck und in den drei Freien Städten Hamburg, Bremen und Lübeck. Wahl in Deutschland, das bedeutete, daß man nach dem fortschrittlichsten System in der damaligen Welt zur Urne schritt, nach dem allgemeinen, gleichen, direkten, geheimen Wahlrecht.

Nur jeder zweite Deutsche machte von diesem Recht Gebrauch. Die breite Masse des Industrieproletariats war politisch weder geschult noch organisiert, glaubte im übrigen, daß *die da oben* ohnehin täten, was sie wollten, und nicht die Absicht hätten, sich ihrer Not anzunehmen. Der Dichter Gerhart Hauptmann fand diese Stimmung beispielsweise unter den Handarbeitern Schlesiens: »... die deutsche Einheit, der

Taumel des Erfolgs ... hatte hier nur stille Wut und dumpf entschlossenen Haß ausgelöst. Bismarck, Moltke und der Kaiser täten für die armen Leute nichts; der Reichstag bestehe aus einem Haufen Betrügern und Nichtstuern.«

Die meisten Stimmen, 1 130 000 oder 29 Prozent, bekamen die Nationalliberalen, was in der Praxis bedeutete, daß sie 120 der 382 Abgeordneten stellten. Sie waren überzeugte Anhänger des neu geschaffenen Reichs unter preußischer Führung, dessen Einheit zur Einigkeit in Gedanken und Gefühl führen sollte. Bürger waren es, gebildet durch das Gedankengut der deutschen Literatur und der idealistischen Philosophie, aufgewachsen im protestantischen Glauben, sozial aufgestiegen durch den wirtschaftlichen Liberalismus. Bildung und Besitz standen auf ihren Fahnen, wobei ihnen ersteres weniger wichtig war als das zweite. Ihre Hochburgen lagen nicht in Preußen, wie man vermuten dürfte, sondern in Baden, Württemberg, Hessen, in der Pfalz, in Thüringen, Mecklenburg – und in Hannover, seit 1866 einer Preußenprovinz wider Willen.

Zu ihrer Linken siedelten die Fortschrittler mit sehr respektablen 349 000 Stimmen, die Liberalen ohne Fraktionsbindung und die Deutsche Volkspartei, Parteien, die ihre Anhänger unter den Handwerkern und den freien Berufen fanden.

Auf die Liberalen stützte sich Bismarck und nicht auf die Konservativen, die ja einst seine politische Heimat gewesen waren. Er konnte kein Entgegenkommen erwarten bei Leuten, deren Interessen er schon lange nicht mehr vertrat, gegen deren Überzeugungen er verstoßen, als er nach 1866 den Fürsten in Hannover, Kurhessen und Nassau ihren Thron vor die Tür gesetzt hatte. Für sie, die Landjunker, war der Kaiser immer noch der König, ihre Fahne schwarz-weiß und die ganze Reichsgründung ein unnötiges Unternehmen. Es störte sie noch nicht einmal, sich in Gemeinschaft mit den dem Reiche feindlichen Polen, Dänen, Elsässern und Welfen zu wissen.

Ebenfalls in Opposition stand das neu gegründete *Zentrum*, in dem die Katholiken sich in der Furcht fanden, dieser Staat würde sie mit seinem protestantisch-liberalen Übergewicht erdrücken.

Denn preußisch bestimmt, wenn auch nicht gestimmt, war das neue Gebilde zweifelsohne. Von den 41 Millionen Einwohnern des Deutschen Reichs lebten 24,7 Millionen in preußischen Landen, die fast zwei Drittel Deutschlands umfaßten. Die Preußen beherrschten der Zahl und der Kommandogewalt nach das Reichsheer, verfügten über die meisten Rohstoffe, besaßen die größte Industrie. Preußens König war Deutscher Kaiser, Preußens Ministerpräsident gleichzeitig Reichskanzler. Warum es dennoch nicht zu einer Verpreußung des Reichs kam, wie allgemein befürchtet, sondern eher zu einer »Verreichung« Preußens, warum Deutschland nicht in Preußen aufging, sondern Preußen in Deutschland, wird noch zu zeigen sein.

Die Liberalen gingen mit Bismarck, weil er ihnen ihren Traum eines einheitlichen Deutschlands erfüllt hatte. Sie hofften, daß die Einheit auch Freiheit einschließen würde, und setzten sich ein für die Parlamentarisierung einer Volksvertretung, die zwar nach einem freiheitlichen Wahlsystem gewählt worden war, aber, verglichen mit den Parlamenten Frankreichs und Englands, nur über wenig Macht verfügte. Die Abgeordneten übten gemeinsam mit dem föderalistischen Bundesrat die Reichsgesetzgebung aus und durften über das jährliche Haushaltsgesetz mitentscheiden. Den Reichskanzler konnten sie nur prinzipiell zur Verantwortung ziehen, praktisch also überhaupt nicht; wie sie ihn auch nicht aus ihren Reihen wählen oder gar durch ein Mißtrauensvotum stürzen konnten.

Bismarck war der Meinung, daß den Deutschen nicht zukomme, was den Engländern und Franzosen zieme, und daß ihnen wegen ihres Mangels an politischem Verständnis eine konstitutionelle Monarchie am besten täte, bei der der Hauptakzent auf dem Wort Monarchie liege. Die Liberalen schätzte er, solange sie unter Verleugnung ihres Namens bereit waren, seine Politik zu unterstützen; er verabscheute sie, wenn sie begannen liberal, allzu liberal, zu werden und auf Rechtsstaatlichkeit pochten. Er hatte kein Verständnis für das, was man »Volk« nannte, für die Masse schlechthin, die im Zeitalter der Industrialisierung an die Pforten der Macht pochte. Seine Erinnerungen an die Zeit des ersten deutschen Parlaments in Frankfurt mit den so idealistischen wie weltfremden Abgeordneten, seine Erfahrungen während des Verfassungskonflikts in den sechziger Jahren, hatten sein angeborenes Mißtrauen gegen parlamentarische Regimes zementiert. Daß die Deutschen politisch unreif blieben, lag letztlich an seinem System, das niemandem die Chance gab, durch die Übernahme politischer Verantwortung zu reifen.

Der Milliardensegen aus Frankreich

Setzen wir Deutschland in den Sattel, reiten wird es schon können, hatte Bismarck gesagt. Ein Wort, das im großen und ganzen zutraf für die Zeit, in der er mit den Liberalen zusammenarbeitete, in der sogenannten *liberalen Ära*. Wenn auch das Roß nicht immer so wollte, wie sein Reiter, Bismarck, es gern gehabt hätte.

In diesem Reich der Deutschen gab es 1871 nicht weniger als 126 verschiedene Münzen, 108 Sorten Banknoten bei 42 Sorten staatlichen Papiergelds, im Norden gab es den Talerfuß, im Süden den Guldenfuß, in Bremen die Goldwährung, anderswo die Silberwährung, und mit Elsaß-Lothringen kam noch die Frankenwährung hinzu. In Hamburg existierten neben städtischem Geld preußisches, mecklenburgisches, hannoversches, dänisches, englisches Geld. Bezahlte die Köchin auf dem Markt ein Pfund Ochsenfleisch mit einer größeren Münze, mußte sie nicht selten Wechselgeld in sieben verschiedenen Währungen entgegennehmen. Ob es *stimmte*, das heißt, ob sie die Werte der einzelnen Münzen zueinander richtig berechnet hatte, darüber gab es mit ihrer Herrschaft lebhafte Auseinandersetzungen. Wobei oft nicht nur die Köchin überfordert war mit ihren Rechenkünsten.

Man zahlte nicht nur mit verschiedenen Münzen, man maß auch nach verschiedenen Maßen, die Äcker nach Hufen, Morgen, Tagwerken, Mannwerken, Jochen, Jucharten, kleinere Flächen nach Ruten, Klaftern, Ellen, Zoll, Fuß, Metern im Quadrat, den Inhalt nach Quart, Wiener Maß, altem Maß, Kannen, Wispel, Scheffel, Himten, Stübchen, Ohm, Centilitern, und der Brockhaus aus der Mitte des Jahrhunderts klagte bewegt, daß über die Unbequemlichkeit der verschiedenen Maße alle Stimmen längst einig seien, eine Vereinheitlichung aber stets auf Widerstände stoße.

Gewogen wurde zwar meist nach Pfunden, doch hatte das Pfund in jedem Land ein anderes Gewicht, es gab Augsburger schwere Pfunde, Frankfurter leichte, Nürnberger alte, Hamburger, Hannoversche, Münstersche mit den Unterteilungen nach Gramm, Lot, Quentchen, Hellergewichten.

Hier fand sich für den gesetzgebenden Reichstag ein weites Betätigungsfeld. Die Maße und Gewichte, nach denen wir noch heute messen und wiegen, wurden für ganz Deutschland verbindlich, die Mark zur Währungseinheit bestimmt, die anderen Münzen allmählich aus dem Verkehr gezogen und die Goldwährung statt des Silberstandards eingeführt. Die Preußische Bank verwandelte sich in die Reichsbank, in ein von Beamten geleitetes Privatunternehmen, das das Staatspapiergeld der Einzelstaaten durch Reichskassenscheine ersetzte, Handel und Gewerbe durch zinsgünstige Kredite förderte und allmählich die Notenausgabe für die meisten anderen Banken unrentabel machte.

Der Übergang zur Goldwährung, nach englischem Vorbild übrigens wie die ganze Bankgesetzgebung, wurde erleichtert durch die französische Kriegsentschädigung. Das schon damals teure Edelmetall mußte nicht angekauft werden, sondern kam in großen Barrenmengen gratis über die Grenze. Den Fünf-Milliarden-Franken-Segen, der sich allerdings nicht durchweg segensreich auswirkte, wie noch zu schildern sein wird, einigermaßen gerecht zu verteilen gehörte zu den ersten Aufgaben der Volksvertreter. 561 Millionen Mark investierten sie in einen Fonds für Invaliden und Hinterbliebene, eine weitere halbe Milliarde bekamen die Bundesstaaten, eine ganze diente zur Tilgung aller durch den Krieg gemachten Schulden, eintausendzweihundertfünfzig Millionen sollten einerseits die Kriegsschäden beheben und andrerseits die Armee aufrüsten, einige hundert Millionen wurden in die neuen Goldmünzen verwandelt und 120 Millionen in den Juliusturm der Spandauer Zitadelle geschafft, wo sie bis zum Jahre 1914 als Reichskriegsschatz lagerten.

Delbrück als Präsident des Reichskanzleramts, Camphausen als preußischer Finanzminister, Bamberger, Bankenspezialist und Schriftsteller zugleich, waren die Liberalen, die Bismarcks Werk vollendeten, denn ohne einheitliche Wirtschaft war ein einheitliches Reich nicht denkbar. Der Kanzler ließ diese Männer gewähren, so wenig er sonst von Gewährenlassen hielt. Von der Wirtschaft nämlich verstand er wenig, und wenn man im Reichstag sich um Reformen auf den Gebieten von Handel und Wirtschaft stritt, ritt er lieber durch den Tiergarten.

Wiederum einem Liberalen, Eduard Lasker, verdanken wir es, daß der Einheitsgedanke auch das *Bürgerliche Recht*, die *Gerichtsverfassung*, die *Zivil- und Strafprozeßordnung* erfaßte. Lasker, wegen seiner Dialektik und Sachkunde von den Abgeordneten gefürchtet, widmete sich der Aufgabe mit Leidenschaft. Hier waren Zöpfe abzuschneiden, gab es doch Ortschaften, in denen nach dreierlei verschiedenen Landrechten verfahren wurde; herrschte vielerorts noch der Geist der Kleinstaaterei, den man seit 1803 untergegangen glaubte.

Das bisher in Norddeutschland geltende Strafgesetzbuch wurde als Reichsstrafgesetzbuch auch für Süddeutschland gültig. Die Rechtssicherheit wurde gestärkt durch die Gewährleistung der richterlichen Unabhängigkeit. Die Regierung hatte nicht mehr die Möglichkeit, die Zusammensetzung eines Strafgerichtshofs zu beeinflussen. Den obersten Gerichtshof, das Reichsgericht, errichtete man nicht in Berlin, dem Sitz der Regierung, sondern in Leipzig. Wer eines Vergehens oder Verbrechens angeklagt war, durfte mehr Gerechtigkeit erwarten durch die neuen Paragraphen über die Voruntersuchung, die Untersuchungshaft, den Verkehr mit dem Verteidiger, die Berufung. Wer Richter werden wollte, mußte sich den im ganzen Land geltenden Grundsätzen über seine Befähigung und seine Vorbildung beugen. Der Richter am kleinsten Amtsgericht hatte dieselbe Prozeßordnung zu beachten wie der Richter am höchsten Gericht.

»Fortan wurde im ganzen Reich nach den gleichen Normen, im gleichen Geist und in gleichen Formen Recht gesprochen, und nichts außer der Gemeinsamkeit der Sprache und der Sitten fördert das Nationalgefühl so stark wie die Rechtseinheit.«

Bismarcks Laissez-faire-laissez-aller gegenüber den Liberalen fand sofort seine Grenzen, wenn es um politische Fragen ging, etwa wie stark das Heer sein dürfe und wieviel Geld zu seinem Unterhalt notwendig sei. Über die Soldaten im allgemeinen und die Dauer ihrer Dienstzeit im besonderen war es zu Beginn der sechziger Jahre zu einem derart tiefgreifenden Konflikt gekommen, daß Wilhelm, damals noch König, bereits eine Abdankungsurkunde entworfen hatte. Die Abgeordneten des damaligen preußischen Landtags wußten, daß ihnen die Bewilligung des Heeresetats Macht gab, und die

Reichstagsmitglieder wußten das auch. Gaben sie dieses Machtinstrument aus der Hand, schmolz ihr ohnehin nicht großer Einfluß auf die Politik noch mehr zusammen. Und diese Gefahr wurde riesengroß, als die Regierung ihnen den Reichsmilitärgesetzentwurf vorlegte, wonach die Stärke des Heeres im Frieden, mindestens 401 659 Mann, ein für allemal festgelegt werden sollte.

Hinter dieser Vorlage stand die Generalität. Sie war der Meinung, die Armee sei etwas zu Hohes und Hehres, als daß Abgeordnete, also mehr oder weniger schäbige Zivilisten, darüber zu bestimmen hätten. Der Einwand, gerade das gehöre zu ihren parlamentarischen Grundrechten und würde in anderen Ländern mit Selbstverständlichkeit akzeptiert, interessierte die im Militärkabinett versammelten Generale nicht. Sie waren sich der Unterstützung des Kaisers, ihres obersten Herrn, sicher, der sich seine Regimenter nicht wieder wegnehmen lassen wollte, eine Schutzwehr, wie er es formulierte, für Reich und Volk, gegen innere und äußere Feinde. Mit Bismarcks Hilfe würde sich das Äternat, die auf »ewig« festgelegte Präsenzstärke des Heeres, durchbringen lassen.

Die Herren vom Militärkabinett standen dem Kanzler allerdings reserviert gegenüber. Ihnen war er seit Königgrätz suspekt, da er sich in militärische Belange eingemischt hatte, und im Deutsch-Französischen Krieg 1870 hatten sie ihn von ihren Beratungen ausgeschlossen und durch Zuweisung schlechter Quartiere nebst mangelhafter Fourage zusätzlich unter Druck zu setzen versucht. Seine Uniform mit den Rangabzeichen eines Generals, die bis über die Knie reichenden Kürassierstiefel, dieses ganze martialische Gewand schien ihnen Mummenschanz zu sein, eine Verkleidung, die an dem uralten Gegensatz zwischen Staatsmann und Generalität nichts ändern konnte. Jetzt aber brauchten die Militärs den Politiker, denn wer anders als er hätte die Vorlage durchbringen können? Und sie würden ihn weniger brauchen, wenn er seine Schuldigkeit getan hatte.

Bismarck aber ließ die Halbgötter, wie er sie ironisch nannte, in ihrem eigenen Saft schmoren. Er glänzte im Reichstag durch Abwesenheit, erkrankte des öfteren und war nicht unzufrieden, als der Entwurf, von Moltke mit mehr Eifer als Überzeugungskraft empfohlen, sogar in zweiter Lesung abgeschmettert wurde. Zu einem Äternat waren die Liberalen nicht bereit – schließlich machte das Militärbudget vier Fünftel des gesamten Reichshaushalts aus –, auch der Hinweis konnte sie nicht umstimmen, daß Frankreich die Revanche vorbereite und eine Armee von 470 000 Mann unterhalte, auch die Drohung nicht, ihre Renitenz beleidige die ganze auf ihre Armee doch so stolze Nation.

Jetzt war die Zeit für Bismarck gekommen. Scheitern durfte das Reichsmilitärgesetz nicht. Die Regierung hatte es eingebracht, und er war deren Chef. Schon wegen des Kaisers war eine Ablehnung nicht denkbar. An seinem Krankenlager, auf das ihn ein Gichtanfall geworfen hatte, empfing er Miquel, einen der Führer der Liberalen, und setzte ihn mit der Ankündigung unter Druck, er werde den Reichstag auflösen. Es kam zu einem derart erregten Wortwechsel, daß der Kranke einen Rückfall erlitt, Miquel einem Herzanfall nahe war, beide schließlich, da ihnen an einem Bruch nicht gelegen war, zu einem Kompromiß fanden: kein Äternat, auch keine jährliche Festsetzung, wie von den Liberalen gefordert, sondern ein Septennat, ein auf sieben Jahre festzulegender Militäretat.

Für Bismarck war der Kompromiß ein Sieg. Die sieben Jahre bedeuteten, daß der nächste Reichstag keinen Einfluß nehmen konnte auf die Armee, denn die Legislaturperiode betrug nur drei Jahre. Und den Militärs hatte er vorexerziert, wie hilflos sie ohne ihn waren. Auch der Kaiser, er war jetzt siebenundsiebzig, war's zufrieden: Er glaubte, daß das Septennat die ihm noch verbleibende Lebenszeit ohnehin überschreiten würde. Für die Liberalen war es ein fauler Kompromiß. Sie hatten nicht in irgendeinem Konflikt nachgegeben, sondern in einer Auseinandersetzung, die die parlamentarischen Grundsätze schlechthin in Frage stellte. Das Septennat, von seinen Gegnern die »böse Sieben« genannt, verbaute allen Abgeordneten den Weg, ihre Unmündigkeit loswerden zu können.

Von politischer Verantwortung ferngehalten, vergeudeten viele von ihnen ihre brachliegenden Kräfte für Detailfragen, verzettelten sich in Beckmesserei und Nörglertum, wenn sie nicht gerade zu bloßen Zwischenrufern verkamen. Zu beobachten heute wieder an zahlreichen Hinterbänklern in Berlin. Andere wieder erschöpften ihr Talent in endlosen Debatten, die allerdings, liest man die Parlamentsstenogramme aufmerksam, auf wesentlich höherem Niveau standen als jene folgender Jahrzehnte. Die lateinischen und griechischen Zitate, die Verweise auf historische Persönlichkeiten, die Assoziationen im Hinblick auf Figuren der Weltliteratur würden heute nur von wenigen unserer Volksvertreter verstanden werden.

UNFEHLBAR IST DER PAPST

Nicht zuletzt der im *Innern tobenden Kämpfe wegen*, hatte einer der liberalen Führer bei der Abstimmung über das Septennat gesagt, stimme er dem ausgehandelten Kompromiß zu. Wer diese Kämpfe aus der Distanz von hundert Jahren betrachtet, mag sich verwundern, mit welcher Leidenschaft sie geführt wurden, welcher Haß die Gegner erfüllte, wie sie ein ganzes Volk, das sich gerade zusammengefunden hatte, wieder zu spalten drohten.

Worum ging es? Um nichts Geringeres als um die Erhaltung der abendländischen Kultur! Davon jedenfalls waren die Streiter beider Lager überzeugt und gaben vor, dafür zu kämpfen. Geheimrat Virchow, der sich auf dem Gebiet der Medizin größere Verdienste erwarb als auf dem der Politik, hatte den Begriff *Kulturkampf* in einem antikirchlichen Wahlaufruf für seine Fortschrittspartei geprägt. Nun, es wurde für ganz andere Belange gestritten …

Auf dem Thron Petri saß seit 1846 der neunte Pius. Er war ursprünglich von liberaler Gesinnung, hatte aber unter dem Eindruck der 48er Revolution, die ihn aus Rom vertrieb, seine Meinung über die Welt und die Menschen radikal geändert und suchte nun auf geistlichem Gebiet wiederzuerlangen, was 1860 im Zuge der italienischen Einigung auf dem weltlichen Sektor verlorengegangen war, nämlich sämtliche der Kirche gehörenden Provinzen. Um die Herrschaft über die Seelen und Gemüter zu gewinnen und die geistliche Gewalt der irdischen überzuordnen, galt es erst einmal, den verderblichen Geist der Zeit zu bekämpfen.

1864 ließ Pius deshalb eine Enzyklika verbreiten, in der er die Ansichten der Neuzeit über Religion und bürgerliche Gesellschaft verdammte. An dieses Rundschreiben schloß sich der *Syllabus errorum* an, ein Verzeichnis von achtzig Irrlehren, welche die Kultur, die Wissenschaft und die Wirtschaft angeblich beherrschten, und das war gleichbedeutend mit einer Verdammung der modernen Zivilisation.

Der Papst rief ferner die Bischöfe des ganzen Erdballs 1870 nach Rom zu einem Konzil – was seit 300 Jahren nicht mehr geschehen war – und legte ihnen ein Dogma vor, wonach ein Papst unfehlbar sei, wenn er *ex cathedra*, in amtlicher Eigenschaft, über den Glauben und die Sitte Entscheidungen treffe. Der Lehrsatz von der Unfehlbarkeit, mit dem absoluten Vorrang des Papstes vor allen Bischöfen verbunden, war von Anfang an umstritten und wurde erst nach langen, sich über Monate hinstreckenden Disputationen zum Konzilsbeschluß erhoben. Selbst dann verharrten zahlreiche Katholiken in Europa und Nordamerika in Ablehnung gegenüber dem Dogma der Infallibilität, *Vaticanum* genannt, schlossen sich zusammen und nannten sich von nun an *Altkatholiken*.

Die Liberalen, welche die Freiheit des einzelnen als naturgemäße Form des menschlichen Zusammenlebens und den Fortschritt in Kultur, Recht, Wirtschaft und Sozialordnung als den Inhalt geschichtlicher Entwicklung betrachteten, werteten das Vaticanum als Kriegserklärung, und ihre Erregung, ja Empörung, wurde von der – protestantischen – öffentlichen Meinung geteilt. Vermutete man doch die Jesuiten als Urheber, jene katholischen Ordensgeistlichen, die für einen Protestanten immer schon an allem schuld waren. Besonders angefeindet wurden sie wegen einer ihrer Lehren, »methodus dirigendae intentionis« genannt, die unter Umständen die Übertretung sämtlicher Gebote rechtfertigte. Die Enzyklika Syllabus errorum sowie das Unfehlbarkeitsdogma wurden in der Tat wesentlich durch den Einfluß der Gesellschaft Jesu herbeigeführt, und Andersgläubige waren gewiß überfordert, wenn sie die Infallibilität als den Abschluß einer jahrhundertelangen Entwicklung zu sehen hatten, bei der religiöse Überzeugung und kirchliches Rechtsbewußtsein miteinander verschmolzen, und nicht als Herausforderung des modernen Kultur- und Staatsbewußtseins.

Bismarck selbst, der an dem ersten katholischen Mitschüler, dem er begegnete, den Geruch von Scheiterhaufen gespürt habe, wie er witzelte, blieb kühl und betrachtete Syllabus und Unfehlbarkeit als innerkirchliche Angelegenheit, derentwegen er sich weder mit den deutschen Katholiken noch mit Rom überwerfen wollte; ja er war sogar bereit gewesen, dem Papst in Deutschland Asyl zu gewähren, als Pius mit dem Gedanken spielte, Rom aus Protest zu verlassen. Die Italiener hatten ihm vom Kirchenstaat nur noch die Anlagen des Vatikans gelassen. Das Geschäft auf Gegenseitigkeit – Asylgewährung gegen Befriedung der deutschen Katholiken – kam allerdings nicht zustande.

In Deutschland kam das Zentrum zu Macht und Einfluß, eine Partei, in der sich alle jene fanden, die um ihre kirchlichen Rechte fürchteten, und das waren in erster Linie Katholiken. Bei Königgrätz war Österreich besiegt worden, bei Sedan eine andere katholische Großmacht, Frankreich. Das neue Reich war ein kleindeutsches Reich, gegründet unter Ausschluß der katholischen Habsburger, mit einem protestantischen Herrscherhaus an der Spitze, mit Protestanten an den Schaltstellen der Politik, mit protestantischen Meinungsmachern, die immer wieder betonten, daß Königgrätz und Sedan den Sieg des evangelischen Kaisertums über den Katholizismus bedeutete. In der Überzahl waren sie auch: 25 600 000 gegenüber 1 480 0000 Katholiken. Nur so wird es verständlich, daß einer der späteren Zentrumsführer nach Beendigung des Deutschen Kriegs von 1866 ausgerufen hatte: »Die Welt stinkt!«

Abwehr des Liberalismus, Unabhängigkeit der Kirche lauteten die wichtigsten Programmpunkte des Zentrums, und auf seinen Fahnen stand geschrieben *Religion oder Unglaube*, wobei mit der Religion die alleinseligmachende katholische Konfession gemeint war. Die Anhänger stammten aus allen sozialen Schichten und waren vornehmlich in den *muß*preußischen Gebieten des Rheinlands zu Hause, im ostpreußischen Ermland, in Oberschlesien und Posen sowie in Bayern. Es störte ihre Führer wenig, daß sie die rapide Entwicklung ihrer Partei den Errungenschaften der von ihnen bekämpften Liberalen mit zu verdanken hatten: Freiheit der Presse, der Versammlung, der Vereinsgründung, alles Grundrechte, die sie von der Staatsgewalt unabhängig machten. Diese Rechte forderten sie nun auch für Süddeutschland, wo sie, im Gegensatz zu Preußen, nicht existierten.

Ludwig Windthorst war einer dieser Führer, ja das eigentliche Oberhaupt. Der kleine, unansehnliche Mann, dem wegen seines eckigen Kopfes und breiten Mundes und eines aufgrund seiner starken Kurzsichtigkeit unsicheren Ganges etwas Schafsähnliches anhaftete, wurde im Reichstag zum Löwen. Schlagfertig, unerschrocken, mit kalter Logik ebenso ausgerüstet wie mit beißender Ironie, lehrte er seine Gegner das Fürchten, darunter auch Bismarck, der einmal äußerte: »Mein Leben erhalten und verschönen zwei Dinge: meine Frau und – Windthorst. Die eine ist für die Liebe da, der andere für den Haß.«

Er haßte ihn und begann seine anfängliche Zurückhaltung gegenüber dem Zentrum aufzugeben. Mit Unfehlbarkeit und Syllabus hätten die Katholiken seinetwegen selig werden können. Doch wenn sie sich zu einer Partei formierten und für seine Politik lebenswichtige Mehrheiten im Reichstag zu verhindern suchten, damit die Institutionen des von ihm geschaffenen Reichs in Frage stellend, mußte er sich herausgefordert fühlen. Was waren das für Leute, die sich nicht scheuten, mit den Polen ein Bündnis einzugehen, mit den Elsässern, mit den Welfen, Preußens Todfeinden, ja selbst mit den Roten, mit Abgeordneten also, die dem Reich feindlich gesinnt waren. Was waren das für Menschen, die die Regierung aufforderten, jene katholischen Theologieprofessoren und Religionslehrer zu entlassen – ihre eigenen Glaubensbrüder! –, die die neuen Dogmen ablehnten, weil diese sich weder aus der Bibel noch aus der kirchlichen Überlieferung des ersten Jahrtausends erweisen ließen.

Des Kanzlers Mißtrauen wuchs, als er erfahren mußte, daß der Herzog von Ratibor, einer seiner entschiedensten Anhänger, bei den Wahlen in Oberschlesien gegen einen Herrn Müller, Geistlichen Rat und Zentrumsmann, eine Niederlage erlitt, weil die – katholischen – Polen fast geschlossen ihre Stimmen dem Herrn Müller gegeben hatten.

Und diese deutschen Katholiken waren es, die von ihm nach dem Sieg über Frankreich verlangt hatten, er möge *als eine der ersten Taten kaiserlicher Weisheit und Gerechtig-*

keit dem Papst mit Waffengewalt die verlorene weltliche Herrschaft wiederverschaffen.

Sosehr er sich bisher gegenüber den Katholiken diesseits und jenseits der Alpen zurückgehalten hatte, um so heftiger ging er jetzt gegen sie vor. Eine *Breschbatterie* war ihm die Zentrumspartei nun, die ihre Kanonen gegen die Mauern des Reichs gerichtet hatte. Einen Staat im Staate strebte sie an, und bei den Auseinandersetzungen mit ihnen handelte es sich um den uralten Machtstreit zwischen Königtum und Priesterschaft, einen Machtstreit, der die deutsche Geschichte des Mittelalters bis zur Zerstörung des Deutschen Reichs erfüllt hatte – alles Attacken, die die Massen psychologisch einstimmen sollten für die nun zu treffenden Kampfmaßnahmen.

Das war nicht sonderlich schwierig. Das Dogma von der Unfehlbarkeit und der Syllabus hatten neben berechtigt erscheinendem Befremden uralte Vorurteile aktiviert über die *Weltverschwörung der Römlinge*, über die Jesuiten und ihre *monita secreta privata*, die seit Beginn des 16. Jahrhunderts kolportierten *Geheimen Weisungen* über die Weltherrschaftsgelüste des Papstes. Selbst wer unter den Protestanten sich seinen klaren Kopf bewahrte und die Katholiken nicht als eine Art Fünfter Kolonne ansah, wird dem berühmten Schweizer Völkerrechtler Johann Kaspar Bluntschli im Prinzip zugestimmt haben, der da schrieb:

»Wenn der Papst im Glauben und in den Sitten als unfehlbar verehrt wird, so ist er der religiöse und moralische Herrscher der Welt. Wenn die Völker in Glauben und Sitten dem unfehlbaren Papst zu gehorchen die Pflicht haben, so dürfen sie niemandem gehorchen, dem der Papst und der dem Papst widerspricht, nicht der Wissenschaft noch der eigenen Einsicht, auch nicht dem Gesetze des Staates und den Geboten des Königs.«

»NACH CANOSSA GEHEN WIR NICHT!«

Wie immer, wenn Bismarck an einen politischen Gegner geriet, mit dem die Klingen zu kreuzen unvermeidbar schien, kämpfte er mit Leidenschaft, ohne Skrupel, und seine Schläge fielen hageldicht.

Sein Versuch, die Zentrumspartei von der Kurie zu trennen, einen Keil zwischen Zentrumsführer und katholisches Fußvolk zu treiben, mißlang, dafür tat ihm Bayern, wo die altkatholische Bewegung am stärksten war, den Gefallen, eine Ergänzung des Reichsstrafgesetzbuchs zu beantragen, den *Kanzelparagraphen*. Danach wurde es den Geistlichen verboten, Gottesdienste zur politischen Agitation und zur Verunglimpfung ihrer Gegner zu mißbrauchen. Jedem, der gegen den Kanzelparagraphen verstieß, drohte Gefängnis bis zu zwei Jahren. Vorangegangen war die Aufhebung der katholischen Abteilung des preußischen Kultusministeriums, von Friedrich Wilhelm IV. einst eingerichtet, um den Katholiken in Preußen gerecht werden zu können.

Ein weiterer Gesetzentwurf, dazu bestimmt, die Rechte des Staates gegenüber der Kirche wiederherzustellen, beschäftigte sich mit den Schulen. Sie waren seit jeher von den Geistlichen beaufsichtigt worden, wobei die Ortspfarrer gleichzeitig die Ortsschulinspektoren waren und die höheren Geistlichen die Kreisschulinspektoren. Der Pfarrer hatte immer über dem Lehrer gestanden, der Religionsunterricht zu den wichtigen Fächern gehört, wodurch bisweilen auch jene Schüler das Ziel der Klasse erreichten, von denen der Volksmund sagte: »Religion gut, Kopfrechnen schwach.«

Das Schulaufsichtsgesetz vom März 1871 unterstellte alle kommunalen und privaten Schulen der staatlichen Aufsicht, womit man zwei Fliegen mit einer Klappe zu schlagen hoffte: den klerikalen Einfluß auf die Schulen einzudämmen und, was die polnischen Ostprovinzen betraf, die katholische Bevölkerung dem Bannkreis ihrer Geistlichen zu entziehen. Dort war Lehrern und Schülern von den Geistlichen die deutsche Sprache verleidet worden; die in der preußischen Armee dienenden jungen Burschen mochten dem Papst mehr gehorchen als dem König Wilhelm. Bismarck fürchtete sogar, daß in den polnischen Gebieten der Boden so stark unterhöhlt werde, daß er einbräche, »sobald sich auswärts eine polnisch-katholisch-österreichische Politik entwickeln kann«.

Er steigerte sich in einen wahrhaft dämonischen Zorn hinein, sprach vom *Krieg mit Rom* und glaubte, daß der Papst, hätte er Erfolg, mit der evangelischen Mehrheit in Preußen vollständig aufräumen würde. Die nichtkatholischen Christen müßten sich dann entweder katholisch erklären oder auswandern, oder ihr Vermögen würde konfisziert, *wie es Ketzern gegenüber billig ist*. Daß das nicht geschehe, dafür wollte er einstehen, und während der Debatte über die Ablehnung des designierten deutschen Botschafters am Vatikan durch Pius rief er den Abgeordneten zu: »Seien Sie außer Sorge: nach Canossa gehen wir nicht – weder körperlich noch geistig.«

Ein Wort, geeignet, im deutschen Volk starke Ressentiments aufzurühren: Vor dem geistigen Auge der Menschen tauchte ein Kaiser auf, barfuß, im Büßerhemd, und ein triumphierender Papst; denn Canossa galt damals als tiefste Erniedrigung des Kaisertums und höchster Triumph der Kurie. Die Millionen, die dieses Wort, das bald Flügel bekam, vernahmen, mußten glauben, daß Bismarck sie vor einer ähnlichen Schmach bewahren würde, und ihre Zustimmung war jubelnd.

Der Kulturkampf erreichte einen seiner Höhepunkte, als, wiederum auf bayrischen Antrag, das *Gesetz betr. den Orden der Gesellschaft Jesu* erlassen wurde. Er untersagte dem Orden die Niederlassung in Deutschland, ermächtigte die Regierung, seinen Mitgliedern den Aufenthalt in bestimmten

Karikatur der »Berliner Wespen« auf den Kulturkampf: *Das Tischtuch wird zerschnitten.*

Orten anzuweisen oder zu verbieten und die Ausländer unter ihnen aus dem Reichsgebiet auszuweisen. Die Jesuiten waren, wie erwähnt, nie sonderlich populär gewesen, und nicht nur Protestanten lasen Wilhelm Buschs allegorische Geschichte vom *Pater Filuzius*, diesem *Jesuiter*, und konnten ganze Passagen auswendig (»Pater Luzi aber schleichet heimlich lauschend sich um das Haus, ein pechschwarzes Ei der

Rache brütet seine Seele aus … Ach, man will auch hier schon wieder nicht so wie die Geistlichkeit!!!«). Das Gesetz gegen die Jesuiten aber entsprach nicht der in Preußen zur Tradition gewordenen religiösen Toleranz, wonach ein jeder nach seiner Fasson selig werden müsse, und schlug der von der liberalen Mehrheit sonst angestrebten Rechtsstaatlichkeit ins Gesicht. Lasker, der Unbestechliche, spürte den Widerspruch zwischen liberalen Worten und liberalen Taten und stimmte mit einigen wenigen Abgeordneten, zu ihrer Ehre sei's gesagt, gegen die Ausnahmegesetze.

Ein neuer Kultusminister, der Geheime Oberjustizrat Falk, löste den zu weichen Vorgänger ab und bereitete die Maigesetze des Jahres 1873 vor, angeblich gegen alle christlichen Konfessionen, in Wirklichkeit allein gegen die katholische Kirche gerichtet. Ein königlicher Gerichtshof für kirchliche Angelegenheiten wurde in der Absicht errichtet, die päpstliche Rechtsprechung über die katholische Kirche in Preußen aufzuheben, die Kirchenstrafen unter die Kontrolle des Staates zu bringen, damit die niederen Geistlichen von Rom unabhängiger machend. Wer aus der Kirche austreten wollte, hatte lediglich eine Erklärung vor dem Richter seines Wohnorts abzugeben. Wer heiraten wollte, brauchte nicht mehr mit Kranz und Schleier zum Altar, sondern ließ sich seinen neuen Personenstand vom Standesamt beurkunden.

Los von Rom und hin zum Reich sollte auch der Weg des zukünftigen Geistlichen führen, dergestalt, daß er, den Nachweis eines auf einem deutschen Gymnasium abgelegten Abiturs und eines dreijährigen Theologiestudiums an einer deutschen Universität in der Tasche, sich einem *Kulturexamen* unterzog mit den Prüfungsfächern Philosophie, Geschichte und deutsche Literatur. Wer sich mit diesen Fächern gründlich beschäftigte, setzten die Gesetzeserfinder naiv voraus, wäre unweigerlich und lebenslang für den deutschen Kulturkreis gewonnen.

Die Offiziere des Papstes, wie Bismarck Jahre später die katholischen Geistlichen in widerwilligem Respekt nannte, kapitulierten nicht. Weder Geldbußen noch Gefängnisstrafen, weder Absetzung noch Berufsverbot konnten ihren Widerstand brechen. Sie blieben auch standhaft, als der Staat schwerere Geschütze auffuhr, indem er mit Expatriierung drohte, durch Einstellung aller staatlichen Zahlungen den Brotkorb höher hängte, die nicht wieder besetzten Bistümer kommissarisch übernahm und in die Vermögensverwaltung eingriff.

Das katholische Kirchenvolk, von dem der Staat gehofft hatte, es würde sich gern von der Bevormundung Roms befreien lassen, hielt treu zu seinen Hirten. Mit den verhafteten und vertriebenen Priestern waren Märtyrer geschaffen worden, und noch immer hatte sich das Volk zu Männern bekannt, die um ihres Glaubens willen Verfolgung und Not auf sich nahmen. Auch hier erwies es sich, wie so oft in der Geschichte, daß Glaube und Ideen auf die Dauer von keiner Polizei unterdrückt werden können. Fast anderthalbtausend katholische Pfarreien verwaisten. In vielen Orten konnten die Kinder nicht getauft, Ehen nicht eingesegnet, Gottesdienste nicht abgehalten werden; und die Glocken in den Kirchtürmen verstummten.

Die Nonnen von Koblenz

Längst hatte der Papst sich eingeschaltet, die preußische Kirchengesetzgebung für ungültig erklärt und jeden Katholiken mit Exkommunikation bedroht, wenn er sie befolge. In einem Handschreiben wandte sich Pius an Wilhelm I., wohl wissend, daß der Kaiser und König den Glaubensstreit mit zwiespältigen Gefühlen beobachtete. Der alte Herr war beeindruckt von dem Engagement seiner protestantischen Glaubensbrüder für den Kulturkampf, aber er fürchtete, daß die Maigesetze sich eines Tages auch gegen die unierte evangelische Kirche Preußens richten könnten, deren Summus Episcopus, sprich Schutzherr, schließlich er selber war. Auf Thron *und* Altar war seine Macht gegründet, eine Trennung konnte er nicht wünschen. Wie ja auch die Konservativen im Land die Gefolgschaft im Kampf gegen den Katholizismus aus diesem Grund aufgesagt hatten.

Er habe, schrieb Pius IX., die Pflicht, allen die Wahrheit zu sagen, auch denen, die nicht katholisch seien, »denn jeder, der die Taufe empfangen habe, gehöre in irgendeiner Weise oder in irgendeiner Art ... dem Papste an«. Eine nicht sonderlich diplomatische Formulierung, die das Gegenteil dessen bewirkte, was sie beabsichtigte.

Wilhelm ging augenblicklich auf Distanz und antwortete kühl und würdevoll: »Der evangelische Glaube, zu dem ich mich, wie Eurer Heiligkeit bekannt sein muß, gleich meinen Vorfahren und gleich der Mehrheit meiner Untertanen bekenne, gestattet uns nicht, in dem Verhältnis zu Gott einen anderen Vermittler als unseren Herrn Jesum Christum anzuerkennen.«

Der Widerstand der deutschen Katholiken wuchs, und mit ihm der Haß der Verfolgten auf die Verfolger. Ein Böttchergeselle lauerte dem in Kissingen kurenden Reichskanzler auf, schoß eine Kugel auf ihn ab, die des Kanzlers Wange streifte und die zum Gruß erhobene Hand verletzte. Der Täter war Mitglied eines katholischen Männervereins und hatte Bismarck für den leibhaftigen Antichrist angesehen. Die Tatwaffe hätte der Kanzler neben den Revolver legen können, mit dem der Attentäter Cohen-Blind 1866 Unter den Linden in Berlin auf ihn geschossen hatte. Er war tief erregt, ja verstört, über diesen erneuten Anschlag auf sein Leben. Seine Erregung war in einer Monate später stattfindenden Reichsdebatte noch immer spürbar, als er dem bayrischen Zentrumsführer zurief:

»Aber mögen Sie sich lossagen von diesem Mörder, wie Sie wollen, er hängt sich an Ihre Rockschöße fest!«

Erbittert über die Wirkungslosigkeit seiner Maßnahmen, suchte er Schuldige und bezichtigte den anfangs so geschätzten Kultusminister Falk, daß er nicht aufs Ganze gehe und dem schwarzen Pelz des politischen Katholizismus nur die einzelnen grauen Haare herausreiße; der Minister glaube wohl, *die Ultramontanen mit Samthandschuhen bekämpfen zu können, dazu aber gehörten eiserne Krallen …*

Krallen, von welcher Art auch immer, nützten nichts: Das Zentrum konnte bei den preußischen Landtagswahlen 1873 und den Reichstagswahlen 1874 die Zahl seiner Wähler verdoppeln. Es waren Wähler, die nicht nur zur Zeit der Wahl an ihre Partei dachten, sondern sie als ihre politische Heimat ansahen. Getragen von katholischen Vereinen und katholischen Studentenverbindungen, wurde das Zentrum zur ersten deutschen Volkspartei. Schlagkräftig, gut organisiert, glänzend geführt, bildete sie mit ihren 1 439 000 Stimmen einen politischen Block, an dem niemand vorbeikam. Da auch die Nationalliberalen und die mit ihnen verbündeten Fortschrittler stärker aus den Wahlen hervorgegangen waren und eine belastbare Mehrheit im Reichstag bildeten, kam es allmählich zu einem Patt zwischen den »Kulturkämpfern«. Bei der Regierung zeigten sich Zeichen der Resignation, im katholischen Lager nahm die anfängliche Lust am Untergrund ab. Der Rausch, ein Märtyrer zu sein, schwand mit der grauen Not des Alltags und den ständig zu bringenden Opfern.

Während die, die den Kampf an der Front zu führen hatten, zu wanken begannen, blieben ihre Führer halsstarrig und fürchteten, durch Nachgiebigkeit an Prestige zu verlieren. Der Kulturkampf schleppte sich dahin wie eine schleichende Krankheit und begann allmählich das öffentliche Leben zu vergiften.

Der alte Kaiser, der auf die Achtzig zuging, hätte ihn gern beendet. Er war ein tiefreligiöser Mann, ging jeden Sonntag in die Kirche, das mit golddurchwirktem Samt eingebundene Gesangbuch unter dem Arm, und sein Gewissen schlug ihm jedesmal, wenn er seine Unterschrift unter eines der antikatholischen Gesetze setzte. Am schwersten war es ihm gefallen, der Zivilehe zuzustimmen, deren Einführung das Heilige und Christliche der Ehe bedrohen mußte. Daß die Zahl der kirchlichen Eheschließungen gerade in seiner Kirche rapide sank, bestätigte seine Furcht vor einer um sich greifenden allgemeinen Irreligiosität, *woraus dann unabsehbares Unheil entstehen muß.*

Auch sein Sohn, der Kronprinz, anfangs ein energischer »Kulturkämpfer«, weil er in den Ultramontanen Feinde seines Staats sah, schwieg irritiert angesichts der seiner liberalen Gesinnung widersprechenden Polizeimaßnahmen und schien wenig davon angetan, diesen Kampf einmal zu erben.

Wilhelms Gemahlin, der Kaiserin Augusta, hatte die ganze Richtung von Anfang an nicht gepaßt: weil sie katholische Priester und ihren Gottesdienst schon immer vornehmer gefunden hatte als das, was protestantische Pfarrer in ihren nüchternen Gotteshäusern boten; weil sie sich vom Weihrauch, Ave-Maria-Läuten, Kruzifixen auf einsamen Bergeshöhen betören ließ. Dies meinte Bismarck, der sie, ganz wider die Ritterlichkeit, die er Frauen sonst entgegenbrachte, nur die *bigotte alte Fregatte* nannte. So wenig mochte er sie. Und sie ihn.

Was Augusta gegen den Kulturkampf einnahm, war jedoch nicht nur ein romantischer Flirt, entstanden aus der Begegnung mit kultivierten katholischen Adligen und gebildeten Priestern in Koblenz, das für sie eine Art zweiter Heimat geworden war, dahinter stand ihr ausgeprägtes Gefühl für Gerechtigkeit und Toleranz. Wie anders auch wäre die katholische Bevölkerung der seit 1871 zum Reich gehörenden

Rheinprovinzen für Preußen zu gewinnen? Jedenfalls nicht durch die hinterpommerisch-lutherische Gesinnung der Herren in Berlin. Denen waren die im eigenen Land lebenden Katholiken fremder als die Eingeborenen von Kamerun und Togo. Sie half den ihres Glaubens wegen Unterdrückten mit Umsicht, Energie und Mut, griff Bismarck persönlich an, wandte sich besonders gegen seinen Kultusminister Falk und kehrte sich nicht um die Vorwürfe, daß das alles nicht ihres Amtes sei.

Ihre Interventionen beim Kaiser zugunsten verfolgter Priester sind Legion. Sie warnte den Bischof von Breslau, dem Gefängnishaft drohte, so daß er nach Österreich flüchten konnte. Die Nonnen eines Koblenzer Klosters rettete sie vor der Ausweisung: die wütende Reaktion der protestantischen öffentlichen Meinung ließ sie so gleichgültig wie der Hofklatsch in Berlin, der, auf ihre nicht gerade glückliche Ehe mit Wilhelm anspielend, kolportierte: »Sie hat damit gedroht, daß, wenn die Nonnen nicht in Koblenz bleiben dürften, sie für immer bei ihrem Mann in Berlin bleiben würde. Da hat der Kaiser sofort nachgegeben.«

Einen gab es in der hohenzollernschen Familie, der den Krieg gegen Rom bejahte, und das war Prinz Wilhelm, Augustas Enkel, des Kronprinzen ältester Sohn. Und wenn es auch nur aus dem Grund war, weil er partout anderer Meinung sein wollte. Als junger Student in Bonn bekam er einmal persönlich zu spüren, wie sehr der Kulturkampf die Gesellschaft entzweit hatte. Der alljährlichen *Königlichen Jagd* in den Staatsforsten von Oranienstein blieben die eingeladenen Gäste des katholischen Adels demonstrativ fern, weil es ihnen nicht zugemutet werden könne, mit einem preußischen Prinzen zusammenzutreffen. »Dieses unqualifizierte Benehmen«, notierte Wilhelm, »rief bei allen anwesenden Jagdgästen tiefe Entrüstung hervor, da ich persönlich doch mit dem ganzen Streit wahrlich nichts zu tun hatte!«

II Die Erziehung eines Prinzen

Die unberechenbare Grösse

Er war jetzt achtzehn Jahre alt und mit einem Abiturzeugnis versehen, das die Note *genügend* trug. Ausgestellt vom Gymnasium in Kassel, das er von der Obersekunda an besucht hatte. Einen Prinzen, einen leibhaftigen Thronfolger, auf eine öffentliche Schule zu schicken war ungewöhnlich und kam eigentlich einem Skandal gleich: Prinzen hatten ihre Hauslehrer. Der Hochadel in deutschen Landen war entsetzt, der alte Kaiser protestierte, und Bismarck wußte: Die »Engländerin« war schuld daran. Es war aber nicht Viktoria, sondern der Dr. Georg Hinzpeter, der zäh die Meinung vorgetragen hatte, daß es für einen künftigen Souverän, Leiter eines Volkes, wichtig sei, *Gedanken und Gefühle desselben kennenzulernen*, und das wäre doch nur möglich, wenn er Gelegenheit bekäme, *mit Menschen aus anderen, von seiner späteren gewohnten Umgebung verschiedenen Klassen in nähere Berührung zu kommen*.

Wilhelm selbst hatte ähnlich wie seine hochadlige Umgebung über Hinzpeters Vorschlag gedacht. »... nun sollte ich das Elternhaus verlassen, unter dessen Schutz ich aufgewachsen war, sollte in die Hand neuer Lehrer gegeben werden und nun mit einem Male unter fremden Knaben in einer öffentlichen Schule lernen, mit ihnen wetteifern und – unter ihnen bestehen! Es wurde mir doch recht unbehaglich zumute«, schrieb er in seinem in den zwanziger Jahren verfaßten Bericht *Aus meinem Leben*, und zwischen den Zeilen spürte man noch nach fünfzig Jahren, wie unbehaglich ihm das alles war.

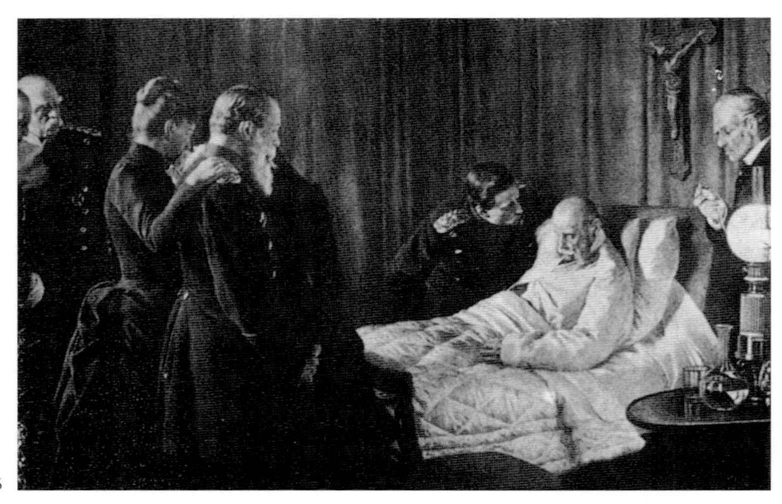

16

Oben: Der Tod des alten Kaisers Wilhelm I. An seinem Sterbebett standen unter anderem Bismarck, Moltke und Prinz Wilhelm, der in weniger als vier Monaten schon Kaiser sein sollte.

Vorhergehende Seite: Wilhelm II. »Sechs Monate will ich den Alten verschnaufen lassen, dann regiere ich selbst.« Bei seinem Besuch in Friedrichsruh im Oktober 1888 schien noch Eintracht zu herrschen zwischen Kaiser und Kanzler.

Unten: Bismarck bei einer seiner großen Reden im Reichstag.

17

18

Kronprinz Friedrich mit seiner Gemahlin Viktoria, von einem Zeichner im Stil der Zeit dargestellt. Viktoria, eine Tochter der legendären Queen Victoria, blieb ihr Leben lang fremd am Hof zu Berlin und wurde abschätzig »die Engländerin« genannt.

Nur neunundneunzig Tage waren Kaiser Friedrich III. auf dem Thron vergönnt. Die Frage »Was wäre gewesen, wenn ... (er länger hätte regieren können)« wurde immer wieder gestellt.

19

20

Die Siegesallee im Tiergarten, von den Berlinern spöttisch »Puppenallee« genannt, war eine Ahnengalerie aus weißem Marmor. Den einen galt sie als ein »marmornes Volksliederbuch von leuchtender Schönheit«, den anderen als »ein ästhetisches Greuel«.

Die Friedrichstraße in Berlin: Schon damals wurde über den »nervenzerfetzenden Verkehr« geklagt, der ein Überqueren des Fahrdamms zur Lebensgefahr mache.

21

22

Des deutschen Bürgers liebstes Blatt war die »Gartenlaube«. Jeder, »dem ein warmes Herz an die Rippen pocht«, so der Herausgeber, freute sich von Woche zu Woche auf die neueste Ausgabe. Besonders beliebt waren die Fortsetzungsromane von Eugenie Marlitt («Das Geheimnis der alten Mamsell«, »Reichsgräfin Gisela« etc.).

I.

Für höhere und geringere Ansprüche in dreifacher Auswahl.

D. 1. **Hasen-Suppe. — Rostbeef auf Wiener Art mit Schmorkartöffelchen. — Kalbs-Fricandeau mit gestürztem Kartoffel-Salat. — Mandel-Auflauf mit Sauce von Johannisbeer-Gelee.**

Nudel-Suppe. — Rindfleisch mit roten Rüben. — Hecht mit Kapern-Sauce.

Kartoffel-Suppe. — Saure Linsen mit Frankfurter Würstchen.

M. 2. **Bäuschel-Suppe. — Gespickter Karpfen mit Sardellen-Sauce. — Gebratene Wildente mit gedämpftem Kraut. — Reis-Speise mit Aepfeln.**

Bier-Suppe. — Beefsteaks mit Prinzessin-Kartoffeln. — Aepfel-Charlotte.

Gräupchen-Suppe. — Gebratene Kalbsleber und Kartoffelbrei.

D. 3. **Crécy-Suppe. — Fricassée von Rindszunge. — Gebratene Tauben mit Salat und Compot. — Bayrische Pavesen.**

Einbrenn-Suppe mit Nocken. — Gebratenes Kalbsgehirn. — Maccaroni mit Schinken.

Linsen-Suppe. — Rindfleisch mit Reis und kleinen Semmelklößchen.

F. 4. **Maccaroni-Suppe. — Civet von wilden Kaninchen. — Gebratene Rebhühner mit Endivien-Salat. — Omeletten mit Citronen-Crème.**

Altes Huhn mit Reis. — Windbeutel mit Chaudeau.

Gries-Suppe. — Gedämpfte Hammelkeule mit Salzkartoffeln.

S. 5. **Hachis-Suppe. — Kalbskopf au naturel. — Gebratene Rindslende mit Salat von Brunnenkresse und Apfel-Compot. — Zimt-Auflauf.**

Französische Wurzel-Suppe. — Schweins-Karbonaden mit Braunkohl und Schmorkartöffelchen. — Gebackene Gries-Schnitten.

Mehl-Suppe. — Schellfisch mit brauner Butter und Kartoffeln.

S. 6. **Bouillon-Suppe mit Schwemmklößchen. — Algier-Blumenkohl au gratin mit Leber-Crepinetten. — Gebratene Wildschweinskeule mit Wurzel-Salat und eingemachten Kirschen. — Weinstrudel.**

Einlauf-Suppe. — Gebratene Rehkeule mit Rapünzchen-Salat und Compot. — Apfel-Auflauf.

Bouillon-Suppe mit Eiergräupchen. — Pökel-Schweinskeule mit Sauerkraut und Kartoffel-Klößen.

M. 7. **Wein-Suppe mit Gries. — Kalbs-Tendrons mit Kartoffel-Purée. — Hasenbraten mit gedünsteten Borsdorfer-Aepfeln. — Palffy-Nudeln mit Vanille-Sauce.**

Sago-Suppe. — Rindfleisch mit Tomaten-Sauce. — Hecht mit brauner Butter, Meerrettig und Kartoffeln.

Rumfordsche Suppe. — Preußische Klopse mit Senf-Sauce und Bratkartoffeln.

D. 8. **Englische Steert-Suppe. — Frischer Zander mit Champignon-Sauce. — Gebratener Kapaun mit Salat und Compot. — Biscuit-Pudding mit Kirsch-Sauce.**

Hagebutten-Suppe. — Kalbs-Coteletten mit Rosenkohl. — Hefen-Eierkuchen.

Panade-Suppe. — Beefsteaks mit Kartoffel-Salat.

M. 9. **Suppe mit Mark-Croutons. — Ochsenmaul-Ragout mit Farceklößchen. — Gebratene Hammelkeule mit glasierten Zwiebeln. — Apfelsinen-Auflauf.**

Kerbel-Suppe. — Schinken mit Rapünzchen-Salat und Schmorkartöffelchen.

Sellerie-Suppe. — Bratwürste mit gedämpftem Kraut.

Oben und nächste Seite: Auszug aus dem *Universal-Lexikon der Kockkunst.*

Berlin, den 23. Januar 1893.

Königliche Mittagstafel.

Austern.
Indische Putensuppe.
Forellen mit Butter.
Rennthier-Rücken auf
Schwedische Art.
Gebackene Maccaroni.
Getrüffelte Wachteln in Gallert.
Elsasser Hühner, Früchte, Salat.
Stangenspargel.
Kirschen-Krusten.
Käsestangen, Gefrornes.
Nachtisch.

25

Ausflug eines Mädchenpensionats. Nach dem Tugendkatalog der Zeit, der der Erziehung zugrunde lag, sollte eine Frau sittsam sein und voll Herzensdemut, pflichtgetreu, sanft, bescheiden und gehorsam, reinlich und bienenfleißig.

Der Stammtisch war den Männern vorbehalten. Hier wurden die Schlachten noch einmal geschlagen, wurde politisiert, renommiert und pokuliert.

26

Zum Trost gab man ihm seinen Bruder Heinrich mit, der ebenfalls in Kassel die Schule besuchen sollte, allerdings nur die Realschule, *da er für den praktischen Beruf des Seemanns bestimmt war*. Neben Hinzpeter als Zivilgouverneur, wie die Erzieher der Prinzen genannt wurden, ging noch der für die Verwaltung des neuen Hausstands zuständige Generalmajor von Gottberg mit auf die Reise. Zivilgouverneur und Militärgouverneur verabscheuten sich gründlich und trugen nicht zur Harmonie bei.

In Potsdam und Berlin hatte Wilhelm nicht nur pauken müssen, er mußte sein Wissen durch Anschauung ergänzen. Er hatte Museen besichtigt, Bildergalerien, Ausstellungen, Theater besucht, war in Bergwerke eingefahren und durch Fabrikhallen gegangen. Den jeweiligen leitenden Herren mußte er anschließend in freier, improvisierter Rede einige Worte des Dankes sagen. Hinzpeter, den die Mitwelt nicht sonderlich mochte und dem die Nachwelt einen Teil der Schuld an Wilhelms späterer Entwicklung zuschob, zeigte hier geradezu moderne erzieherische Ansätze.

Dazu gehörte auch die Idee, daß die Prinzen sich ihren zukünftigen Schulort *erwandern* sollten. Würde doch eine Wanderung den Prinzen wieder Gelegenheit bieten, die einfachen Leute besser kennenzulernen. Übernachten aber wollte man doch lieber auf den auf dem Wege liegenden Schlössern; was in Wernigerode allerdings fehlschlug. Der Kastellan, wie alle Hausmeister standesbewußter als seine Herrschaft, wollte sich von den durchnäßten, abgerissenen Wandervögeln, die vorgaben, aus königlichem Haus zu stammen, seine Schwelle nicht beschmutzen lassen und wies sie ab.

Die Ankunft in Kassel hatte Hinzpeter auf den Tag gelegt, da der Kaiser zu Besuch erwartet wurde. Der pflichtbewußte Calvinist ließ kein Ereignis aus, das in irgendeiner Weise für die Erziehung ausgebeutet werden konnte. Man muß ihn lesen, diesen wunderlichen Mann, mit welchen Mitteln er – auf unübertrefflich deutsche Weise stets das Beste wollend wie später auch der prinzliche Zögling – das pädagogische Ziel zu erreichen suchte. Bei strömendem Regen saßen sie vor den Toren der Stadt in einer Fuhrmannskneipe, aßen hartes Brot, tranken saures Bier dazu und lauschten auf das Pfeifen der Lokomotiven.

»Wir ... wußten daraus, daß in diesem Moment der Kaiser im Triumph in Kassel einzog, im bequemen Salonwagen, geehrt, gepriesen, gut dinierend, in vollem Genuß der erworbenen Stellung nach der Arbeit des Lebens, während [sein Enkel] Prinz Wilhelm hier dürftig gefrühstückt, mit müden Beinen und leerem Magen in echter Weise des fahrenden Schülers nach Kassel marschiert und in Kassel einzieht. Und diese Moralpredigt in Wort und Tat findet vollen Beifall!«

Die Obersekunda des Gymnasiums empfing den Neuen mit Reserve, da er *als eine ganz unberechenbare Größe* erschien. Wilhelm gab sich berechenbar, verzichtete auf Privilegien und zeigte sich beglückt, als das *Vertrauen der Klasse ihn ermächtigte, die Heizung des Ofens zu bewerkstelligen.* Im übrigen blieb er zurückhaltend, vermied Vertraulichkeiten und schloß keine Freundschaften; in dieser *Überhebung* schon ganz der künftige Kaiser, wie Bismarcks Nachfolger Caprivi später tadelnd bemerkte. Doch war taktvolle Zurückhaltung die einzige Möglichkeit, das Experiment »öffentlicher Schulbesuch für einen Thronfolger« gelingen zu lassen.

»Der Unterricht freilich stellte enorme Anforderungen, von denen die heutige Jugend sich kaum einen Begriff macht«, schrieb der Exkaiser in seinem holländischen Exil. Eine Erkenntnis, die auf die zwanziger Jahre gemünzt war, doch heute mehr als damals gültig scheint. Nach einem Blick auf den prinzlichen Stundenplan würden unsere Schüler ihren *Schulstreß* direkt lieben: 5 Uhr Wecken, Frühstück; 6 Uhr bis 7.45 Uhr Vorbereitung auf den Unterricht; 8 bis 12

Uhr Schule; 12 bis 14 Uhr Mittagstisch mit anschließendem Fechten, Reiten oder Schwimmen; 14 bis 16 Uhr Schule; 16 bis 17 Uhr Repetition Dr. Hinzpeter; 17 bis 18 Uhr Essenspause; 18 bis 20 Uhr Nachhilfeunterricht.

Angesichts dieses Lehrplans wundert man sich über Hinzpeters späteres Urteil, wonach Wilhelm die erste Pflicht des Herrschers, das Arbeiten, niemals gelernt habe. Dagegen spricht das Ergebnis der zwei Kasseler Jahre. Einige Wochen vor seinem achtzehnten Geburtstag, an dem er volljährig wurde – gewöhnliche Sterbliche brauchten dazu sieben Jahre länger –, machte er ein zwar nicht glänzendes, doch passables Abitur. Wenn er etwas nicht gelernt hatte, dann war es Bescheidenheit. Die höchste Klasse des Bath-Ordens, den ihm *grandma* Victoria zur Feier seiner Volljährigkeit anbot, war ihm nicht hoch genug. Durch seine Mutter ließ er ihr mitteilen: »Willy würde mit dem Bath-Orden zufrieden sein, aber nicht das Volk.«

Der britische Botschafter überreichte ihm daraufhin den Orden seines Landes, den im allgemeinen nur Souveräne verliehen bekamen: *The Most Noble Order of the Garter*, mit dem unter dem linken Knie zu tragenden Hosenband, das die zum geflügelten Wort gewordene Inschrift trägt »Honny soit qui mal y pense« – »Ein Schuft, wer Schlechtes dabei denkt«.

»Nur das Gehirn wurde bearbeitet auf dem Gymnasium und mit Wissen vollgestopft«, zog Wilhelm später das Fazit, »die Bildung des Herzens und des Charakters aber vernachlässigt. Es wurden Philologen ausgebildet, aber keine für praktische Arbeit am jungen Reich geeigneten deutschen Staatsbürger. Wenn ich in späterer Zeit englische Schüler sah und mit meinen einstigen überstudierten Kameraden verglich, dann fiel dieser Vergleich nicht zu meiner Freude aus. Die jungen Briten, die Pioniere ihres Vaterlands sein wollten nach dem Wort: ›Right or wrong – my country‹, sie hatten sehr viel weniger Latein und Griechisch gelernt, waren aber von dem

Gedanken beseelt, Großbritannien noch größer und stärker zu machen ... Der philologische [Weg] war nicht der Weg, um selbstbewußte Deutsche zu bilden, die an Stolz mit den Bürgern anderer Nationen wetteiferten ...«

Noch mehr als in Kassel wurde des Prinzen Kopf in Bonn strapaziert. Daran war diesmal nicht die Lehrstätte schuld, sondern der für ihn entworfene Lehrplan. Er umfaßte die Fächer Geschichte, Philosophie, Jura, Kunstgeschichte, Politik, Volkswirtschaft, Verwaltungslehre, Finanzwissenschaft, Verfassungsrecht, Kunstgeschichte, deutsche Literatur, Chemie, Physik. Sie wurden ihm in Form von *Privatissima* vermittelt, eigens für ihn gehaltenen Vorlesungen, zu denen die Professoren in der am Rhein gelegenen Villa, der Residenz des Studenten Wilhelm, anzutreten hatten. Um diesen Himalaja an Wissensstoff zu bewältigen, waren *vier* Semester, zwei Jahre, vorgesehen, zu knapp selbst für einen Studenten, der so rasch auffaßte und so gut behielt wie Wilhelm.

Das Ergebnis war jene Halbbildung, die bekanntlich gefährlicher ist als die Unbildung. Der Professor Gneist, damit beauftragt, Wilhelm mit den Staatswissenschaften vertraut zu machen, urteilte: »Wie alle Prinzen, denen man in der Jugend Weihrauch gestreut hat, glaubt Prinz Wilhelm alles zu wissen, ohne etwas gelernt zu haben ...«

Nicht nur mit der gestrengen Wissenschaft habe er seine Zeit in dem lieblichen Städtchen am weinumrankten, sagenumwobenen deutschen Strom verbracht, wie er in Doorn erinnerungsselig schwärmte, nein, schäumende Jugendlust suchte und fand er mit Gleichgesinnten. Dazu gehörten die Mitglieder der *Borussia*, eines feudalen studentischen Korps, in dem man die für die Karriere wichtigen Verbindungen anknüpfte, sich bei den Mensuren den dazu notwendigen Schmiß holte und die Fähigkeit erwarb, trotz reichlichen Biergenusses Haltung zu bewahren. Den Hohenzollernprinzen werden die Borussen kaum ernst genommen haben. Er ließ sich beim

Pauken nicht sehen und hielt sich beim Kneipen zurück. Eine Schmucknarbe durfte er sich nicht, einen Rausch wollte er sich nicht holen.

Erste Liebe

An den Wochenenden besuchte Wilhelm bisweilen den Hof in Darmstadt, wo die Schwester seiner Mutter, Tante Alice, mit ihrer Familie residierte. Ein Haus, das sich durch fröhliche Gemütlichkeit angenehm unterschied von den meist muffigen deutschen Duodezhöfen. Er spielte dort mit seiner fünfjährigen Kusine Alix Croquet, ihrer vierzehnjährigen Schwester Elisabeth, einem bildschönen Mädchen, schrieb er glühende Liebesbriefe. Er verfolgte jede ihrer Bewegungen mit leuchtenden Augen, und wenn sie sprach, war er still und lauschte ihrer Stimme. Ein Zeichen, daß er sehr verliebt gewesen sein muß, denn still zu lauschen war nicht seine Art.

Er produzierte sich ihr als waghalsiger Reiter, strammer Ruderer, harter Tenniscrack, dozierte über Gott und die Welt oder hielt sonntägliche Bibellesungen – rastlos, ruhelos, als müsse er den Kusinen, die ihn Wilhelm den Plötzlichen nannten, ständig beweisen, was man trotz eines verkrüppelten Arms alles zu leisten vermag.

Trotz des Korbes, den er sich bei Elisabeth, Ella genannt, geholt haben muß, bewahrte er ihr zeitlebens ein für ihn untypisches Gedenken. In späteren Jahren vermied er es ostentativ, mit ihr zusammenzutreffen, bei unvermeidlichen Besuchen ging er ihr aus dem Weg, Gespräche, in denen ihr Name fiel, brach er ab.

Vierzig Jahre nach jenen Darmstädter Wochenenden schrieb Kusine Alix, nunmehrige Zarin von Rußland, in ihr Tagebuch: »Baby hat sich ein wenig erkältet. Tatjana las mir aus der Bibel vor. Jeden Morgen kommt der Kommandant in unser Zimmer.« Wenige Stunden später brachte man sie in den Keller eines Hauses in Jekaterinburg, wo sie unter den Schüssen, die ihre bolschewistischen Bewacher aus Naganrevolvern auf sie abfeuerten, verblutete. Auch ihr Mann, Nikolaus II., sowie ihre vier Töchter und ihr Sohn wurden ermordet.

Ella, Wilhelms erste Liebe, die den Großfürsten Sergius geheiratet hatte, starb unter noch gräßlicheren Umständen. Sie wurde in den Schacht eines stillgelegten Bergwerks gestürzt, wo sie, von nachgeschleuderten Handgranaten verwundet, dahinstarb.

Im März desselben Jahres, 1918, hatte der dänische König Christian X. den deutschen Kaiser gebeten, zugunsten der von den Bolschewiken inhaftierten Zarenfamilie zu intervenieren. Wilhelm II. antwortete: »Trotz aller Kränkungen und schweren Schäden, die ich und mein Volk von dieser einst befreundeten Seite erlitten haben, kann ich der Zarenfamilie meine rein menschliche Teilnahme nicht versagen ... Eine unmittelbare Hilfe ist aber bei den gegebenen Verhältnissen ausgeschlossen, und jeder Schritt von mir und meiner Regierung würde die Lage der Kaiserfamilie nur verschlimmern ...«

Die Semesterferien konnte der Prinz nicht dazu benutzen, Gelerntes zu vertiefen, man schickte ihn auf Reisen. Er fuhr zu den großen Regatten nach Cowes und Osborne und ging im schottischen Hochland auf die Jagd, wo er, angetan mit grünem Schottenrock, durch das Heidekraut kroch und einmal einen starken alten Achtender zur Strecke brachte. Noch stolzer war der Neunzehnjährige, als seine königliche Großmutter ihm die hochländische Tracht des königlichen Klans, Klan Stewart genannt, verlieh, zu der ein mit einem Goldtopas verzierter Dolch gehörte, ein Schwert und ein im Strumpf zu tragendes goldenes Messer.

In Paris besichtigte er pflichtgemäß die Weltausstellung und, wie alle Touristen, den Louvre, Notre-Dame, Sacré-Cœur,

Saint-Cloud und vor allem Versailles, wo er im Spiegelsaal, *dem heiligen Geburtsort des deutschen Kaiserreichs*, andächtig verweilte. Das Pariser Leben gefährdete seine Moral nicht; im Gegensatz zu vielen seiner hohen männlichen Verwandten war er von strenger Moralität. Die fiebrige Hast und Unruhe der Einwohner stießen ihn ab, und er hielt es mit Faust, wonach ein echter deutscher Mann keinen Franzen leiden möge (»... doch ihre Weine trinkt er gern«).

Die belgische Hauptstadt lernte er als offizieller Vertreter des Kaisers kennen anläßlich der Silberhochzeit Leopolds II. und der Königin Maria, zweier Hochzeiter, die sich nicht ausstehen konnten, aber die Gabe besaßen, vollendet Komödie zu spielen – ein Schauspiel, das er bei seinen kaiserlichen Großeltern, die kurz darauf ihr goldenes Ehejubiläum feierten, noch einmal erleben konnte.

Wenn man ein Fazit zieht aus den Lehr- und frühen Wanderjahren, so zeigen sich spätere Eigenschaften Wilhelms von Hohenzollern in deutlichen Ansätzen: rasche Auffassungsgabe, glänzendes Gedächtnis und gewinnender Charme gehörten dazu wie Oberflächlichkeit, allzu rasches Urteil und die Lust an mannigfaltiger Verkleidung. Zu letzterem bot ihm die Armee bald hinlänglich Gelegenheit. Der Anfang seiner soldatischen Karriere war allerdings kein Spiel gewesen ...

Mit zehn Jahren war er, dem hohenzollernschen Hausgesetz gemäß, als Secondeleutnant in die Armee aufgenommen worden und hatte den Schwarzen Adlerorden bekommen, Preußens höchste Auszeichnung, mit der berühmten Inschrift *Suum cuique*, einer Devise, wonach jedem das Seine zu geben sei, damit Gerechtigkeit in der Welt werde. Zwar war er rascher Leutnant geworden als sonst üblich, doch hatte der Knabe das Offizierspatent nicht geschenkt bekommen.

»... mußte ich morgens, wenn es noch dunkel war, in den ›Langen Stall‹, das Exerzierhaus des I. Garderegiments zu Fuß«, erinnerte sich der alte Mann in Doorn, »wo Griffe gekloppt und der Marschtritt geübt wurde ... Ich sehe noch meinen Feldwebel mit dem dicken Notizbuch zwischen den oberen Knöpfen seines Waffenrocks. Er ließ mich antreten und prüfte meinen Anzug, ob kein Kreidepulver vom weißen Koppelzeug auf meine blaue Montur gefallen oder fettige Pomade durch die Knopfgabel auf die rote Biese geschmiert sei. Den Geruch dieser ›Amor-Pomade‹ habe ich heute noch in Erinnerung ... Auch das ist eine Potsdamer Tradition, daß man die preußischen Prinzen im Dienst nicht schont. Wie jeder andere Grenadier mußte ich mit meinen neun Jahren aufs Bornstedter Feld und das Auf! und Hinlegen! mit dem üblichen Sturm auf ›Angermanns Remise‹ mitmachen.«

Die Ernennung zum Leutnant beendete offiziell die Kindheit eines Prinzen, der noch sehr kindlich war. Wie gern hätte er mit seinen Zinnsoldaten gespielt, wie sehr hatte er den Weihnachtsmarkt auf dem Berliner Lustgarten geliebt, wie schön war es doch immer in der Jugendvorstellung des Zirkus Renz gewesen – unschuldige Vergnügungen, die ihm nun verboten waren. Dafür durfte er seine erste Parade mitmachen, vorbei am Großvater, der diesen Enkel in sein Herz geschlossen hatte und Großes von ihm erwartete. Gerührt und stolz beobachtete er, wie der Zehnjährige sich mühte, mit den hochgewachsenen Männern Schritt zu halten, die hohe Blechmütze der Grenadiere (von den Berlinern deshalb *Blechköppe* genannt) auf dem Kopf.

Des Prinzen Einheit wurde in Militärkreisen halb ironisch, halb respektvoll das *Erste Regiment der Christenheit* genannt und war so exklusiv, daß, wie man spottete, das Kasino gelüftet wurde, wenn ein Bürgerlicher zu Besuch gewesen war. Die Offiziere waren adelsstolz, konservativ, elitär, durchdrungen von dem Bewußtsein, einer ritterlichen Gemeinschaft anzugehören, und dem Gefühl, allen anderen Menschen überlegen zu sein. Ihre älteren Brüder, ihre Väter und Vorväter hatten ihr Blut dem Vaterland geopfert, und die Listen ihrer Ahnen lasen sich wie Totenlisten der großen Schlachten preußischer Armeen. Sie hatten wenig gelernt in der Schule, diese Vorfahren, doch eines gewiß: tapfer zu sterben. Für ihre Jugend galt das Wort Moltkes, der über seine Kadettenzeit lakonisch feststellte: »Freudlose Kindheit, Entbehrungen und Herzenskälte.« Ihr Dienst im Frieden war entbehrungsreich, von ermüdender Eintönigkeit, und der Lohn bestand lediglich darin, privilegiert zu sein.

Als Wilhelm Ende Oktober 1879 nach seinen Bonner Studien in die Leibkompanie eintrat, war das *travailler pour le roi de Prusse* nicht mehr so gefragt, jenes Leitmotiv, wonach es eines Offiziers höchste Ehre sei, eine Sache um ihrer selbst willen zu tun, ohne Anreiz materiellen Gewinns. Wie überhaupt einige der Tugenden, die wir als preußische Tugenden kennen – Bedürfnislosigkeit, Sparsamkeit, Gottesfurcht, Redlichkeit – abzubröckeln begannen, und aus dem »Mehr sein als scheinen« drohte ein »Mehr scheinen als sein« zu werden.

Noch war der Speiseplan einfach, gab es bei den geselligen Abenden Butterbrot und Bier, doch Galaabende mit Hummern, Austern und Champagner waren schon nicht mehr die Ausnahme, und wenige Jahre später sah sich Wilhelm I., in seiner Anspruchslosigkeit und Bescheidenheit vorbildlich, zu einer Kabinettsorder genötigt, in der es hieß: »Ich muß es mißbilligen, wenn der Eintritt [in das Heer] abhängig gemacht wird von einer übermäßig hohen Privatzulage, welche die Söhne wenig begüterter, aber nach Gesinnung und Lebensauffassung dem Offizierskorps nahestehender Familien der Armee fernhalten muß ... Wie ich es den Kommandeuren erneut zur Pflicht mache, den mancherlei Auswüchsen des Luxus zu steuern, die in kostspieligen Geschenken, häufigen Festessen, in einem übertriebenen Aufwande bei der Geselligkeit und ähnlichen Dingen zu Tage treten ... Ein jeder Offizier kann sich durch angemessene Förderung einer einfachen, standesgemäßen Geselligkeit Verdienste um seinen

Kameradenkreis erwerben ... und darf es in Meiner Armee nicht vorkommen, daß gutgediente Stabsoffiziere mit Sorgen den Geldopfern entgegensehen, die mit dem etwaigen Erreichen der Regiments-Kommandeurstellung vermeintlich ihrer warten.«

Auch Prinz Wilhelm bekam zu spüren, wann mit dem sonst so liebevollen Großvater nicht zu spaßen war. Sein Wunsch, vor dem Einrücken noch eine große Reise in den Orient zu machen, ging nicht in Erfüllung. Der Kaiser beschied ihm stirnrunzelnd: »Du wirst Frontdienst in Potsdam, und zwar bei der Leibkompanie, versehen und Rekruten ausbilden: dieses ist viel wichtiger als Reisen.«

Kompaniechef Wilhelm von H.

Der Verzicht auf die Wunder des Ostens wird dem Prinzen nicht allzu schwer gefallen sein. Die Armee zog ihn magnetisch an, und wenn er nicht zur Thronfolge bestimmt gewesen wäre, einen anderen Beruf als den des Offiziers hätte er kaum gewählt. »Er kann stundenlang mit seinen kleinen Brüdern Soldat spielen«, klagte seine Mutter, als er bereits sechzehn war, »was er der Vornehmheit wegen hochtrabend ›Felddienstüben‹ nennt, und macht mit einem Stock ›Puh, Puh!‹«

Bei der ihm nun übertragenen Rekrutenausbildung empfand er eine *hohe Freude, dies unverbildete Menschenmaterial Form und Schliff gewinnen zu sehen.* Er appellierte an seine Grenadiere, daß sie im Schießen, Turnen, Exerzieren, Feld- und Wachdienst die Besten des Regiments werden müßten, und imitierte während eines Manövers, von brennendem Ehrgeiz getrieben, den Prinzen von Homburg, indem er wider jeden Befehl den Gegner angriff und warf. Daß das just in dem Moment geschah, als Großvater und Vater, Kaiser und Kronprinz, auf dem Gelände auftauchten, hielt nicht nur sein entrüsteter Bataillonskommandeur für keinen Zufall.

Wilhelm hatte die schönsten Erinnerungen an seine Zeit als Kompaniechef, und sein Leben lang schwärmte er vom *frohen, arbeitsreichen und kameradschaftlichen Leben* im Ersten Garderegiment, wo er altpreußischen Geist kennenlernte und in den Traditionen Friedrich Wilhelms I. und Friedrichs des Großen Dienst tat. Exerzieren, Manöver, Paraden, Gehorchen und Befehlen, das war seine Welt, in der er sich bewähren mußte, wo ihm seine Herkunft keineswegs alles erleichterte, ihm sein körperliches Handicap keine Rücksicht eintrug.

Daß er sich auch bei den Garde*husaren* auszeichnete, erfüllte seinen einstigen Lehrer Hinzpeter mit Genugtuung. Nie sei in die preußische Armee ein junger Mann eingetreten, der physisch so wenig geeignet erschien, ein brillanter und schneidiger Reiteroffizier zu werden: für ihn war das ein Sieg moralischer Kraft über körperliche Schwäche.

Als der Prinz bei der Parade sein Husarenregiment, marschierend und exerzierend, dem Kaiser vorstellte, erntete er hohes Lob. Friedrich Karl, der große Reiterführer, Sieger von Vionville und Saint-Privat, bemerkte erstaunt: »Das hast du gut gemacht, das hätte ich nie geglaubt.« Und der Großvater zeigte sich bewegt.

Die Armee als Schule der Nation – Wilhelm war überzeugt davon, daß sie es war: im Dienst zeige sich der ganze Mensch; er bilde einen Prüfstein der erreichten Manneszucht, der Fertigkeit, Nerven und Muskeln willensmäßig zu beherrschen, der Fähigkeit, den Einzelwillen in einen Gesamtwillen einzuordnen. Auch die Paraden waren ihm nicht seelenloser Drill, sondern förderten das *Sichzusammenreißenkönnen*. Wer nach strapaziösen Gefechtsübungen die ermatteten Glieder und den erschlafften Geist zu bezwingen vermöge, der stärke sein Selbstgefühl und das Vertrauen in das eigene Können.

Überzeugt von der Notwendigkeit unbedingten Gehorsams und strammer Zucht, werde der Soldat schließlich erkennen, daß Disziplin eine Wohltat für alle sei. Und der Jubel bei den Paraden, war er nicht beredter Ausdruck für den Stolz jener, die einst des Königs Rock getragen hatten, und für die Freude derer, ihn bald tragen zu dürfen?

Auf den Prinzen Wilhelm hatte der Dienst beim Militär eine weniger günstige Wirkung. Daran war nicht so sehr der sich abzeichnende Verfall der preußischen Tugenden schuld, sondern die Tatsache, daß er, ein junger Mann, in einer nach außen streng abgeschlossenen Welt aufwuchs. In einer Welt, in der nur der Uniformträger etwas galt und der Zivilist allenfalls geduldet war, die keinen Kontakt hielt mit der Realität der verschiedenen Gesellschaftsschichten, in der ihn Schmeichler umgaben, Jasager, Karrieremacher.

Fast beschwörend hatte Queen Victoria ihre Tochter darauf hingewiesen, sie möge den Kreis um *Willy* nicht zu eng halten, andernfalls er glauben müsse, er sei von anderem Fleisch und Blut als die Armen und die Bauern, die Arbeiter und die Dienstboten. Der Verkehr mit dem Volke sei von ganz außerordentlich gutem Einfluß auf den Charakter derjenigen, die später zum Herrschen berufen seien. Und: »Im Verkehr nur mit Soldaten kann man dies niemals erreichen, oder vielmehr man erreicht das Gegenteil, da Militärpersonen gezwungen sind, zu gehorchen und Unabhängigkeit des Charakters in ihren Reihen nicht zu finden ist.«

Vergebliche Warnung. Der spätere Kaiser betrachtete seiner Erziehung gemäß die Welt aus der Perspektive des Offizierskasinos, umgab sich vorzugsweise mit Militärs, hörte auf Militärs, trug militärisches Gehabe zur Schau – die Stimme schnarrend, die Haltung starr, der Gesichtsausdruck gebieterisch-grimmig – und schmückte sich mit immer neuen Uniformen.

Der Tugendkatalog der *Gartenlaube*

Des Prinzen Enthusiasmus für das Militär wurde dadurch gesteigert, daß der Dienst ihm eine gewisse Freiheit brachte: die Freiheit vom Elternhaus. In seiner neuen Junggesellenwohnung im Potsdamer Stadtschloß konnte er, kaum gestört durch den sein Hauswesen besorgenden Major, so leben, wie es ihm behagte, ohne von seinem Vater vermahnt und von seiner Mutter überwacht zu werden. Die von Beginn an gestörte Beziehung zwischen Viktoria und Wilhelm hatte sich während des Heranwachsens des Sohns vom Kind zum Jüngling, vom Jüngling zum Mann nicht verbessert. Die *Engländerin*, wie sie am Kaiserhof nach wie vor genannt wurde, wollte den Sohn formen nach ihrem Bilde und wählte eine Erziehungsmethode, die fast immer zu fatalen Ergebnissen führt, wird doch hier die Persönlichkeit des zu Erziehenden nicht berücksichtigt.

»Der Traum meines Lebens war, einen Sohn zu haben, der unserem geliebten Papa [dem englischen Prinzgemahl Albert] ähnelte«, schrieb Viktoria ihrer Mutter nach London, »der seelisch und geistig sein richtiger Enkel und auch Dein Enkel sein würde.« Sie erzog an Wilhelm herum, korrigierte ihn ständig, achtete auf jeden scheinbaren Fehler, doch der Traum, daß er so werde wie Albert, der *edelste Mensch auf dieser Welt*, erfüllte sich nicht, und ihre Enttäuschung wuchs und mit der Enttäuschung die Verbitterung, die mit Lieblosigkeit einhergeht.

Welch ein Elternhaus – die Mutter sagte einmal zu einem österreichischen Adligen: »Sie glauben gar nicht, wie sehr ich euren schönen, geistvollen und eleganten Kronprinzen bewundere, wenn ich daneben meinen ungeschlachten, vierschrötigen Sohn Wilhelm betrachte«, und der Vater wies den Rektor der Berliner Universität, einen Seelenarzt, der ihn zur Volljährigkeit des ältesten Sohns beglückwünschen wollte, mit den Worten zurück: »Was? Sie gratulieren mir – als Psychiater?«

Frühe Ehen sind meist die Folge einer lieblosen Erziehung. In seinen Memoiren stellt Wilhelm es so dar, als habe er selbst, bei einer Auerhahnjagd, die Initiative ergriffen und bei den zukünftigen Schwiegereltern um die Hand der Erwählten angehalten und die eigenen Eltern erst nachträglich informiert. Was wider Brauch und Überlieferung gewesen wäre.

Auguste Viktoria Friederike Luise Feodora Jenny von Schleswig-Holstein-Sonderburg-Augustenburg hieß sie. Ein langer Name, der nicht darüber hinwegtäuschen konnte, daß sie nicht ganz ebenbürtig schien für einen designierten Thronfolger, ihre Familie darüber hinaus *mal vu* war, ihrer Armut wegen nicht sonderlich angesehen. Die notwendigen sechzehn Ahnen fürstlichen Geblüts brachte sie zwar zusammen, aber in Hofkreisen murrte man, und der alte Kaiser sprach von *nicht ganz standesgemäß*. Den Ausschlag, die Dinge etwas milder zu sehen, gaben schließlich Augustes Großmutter, die eine Halbschwester der Queen Victoria war, und ein Onkel, der so vorausschauend gewesen, der englischen Königin Tochter Helene zu ehelichen, womit die jungen Leute zusätzlich über einen gemeinsamen britischen Oheim verfügten.

Im Grunde war die geplante Verbindung eine Art ungewollter Wiedergutmachung dessen, was Preußen den Augustenburgern nach dem Krieg gegen Dänemark 1864 angetan hatte, als Bismarck den Herzog Friedrich um Land und Leute gebracht. Es entbehrt nicht eines gewissen Zynismus, daß die Leute, die den Herzog arm gemacht hatten, sich jetzt an seiner Armut stießen. Friedrich VIII., wegen seiner Gutmütigkeit Friedrich der Sachte genannt, erlebte ein Ereignis nicht mehr, das für ihn ein Triumph gewesen wäre: daß sein kaiserlicher Schwiegersohn jenen Mann entließ, der ihn zutiefst gedemütigt hatte: Bismarck. Er starb früh und so unzeitig, daß seine Tochter, der Hoftrauer wegen, sich nur heimlich verloben durfte.

Es wäre übertrieben zu behaupten, daß Wilhelm in Leidenschaft zu Dona, so Augustes Kosename, entbrannt wäre. Leidenschaft wurde nicht verlangt, wenn dynastische Interessen auf dem Spiel standen, nicht einmal Liebe. Gegenseitige Achtung, wechselseitiges Wohlgefallen genügten, und stellte sich Zuneigung ein, war es um so besser. Bei Wilhelm und Dona war das der Fall, denn *Willy schrieb sehr rührende Briefe über sein großes Glück*.

Daß die Ehe ihn noch freier und unabhängiger machen würde, war ein zusätzliches Moment. Last, not least darf man auch das Sexuelle als Antriebskraft bei einem Neunzehnjährigen ansehen, der, gehemmt durch seine Position und den anerzogenen Moralismus, sich nicht hatte ausleben können. Liebschaften, Liaisons, Umgang mit leichtfertigen Damen, Bordellbesuche haben selbst seine Feinde ihm nicht nachweisen können. Er mag, wie Bismarck zu wissen glaubte, von *starker Sexualität* gewesen sein, doch dürfen wir mit F. Hartau einer Meinung sein: »Wenn nicht im Hohenzollernarchiv noch Geheimnisse schlummern, die Wilhelm der Libertinage überführen, was wenig wahrscheinlich ist, müssen wir uns daran halten, daß er so moralisch war, wie er sich gab.«

Bisher fanden sich nur im Nachlaß des österreichischen Kronprinzen Rudolf Notizen, die auf vor- und außereheliche Liebesfreuden Wilhelms in Wien schließen lassen. Rudolf war früh das Opfer entschlossener Lebedamen geworden, und Wilhelm hat ihn bei dem einen oder anderen Ausflug in die Halbwelt der Donaumetropole begleitet. Anscheinend war ein Rendezvous auch nicht folgenlos, da Ansprüche einer Frauensperson namens Anna Homolatsch diskret im Auftrag des deutschen Botschafters, des Prinzen Reuß, von einem Wiener Advokaten erledigt wurden. Doch ist der Kronprinz Rudolf als Zeuge voreingenommen, denn er verabscheute Willy gründlich.

Auguste Viktoria wurde auf dem Rittergut Dolzig in der Niederlausitz geboren. Hier und auf der niederschlesischen Besitzung Primkenau verbrachte sie Kindheit und Jugend. Den Provinzialismus ihrer Herkunft hat sie zeitlebens nicht abgelegt, und das Wort Primkenau wurde geradezu zum Synonym provinziellen Gebarens. In modernen Historien erscheint Auguste Viktoria als ziemlich langweiliges Mädchen, als rotwangige Hausfrau ohne eine Spur von Geist, als phantasielose Person mit geringen Interessen und wenigen Talenten; unwissend, unpolitisch, gedankenträge.

»Kleider und Kinder sind ihr hauptsächliches Unterhaltungsthema«, berichtete die Fürstin Pleß. »Ich habe nie eine Frau in solcher Stellung gesehen, die so absolut keinen eigenen Gedanken und keinerlei Einfall und Verständnis hatte. Sie ist wie eine stille, sanfte Kuh, die Kälbchen hat und Gras frißt und sich dann niederlegt und wiederkäut.«

Harte Worte, zu böse, um gerecht zu erscheinen, und der britische »The Kaiser«-Biograph Michael Balfour bemerkt dazu, daß Geschlechtsgenossinnen, noch dazu vom vornehmuradligen Rang einer Pleß, im allgemeinen keine zuverlässigen Zeugen abgeben. Historiker, die von der Warte unserer Zeit aus urteilen, in der die Frauen weitgehend emanzipiert sind, dürften allerdings auch nicht zu gerechten Urteilen kommen.

Es sind dieselben Vorwürfe, die sie Johanna von Bismarck machten, an deren gluckenhafter Fürsorge für ihr Ottochen und hausmütterlichem Wesen sie sich genauso stießen wie an ihrem politischen Desinteresse und ihrer Passivität im Geistigen. Doch waren Johanna und Auguste nichts anderes als Verkörperungen eines Frauenbilds, dessen Charakterzüge der in der *Gartenlaube* abgedruckte *Tugendkatalog* wiedergab: sittsam und voll Herzensdemut, pflichtgetreu und sanft und sinnig, bescheiden und gehorsam, reinlich und bienenfleißig. Und das Eingeständnis, das die Fürstin Bismarck einmal ihrem Mann machte, hätte auch die Prinzessin Auguste Viktoria machen können: »Du weißt, ich habe keinen anderen Willen als den deinigen.«

Dona zog Ende Februar 1881 in Berlin ein, mit jener gläsernen Karosse, in der schon manche Prinzessin sich im Winter die Grippe oder im Sommer einen Hitzschlag geholt hatte. Die Berliner bejubelten die Braut. Ihr Jubel steigerte sich, als sie einen Wagen bemerkten, der sich in die feierliche Prozession hineingeschmuggelt hatte. Seine Kutscher warben mit Riesentransparenten für eine Erfindung, die das Leben der Hausfrau erleichtern sollte, die Nähmaschine des Mr. Singer aus New York.

Im Hof des Schlosses wartete der Bräutigam in Hauptmannsuniform mit seiner Leibkompanie. Schwiegervater Friedrich half beim Aussteigen, gab ihr den Arm und führte sie an der Front der Grenadiere entlang, die wie Bildsäulen unter präsentiertem Gewehr standen, und stellte sie ihnen als ihre zukünftige Kompaniemutter vor. Die Hochzeitsreise endete bereits in Potsdam. Wilhelm war beim Militär, und da war Dienst noch immer Dienst. Einige Wochen später konnte Dona eine Mitteilung machen, die man dem Gatten errötend ins Ohr zu flüstern pflegte. Im Mai des nächsten Jahres schenkte sie einem Prinzen das Leben. Fünf weitere Prinzen und eine Prinzessin folgten mit einer Pünktlichkeit, die man auch in diesem Fall getrost preußisch nennen darf.

Väter und Söhne

Donas Verhältnis zu ihren Schwiegereltern, besonders zu ihrer Schwiegermutter, blieb trotz der für eine Dynastie so wichtigen Gebärfreudigkeit – schließlich pflegen auch Enkel die Generationen enger aneinander zu binden – sehr problematisch. Daß es ihr gelingen werde, ihren Mann mit seinen Eltern zu versöhnen, was viele inständig erhofft, erfüllte sich nicht. Dona war auf eine Art deutsch, besser *teutsch*, wie sie Viktoria nicht ertragen zu können glaubte, auf eine Art fromm, die frömmelnd wirkte (ihre Hofdamen wurden von den Berlinern später Halleluja-Tanten genannt), so erzkonservativ, daß sie jeglichen Liberalismus, besonders den von der Schwiegermutter praktizierten, für *Schwindel* ansah; und ihre Einstellung zu England entsprach dem von den Franzosen geprägten Schlagwort *perfide Albion*. Ihre Unterlegenheit in der Bildung und im Wissen vertiefte den Graben.

Das gestörte Verhältnis zwischen Vätern und Söhnen, hohenzollernsches Erbübel, war bereits Tradition. Man denke nur an die Abneigung, die Friedrich I., Preußens erster König, gegenüber seinem Sohn Friedrich Wilhelm empfand, dem späteren Soldatenkönig; an den tödlichen Haß dieses Friedrich Wilhelm I. auf seinen Sohn Friedrich, den wir als *den Großen* kennen; an die Verachtung, mit der Friedrich Wilhelm III., der Mann der Königin Luise, seinem Vater begegnete, dem *dicken Wilhelm* (Friedrich Wilhelm II.); und an die gefährlichen Diskrepanzen zwischen dem nüchtern-trockenen Friedrich Wilhelm III. und dem romantisch-mystischen vierten Friedrich Wilhelm.

Friedrich Wilhelm und Viktoria hatten bei der Erziehung ihres ältesten Sohnes das Beste gewollt und das Schlechteste erreicht, weil sie bewußt Tatsachen ignorierten, beispielsweise jene, daß ein verkrüppelter Arm kein gesunder Arm ist und ein dadurch behinderter Mensch sich nicht so bewegen kann wie Menschen ohne dieses Handicap. Sie zwangen den Sohn in eine unnatürliche Als-ob-Haltung, wodurch er sich selbst entfremdet wurde. Hinzu kam, daß Wilhelm seiner Mutter charakterlich sehr ähnlich war, *zu* ähnlich.

»Das gute, eigensinnige englische Blut«, bekannte er selbst, »das nicht nachgeben will, fließt in unser beider Adern. Die Folge ist, daß, wenn wir uns nicht einigen können, die Situation schwierig wird.«

Und einig waren sie sich selten. Ihre Zwistigkeiten wußte der Kanzler Bismarck noch zu verschlimmern. Den ständig gebrechlicher werdenden alten Kaiser vor Augen, wurde ihm klar, in dem liberal gesinnten Friedrich Wilhelm und seiner stockbritischen Frau die neuen Herrschaften sehen zu müssen. So unternahm er alles, die Partei des dann zum zweiten Mann im Staat aufsteigenden Wilhelm zu stärken, wohl in der unbewußten Hoffnung, der vom ewigen Warten bereits zermürbte Friedrich Wilhelm könnte eines Tages resignieren und zugunsten seines Sohns auf den Thron verzichten. (Tatsächlich hat es eine Zeit gegeben, in der der Kronprinz mit diesem Gedanken gespielt hat. »Die Zukunft gehört meinem Sohn«, sagte er zum General Schweinitz, »über mich ist das Zeitalter hinweggegangen.«) Wie auch immer, Bismarck war der Meinung, daß es nichts schaden könne, die Phalanx des mutmaßlichen Gegners aufzubrechen und seine physischen und psychischen Reserven anzugreifen.

Daß er strikt gegen eine Heirat der Kronprinzentochter Viktoria mit dem auf den bulgarischen Thron gesetzten Alexander von Battenberg war, der sich plötzlich rußlandfeindlich gebärdete, richtete sich weniger gegen das Kronprinzenpaar, sondern war von der Furcht diktiert, die ohnehin schwierigen deutsch-russischen Beziehungen könnten noch schwieriger werden. Die Entsendung des Prinzen Wilhelm nach Petersburg in wichtiger diplomatischer Mission dagegen war ein kalkulierter Affront. Eine solche Mission wäre dem Kronprinzen zugekommen. Es ging um nichts weniger, als den Zaren davon zu überzeugen, daß Deutschland am Dreikaiserbündnis festhalte und nach wie vor an guten Beziehungen zu Rußland interessiert sei.

Wilhelm hielt sich an des Kanzlers Instruktionen und betonte, daß die *entente à trois* als dreiseitige Bastion gegen die heranstürmenden Wellen der Anarchie und liberalisierenden Demokratie zusammenstehen müsse, ein Argument, das seine Wirkung auf den russischen Zaren noch nie verfehlt hat. Der Prinz machte gute Figur, besonders durch eine Tugend, die sich später zur Untugend wandelte, als diese seine Offenherzigkeit zu Vertrauensseligkeit geworden war. Zar Alexander III., ein verschlossener, mißtrauischer Mann, spürte instinktiv, daß dieser deutsche Prinz meinte, was er sagte, und das war so ungewöhnlich in seinen Kreisen, daß er ihm spontan vertraute. Er bot ihm das Du an, warf sich in preußische Uniform und kutschierte seinen Gast, als es ans Abschiednehmen ging, eigenhändig vom Anitschkoff-Palais zum Bahnhof.

Der russische Außenminister meinte erstaunt: »Le voyage du Prince Guillaume était un coup de maître. – Die Reise des Prinzen Wilhelm war ein Meisterstück. Wer auch immer die Idee gehabt hat, der kann sich beglückwünschen, und wir können ihm nicht dankbar genug sein.« *Großpapa,* wie Wilhelm den alten Kaiser anredete, war, wie immer, wenn der Lieblingsenkel gelobt wurde, sehr gerührt, und Bismarcks Sohn Herbert, Legationsrat in Petersburg, schrieb an den Vater: »Ich bin sehr froh über dies alles, der Prinz ist ganz vorzüglich.«

Der Erfolg war so nachhaltig, daß man Prinz Wilhelm zwei Jahre später erneut für eine Reise nach Rußland ausersah. Seine Mutter schrieb in diesem Zusammenhang an die Queen nach England, und aus ihren Zeilen klingen Zorn und Resignation: »Wir sind ziemlich entsetzt über die Nachricht, daß Wilhelm der Zusammenkunft der Kaiser in Gastein beigewohnt hat und nach Skierniewice zum Kaiser von Rußland reisen will. Es ist vielleicht nicht wahr, aber da solche Dinge immer zwischen dem Kaiser und Wilhelm, ohne uns um Rat zu fragen oder zu benachrichtigen, gemacht werden, kann es möglich sein. Ich brauche kaum zu sagen, daß er endlose Unannehmlichkeiten und andauernde Verwirrung stiften würde. Wilhelm ist eben so blind und grün wie verschroben und hitzig in politischen Dingen. Es ist wirklich ziemlich schwer für uns und unsere Lage sehr peinlich.«

Wilhelm war wach genug, um diese Peinlichkeit auch zu spüren, und gab zu bedenken, daß sich sein Vater, erneut übergangen, gekränkt fühlen würde. Der Kronprinz, das sei jedermann bekannt, argumentierte Bismarck, gebe sich antirussisch und probritisch, komme deshalb für eine derartige Mission schwerlich in Frage. Er erleichterte zudem Wilhelms Gewissen, indem er den Wunsch des Kaisers als einen Befehl ausgab. Die Goodwill-Tour nach Brest-Litowsk, wo der Zar die Manöver seiner Truppen besichtigte, verlief diesmal weniger glücklich. Nachdem Wilhelm darauf hingewiesen hatte, daß Deutschland an Bulgarien nicht interessiert sei, bemerkte er auftragsgemäß, aber etwas großspurig, daß von deutscher Seite aus Rußland kein Stein in den Weg gelegt werden würde, falls es sich gegen die Türken wende.

Der Zar meinte grob: »Wenn ich Stambul haben will, werde ich es mir nehmen, wann es mir gefällt. Die Erlaubnis des Fürsten Bismarck brauche ich dazu nicht.« Im übrigen wünsche er um des europäischen Friedens willen am Dreikaiserbündnis festzuhalten. Das unausgesprochene »Vorerst« allerdings schien unüberhörbar.

III Die Reichen und die Armen

Der Eisenbahnkönig und der Fürst Kaputbus

Man schreibt den 11. Mai 1878. Der Kaiser fährt in seinem offenen Wagen die Linden entlang in Richtung Brandenburger Tor, plaudert mit seiner Tochter Luise, der Großherzogin von Baden, grüßt immer wieder nach rechts und links die Spaziergänger, die an diesem Maientag die Straße entlang promenieren. Plötzlich fallen zwei Schüsse. Er gibt dem Leibkutscher einen Wink zu halten, fragt, indem er nach rückwärts schaut: »Galten diese Schüsse mir?«

Der Täter, den Revolver in der Hand, flüchtet über die Straße zur Mittelpromenade, wird dort von einem Herrn Dittmann gepackt und von dem herbeieilenden kaiserlichen Leibjäger überwältigt. Der schmächtige, bartlose Jüngling, in dessen Taschen man Mitgliedskarten eines sozialdemokratischen Arbeitervereins und einer christlichsozialen Partei findet sowie zwei Bilder von Bebel und Liebknecht, macht einen verwahrlosten Eindruck.

In der Stadtvogtei verhört, äußert er, eigentlich habe er *sich* erschießen wollen, um auf die gegenwärtigen Zustände aufmerksam zu machen, denn »dem armen Volk bleibt nichts übrig, wenn es nicht verhungern will, als sich selbst totzuschießen«. Max Hödel, so sein Name, Klempnergeselle aus Leipzig, ist vorbestraft wegen Taschendiebstahls und Urkundenfälschung, führt wirre Reden, unterzeichnet seine Briefe aus dem Untersuchungsgefängnis mit »Hödel. Attentäter Seiner Majestät des Kaisers« und lacht blöde, als ihm das Todesurteil verkündet wird. Ein unangemessenes Urteil, der

Einundzwanzigjährige ist nicht zurechnungsfähig und würde heute in eine Heilanstalt eingewiesen werden.

Wilhelm spricht verzeihend von der *Tat eines auf Irrwege geratenen Menschen*, mahnt aber gleichzeitig sein Staatsministerium, es möge mehr als bisher darauf achten, wohin die *fortgesetzten ungestraften Meetings der Umsturzpartei* führten.

Mit der *Umsturzpartei* war die Sozialistische Arbeiterpartei Deutschlands gemeint, die spätere SPD. Sie war dem Boden entsprossen, den die industrielle Revolution seit 1850 bereitet hatte, die eine totale Umgestaltung der wirtschaftlichen und gesellschaftlichen Struktur des Staates mit sich brachte. Am Anfang stand die Maschine: die mechanischen Webstühle, die Hochöfen, der Dampfantrieb für Mühlen und Sägewerke, die Fabriken der Massenproduktion, die Fahrzeuge des wachsenden Verkehrs. Aus den 100 000 Tonnen Roheisen des Jahres 1840 waren 1871 über anderthalb Millionen geworden, das Eisenbahnnetz hatte sich von 549 Kilometer auf 21 481 ausgedehnt, statt 498 Lokomotiven fuhren nun 3 485 und erhöhten die Reisegeschwindigkeit, die zur Goethezeit fünf Stundenkilometer betragen hatte, auf 50. Die Zahl der Einwohner stieg sprunghaft an, weil mehr Neugeborene am Leben blieben und weniger Ältere vorzeitig starben.

Die Jahre nach dem 1870/71er-Krieg hatten, bedingt durch die Milliardenkontribution aus Frankreich, einen wirtschaftlichen Aufschwung gebracht. Die Reichsregierung, sonst wie alle Regierungen stets in Geldnöten, hatte plötzlich Geld im Überfluß und tat etwas Lobenswertes: sie tilgte ihre Schulden, tilgte sie aber so schnell, daß riesige Kapitalien den Markt überschwemmten und eine Epidemie auslösten: das *Gründungsfieber*.

Man gründete Banken, Eisenbahngesellschaften, Baufirmen, Montanunternehmen, Aktiengesellschaften aller Art, Immobiliengeschäfte. Zwischen 1871 und 1873 entstanden allein in Preußen ebenso viele Eisenhütten und Maschinenfabriken wie in den siebzig Jahren vorher. Innerhalb von zwei Jahren gab es in Berlin 50 Banken mehr, feierte man die Gründungsfeste von 843 Aktiengesellschaften. Die Terraingesellschaften verdienten Unsummen, die Bodenpreise stiegen astronomisch, die Bauern in der Umgebung der großen Städte wurden zu Millionenbauern, und die aus Berlin-Schöneberg ließen ihre Kühe aus silberbeschlagenen Raufen fressen und vergoldeten das Zaumzeug der Kutschpferde.

Das Fieber, zu gründen und zu spekulieren, grassierte. Alle, alle flogen sie ans Licht, schreibt ein Chronist, und alle tanzten mit in dieser Hetzgaloppade um das angebetete Goldene Kalb: der gewitzte Kapitalist und der unerfahrene Kleinbürger, der General und der Kellner, die Dame von Welt, die arme Klavierlehrerin und die Marktfrau.

Man spekulierte in den Portierslogen und in den Theatergarderoben, im Atelier des Künstlers und im stillen Heim des Gelehrten; der Droschkenkutscher auf dem Bock und »Aujuste« in der Küche verfolgten mit mehr oder weniger Sachkenntnis und fieberndem Interesse das Emporschnellen der Kurse.

Eisenbahnkönig Strousberg amüsierte sich über seinen Kastellan, der, über seinen Kurszettel gebeugt, den Dienst vergaß, und er warnte seine Dienstboten davor, ihre sauer ersparten Taler in zweifelhaften Aktien anzulegen. Darin lag ein gewisser Zynismus. Bethel Henry Strousberg gehörte zu den Unternehmern, deren Praktiken zu einer Verwilderung der Geschäftsmoral führten, zu Unterschlagungen, Erpressungen, zu Täuschung und Betrug. Doch machte man es sich in Deutschland zu einfach, wenn man das eigene schlechte Gewissen durch Antisemitismus zu kompensieren versuchte.

Strousberg wurde zum Sündenbock, und daß er Jude war, erleichterte die Schuldzuweisung. Der stets piekfein gekleidete, dickliche Herr war ein Finanzgenie und hatte durchaus seine Verdienste. Als erster aktivierte er kleine und mittlere

Sparkapitalien für den Eisenbahnbau. Einfallsreich, risikofreudig legte er über 3 000 Kilometer eiserne Straßen an, woran nicht nur er und seine Aktionäre verdienten, sondern auch der Fiskus: er baute so billig und so schnell, wie es staatliche Behörden nie gekonnt hätten. Als die rumänische Regierung, von der er eine Konzession bekommen hatte, ihre Ratenzahlungen einstellte, zeichnete sich der Anfang seines Endes ab und das seiner Geschäftsfreunde, die sich vornehmlich aus dem deutschen Handel rekrutierten, darunter Fürst Malte von Putbus, von nun an nur noch *Kaputbus* genannt.

Die Vergeltung brach herein, mit ehernen Schritten nahte der Zusammenbruch, der Untergang – um noch einmal den mit einem Hang zum Dramatischen begabten Chronisten zu bemühen –, die furchtbaren Anklagen, die Eduard Lasker in seinen Reden im Reichstag gegen die Gründer, gegen ihr gewissenloses und frevlerisches Spiel schleuderte, machten die Erde zittern. Der Boden, auf dem jahrelang die wahnsinnigen Tänze getanzt worden waren, knisterte und barst in allen Fugen, das Mißtrauen wuchs zur Besinnungslosigkeit, die Börse ertrank in Verkaufsaufträgen. Und plötzlich über Nacht wurde der deutsche Sprachschatz um ein neues Wort bereichert, welches jäh durch die Städte eilte, welches viele tausend Existenzen ruinierte, welches namenloses Unglück über zahllose solide Familien brachte und das ganze wirtschaftliche Leben plötzlich lahmlegte: dieses Wort hieß *der Krach*.

»Krach!« hallte es durch die Paläste der Herzöge, durch die Couloirs des Parlaments, durch die Hallen der Behörden, durch die Villen der Reichen, durch die Hofwohnungen, durch die Obst- und Kohlenkeller. Krach! Krach! Und dieses unübersehbare Leichenfeld war bedeckt mit den Großen, denen recht geschah, leider aber viel mehr noch mit den Kleinen, die mit ins Kampfgewirr geraten waren und verbluteten.

Die kleinen französischen Sparer, bei den fünf Milliarden Francs Kriegsentschädigung zur Kasse gebeten, hatten die kleinen deutschen Sparer um ihr Geld gebracht. Das war die Ironie der Geschichte!

61 Banken, 4 Eisenbahnunternehmen, 115 Industriegründungen brachen in Deutschland zusammen. Zu den Leuten, die mit ihren Aktiencoupons zu den Banken eilten, ihr Geld verlangten und feststellten, daß es nicht mehr da war, gehörte nicht nur Strousbergs Kastellan. Auch sein Chef verlor alles, was er je besessen. In Rußland wurde er, dortiger dunkler Geschäfte wegen, ins Gefängnis geworfen und kehrte Jahre später an die Spree zurück. Eine seiner ehemaligen Köchinnen war gutmütig genug, ihm in ihrer kleinen Wohnung in der Taubenstraße Unterschlupf zu gewähren. In der Zeitung konnte er seinen Nachruf lesen, der gleichermaßen ein Nekrolog auf die Gründerjahre war: »Er hatte ein Unternehmen, das schien so sicher, schien so fein. Im Wind tät es zerstieben, und nichts ist übriggeblieben als der Verwaltungsrat allein.«

SCHLAFBURSCHEN UND MIETSKASERNEN

Der Gründerkrach mündete in eine allgemeine Depression, die sich über viele Jahre hinzog. Es war in zu vielen Fabriken zu viel produziert worden, der Geldumlauf unnatürlich vermehrt, die Preise infolgedessen gestiegen; die Sucht, rasch reich zu werden, hatte die Arbeitsmoral untergraben, die Tugend zu sparen entwertet. Die Depression verschlechterte die Lebensbedingungen und traf die Arbeiter am härtesten. Sie waren in den Jahren nach dem Krieg verhältnismäßig gut entlohnt worden, wenn auch die Berliner Maurer, die mit einer Droschke »erster Jüte« zum Bau fuhren und im Akkord ihre 20 (Gold-)Mark am Tag verdienten, zu den Ausnahmen gehörten. Unternehmer, die ihre Fabriken schließen mußten, brauchten keine Arbeiter mehr, und jene, die wegen der Überproduktion in der Gründerzeit nun weniger produzierten,

Haus-Ordnung

für das

Männer-Asyl

Wiesenstraße 55–59.

1. Das Asyl darf von einer und derselben Person innerhalb vier Wochen nicht öfter als viermal hintereinander benutzt werden.

2. Die Benutzung findet statt:

a) **im Winter** (vom 1. Oktober bis 1. April) **von Abends 5 bis Morgens 7 Uhr.**

b) **im Sommer** (1. April bis 1 Oktober) **von Abends 6 bis Morgens 6 Uhr.**

Wer das Asyl des Morgens früher verlassen will, hat dies Abends vorher bei der Aufnahme zu melden.

3. Die Sammelhalle wird **im Winter um 3, im Sommer um 5 Uhr** Nachmittags geöffnet.

4. Betrunkene oder mit Ekel erregenden sichtbaren Krankheiten behaftete Personen werden nicht in das Asyl aufgenommen.

5. Die Angabe des Namens und der sonstigen persönlichen Verhältnisse wird von Personen, welche das Asyl benutzen wollen, nicht gefordert. Dieselben sind berechtigt, während ihres Aufenthaltes im Asyl jede Auskunft in dieser Beziehung, mag sie gefordert werden von wem sie wolle, zu verweigern. Eine Ausnahme hiervon findet nur statt bei Vornahme von Zählungen, welche zu statistischen Zwecken gesetzlich vorgeschrieben sind.

6. Wer das Asyl benutzt, hat sich während seines Aufenthalts daselbst den Anordnungen der Hausbeamten zu fügen.

7. Nach dem Eintritt und vor dem Verlassen muß jeder Besucher sich Hände und Gesicht waschen. Die Benutzung der Badeeinrichtung wird dringend empfohlen. In den Fällen, wo der Hausinspektor es anordnet, muß der betreffende Asylist ein Bad nehmen. Während des Badens werden die Kleider desinficirt.

8. Jedem Besucher wird seine Lagerstätte für die Nacht angewiesen, welche er **spätestens im Winter um 9 Uhr, im Sommer um 10 Uhr** einzunehmen hat. In den Schlafsälen ist jedes ruhestörende Geräusch zu vermeiden.

9. Oberkleider und Schuhzeug sind beim Einnehmen der Lagerstätte abzulegen und die Kleider am Bettpfosten aufzuhängen.

10. In der Eßhalle, welche auch zur Ausbesserung von Kleidungsstücken und Schuhzeug benutzt werden kann, ist gesittete nicht zu laute Unterhaltung gestattet. **Ausdrücklich verboten ist bei Strafe sofortiger Ausweisung aus dem Asyl alles Lärmen, Kartenspiel, Tabakrauchen und Branntweintrinken.**

11. Das Waschen, Baden, sowie die Reinigung der Kleider findet nach Anweisung der Hausbeamten statt.

12. Abends wird eine Suppe mit Brot gereicht, Morgens Kaffee nebst einer Schrippe.

13. Die Benutzung des Asyls ist unentgeltlich.

14. Zuwiderhandlungen gegen die Hausordnung können vom Hausinspektor mit Ausweisung aus dem Haus bestraft werden.

Berlin, 1. Dezember 1896.

Der Vorstand

des Berliner Asyl-Vereins für Obdachlose.

setzten einen Teil ihrer Leute auf die Straße und kürzten den verbleibenden die Löhne. Die Zahl der Arbeitslosen ist nicht bekannt, da die Behörden jede Meldung über Massenentlassungen unterdrückten. Doch ihre Zahl muß hoch gewesen sein.

Die nach Hunderttausenden zählenden Knechte, Mägde, Kätner, Instleute, die ihre Heimatdörfer in Ost- und Westpreußen verlassen hatten, um in den großen Städten ihr täglich Brot zu finden, vegetierten in den Elendsvierteln. Die Wohnungsnot war, verglichen mit den Verhältnissen auf dem Wohnungsmarkt unserer Gegenwart, eine wirkliche Not. Vielen fehlte buchstäblich das »Dach über dem Kopf«. Achtköpfige Familien lebten zusammengepfercht in Küche und Stube. Nachts wurden zusätzliche Pritschen für Schlafgänger aufgestellt. Das waren Arbeiter oder Arbeiterinnen, deren Unterkunft in eben jener, nur nachts zu nutzender Schlafstelle bestand. Ein Bericht an die Behörden von 1875 registriert kommentarlos: »Ein Ehepaar mit einer Verwandten, einem Pflegekind, einem Schlafburschen und drei Schlafmädchen in der Küche, ein Ehepaar mit Sohn und Tochter, einer Verwandten, einer Einmieterin und drei Schlafburschen in der Stube.«

Wer längere Zeit arbeitslos war, konnte sich keine Schlafstelle mehr leisten und suchte Unterschlupf in den Asylen. Das kostete inklusive Wassersuppe und morgendlichem Gerstenkaffee einen Groschen pro Nacht; man durfte aber nur eine gewisse Anzahl von Nächten im Monat dort hausen. Sechzig bis achtzig »Gäste« lagen auf langen Holzbänken, ohne Kissen und Decken, in einer von Ausdünstungen und dem zu Desinfektionszwecken verwendeten Karbol geschwängerten Luft.

»Im Sommer übernachteten viele Obdachlose auf den Parkbänken, des knappen Platzes wegen im Sitzen. Schlafen sollten sie aber nicht«, schreibt Heinrich Zille, der Berliner Straßenmaler. »Und weil die Schutzleute kontrollieren kamen, stellten sie Wachen auf. Die mußten ›Po-len-te!‹ rufen. Erwischten die Schutzleute aber doch einen Schläfer, so faßten sie ihn an den Füßen und kippten ihn über seinen Kopp weg uff de andere Seite.«

Tuberkulose und Hungertyphus grassierten in den Elendsvierteln. »Wenn ick will, kann ick Blut in Schnee spucken«, renommiert eine von Zilles Berliner Jören, und eine andere, die auf einer Zigarrenkiste eine tote Ratte übers Trottoir kutschiert, meint: »Unsere Wohnung is zu naß, da is se dran jestorben.«

Die Hinterhöfe in den neuerbauten Mietskasernen mußten nur so groß sein, daß eine Feuerspritze wenden konnte. Je mehr Höfe, um so weniger Straßen, je weniger Straßen, um so mehr Wohnungen, um so mehr Miete. »Meyers Hof« im Berliner Wedding, Ackerstraße 132/133, war die berüchtigtste aller Wohnkasernen. Sie bestand aus einem Vorderhaus und sechs Quergebäuden mit je fünf Stockwerken; die fünf hintereinanderliegenden Höfe waren durch eine einzige Zufahrt mit der Straße verbunden. 225 Mietparteien mit über 1 000 Personen, zusammengepfercht in einem Bau, der bereits im ersten Jahr anfing zu verfallen! Für die Wände zwischen den einzelnen Wohnungen hatte ein Herr Rabitz ein Geflecht aus Putzmörtel und Kälberhaaren erfunden, das für den Bauherrn so billig war wie für den Mieter lärmdurchlässig.

Die sanitären Verhältnisse waren entsprechend, und wer den Brief des Hausbesitzers Dr. Stryck liest, in dem er eine Klage gegen die Baupolizei zu begründen versucht, würde gern lachen, wenn es ihn nicht fröstelte. Stryck, ein Arzt, weist hier minuziös nach, warum es zweier weiterer Aborte im Quergebäude nicht bedarf, denn erstens seien sämtliche männlichen Personen tagsüber auf ihrer Arbeitsstelle, die schulpflichtigen Kinder in der Schule, wo sie ihre Geschäfte meist zu verrichten pflegten, und die Kleinsten bräuchten kein Klosett, weil ihnen ein Töpfchen genüge. Blieben also nur die Frauen, und davon gebe es in jeder Wohnung durchschnittlich nur eine. Auf je ein Klosett kämen demnach zehn bis elf Personen. Selbst wenn man großzügigerweise die doppelte Zahl annehme, könnten daraus kaum Unzuträglichkeiten entstehen.

»Denn eine solche Sitzung nimmt im Durchschnitt«, so der Herr Doktor wörtlich, »incl. Ordnung der Kleider, was bei Frauen wohl nicht notwendig sein dürfte, 3-4, auch 5 Minuten in Anspruch; rechnet man auf eine jede Sitzung sogar 10 Minuten, so werden 12 Tagesstunden allein schon Zeit genug bieten zur Benutzung des Klosetts für 72 Personen, wobei angenommen wird, daß jede Person täglich einmal Stuhlgang hat, was bekanntlich bei den Frauen nicht der Fall ist, von denen die meisten nur alle 2-3 Tage einmal Stuhlgang haben …«

Die Wohnungen in den Mietskasernen waren nicht billig. Die Miete für eine 18 Quadratmeter große Arbeiterwohnung in Leipzig betrug sechs Mark monatlich. Das erscheint, verglichen mit den heutigen Mieten, lächerlich wenig, machte aber in den meisten Fällen über 20 Prozent des monatlichen Verdienstes aus. Kellerwohnungen waren billiger, aber so feucht, daß alles mit einem leichten grünlichen Schimmel überzogen war. Dasselbe galt für Neubauten, die, wegen des Profits, kaum daß sie fertiggestellt waren, bereits vermietet wurden. In Berlin gab es sogenannte Trockenmieter, Arbeiter, die so lange in den einzelnen Zimmern lebten, bis sie trockengewohnt waren. Eine »Tätigkeit«, die ihnen mit geringer Miete oder gar deren Erlaß gelohnt wurde – und mit chronischem Rheuma sowie verschiedensten Atemwegserkrankungen.

Die Behörden fühlten sich für die Wohnungsmisere nicht zuständig und griffen nur dann ein, wenn Verstöße gegen seuchenpolizeiliche Vorschriften festzustellen waren oder – gegen die Moral. Schlafburschen sollten nicht zusammen mit

Schlafmädchen in einem Zimmer liegen. In einer Verordnung aus dem Jahre 1880 wurde verfügt, daß die Geschlechter zu trennen seien und jedem Erwachsenen mindestens drei Quadratmeter Fußboden und zehn Kubikmeter Luft zur Verfügung stehen müßten – für Kinder genüge ein Drittel, für Halbwüchsige zwei Drittel des Erwachsenen zustehenden *Luftraums*.

Die Woche hatte sechs Arbeitstage, den Tag normalerweise zu zehn bis zwölf Stunden. Es gab allerdings auch Berufe, beispielsweise die Tischler der sogenannten *kiefernen Produktion*, in welchen die Arbeiter 15 bis 16 Stunden in der Werkstatt standen. In den Plättanstalten wurde von sieben Uhr früh bis in die Nacht hinein gearbeitet. Plätterin, Näherin, Zuschneiderin, Spinnerin waren Berufe, die die in den Städten lebenden jungen Mädchen ergriffen. Die verheirateten Frauen übernahmen, durch eine vielköpfige Kinderschar ans Haus gefesselt, meist Heimarbeit. Beide, Mütter und Töchter, ermöglichten durch ihre Arbeit die Existenz der Familie. Der Ernährer selbst, der Familienvater, war allein nicht imstande, die Familie durchzubringen. Fast immer mußten auch die Kinder mithelfen.

Die Kinderarbeit gehört zu den dunkelsten Seiten einer Epoche, die man die gute alte Zeit zu nennen pflegt. Teils zu Unrecht, teils zu Recht, wie wir noch sehen werden. Was das Los der arbeitenden Kinder betrifft, jedenfalls zu Unrecht. Die schlimmsten Auswüchse waren durch eine neue Gewerbeordnung immerhin etwas beschnitten worden. Sechsjährige Textilarbeiterinnen und neunjährige Bergarbeiter, die in den vierziger und fünfziger Jahren nicht selten waren, gab es kaum mehr. Zwölf- bis Vierzehnjährige durften offiziell nur sechs Stunden arbeiten. Da drei Stunden pro Tag die Schule besucht werden mußte, hatten diese Kinder trotzdem einen Neunstundentag. Der Fabrikbesitzer konnte außerdem von Ausnahmebestimmungen Gebrauch machen, wenn Hochkonjunktur herrschte oder seine geschäftlichen Grundlagen gefährdet schienen.

Zwar sollten Inspektoren die Einhaltung der Bestimmungen überwachen, es gab aber zu wenige, und auf dem weitverzweigten Gebiet der Heimarbeit, für die Ausbeutung von Kindern wie geschaffen, waren Kontrollen schwer durchführbar. 1882 arbeiteten im Reich über eine halbe Million Kinder unter vierzehn Jahren.

Ihre Geschichte ist noch nicht geschrieben worden; die Geschichte von Kindern mit alten Gesichtern, hohlen Augen, die um ihre Kindheit betrogen wurden; die im Morgengrauen in die Fabriksäle, in die Bergwerke, auf die Felder hasteten; die Spindel drehten, die eisernen Loren schoben, die Rüben hackten; Kinder, denen man das wenige Geld nicht lassen konnte, das sie verdienten, die nie genug zu essen bekamen, die oft genug geprügelt wurden. Von jenen nicht zu reden, die als Straßenhändler arbeiteten, an den Türen bettelten, die zu Dieben abgerichtet und zur Prostitution gezwungen wurden.

Das Zeitalter der Industrialisierung hat die Kinderarbeit nicht erfunden. Es hat sie, besonders auf dem flachen Land, zu allen Zeiten gegeben, und die Obrigkeit war sogar davon überzeugt, daß sie segensreich sei: der Müßiggang der Kleinen und der Kleinsten sei nun mal aller Laster Anfang. In einer Zeit jedoch wie der des ausgehenden 19. Jahrhunderts, in der man sich so fortschrittlich gab, dienten derartige Erwägungen lediglich zur Betäubung des schlechten Gewissens. Nichts war bezeichnender als Wilhelms II. »Vorschläge zur Verbesserung der Lage der Arbeiter«, in deren einzelnen Punkten die Befürchtung aufklang, daß eine zu weitgehende Beschränkung der Kinderarbeit die halbwüchsigen Burschen und Mädchen zu Herumtreibern machen würde und sie sittlich verwahrlosen und verwildern lasse.

Die Apathie der Massen

Wie wichtig es war, die durch die industrielle Revolution geschaffenen Probleme zu lösen, den Arbeitern ein menschenwürdiges Dasein zu verschaffen, sie zu Bürgern des neuen Deutschen Reiches zu machen und nicht zu Verfemten, das war in Deutschland frühzeitig, allerdings nur von wenigen, erkannt worden. Männer wie der Mainzer Bischof Ketteler und der erzkonservative Ludwig von Gerlach forderten, Arbeiter gegen Krankheit, Unfall, Invalidität zu versichern. Es gab einen *Verein für das Wohl der Hand- und Fabrikarbeiter*, ins Leben gerufen von Berliner Industriellen, und es gab den *Verein für Sozialpolitik*, hinter dem berühmte Universitätsprofessoren standen. Auch die Arbeitervereine waren nicht von Arbeitern, sondern von liberalen Bürgern gegründet worden, in der guten Absicht, Handwerker und Industriearbeiter zu bilden, ihre karge Freizeit sinnvoll zu gestalten und sie in der Not zu unterstützen.

Das alles waren Bestrebungen, die zu den Ausnahmen gehörten. Im allgemeinen fühlten sich weder Staat noch Gesellschaft für den vierten Stand verantwortlich, wie die neue Schicht genannt wurde. Sie bestand vor allem aus gescheiterten Handwerksmeistern, ewigen Gesellen, Fabrikarbeitern, Handlangern, Tagelöhnern und aus dem von Karl Marx so bezeichneten Lumpenproletariat. Die Fabrikbesitzer entdeckten nur dann ihr soziales Gewissen, wenn es um die Erhaltung der Arbeitskraft ging. Mit Hungernden und Verelendeten war auf die Dauer kein Geschäft, sprich Gewinn, zu machen.

Die Arbeiter waren also darauf angewiesen, sich selbst zu helfen, indem sie sich Gehör verschafften und Einfluß gewannen, und das war auf dem Vereinsweg offensichtlich nicht zu erreichen. Sie traten deshalb an einen Mann heran, der Grundlegendes über die arbeitenden Klassen geschrieben hatte. Ihn, der wegen Aufreizung zum Klassenhaß vor Gericht gestanden und für seine Überzeugung Gefängnishaft erlitten hatte, forderten sie auf, sie über die Mittel zu unterrichten, wie die Lage des Arbeiterstandes zu verbessern sei.

Ferdinand Lassalle, wie er hieß, gehört zu den interessantesten Figuren der an Persönlichkeiten reichen Geschichte der zweiten Hälfte des 19. Jahrhunderts. Er entstammte, wie viele führende Köpfe des Sozialismus, dem Bürgertum. Der Sohn eines jüdischen Seidenhändlers aus Breslau studierte Philosophie und Philologie, wurde aber in einer Disziplin weit bekannt, die er nicht studiert hatte, der Juristerei. Betroffen machte ihn das Schicksal einer Gräfin Hatzfeld, die, als blutjunges Mädchen an einen reichen Mann verkuppelt, sich nach trostlosen Ehejahren verstoßen, aber nicht versorgt sah, und um ihre Kinder kämpfen mußte, während der Ehemann mit Mätressen ein Vermögen verschwendete. Lassalle war über die Maßen empört und übernahm ihren Fall als Privatanwalt. Er tat es aus Ritterlichkeit, später aus erwachender Liebe, doch vornehmlich, um an ihrem Fall den moralischen Tiefstand der herrschenden Klasse, repräsentiert durch einen Großgrundbesitzer, vor aller Welt anzuprangern.

Es war dies ein Entschluß, so edelsinnig, daß er einer Romanfigur Courths-Mahlers Ehre machen würde; doch das Leben des außergewöhnlichen Mannes war in vieler Beziehung romanhaft. Stets in irgendwelche Prozesse verwickelt, mal als Angeklagter, mal als Kläger, bisweilen beides zugleich – allein dreißigmal trat er vor den Richter, ehe die Gräfin endlich ihr Recht bekam –, lehrte er Richter und gegnerische Anwälte das Fürchten. Er schrieb philologische Werke, philosophische Essays, versuchte sich im historischen Drama, empfing in seiner eleganten Junggesellenwohnung in der Berliner City Aristokraten, Literaten, wurde von Heine beneidet um sein Wissen, seinen Scharfsinn, seine Gelehrsamkeit. Bei den Maschinenbauern von Borsig erschien er in Frack, Zylinder, weißen Handschuhen, um seinen Respekt vor körperlicher Arbeit zu demonstrieren, wurde trotzdem von den Arbeitern geachtet, denn er vermied den schlimmsten Fehler der Höhergestellten: sich anzubiedern.

Durch den Umgang mit Marx und Engels war er zum Sozialismus gekommen, wurde nach Marxens Emigration 1848 einer seiner Statthalter in Deutschland, wurde sein Interessenvertreter gegenüber den Verlegern und nicht selten auch sein Geldgeber. All das brachte ihm nur bösen Undank ein.

Als Lassalle zu Ohren kam, daß Bismarck mit dem Gedanken spielte, die immer lästiger werdenden Liberalen mit Hilfe der Arbeiterschaft zu zähmen, wurde er hellwach. Es kam zu langen Spaziergängen die Friedrichstraße entlang, auf denen die beiden so unterschiedlich gearteten Herren ihre politische Meinung austauschten. Der Kanzler stellte überrascht fest, daß sein Begleiter kein wilder Republikaner war, sondern ein Mann mit ausgeprägter nationaler und monarchischer Gesinnung. Die gemeinsamen Berührungspunkte blieben jedoch ohne Bedeutung: Lassalle hatte außer guten Ideen nichts politisch Relevantes als Gegenleistung anzubieten. Immerhin schrieb Bismarck einen Brief an die sächsische Regierung mit der Bitte, dem von Lassalle geplanten Arbeiterkongreß nichts in den Weg zu legen.

Ferdinand Lassalle nun riet dem in Leipzig konstituierten Central-Comité in einem *Offenen Antwortschreiben*, sich der Politik zuzuwenden; politische Ziele seien nur mit politischen Mitteln zu erreichen, doch nicht mit Hilfe anderer Parteien, der Fortschrittspartei zum Beispiel, welche die Berliner Maschinenbauer zu wählen pflegten, sondern durch eine eigene Partei.

Aufgabe einer solchen Partei sei es, allgemeine, gleiche, geheime, direkte Wahlen durchzusetzen, die Gründung staatlicher Produktivgenossenschaften mit Gewinnanteil für die Arbeiter zu ermöglichen, die Vertretung des Arbeiterstands in den gesetzgebenden Körperschaften zu garantieren sowie ständig an das Rechtsempfinden, die Vernunft und den Freiheitswillen der Mehrheit des Volkes zu appellieren – denn nicht durch Umsturz, sondern nur auf friedlichen Wegen könne eine sozial gerechte Ordnung geschaffen werden. Der Beruf des Staates sei es, diesen Kulturfortschritt zu erleichtern und zu vermitteln. Womit er durchaus den Staat Bismarcks meinte, denn dessen Bürger seien *gut bedient* und nicht nur durch *dumme Krautjunker* oder einen *schönen Wilhelm* repräsentiert.

Lassalle hatte angenommen, seine Programmpunkte würden einschlagen wie einst Luthers Thesen von der Schloßkirche zu Wittenberg. Die meisten Arbeitervereine aber reagierten verschreckt angesichts von so viel Politik und folgten lieber einer Einladung der Fortschrittspartei. Sie konnten nicht ahnen, daß die elf Vereine, die ihre Vertreter trotzdem nach Leipzig schickten, geschichtsbekannt wurden. Die elf gründeten 1863 den *Allgemeinen Deutschen Arbeiterverein*, eine Gründung, die als die Geburtsstunde der deutschen Arbeiterbewegung gilt. Ein Jahr später zählte der »Allgemeine« 4 600 Mitglieder. Sein erster Präsident, Ferdinand Lassalle, zeigte sich enttäuscht von dieser Zahl.

»... die Apathie der Massen ist zum Verzweifeln«, schrieb er. »Solche Apathie bei einer Bewegung, die rein für sie, rein in ihrem politischen Interesse stattfindet, und bei den in geistiger Beziehung immensen Agitationsmitteln, die schon aufgewendet worden sind und die bei einem Volke wie dem französischen schon Riesenresultate gehabt haben würden?! Wann wird dies stumpfe Volk endlich seine Lethargie abschütteln?«

Ein Jahr später, im Jahr 1864, starb der Mann, dem das unvergängliche Verdienst zukommt, eine deutsche Arbeiterpartei geschaffen zu haben, etwas, was der ihm geistig hoch überlegene Buchgelehrte Marx nicht erreicht hatte. Er starb, nicht einmal vierzig Jahre alt geworden, auf sinnlose Weise: nach einem Duell, zu dem er wegen einer nichtigen Liebesaffäre einen Rumänen gefordert hatte. Auf seinem Sterbebett diktierte er sein Testament, das die Nachfolge in der Führung der Partei regeln sollte.

Wäre der Weg des deutschen Arbeiters, und damit vielleicht der des ganzen deutschen Volkes, anders verlaufen, wenn er nicht unter dem Zeichen von Marx und Engels angetreten wäre, sondern unter dem Lassalles? Dieser Weg, soviel scheint immerhin aus seinen in dieser Hinsicht sparsamen Äußerungen hervorzugehen, sollte zu einer Demokratie führen, in deren Parlament der vierte Stand eine auf legalem Weg errungene Mehrheit besäße. Wäre damit das deutsche Volk nach seiner politischen Einigung auch von den Gesellschaftsklassen her geeint worden, wäre das persönliche Regiment eines Wilhelm II. verhindert, die Katastrophe von 1914/18 unmöglich gewesen?

Ferdinand Lassalle blieb populär über seinen Tod hinaus. Der Messias des 19. Jahrhunderts, der tragische Komödiant, der Kavalier, der für die Freiheit und die Liebe lebte, wurde in Roman und Drama gefeiert. Seine Bücher wurden in den Arbeiterbibliotheken häufig verlangt, mehr als die von Karl Marx, der für die Genossen selbst mit Hilfe eines Fremdwörterbuchs schwer lesbar blieb. Und alle sangen sie den Refrain der sogenannten Arbeitermarseillaise: »Nicht zählen wir den Feind, nicht die Gefahren alle, der Bahn, der kühnen folgen wir, die uns geführt Lassalle!«

Ganz anderer Meinung war der Dr. Marx in London. Für ihn war Lassalles Präsidentschaft im Arbeiterverein die Anmaßung eines Unbefugten gewesen. Lassalle war ihm zuwider: der *Kerl*, oder *dieser Mensch*, wie er ihn nannte, wenn er ihn nicht gar mit antisemitischen Bezeichnungen traktierte wie »kraushaarigen Nigger-Juden«, »Baron Itzig« (was ihn nicht hinderte, auf Itzigs Namen Wechsel auszustellen), hatte seine Fackel schließlich an seinem Feuer entzündet. Das seien Plagiate gewesen, Diebstähle an seinem Geistesgut, und daß dieses Gut von Lassalle so umgestaltet wurde, daß es auch der einfache Arbeiter verstand, machte den Diebstahl nicht weniger sträflich. Gewiß, der Mann hatte einige Verdienste – die Gründung einer deutschen Arbeiterpartei war ein Verdienst –, doch seine Theorien, soweit er überhaupt eigene entwickelt hatte, blieben gefährlich, besonders jene, wonach der Staat nicht umzustürzen sei, sondern politisch zu erobern und dienstbar zu machen; von den Lassalleschen mit Staatsgeldern zu schaffenden Produktivgenossenschaften ganz abgesehen, die die Arbeiter unweigerlich in Pensionäre des preußischen Polizeistaates verwandeln würden.

So Karl Marx. Der Theoretiker an seinem Arbeitspult im Lesesaal des Britischen Museums hatte durch die jahrzehntelange Emigration den Kontakt zu den Arbeitern in Deutschland längst verloren. Seinen weltbewegenden Ideen verhaftet – Mehrwert und Klassenkampf, Weltrevolution und Diktatur des Proletariats –, ließ er die Arbeiter in ihren praktischen Nöten allein, und niemand konnte es ihm recht machen. Lassalle nicht. Wilhelm Liebknecht nicht. Und Bebel nicht.

EIN TISCHLER NAMENS BEBEL

Wenn man Kaiser Wilhelm II. als einen Herrscher bezeichnet hat, der genauso war, wie die Bürger sich ihn wünschten, womit er gleichnishaft ihren Geist verkörperte, dann kann man den Arbeiterführer August Bebel als Gegenbild nehmen. Er wiederum verkörperte all jene, die im Dunkeln lebten. Strenge Marxisten könnten anführen, daß er dazu wenig taugte, da sein Vater kein Arbeiter, sondern ein königlich preußischer Unteroffizier war. Sein Leben weist jedoch genügend proletarische Züge auf. Es ist lohnend, sich mit einem Mann zu beschäftigen, den zu den »großen Deutschen« zu rechnen die

Historiker sich sehr spät entschlossen. Dabei gehörte er längst in jedes Schulbuch – in jenes Geschichtskapitel, in dem über Bismarck geschrieben wird, über Moltke, über Wilhelm eins und Ludwig zwei.

Bebel wird gewiß manchen in der älteren Generation an den eigenen Großvater erinnern, einen in seiner Redlichkeit, seinem Fleiß und seinem Gerechtigkeitssinn immer seltener werdenden Typus von Mensch. Kein Geringerer als Auguste Renoir, der Meister des Impressionismus, hat ihn gemalt, und wir sehen ein Gesicht wie das eines Wissenschaftlers, fast zart die Züge, die hellen Augen wach, forschend, schneeweiß das Haar, ein schmaler Spitzbart, ein Gesicht, das von einem harten Leben erzählt, von Not, Hunger, Sorge. Und doch liegt über ihm ein Hauch unerschütterlicher Zuversicht, die Gewißheit, daß es sich trotz allem gelohnt hat zu leben.

Das Licht der Welt, das Bebel bei seiner Geburt erblickte, war das Licht einer mit Rüböl gespeisten Lampe, die notdürftig eine Kasematte in der Festung Köln-Deutz beleuchtete. Der Raum diente der Soldatenfamilie als Schlafzimmer, Wohnstube, Kinderzimmer, Küche, Abstellkammer – und Kantine. Da das Gehalt eines Unteroffiziers das Existenzminimum einer Familie nicht deckte, wie überhaupt in der niederen Militär- und Beamtenwelt das Großhungern der Kinder die Regel war, hatte Mutter Bebel die Lizenz erworben, *Bedarfsartikel* an die Mannschaften der Garnison zu verkaufen. Dazu gehörten auch Pellkartoffeln, die den Soldaten allabendlich in die steinernen Näpfe gefüllt wurden, die Portion zu sechs Pfennig.

Bei seiner Geburt wurde gerade der Zapfenstreich geblasen, und Bebel schreibt in seinem Buch *Aus meinem Leben*, das zu den ersten Bestsellern der Arbeiterliteratur wurde: »Prophetisch angelegte Naturen könnten aus dieser Tatsache schließen, daß damit schon meine spätere oppositionelle Stellung gegen die bestehende Staatsordnung angekündigt wurde.

Denn streng genommen verstieß es wider die militärische Ordnung, daß ich als preußisches Unteroffizierskind in demselben Augenblick die Wände einer königlichen Kasemattenstube beschrie, in dem der Befehl zur Ruhe erlassen wurde.«

Für den Knaben August bildete das Kasernengelände einen idealen Spielplatz, die alten Militärmäntel des Vaters lieferten strapazierfähiges Material für seine Anzüge, und die Soldaten zeigten sich kinderlieb. Der Vater, obwohl als Mustersoldat vor dem ganzen Bataillon gelobt, war nach zwölf Jahren Kommiß weniger glücklich über sein Milieu und manchmal so erbost über Schikanen, daß er schwor, bei einem ausbrechenden Krieg als ersten Feind einen eigenen Offizier zu erschießen. Ein Krieg blieb ihm erspart, und den Tod fürs Vaterland starb er, ein junger Mann noch, im Lazarett. Auf dem Sterbebett beschwor er seine Frau, die Söhne nicht in das Militärwaisenhaus zu geben, weil das mit einer neunjährigen Dienstzeit bezahlt werden mußte.

Die Mutter ernährte die Familie mit Handschuhnähen, das Stück für 20 Pfennig. Mehr als ein Paar pro Tag war bei allem Fleiß nicht zu schaffen. August besorgte, wenn er aus der Schule gekommen war, den Haushalt, putzte das Zinn- und Blechgeschirr, scheuerte die Stube mit Sand, arbeitete bis spät in die Nacht als Kegeljunge und stellte den Speiseplan zusammen nach der alten Melodie: Kartoffeln in der Früh, Kartoffeln in der Brüh', des Abends samt dem Kleid, Kartoffeln, Kartoffeln in Ewigkeit!«

Als er dreizehn Jahre alt war – man war inzwischen nach Wetzlar umgezogen – starb die Mutter an Lungentuberkulose, der Proletarierkrankheit. »Sie sah ihrem Tod mit Heroismus entgegen. Als sie am Nachmittag ihres Todestages ihr letztes Stündlein herannahen fühlte, beauftragte sie uns, ihre Schwestern zu rufen. Einen Grund dafür gab sie nicht an. Als die Schwestern kamen, wurden wir aus der Stube geschickt. In trübseliger Stimmung saßen wir stundenlang auf der Treppe und warteten ... Endlich gegen sieben Uhr traten die Schwestern aus der Stube und teilten uns mit, daß soeben unsere Mutter gestorben sei. Noch an demselben Tag mußten wir unsere Habseligkeiten packen und den Tanten folgen, ohne daß wir die tote Mutter noch zu sehen bekamen. Die Ärmste hatte wenig gute Tage in ihrem Witwen- und Eheleben gesehen. Und doch war sie immer heiter und guten Mutes.«

Augusts Stiefvater war noch vor der Mutter gestorben, und wenn er sich an ihn erinnerte, hörte er die Schreie mißhandelter Sträflinge – er hatte als Gefängnisaufseher die Familie in seine Dienstwohnung geholt. Bebel wäre nun doch gern als Kadett ins Militärwaisenhaus nach Potsdam gegangen, wurde aber bei der Musterung wegen *allgemeiner Körperschwäche* zurückgewiesen. Ein Versuch, unter Österreichs Fahnen zu dienen, scheiterte aus demselben Grund. Biographen, die die spätere Berufung in die früheste Jugend ihrer Helden zu projizieren pflegen, haben es mit Bebel schwer. Noch nicht einmal republikanisch gesinnt war er, wie die meisten seiner Wetzlarer Schulkameraden, er gab sich königstreu und kassierte dafür Klassenkeile.

Sein Wunsch, das Bergfach zu studieren, war aus Geldmangel unerfüllbar. Eine Lehre bei einem Drechsler täte es schließlich auch, meinten die Tanten. Geselle geworden, ging er mit Felleisen und Knotenstock auf die Walze, durchwanderte Süddeutschland und Österreich, fand schließlich 1860 in Leipzig Dauerquartier. Die Stadt an der Pleiße wurde entscheidend für seinen Lebensweg. Hier regte sich die Arbeiterbewegung am lebhaftesten. Er trat in den gewerblichen Bildungsverein ein, wurde bald zum Vorsitzenden gewählt, enthielt sich aber jeglicher Politik.

Politik treiben sollten die Arbeiter erst dann, wenn sie gelernt hätten, was das überhaupt ist, war Bebels Ansicht. Klassenbewußtsein besaßen sie nicht, Marx und Engels kannten sie nicht, die Begriffe *Sozialismus* und *Kommunismus* waren ihnen böhmische Dörfer. So schlichte Dinge wie Freiheit der Niederlassung des Gewerbes, Paß- und Wanderfreiheit interessierten sie mehr als Lassalles Forderung nach staatlich geförderten Produktivassoziationen.

In einer Festrede auf dem zweiten Stiftungsfest seines Vereins lehnte Bebel sogar das allgemeine, gleiche, geheime und direkte Wahlrecht ab. Auch dafür seien die Arbeiter noch nicht reif. Die Lassalleaner verdächtigte er sogar, sie würden nur auf den Moment warten, die Fahne des Kommunismus mit allen ihren Schrecken zu entfalten, und ihr Bundeslied klang ihm schrill in den Ohren: »... Mann der Arbeit, aufgewacht! Und erkenne Deine Macht! Alle Räder stehen still, wenn Dein starker Arm es will ... Brecht das Doppeljoch entzwei! Brecht die Not der Sklaverei! Brecht die Sklaverei der Not! Brot ist Freiheit, Freiheit Brot!«

Wen man bekämpfen will, den muß man kennen, und Bebel begann sich gründlich mit den Schriften Lassalles zu beschäftigen, so gründlich, daß sich in ihm eine Wandlung vollzog: aus einem unpolitischen Vereinsmitglied wurde ein politischer Kämpfer, einer, der den Sozialismus, wenn auch nicht den Lassalleanischer Prägung, für sich entdeckte. Beschleunigt hat diesen Weg ein Mann, dessen Name mit der deutschen Arbeiterbewegung eng verbunden ist. Er hieß Wilhelm Liebknecht und gehörte zu jenen fast schon vergessenen Revolutionären, die Anno 1848 auf den Barrikaden gestanden und für ein freies, einiges, von einer Verfassung getragenes Deutschland gekämpft hatten.

Bebel lauschte den Berichten des vierzehn Jahre älteren Mannes: wie er in der Schweiz Friedrich Engels kennengelernt hatte und später in London Karl Marx, von den langen Jahren der Emigration, von den Thesen des Dr. Marx, und wie er allmählich zu seinem Anhänger geworden war.

»Liebknecht hat mich zum Marxisten gemacht. Dieses Verdienst hat er«, bemerkte Bebel später.

Gemeinsam zogen sie in den Reichstag des Norddeutschen Bunds ein, und gemeinsam gründeten sie, 1869 in Eisenach, eine zweite Arbeiterpartei, die Sozialdemokratische Partei. Es gab nun zwei Arbeiterparteien in Deutschland. Die Bebelianer bekämpften die Lassalleaner vom »Allgemeinen«, denn die einen waren großdeutsch gesinnt und antipreußisch und die anderen kleindeutsch und bismarckisch, doch in einem waren sie sich noch einig: den Staat und die Gesellschaft mit den Mitteln der bürgerlichen Demokratie umzugestalten sowie auf legalem Weg an die Macht zu kommen.

Der 5. März 1867, der in keinem Kalender hervorgehoben wird, bleibt bemerkenswert, betrat doch an diesem Tag zum ersten Mal in der Weltgeschichte ein Proletarier ein Parlament. Ein kleiner Mann mit dürftiger Schulbildung und geringer politischer Erfahrung sah sich, wie der Österreicher Karl Kautsky, ein Zeitgenosse, berichtet, einer Phalanx der bedeutendsten Staatsmänner, der gelehrtesten Redner, der gewieftesten Parlamentarier gegenüber, dazu einer Regierung, die zwei Kriege glänzend gewonnen hatte, vor der die ganze bürgerliche Welt in die Knie ging. Diäten und andere Aufwandsentschädigungen, wie sie unsere Abgeordneten von heute in großem Stil kassieren, gab es nicht. Der Drechsler Bebel hatte nicht einmal das Geld für ein Hotelzimmer. Er kroch bei Parteigenossen unter, die ihn manchmal in der Küche, manchmal auf dem Boden einquartierten.

»Als ich eben die Tür zum alten Herrenhaus in der Leipziger Straße öffnen wollte, in dem der Reichstag tagte«, schilderte Bebel jenen ersten Tag, »wurde dieselbe von innen geöffnet und heraus trat der Prinz Friedrich Karl, der ebenfalls Mitglied des Reichstags war. ›Da begegnet der auf der sozialen Stufenleiter Höchste dem Niedersten‹, dachte ich.«

Vier Jahre darauf: Weißenburg und Wörth waren genommen, Saint-Privat von der Garde erstürmt, die Schlacht von Sedan geschlagen, der Kaiser Napoleon III. gefangengenommen und Paris eingeschlossen, die »Wacht am Rhein«, das Deutschlandlied ertönte allerorten, man fordert die Bestrafung Frankreichs, die Zahlung von Milliarden Kriegsentschädigung, die Abtretung ganzer Provinzen. Mitten in diesem Taumel aus Patriotismus und Chauvinismus steht ein kleiner Drechslermeister auf und sagt, daß der Krieg nach dem Sturz des französischen Kaisers und der Kapitulation mehrerer französischer Armeen kein Verteidigungskrieg mehr sei, wie vom preußischen König Wilhelm nach der französischen Kriegserklärung betont, sondern ein Eroberungskrieg.

Der Forderung, weitere 100 Millionen Taler Kriegsanleihe zu bewilligen, könne er deshalb guten Gewissens nicht zustimmen; auch warne er vor der Annexion Lothringens und des Elsaß, weil es die Klugheit gebiete, *daß wir unseren Gegner nicht unnützerweise verletzen und zur Rache anstacheln.* Es sei außerdem bekannt, daß die Elsässer zum überwiegenden Teil Franzosen bleiben möchten, und wenn *wir heute ihr Selbstbestimmungsrecht mit Füßen treten … dann müssen wir es uns ebenso gut gefallen lassen, wenn andere, wo die Gelegenheit sich bietet, auch Stücke unseres Landes nehmen.*

Allgemeine Mißbilligung, Zischen, Ruf: Pfui! Hinaus! Hinaus mit ihm! notiert der Parlamentsstenograph an dieser Stelle. Als der Präsident den Abgeordneten Bebel dafür tadelt, daß er es sich herausnimmt, *unser eigenes Volk in dieser seiner Vertretung zu beschimpfen,* bricht ein Tumult aus, und Dutzende von Abgeordneten dringen mit erhobenen Fäusten auf Bebel ein.

Dabei hatte der Abgeordnete nichts anderes gesagt, als was der Kanzler Bismarck meinte, der bei den Friedensverhandlungen alles vermied, was die Franzosen hätte demütigen können. Er hätte ihnen am liebsten auch Elsaß-Lothringen gelassen, weil das ein Brocken war, der dem Deutschen Reich wegen seiner Unverdaulichkeit nur Magendrücken verursachen würde.

Deutschland, deine Arbeiter

Im März 1872 stand Bebel zusammen mit Liebknecht vor den Richtern des Leipziger Schwurgerichts. Als Anklagematerial dienten Protokolle von Reden, Zeitungsartikel, Briefe sowie sozialistische Broschüren und Flugschriften, für die nach Ansicht der Staatsanwaltschaft die Angeklagten die Verantwortung trugen. Die Anklage: Hochverrat. Das war eine gegen den inneren Bestand eines Staates gerichtete strafbare Handlung, die mit einer lebenslangen Zuchthausstrafe geahndet werden konnte.

Der Prozeß verlief nicht im Sinne seiner Erfinder. Im Verhandlungssaal saßen die Vertreter aller großen Zeitungen und berichteten in einer Ausführlichkeit, wie sie heute nicht mehr denkbar wäre. Wer nicht gewußt hatte, was Sozialismus war, was die Sozialisten wollten, jetzt erfuhr er es. Zu denen, die das nicht wußten, gehörte offensichtlich auch der Vorsitzende, ein Herr von Mücke. Er zeigte sich seiner Aufgabe nicht gewachsen, blätterte hilflos in seinen Akten, mußte sich sagen lassen, daß Bebel beim Erscheinen des Kommunistischen Manifests gerade acht Jahre alt geworden war und ließ sich die Führung des Prozesses von Tag zu Tag mehr aus der Hand nehmen. Der jungen deutschen Arbeiterbewegung ersparte Mücke Hunderte von Wahlversammlungen und lieferte ihnen zusätzlich zwei Märtyrer, als er Bebel und Liebknecht zu je zwei Jahren Festung verurteilte. Mit der Begründung, daß Hochverrat zwar nicht erwiesen sei, Vorbereitungshandlungen jedoch, wenn auch nur entfernterer Art, zweifelsfrei vorlägen.

Frau Bebel, die bei der Verkündung des Urteils in lautes Weinen ausbrach, wurde von ihrem Hausarzt mit den Worten getröstet: »Seien Sie froh, Ihr Mann braucht ohnehin dringend Ruhe.« Der Doktor wußte, wovon er sprach. Die Haftanstalten, in die das als Polizeistaat geschmähte Reich Staatsfeinde zu bringen pflegte, hatten nichts gemeinsam mit den Kerkern der Militärdiktaturen und Volksdemokratien unserer Tage.

Das fing mit der Einlieferung an. Bebel reiste, von Hunderten von Sympathisanten auf dem Bahnhof verabschiedet, mit der Bahn nach Hubertusburg. »Unter dem Gepäck, das ich mitnahm, befand sich auch ein großer Vogelbauer mit einem prächtigen Kanarienhahn, den mir ein Dresdner Freund als Gesellschafter für meine Zelle geschickt hatte. Er wurde, nachdem ich ihm zu einem Weibchen verholfen, der Stammvater einer Kinder- und Enkelschar, die ich in Hubertusburg züchtete ... Als ich [am Zielbahnhof] ausstieg, standen sämtliche Schaffner an dem langen Personenzug vor ihren Wagen und salutierten, indem sie die Hand an die Mütze legten.«

Äußerlich gelassen, beinah heiter, schien Bebel nicht zu spüren, wie sehr die Aufregungen der letzten Jahre, heute *Streß* genannt, an seinen Kräften gezehrt hatten. Er klappte, kaum daß die Spannungen nachgelassen, zusammen wie ein Taschenmesser. »In den Nächten, in denen ich mich schlaflos im Bett wälzte, dachte ich öfters an Bismarck«, schreibt er voller Galgenhumor, »der damals insofern mein Leidensgefährte war, als er nach den Berichten der Zeitungen ebenfalls an Schlaflosigkeit und neuralgischen Schmerzen litt. Geteilter Schmerz ist halber Schmerz.« Eine ärztliche Untersuchung konstatierte weit Bedenklicheres. Der linke Lungenflügel war tuberkulös und wies eine tiefe Kaverne auf, eine Erkrankung, die tödlich hätte verlaufen können. In der guten Luft und der Ruhe von Hubertusburg aber heilte sie aus, und Bebel meinte später, daß die Festungshaft ihm wohl das Leben gerettet habe. Die einunddreißig Monate, die ihm bevorstanden – eine Strafe wegen Majestätsbeleidigung war noch hinzugekommen –, benutzte er, um, von einer wahren Lern- und Arbeitsgier befallen, Bildungslücken auszufüllen.

Er studierte die zum Standardwerk gewordene Abhandlung von Engels über die »Lage der arbeitenden Klassen in England«, Lassalles »System der erworbenen Rechte«, Platos »Staat«, Aristoteles' »Politik«, Machiavellis »Der Fürst«, Thomas Morus' »Utopia«, Darwins »Entstehung der Arten«, die klassischen Dichter, nahm bei seinem Zellengenossen Liebknecht Unterricht in Französisch und Englisch, schrieb eine Abhandlung über den deutschen Bauernkrieg und machte Vorstudien zu seinem Buch »Die Frau und der Sozialismus«, das zum meistgelesenen sozialistischen Buch deutscher Sprache werden sollte. Und er vergrub sich in Karl Marx' Hauptwerk »Das Kapital«, das er bis dahin nur oberflächlich gelesen hatte und ohne es recht zu verstehen. Frühmorgens wurde Post beantwortet und über die Partei diskutiert. Alle vier Wochen kam die Familie, wohnte für drei Tage im nahe gelegenen Gasthaus und durfte von 9 Uhr 30 bis 19 Uhr zusammen mit dem Häftling die Zelle teilen. An der Gartenmauer legte Bebel mit Liebknechts Hilfe, der gerade eine Abhandlung über Grund- und Bodenfragen schrieb und sich für einen agrarischen Sachverständigen hielt, ein Beet mit Radieschen an. Es gedieh jedoch nur das Kraut, und der Aufseher meinte: »Warum Sie keine Radieschen bekommen haben, meine Herren, das will ich Ihnen sagen: Sie haben zu fett gedüngt.« Der Abschied von Wächter und Direktor, die beide versicherten, noch nie so angenehme und interessante Häftlinge gehabt zu haben, war voller Rührung, und der Direktor entschuldigte sich, daß er jeden Monat fünf Taler für die Miete hatte kassieren müssen, aber bei Vater Staat sei eben nichts umsonst.

Nach weiteren Stationen auf der Feste Königstein und im Gefängnis von Zwickau wurde Bebel entlassen, am 1. April 1875; *zu Bismarcks Geburtstag,* wie er sarkastisch anmerkte, doch verdächtigte er den Kanzler zu Unrecht, den Hochverratsprozeß gegen ihn und Liebknecht hinter den Kulissen inszeniert zu haben. Was nicht hieß, daß Regierung und Regierungskreise den Leipziger Prozeß nicht begrüßt hätten. Der aber war letzten Endes ein Rohrkrepierer. Ähnlich begannen sich die gegen die Sozialdemokratie gerichteten Unterdrükkungsmaßnahmen auszuwirken. Der in beiden Arbeiterparteien vorherrschende Widerstand gegen einen Zusammenschluß ließ durch den Druck von oben allmählich nach, und noch im Gefängnis hatte sich Bebel mit dem ihm vorgelegten Einigungsprogramm auseinandergesetzt. Es fand nicht seinen Beifall, weil es zuwenig Marx und zuviel Lassalle enthielte, doch stellte er seine Bedenken um der Einheit willen zurück.

Im Mai 1875 war es soweit. Auf dem Vereinigungskongreß in Gotha standen sich die Lassalleaner des *Allgemeinen Deutschen Arbeitervereins* und die Genossen der *Sozialdemokratischen Arbeiterpartei* Auge in Auge gegenüber, mißtrauisch, abschätzig, wie eben feindliche Brüder sich zu verhalten pflegen; beobachtet auch von den Gegnern, die bereits einen Vorschuß auf die Schadenfreude genommen hatten. Bebel klagte über Borniertheit, Verbissenheit, Mimosenhaftigkeit und darüber, daß man mit den Leuten umgehen mußte wie mit Porzellanpüppchen, wollte man nicht in Kauf nehmen, daß der mit größtem Lärm inszenierte Einigungskongreß zur Blamage der Partei resultatlos auseinanderging. Zur Enttäuschung der Gegner aber hatte man sich bereits nach drei Tagen zusammengerauft.

Das Gothaer Programm, das die Delegierten erarbeiteten, war ein Kompromiß: Die Forderungen nach Arbeiterproduktivgenossenschaften mit staatlicher Unterstützung, nach einem allgemeinen, gleichen Wahlrecht bei *allen* Wahlen, nach unentgeltlicher Schulbildung, nach einer Miliz statt des stehenden Heeres und nach einem Normalarbeitstag von zehn Stunden waren sozialistisch im Sinne Lassalles. Marxistisch dagegen gemäß Bebel und Liebknecht waren die Charakterisierung des Kapitalismus, die Betonung des internationalen Charakters der Arbeiterbewegung und die Feststellung, daß die Befreiung der Arbeit das Werk der Arbeiterklasse sein müsse (»der gegenüber alle anderen Klassen nur eine reaktionäre Masse sind«).

Ihr gemeinsames Ziel, den freien Volksstaat und die sozialistische Gesellschaft, wollten sie mit *allen gesetzlichen Mitteln* erreichen.

Die deutschen Arbeiter hatten in dem thüringischen Städtchen Gotha etwas geschafft, wovon die Arbeiter in den anderen europäischen Ländern nur träumen konnten: die Gründung der ersten dauerhaften und starken sozialistischen Partei. Von nun an marschierten nicht nur Arbeiterbataillone, wie Lassalle sie sich ersehnt hatte, jetzt marschierten, wie eine liberale Zeitung warnend schrieb, ganze Arbeiterregimenter, ja -divisionen. Schon zwei Jahre später errang die *Sozialistische Arbeiterpartei Deutschlands* – auf diesen Namen hatte man sich geeinigt – über eine halbe Million Stimmen und 13 Mandate im Reichstag.

Die Legende von Karl Marx

Nicht geteilt wurde die allgemeine Zufriedenheit über die Einigung ausgerechnet von den »Erfindern«. Friedrich Engels schrieb aus London über das Programm: »Das Ganze ist im höchsten Grad unordentlich, konfus, unzusammenhängend, unlogisch und blamabel.« Und er drohte damit, daß »Marx und ich uns nie zu der auf dieser Grundlage errichteten neuen Partei bekennen können und uns sehr ernstlich werden überlegen müssen, welche Stellung wir – auch öffentlich – ihr gegenüber zu nehmen haben.« Marx hatte in den *Randglossen zum Programm der Deutschen Arbeiterpartei* darauf hingewiesen, daß die Umwandlung der Gesellschaft nur in die revolutionäre Diktatur des Proletariats münden könne, alle anderen propagierten Vorstellungen kleinbürgerlich und deshalb gefährlich seien. Wirklich gefährlich aber für die Arbeiterbewegung und für den Zusammenschluß waren eben jene Glossen. Liebknecht hatte den Mut, sie den Delegierten nicht mitzuteilen.

Der große alte Mann – obwohl damals erst siebenundfünfzig, galt Marx bei seinen Anhängern doch dafür – hatte ein zwiespältiges Verhältnis zur deutschen Sozialdemokratie. Schon der Name *Sozialdemokrat* war ihm ein *Sautitel* und die Gründung einer solchen Partei letztlich zweitrangig, wenn man darüber die Idee der internationalen proletarischen Revolution vernachlässigte, ja verriet; wenn man nicht zu überzeugen war, daß zwar mit dem Bürgertum gemeinsam die Macht errungen werden mußte, das Bürgertum anschließend aber zum Teufel, sprich zum Henker, zu schicken sei; daß es ridikül sei, einem mit parlamentarischen Formen verbrämten, von der Bourgeoisie beeinflußten, bürokratisch gezimmerten, polizeilich gehüteten Militärstaat mit *gesetzlichen Mitteln* umgestalten zu wollen; wenn man den demokratischen Einheitsstaat für einen Wert an sich ansah anstatt lediglich für eine Etappe auf dem Weg zur Revolution; wenn man sich zwar grundsätzlich zum Marxismus bekannte, aber nicht marxistisch war.

Praktisch handelnden Männern, die die Parteiarbeit für wichtiger hielten als Programmpunkte und ihre Taktik nicht nach der Theorie, sondern nach den Realitäten ausrichteten, brachte Dr. Marx kein Verständnis entgegen. Wer seine Ziele der Denkweise des Arbeiters anpaßte, wem die alltägliche Not näher lag als die Weltrevolution, erschien Marx dubios, verächtlich, wie er überhaupt ständig Politisches mit Persönlichem vermengte und allen, die eine andere Meinung vertraten, hier Bismarck sehr ähnlich, ehrenrührige Motive unterschob. Man hat ihn ein Genie der Verunglimpfung genannt. Unter Verunglimpfungen hatten Feind und Freund zu leiden, Gegner und Anhänger, wie wir bei Lassalle erfahren haben. Wilhelm Liebknecht, auch ein treuer Paladin, wird in den

Briefen *armer Teufel* genannt, der *unverschämte Wilhelm*, das *Vieh*; oder es tauchen Formulierungen auf wie »Der Wilhelm wird jeden Tag dümmer« und »... der Kerl hätte diese Woche einen definitiven Abschiedstritt in den Hintern erhalten, zwängen nicht gewisse Umstände, ihn einstweilen noch als Vogelscheuche zu verwenden«.

Zwar erfuhren die Beschimpften nichts davon, doch sie spürten es. Ein Phänomen, daß sie Marx trotzdem weiterhin treu dienten, ja sich für ihn aufopferten. Eine unheimliche Faszination muß von diesem Mann ausgegangen sein, und daß dem so war, nimmt wunder, denn die tausend Elendigkeiten, von denen sein Alltag durchzogen war, hätten die Persönlichkeit eines anderen vielleicht längst zerstört.

Zeit seines Lebens war er leidend, wenn auch nicht eigentlich krank, was auf psychische Ursachen schließen läßt. Die Leiden waren so zahlreich, daß ein französischer Schriftsteller darüber eine ganze Broschüre schreiben konnte. »Les maladies de Karl Marx« berichtet von Affektationen der Kopfnerven, ischiadischen Anfällen, Lähmung der Gliedmaßen, nervösen Zuständen, permanenter Schlaflosigkeit, Augenentzündungen, Bronchialkatarrhen, Leberbeschwerden.

Ständige Geldverlegenheiten mit Gang zum Pfandhaus, das ewige Drängen der Gläubiger, der häufige Besuch des Gerichtsvollziehers ließen ihn nie richtig gesund werden. Der Erlös aus den schriftstellerischen Arbeiten reichte nicht aus, seine Frau und die vier Kinder zu ernähren. (»Jenny sagt mir jeden Tag, sie wünschte, sie läge mit den Kindern im Grabe.«) Streitigkeiten vergifteten die häusliche Atmosphäre. (»Zu Hause immer alles im Belagerungszustand, Tränenbäche ennuyieren mich ganze Nächte und machen mich wütend ...«) Kam er einmal zu Geld, wie durch das Erbe der verstorbenen Mutter und, ein andermal, durch die Hinterlassenschaft eines Freundes, zerrann es ihm unter den Händen. Immer wieder sah sich Engels gezwungen, die schlimmste Not zu lindern.

Friedrich Engels, der Mitstreiter, verfügte als Sohn eines rheinischen Textilindustriellen und Teilhaber einer Fabrik über die Geldmittel, um den Freund in den dreißig Jahren der Emigration am Leben zu erhalten.

Karl Marx ist aus der Misere seines Alltags nicht davongekommen, ohne einen Teil seiner Selbstachtung einzubüßen. Der Soziologe und Volkswirtschaftler Werner Sombart glaubte nach dem Studium der Korrespondenz mit Engels zu erkennen, daß in Karl Marx *eine durch und durch zerfressene Seele gehaust* habe. Auch anderen Biographen war der Briefwechsel peinvoll, und sie haben sich dagegen gewehrt, ihn ungekürzt erscheinen zu lassen, weil sonst, wie Franz Mehring äußerte, alle Bemühungen, das Andenken von Marx literarisch zu ehren, umsonst gewesen sein würden.

Die Lektüre der Korrespondenz zwischen Marx und Engels ist ein Erlebnis besonderer Art und nicht immer ein Vergnügen. Zynismus, Menschenverachtung, Mißtrauen liegen wie Mehltau auf den Zeilen. Die erbarmungslose Aburteilung anderer Menschen als Monstren von Dummheit und Charakterlosigkeit, als Teufel der niedergehenden Klasse, das Bemühen, mit den Moralbegriffen der verhaßten Bourgeois den Schein bürgerlicher Wohlanständigkeit zu verbreiten, erschrecken den unvorbereiteten Leser, und er fröstelt, wenn er erfährt, wie gleichgültig der Schreiber dem Leid anderer, selbst enger Freunde, begegnet; wie er sich davor drückt, den mit dem *getreuen Lenchen*, der Haushälterin, gezeugten Sohn anzuerkennen, wie er nach dem Besuch bei der todkranken Mutter es *als ganz angenehmes Resultat* bezeichnet, daß *die Alte* seine Schuldscheine vernichtet habe.

Moralische Entrüstung jedoch wäre nicht am Platze, und Historiker haben keine Pharisäer zu sein. Eher gilt die Wertung eines seiner Biographen, der nach der schonungslosen Darlegung der Marxschen Lebensmisere feststellte: »Marx wird dadurch nicht ›kleiner‹; ebensowenig wie Dickens, das

Muster bürgerlicher Ehrbarkeit, es dadurch wird, daß wir von seinem amourösen Doppelleben erfahren; ebensowenig wie Beethoven es dadurch wird, daß er eine Tochter mit einer seiner Verehrerinnen hatte. Alle guten Geister bewahren uns vor der Spießerei! ... Marx wird dadurch größer, daß wir die Konflikte ahnen können, in denen er stand. Dieses rauhe und harte Leben hätte schwächere Naturen viel früher zerbrochen. Er aber hatte darin sein Werk zu schaffen.«

Der Einfluß dieses Werks auf die deutsche Arbeiterbewegung ist nie so stark gewesen, wie es die späteren Marxisten haben glauben machen wollen. Daß Marx und Engels die wahren Führer der Sozialdemokratischen Partei gewesen seien und ihr die politischen Richtlinien gezogen hätten, ist als Legende längst entlarvt worden. Die Partei hat sich ohne die beiden Theoretiker entwickelt, oder, wie man auch gesagt hat, trotz Marx und Engels.

Diese Arbeiter waren keine Revolutionäre und schon gar keine Radikalinskis. Ihnen war eher, wie Kiaulehn das an den Berliner Arbeitern gezeigt hat, Geduld und Friedfertigkeit eigen, ja eine gewisse Gemütlichkeit. Es störte sie zum Beispiel nicht, daß, um die Jahrhundertwende, einer ihrer Führer von Beruf Kapitalist war, der Textilfabrikant Paul Singer. Der alljährliche Marsch am 18. März zum Revolutionsfriedhof im Friedrichshain war mehr ein Spaziergang, und über die dicken Wachtmeister, die mit großen Scheren bewaffnet am Eingang standen, um jene Kranzschleifen abzuschneiden, auf denen zu Klassenkampf und Umsturz aufgerufen wurde, über sie amüsierte man sich mehr, als daß man sich empörte.

»Wenn aus irgendeiner unbewachten Stelle der Menge der langgezogene Ruf aufstieg: ›Die völkerbefreiende, internationale Sozialdemokratie, sie lebe hoch!‹, dann dröhnten aus vielen Kehlen die Hochrufe, und die Polizeipferde begannen zu tänzeln, doch mehr als diese bescheidene Sensation gab es nicht ...«

Das *Manifest der Kommunistischen Partei*, dieses wichtige Dokument auch der deutschen Geschichte, verkündete den Arbeitern eine frohe Botschaft: ihren endlichen Sieg über die, die sie ausbeuteten und drangsalierten, ihren Aufstieg zur herrschenden Klasse, schließlich die Befreiung der ganzen Menschheit. »Mögen die herrschenden Klassen vor einer kommunistischen Revolution zittern. Die Proletarier haben nichts in ihr zu verlieren als ihre Ketten. Sie haben eine Welt zu gewinnen. Proletarier aller Länder, vereinigt euch!«

Die prophetische Kraft und der mitreißende Schwung des Manifests begeisterten die Arbeiter. Der Grundgedanke des Sozialismus, demgemäß die Erde, ihre Erzeugnisse und die von der Menschheit gemeinsam geschaffenen Werkzeuge allen gehören sollten, wirkte in seiner Einfachheit und Gerechtigkeit überzeugend. Das Manifest stellte die Geschichte jeder bisherigen Gesellschaft als die Geschichte von Klassenkämpfen dar, in der Unterdrücker und Unterdrückte sich gegenüberstanden; die Bourgeoisie hatte zwar den Feudalismus zu Boden geschlagen, die Waffen aber, die sie dazu gebraucht, würden sich in der Hand des Proletariats gegen sie richten und ihr den Tod bringen. Daß man sich mit einer anderen Klasse nur deshalb verbünden sollte, um sie zu benutzen und anschließend auszulöschen, störte die Arbeiter damals nicht. Daß die Geschichte aber die marxistischen Lehren nicht befolgen würde, die Massen im Kapitalismus keineswegs immer weiter verelendeten, die Sozialisten überall dort scheiterten, wo sie die Marxschen Klassenkampf- und Revolutionstheorien streng befolgten, konnten sie nicht ahnen.

Das im »Kapital«, dem Hauptwerk von Karl Marx, dargelegte System mit seinen abstrakten Definitionen und verwickelten Denkgebilden dagegen blieb großenteils auch jenen unzugänglich, die sich im Selbststudium einiges Wissen angeeignet hatten, was den »Sozis« den Spott eintrug, Marxist sei offenbar ein Mensch, der Marx nicht gelesen habe. Begriffe des wissenschaftlichen Sozialismus wie »Expropriation der Expropriateure«, »Akkumulation des Vermögens«, »Diktatur des Proletariats« gehörten zu einer Art Gebetsmühle, deren Formeln gläubig nachgesprochen wurden. Nicht viel anders verhielt es sich mit den Zukunftsprognosen, wonach in einer letzten Krise die Hülse des Kapitalismus gesprengt werden würde, die Arbeiterklasse die Produktionsmittel übernehmen und nach vorübergehender Diktatur des Proletariats die klassenlose Gesellschaft errichten werde.

»... dann lösen wir den Reichstag auf!«

Drei Wochen nach dem Anschlag des Klempnergesellen Hödel auf den Kaiser krachen Unter den Linden – es ist der 2. Juni 1878, ein Sonntag – erneut die Schüsse eines Attentäters. Wieder ist Wilhelm das Opfer, doch während er beim erstenmal mit dem Schrecken davonkam, wird er diesmal schwer verletzt. Mit zahllosen Wunden am Kopf, Hals und Rücken, bewußtlos, ohne Puls, vom Blut fast unkenntlich, findet man ihn in der offenen Kutsche, und als er wieder zu sich kommt, sagt der Einundachtzigjährige in einer Mischung aus Zorn und Fassungslosigkeit: »Ich begreife nicht, warum immer auf mich geschossen wird.«

Daß er noch lebt, verdankt er der Pickelhaube, die der alte Soldat vorschriftsmäßig zu seiner Uniform zu tragen pflegte und die nun achtzehn von einer Schrotflinte herrührende Einschüsse aufweist.

Der Täter, ein Dr. Nobiling, richtete die Waffe, noch bevor ihn ein Premierleutnant vom 83. Regiment überwältigen konnte, gegen sich selbst und starb Wochen später im Untersuchungsgefängnis am Molkenmarkt. War der Attentäter Hödel ein kleiner Lump und sein Motiv so unklar wie sein Verstand, Karl Eduard Nobiling ging es um den Ruhm des

Herostratos, jenes Mannes aus Ephesos, der den berühmten Tempel der Göttin Artemis in Brand steckte, damit sein Name, wie er auf der Folter aussagte, der Nachwelt überliefert werde. Das gelang ihm, wie es auch Nobiling gelang, denn die Geschichtswerke und die Lexika berichten über seine Tat.

Die Menschen pilgerten zum Palais Wilhelms und lasen die Bulletins der behandelnden Ärzte, angstvoll, empört darüber, daß ein Deutscher hatte die Hand erheben können gegen »einen ehrwürdigen Greis«, wie die Zeitschrift »Die Gegenwart« schrieb, »den Vater des Vaterlands, den Helden von Königgrätz, Gravelotte, Sedan, einen guten Menschen, den Stolz und die Zierde der Nation ...«

Wer war Nobiling? Der Sohn eines Domänenpächters im Posenschen hatte Landwirtschaft studiert und war in Dresden als Hilfskraft in einer städtischen Behörde eingetreten. Soviel wußte man. Was man nicht wußte: wer waren seine Hintermänner? Das Wolffsche Telegraphenbureau gab im Namen der Regierung Antwort auf die Fragen der Empörten, als es meldete, der Attentäter sei Sozialdemokrat gewesen und habe Helfershelfer gehabt. Eine Falschmeldung, wie sich herausstellen sollte. Eine Lüge aber ist immer stärker als die Wahrheit, wenn die Öffentlichkeit die Lüge glauben will. Sie gebar Gerüchte von weiteren geplanten Attentaten auf die königliche Familie, von der Unterminierung des Berliner Schlosses, von Umsturzplänen und Barrikadenbauten.

Eine Sozialistenhatz hub an. August Bebel, der als Vertreter durch Nordwestdeutschland reiste und Türklinken aus Büffelhorn und Bronze anbot – zusammen mit einem Teilhaber hatte er inzwischen eine kleine Werkstatt mit Dampfbetrieb gegründet –, Bebel fand sich schnell wieder auf der Straße mit seinem Musterkoffer, wenn man ihn identifiziert hatte.

Unmittelbar nach dem Anschlag spielte der Telegraph die Nachricht nach Friedrichsruh, wo sie der Chef der Reichskanzlei, Tiedemann, entgegennahm und sich mit dem Telegramm in der Hand auf die Suche nach Bismarck machte. »Wie ich auf dem Wege nach der Aumühle aus dem Friedrichsruher Park heraustrat«, erzählte er, »gewahrte ich den Fürsten, der, von seinen Hunden begleitet, langsamen Schrittes im Sonnenschein über das Feld daherkam. Ich trat auf ihn zu und schloß mich ihm an. Er war in heiterster Laune und erzählte von seinen Wanderungen an diesem Tage und von der wohltuenden Wirkung, die die lange Bewegung in der Waldluft auf seine Nerven gehabt habe ... Nach einer kleinen Pause sagte ich: ›Es sind einige wichtige Telegramme eingelaufen.‹ Er antwortete in scherzendem Ton: ›Sind sie so eilig, daß wir sie hier auf freiem Feld erledigen müssen?‹ Ich erwiderte: ›Leider. Sie enthalten eine empörende Nachricht; es ist wieder auf den Kaiser geschossen worden, und dieses Mal haben die Schüsse getroffen. Der Kaiser ist schwer verwundet.‹ Mit einem Ruck blieb der Fürst stehen. Er stieß in heftiger Bewegung seinen Eichenstock vor sich in die Erde und sagte tief aufatmend, wie wenn ein Geistesblitz ihn durchzuckte: ›Dann lösen wir den Reichstag auf!‹«

Daß er sich in diesem Moment nicht nach dem Kaiser erkundigte, seinem hochverehrten alten Herrn, wie er ihn nannte, der vielleicht mit dem Tode rang, hat ihm den Vorwurf der Gefühlskälte eingetragen. Er war jedoch zu sehr Politiker, um nicht blitzartig die sich ihm bietende Chance zu erkennen: einen neuen Reichstag wählen zu lassen, die Sozialdemokratie für die Untat verantwortlich zu machen und jene Gesetze gegen sie zu erlassen, die ihm nach dem ersten Anschlag noch verweigert worden waren, und überdies die Nationalliberalen loszuwerden. Sie hatten, wie Eyck schreibt, eine Todsünde begangen, für die er keine Vergebung kannte: sie hatten ihren Anteil an der Macht im Staate begehrt und sich nicht mit den Brocken begnügt, die er ihnen hingeworfen. Ob die Sozialdemokratie tatsächlich hinter dem Anschlag stand, ja wer überhaupt der Attentäter war, schien den Kanzler nicht zu interessieren.

Der Wahlkampf nach der Reichstagsauflösung stand unter dem Zeichen, das in einem Aufsatz Heinrich von Treitschkes sichtbar wurde. Treitschke, dessen nationalistisch eingefärbte Geschichtswerke die Abneigung gegen alles Deutsche weltweit gefördert haben, schrieb: »Die Sozialdemokratie ist zu einer Schule des Verbrechens geworden. Es wird höchste Zeit, daß der Staat ihre Vereine schließt, ihre Zeitungen verbietet, ihre Agenten ausweist.«

Den Bürger für derartige Gesetze zu überzeugen fiel nicht schwer. Bei den meisten von ihnen rannte man offene Türen ein. Die Angst vor den *vaterlandslosen Gesellen*, vor den *sozialistischen Rattenfängern*, die Abscheu vor dem *sozialdemokratischen Schwindel mitsamt seinen Schmarotzpflanzen*, dieser *Schmach für das ganze deutsche Volk*, so in den Flugblättern, hatte die Kluft zwischen den Klassen vertieft. Daran war nicht allein das Bürgertum schuld.

Wer etwas durch Wagemut, Risikofreude und Einfallsreichtum erworben hat, wird Leuten nicht gewogen sein, die ihm diesen Besitz wieder wegnehmen, ja unter der Devise »Eigentum ist Diebstahl« überhaupt kein Privateigentum mehr erlauben wollen. Er wird kein Verständnis dafür haben, wenn sie sich als die einzigen bezeichnen, die wirklich arbeiten, ihre Erwartungen zu einer schicksalhaften Zwangsläufigkeit erklären und aus dem Ganzen das Recht ableiten, über alle anderen diktatorisch zu bestimmen. Die Bürger hatten ein genügend gutes Gedächtnis, um sich an die berühmt gewordenen Reichstagsrede eines sozialistischen Führers zu erinnern, der, 1871, angesichts der unvorstellbaren Greuel des Pariser Kommunardenaufstands, im Reichstag gesagt hatte: »... daß der Kampf in Paris nur ein kleines Vorpostengefecht ist, daß die Hauptsache in Europa uns noch bevorsteht, und daß, ehe wenige Jahrzehnte vergehen, der Schlachtruf des

Pariser Proletariats: Krieg den Palästen, Friede den Hütten, Tod der Not und dem Müßiggang, der Schlachtruf des gesamten Proletariats sein wird!« Der Redner hieß August Bebel, und die Rede gehört nicht zu den glücklichsten Verlautbarungen des sonst so besonnenen Mannes. Sie belastete seine Partei in den Augen der Öffentlichkeit mit den Untaten der Pariser Kommunarden und trug viel dazu bei, die Sozialdemokraten zum Bürgerschreck zu machen.

Die Bürger sahen in den Parolen der Sozialisten Kriegserklärungen, die sich gegen ihr Vaterland, gegen die Religion, gegen die sittlichen Grundlagen und gegen ihr Herrscherhaus richteten, gegen all das also, was sie als ihre *heiligsten Güter* betrachteten. Bismarck hat später in der Rede Bebels ein Bekenntnis zu dem Evangelium der Pariser Mörder und Mordbrenner gesehen und erklärt, daß er von diesem Augenblick an in den sozialdemokratischen Elementen einen Feind erkannt habe, gegen den der Staat und die Gesellschaft sich im Stande der Notwehr befänden.

Des Kanzlers Biograph Lothar Gall glaubt, daß Bismarcks Entschluß, den Reichstag aufzulösen, seine letzte Ursache hatte in einem sich bis zu Wahnvorstellungen steigernden Mißtrauen, in der traumatischen Sorge, es könne jemand das Ohr des Kaisers gewinnen, eine politische Alternative aufbauen und sich an seine Stelle als Reichskanzler setzen. Politisch seit längerem erfolglos, von dem sich hinziehenden Kulturkampf zermürbt, durch die Ablehnung der beiden eingebrachten Gesetze gegen den Sozialismus deprimiert, habe er eine Flucht nach vorn angetreten, ohne genau zu übersehen, was sie ihm einbringen würde. Jedenfalls glaubte er zu raschem, entschlossenem Handeln gezwungen zu sein, um einer Verschwörung zuvorzukommen.

Daß Bismarck einen scheinbaren oder wirklichen Konkurrenten mit den brutalsten Mitteln zu verfolgen pflegte, hatte die Affäre Arnim gezeigt, als er den Botschafter des Reichs in

Paris nicht nur politisch vernichtete, sondern auch, durch zwei Prozesse, in seiner bürgerlichen Existenz. Bei der Sozialdemokratie indessen, so darf man an nehmen, glaubte er tatsächlich, Staat und Gesellschaft vor einem Umsturz schützen, und das mühsam errichtete Gebäude namens Reich, sein Lebenswerk, vor der Unterminierung bewahren zu müssen. Vor einer Revolution hatte er, der Angehörige einer Adelsgeneration, auf die die Französische Revolution noch ihre Schatten geworfen, schon immer Angst gehabt.

Eine Furcht, die sich im Laufe der Jahre zu einer Art *cauchemar des révolutions* gesteigert hatte, wie man das in Anlehnung an seinen anderen Alptraum, den der feindlichen Koalitionen, genannt hat. Das ging so weit bei ihm, daß er immer wieder bemüht war, sich mit den anderen Großmächten über gemeinsame Abwehrmaßnahmen zu verständigen gegen Sozialismus und Anarchismus, was damals noch viele in einen Topf warfen. Diese Bemühungen scheiterten stets an England, das seine demokratischen Prinzipien wegen eines Sozialistenschrecks nicht aufzugeben bereit war.

Charakteristisch für Bismarcks Einstellung sind die Worte, die er 1871 im Reichstag sprach: »Im Zuchthaus von heute ist der Aufseher wenigstens ein achtbarer Beamter, über den man sich beschweren kann. Aber wie werden die Aufseher sein in dem allgemeinen sozialistischen Zuchthaus? ... Die erbarmungslosesten Tyrannen, die je gefunden wurden.«

Obwohl die Sozialdemokraten während des Wahlkampfs als Verantwortliche für die beiden Attentate belastet wurden, verloren sie nur drei Sitze. Den Nationalliberalen dagegen nützte es wenig, daß sie in Reden, Aufsätzen und Versammlungen immer wieder erklärt hatten, nun für ein Gesetz gegen die Sozialisten zu stimmen. Daß sie ein solches Gesetz zweimal nicht hatten passieren lassen, also scheinbar nicht bereit gewesen waren, die Monarchie zu schützen, wog schwerer und kostete sie 39 Mandate. Die Konservativen verbesserten sich von 78 auf 115, und damit hatte Bismarck seine Mehrheit.

Die gemeingefährlichen Bestrebungen der Sozialdemokratie

Im Oktober 1878 wurde das *Gesetz gegen die gemeingefährlichen Bestrebungen der Sozialdemokratie* mit 221 gegen 149 Stimmen des Zentrums, der Fortschrittspartei und der Sozialdemokraten angenommen. Alle sozialdemokratischen, sozialistischen und kommunistischen Vereine, Versammlungen, Druckschriften, Feste und Demonstrationen waren von nun an verboten. Wer dagegen verstieß, den erwartete Gefängnis bis zu einem Jahr oder die Ausweisung aus bestimmten Orten und Bezirken. Gastwirte, Buchhändler, Buchdrucker, Leihbibliothekare, die das Gesetz mißachteten, verloren ihre Gewerbeerlaubnis. Über sogenannte gefährdete Bezirke konnte der *kleine Belagerungszustand* verhängt werden, der Willkürmaßnahmen praktisch Tür und Tor öffnete. Beschweren durften sich die Betroffenen auch, bei einem vom Bundesrat ernannten Ausschuß, doch prophezeite man ihnen einen ähnlichen Erfolg wie den Beschwerden eines einfachen Soldaten über die Schikanen seines Feldwebels.

Vergeblich hatten die sozialistischen Abgeordneten in den Debatten darauf hingewiesen, dieses Ausnahmegesetz werde eine Million Bürger des Reiches, die keine schlechteren Deutschen seien, verleumden, politisch ächten, für vogelfrei erklären. Das Sozialistengesetz nahm seinen Lauf: 1 500 Menschen wanderten in die Gefängnisse, Hunderte traf die Ausweisung, ungezählte andere verloren ihre Existenz. Fabrikdirektoren entließen sozialdemokratische Arbeiter, Hauswirte kündigten sozialdemokratischen Mietern, der Staat und die Städte vergaben keine Aufträge an Unternehmer, die sich sozialistischer Sympathien verdächtig gemacht hatten. Die Atmosphäre wurde vergiftet, und das Geschäft der Denunzianten, der Erpresser, der bezahlten Spitzel gedieh. Die Richter sahen sich einer Flut von Prozessen gegenüber, in denen sie entscheiden mußten, ob der Angeklagte sich der Majestätsbeleidigung schuldig gemacht habe oder nicht. Bis in die Familien hinein drangen die Spitzel, und in München zeigte der Historienmaler Piloty einen bekannten Arzt an wegen *unehrerbietiger Äußerungen* über den bayerischen König.

August Bebel, der seine diversen Gefängnisstrafen und Festungsaufenthalte mit einigem Sarkasmus ertragen hatte, schrieb jetzt, nachdem man ihm die Stadt Leipzig verboten hatte: »Daß man uns wie Vagabunden und Verbrecher … ohne eine gerichtliche Prozedur von Weib und Kind gerissen, empfand ich als eine tödliche Beleidigung, für die ich Vergeltung geübt, hätte ich die Macht gehabt. Kein Prozeß, keine Verurteilung, hat je bei mir ähnliche Gefühle des Hasses, der Er- und Verbitterung hervorgerufen, als jene sich von Jahr zu Jahr erneuernden Ausweisungen …«

Derselbe Bebel aber durfte, und das war das Kuriose, zusammen mit den anderen sozialistischen Abgeordneten weiterhin im Reichstag eine Partei vertreten, deren Mitglieder und Sympathisanten sonst überall im Land verfolgt wurden. Selbst Abgeordnete, die aus der Reichshauptstadt ausgewiesen waren, fuhren mit dem Vorortzug wieder hinein, wenn das Parlament tagte. Kaiserin Augusta beklagte sich einmal bei Bismarck, »wie es möglich sei, daß dieser Bebel immer noch im Reichstag sitze und seine frechen Reden halte.«

Das Sozialistengesetz hatte eine ähnliche Wirkung wie die im Kulturkampf gegen die Katholiken erlassenen Kirchengesetze. Sie schmolzen den Widerstand nicht, sie härteten ihn. Die Verfemten und Verfolgten rückten enger zusammen, sie halfen einander, unterstützten die Familien der Ausgewiesenen, gründeten als Sportclubs und Gesangsvereine getarnte Hilfsorganisationen. Spitzel irrezuführen und als Beschatter eingesetzte Geheimpolizisten abzulenken wurde zum gefährlichen Sport der Heranwachsenden. Dickleibige Wachtmeister, die ihren zu observierenden Personen schnaufend folgten, wenn die zum Dauerlauf ansetzten, bildeten das Vergnügen der Einwohner. Prominente wie Bebel hatten ständig zwei Schutzengel auf den Fersen. Die Frauen versteckten die Flugblätter in ihren Einkaufskörben und verteilten sie.

Wer das geheimgehaltene Versammlungslokal so rechtzeitig wechselte, daß die Geheimen in Leere stießen, erlebte seinen Triumph. Die in Deutschland verbotenen Zeitungen, beispielsweise *Der Sozialdemokrat*, wurden im Ausland wieder ins Leben gerufen und über die Grenze geschmuggelt. Bei der Bahn und bei der Post gab es bereits genügend Subalternbeamte, die, durch jämmerliche Bezahlung für den Sozialismus gewonnen, beim Schmuggeln der Zeitungen tatkräftig mithalfen.

Auch die Kongresse fanden nun im Ausland statt. 1880 kamen die Sozialisten in Wyden in der Schweiz zusammen und beschlossen, unter anderem, aus dem Satz, wonach sie ihre Ziele *mit allen gesetzlichen Mitteln* erreichen wollten, das Wort *gesetzlichen* herauszunehmen. *Mit allen Mitteln* hieß es jetzt, und das klang nach Attentat und Sabotage, nach Blut, aber die Versammelten waren noch immer so, wie Napoleon einst empfunden hatte, als er schrieb: »Die Deutschen machen keine Revolution. Sie sind nicht Mörder genug.«

Mit allen Mitteln hieß demnach, daß man illegal tat, was man vorher legal getan. Auch die nun stärkere Hinwendung zur *Londoner Denkfabrik*, zu den Lehren von Marx und Engels, machte aus der sozialistischen Partei noch keine Partei der Revolution. Und einer der Ihren schrieb, daß jene Apostel, die jetzt nur um der Revolution willen nach der Revolution schrien, um kein Haar besser seien als gekrönte und ungekrönte Tyrannen.

Die Gefühle des Hasses jedoch, von denen Bebel gesprochen hatte, wurden virulent, und so machte das Ausnahmegesetz aus Menschen, die dem Staat lediglich mißtraut hatten, erbitterte Staatsfeinde. Sie fühlten sich als Menschen zweiter Klasse, verwiesen vom Tisch des Vaterlands, ausgeschlossen aus der nationalen Gemeinschaft.

»Wenn ich keine Küken haben will, muß ich die Eier zerschlagen«, hatte Bismarck gesagt bei der Beratung über die Maßnahmen gegen die Sozialdemokratie. Die Zerschlagung der »Eier« erwies sich offensichtlich als die falsche Maßnahme. Die Zahl der »Küken«, sprich der sozialdemokratischen Wähler, wuchs, nach einem leichten Rückgang auf 550 000 im Jahr 1884, auf 763 000 im Jahr 1887, auf 1 427 000 im Jahr 1890. Der Versuch, Menschen nicht wegen eines kriminellen Delikts zu strafen, sondern wegen einer Überzeugung, war nach dem Kulturkampf ein zweites Mal fehlgeschlagen. Es war nicht mehr des Kanzlers Welt, jene Welt der Massenbewegungen, von denen die eine durch die Religion zusammengehalten wurde, die andere durch die Gleichheit ihres Herkommens und ihrer Lebensbedingungen.

Das Gesetz gegen die gemeingefährlichen Bestrebungen der Sozialdemokratie hat Menschen ins Elend gebracht, indem man sie ins Gefängnis warf, sie ihrer Heimat verwies, sie wirtschaftlich ruinierte. Diese Vorgänge aber halten keinen Vergleich aus, auch das muß gesagt werden, mit dem blutigen Terror, der die beiden Aufstände der französischen Sozialisten erstickte. »Der Sturm, der nach der Kommune über die französischen Sozialisten hereinbrach«, schrieb Friedrich Engels, weil ihm allzuoft über das *Heldenzeitalter* der deutschen Sozialdemokratie berichtet wurde, »war doch noch ganz was anderes als dies Nobiling-Gezeter in Deutschland.«

IV Der alte Kaiser

Dort oben sehen wir uns wieder

Der Mann, der den willkommenen Anlaß geboten hatte für den Erlaß des Sozialistengesetzes, Kaiser Wilhelm I., kehrte Anfang Dezember 1878 wieder nach Berlin zurück. Er hatte in Kissingen, Teplitz, Gastein die Kur genommen und sagte nach seiner Ankunft am Potsdamer Bahnhof: »So schwer die körperlichen Leiden waren, die ich zu tragen hatte, so waren sie doch nicht so quälend wie die Wunde, die meinem Herzen dadurch geschlagen wurde, daß es gerade in meiner Residenz und daß es ein Preuße war, durch welchen mir die Heimsuchung auferlegt wurde.«

In seinem Gemüt sehe es finster aus, doch ergebe er sich in den Willen Gottes, der so viel Gnade und Barmherzigkeit habe walten lassen, um ihn *für seine Berufsgeschäfte wieder fähig* zu machen. Es war das vierte Attentat, das er überstanden hatte. 1849 war auf der Durchfahrt durch Ingelheim auf ihn geschossen worden; 1861 zog ein Student auf der Kurpromenade von Baden-Baden seinen Taschenrevolver und verletzte ihn am Hals; die nächsten Attentäter hießen dann Hödel und Nobiling; und 1883, das war Attentat Numero 5, versuchten die Schriftsetzer Reinsdorf und Küchler ihn bei der Einweihung des Germaniadenkmals auf dem Niederwald mit Dynamit umzubringen.

Wie gut der alte Herr, nun einundachtzig, sich wieder erholt hatte, grenzte in der Tat ans Wunderbare. Die rechte Hand noch in einer stützenden Binde, verschmähte er die Kutsche, stieg zu Pferd, zügelte es mit der Linken und zog in die Stadt ein wie nach dem Krieg gegen Frankreich. Wilhelm selbst war das alles ein bißchen zu triumphal. »Immer übertreiben«, murrte er angesichts der Blumengirlanden, der Transparente, der Pylonen, des Fahnenmeeres, des Vivatgeschreies. Mit energischer Hand machte er sich wieder an die Regierungsgeschäfte. Erst einmal galt es, den ungeliebten Sohn, der nur die Stellvertretung hatte übernehmen dürfen und nicht die Regentschaft, von seinen Pflichten zu entbinden. Er dankte ihm mit knappen Worten und verblieb »mit aufrichtiger Freundschaft Eurer Kaiserlichen und Königlichen Hoheit freundwilliger und liebender Vater Wilhelm«. Von tiefer Frömmigkeit erfüllt, gab es für ihn keinen Zweifel, wo die tieferen Gründe zu suchen waren, die zu den Anschlägen auf sein Leben geführt hatten: in der mangelhaften religiösen Erziehung der Jugend, in einem sich immer stärker bemerkbar machenden Abfall von Gott. Der gelockerte Boden der Kirche müsse befestigt werden, meinte er. Gelänge das und wende man darüber hinaus die starke Hand des neuen Gesetzes gegen die Sozialisten an, auf deren Fahnen ja das Wort *Religion ist das Opium des Volkes* stand, werde man zum Bessern steuern, und *er wolle gern geblutet haben*. Oder wie der alte Roon das ihm gegenüber ausgedrückt hatte: »Euer Majestät vergossenes Blut möge zur Segensquelle für unser Land werden.«

Albrecht von Roon, dessen Heeresreform die Waffen geschmiedet hatte für drei siegreiche Kriege, kein »Kommißkopp« wie Wrangel, sondern gebildet, weltläufig, kenntnisreich, Prototyp des preußischdeutschen Offiziers, war jetzt fünfundsiebzig Jahre alt, und seine Tage waren gezählt. Er hatte sich im *Hotel de Rome* einquartiert, lag dort, von krampfartigen Hustenanfällen geschüttelt, und wenn er sich in den Kissen aufrichtete, konnte er auf das Palais Unter den Linden schauen, wo sein König wohnte. Sein *König* und nicht sein Kaiser, denn dem neuen Reich stand er innerlich fremd gegenüber.

Die Szene, da ihn Wilhelm zum letztenmal besuchte, gleicht einer Szene aus dem patriotischen Bilderbuch und bleibt doch menschlich ergreifend. Er läßt einen Stuhl an das Bett schieben, sitzt neben dem Kranken, und die beiden Kampfgefährten erinnern sich vergangener Tage, der großen, der eisernen Zeit. Als König Wilhelm sich verabschiedet, streckt er die Hand, die ihn immer noch schmerzt, mühsam nach oben und sagt: »Dort ..., dort sehen wir uns wieder.« Er geht langsam zur Tür, dreht sich noch einmal um und sagt mit leiser Stimme: »Grüßen Sie mir die alten Kriegskameraden. Sie finden viele.« Im Vorraum lehnt er sich an die Wand, preßt sein Taschentuch an die Augen und schluchzt.

Am Tage darauf starb Roon, der Kaiser erwies ihm die letzte Ehre, und seine Gedanken kreisten darum, wann er wohl an die Reihe käme. Das schien noch gute Weile zu haben. Der Einundachtzigjährige zeigte sich vitaler denn je und pflegte gelegentlich mit dem Anschlag auf sein Leben zu kokettieren, wenn er behauptete: »Der beste Arzt, den ich je hatte, hieß Nobiling.«

An den Staatsgeschäften nahm er energisch Anteil, wobei er immer wieder darauf hinwies, daß es niemandem zustehe, sich zum Richter über die kaiserlich-königliche Befehlsprärogative aufzuschwingen. Dies stehe Staatsministern nicht zu und den Abgeordneten des Reichstags schon gar nicht, die übrigens eine gefährliche Tendenz zeigten, die ihnen zustehende parlamentarische Gesetzgebungskompetenz in eine parlamentarische Regierung umzuwandeln. »Geht ihnen dies durch, so ist ein Präzedens gegeben, dessen Folgen jedes Kind einsieht.«

Gegen die Herren vom Parlament und ihre Wirtschaft hatte er eine unüberwindliche Abneigung. Er war der Meinung, daß sie zuerst an sich dachten, dann an ihre Partei und an das Vaterland nur, wenn es ihren Interessen diente. Den Völkern würde es am besten gehen, wenn sie von weisen Königen regiert würden, denen kluge Minister zur Seite standen – und Volksvertreter; die allerdings hätten sich auf Begutachtung und Beratung zu beschränken.

»Keiner Macht der Erde soll es je gelingen, Mich zu bewegen, das natürliche, gerade bei uns durch seine innere Wahrheit so mächtig machende Verhältnis zwischen Fürst und Volk in ein konventionelles, konstitutionelles zu wandeln, und daß Ich es nun und nimmermehr zugeben werde, daß sich zwischen unserem Herrgott im Himmel und diesem Lande ein beschriebenes Blatt als eine zweite Vorsehung eindrängte, um uns mit seinen Paragraphen zu regieren und durch sie die alte, heilige Treue zu ersetzen.« Das hatte sein Bruder gesagt bei der Eröffnung des Vereinigten Landtags im Jahre 1847. Wilhelm hat so etwas nie gesagt, aber gedacht hat er im Grunde wie Friedrich Wilhelm IV. vor einem Menschenalter.

Seine verfassungsmäßigen Rechte waren groß, seine tatsächlichen Möglichkeiten, die Politik zu bestimmen, dagegen klein, weil er einen Mann neben sich wußte, der in *politicis* meist anderer Ansicht war als er: den Kanzler Bismarck. Unter Bismarck Monarch zu sein, meinte er in einer Mischung aus Trost und Resignation, hätte für keinen Kaiser oder König ein leichtes Leben bedeutet. Der Kronprinz, durch das lange Warten bitter geworden, erzählte einmal, daß sein Vater, wenn der Kanzler einen Bund mit dem Teufel vorschlüge, äußern würde: »Bismarck, Bismarck, was machen Sie aus mir?«, um schließlich zu konzedieren: »Wenn Sie jedoch meinen, daß das im Interesse des Staates unerläßlich sei, dann …«

Hatte er sich einmal vorgenommen, unbeugsam zu sein, kapitulierte er schließlich doch vor seines Kanzlers probatem Mittel, der Rücktrittsdrohung. Obwohl er wußte, daß dahinter nicht unbedingt der Wille stand, sich tatsächlich zurückzuziehen, sondern daß sie Mittel zum Zweck war, verstörte sie ihn doch jedesmal. In Nikolsburg 1866, als die Österreicher besiegt waren und Bismarck dafür eintrat, sie *nicht* durch Gebietsabtretung und Kontribution zu strafen, war er in Tränen ausgebrochen, ehe er nachgab. Bei anderen *Anfällen*, wie er die Rücktrittsgesuche einmal nannte, zeigte er sich tief betroffen oder peinlich berührt und bat darum, den Abschreiber des eingereichten Gesuchs zur Schweigsamkeit zu verpflichten, des ungünstigen Eindrucks wegen, den das Rücktrittstheater bei den ausländischen Regierungen hervorrufen könnte.

Er schrieb »Niemals!« an den Rand der Eingaben, oder der Zorn packte ihn, wenn er dem Prometheus, der das Feuer geraubt hatte, die Fesseln aber und den Adler nicht ertragen wollte, das Recht abstritt, seinen Abschied zu nehmen. »Wolle Bismarck jetzt«, so Roon, »um jeden Preis in das Behagen des Landlebens, so würde er ... sich selbst den Kranz von der Schläfe reißen. Man nascht nicht ungestraft vom Baume der Erkenntnis.«

Wilhelm litt an Bismarck, und Bismarck litt unter Wilhelm. Über dieses Leiden klagte der Kanzler offen gegenüber Ministern, Abgeordneten, ja Fremden, in manchmal erschreckender Offenheit. Einmal kam er sich vor wie ein braves Reitpferd, das von seinem Reiter zuschanden geritten werde. Ein andermal griff er die Monarchen insgesamt an, die alle ein so fabelhaftes Rezept hätten, ihre treuesten und talentvollsten Berater auszunützen. Der seine sei steinhart und kalt, *er hegt gar keine Dankbarkeit gegen mich, sondern behält mich nur, weil er glaubt, ich könne noch etwas leisten*. Oder auf das hohe Lebensalter seines Herrn anspielend: »Er weiß nicht mehr, was er unterschrieben hat, wird dann mitunter grob, wenn er hört, daß etwas geschehen ist, wovon er meint, keine Kenntnis zu haben! ... Wenn ich aber einmal eine scharfe Entgegnung mache, so wird er weich und äußert: ›Ich weiß schon, daß ich altersschwach bin, aber ich kann doch nicht dafür, daß ich so lange lebe‹.«

Das Verhältnis Wilhelm-Bismarck glich einer Ehe, bei der die Partner nicht miteinander leben können, aber auch nicht ohneeinander. Wie in solchen Fällen häufig, überwog letztlich das Positive. Der Kaiser wußte, daß die Dynastie der Hohenzollern ohne Bismarck keine Lorbeeren geerntet hätte, daß nach ihm seine Stellung wohl zu *be*setzen, er niemals zu *er*setzen war. Als er ihm zu seinem siebzigsten Geburtstag das Gemälde von Anton von Werner *Die Kaiserproklamation in Versailles* überreichen ließ, wurde er während seiner Gratulationsrede von Rührung übermannt und konnte nicht weitersprechen. Mit Tränen in den Augen umarmte er den Kanzler und küßte ihn auf Stirn und Wangen.

Erst schriftlich fand er seine Sprache wieder. »Sie, mein lieber Fürst, wissen, wie in Mir jederzeit das vollste Vertrauen, die aufrichtigste Zuneigung und das wärmste Dankgefühl leben wird! ... und Ich denke, daß dieses Bild noch Ihren späten Nachkommen vor Augen stellen wird, daß Ihr Kaiser und König und sein Haus sich dessen wohl bewußt waren, was wir Ihnen zu danken haben!« Worte, die über das hinausgingen, was Höfisch-Höfliches normalerweise gestattete.

Bismarck war sich ebenfalls im klaren darüber, was er an seinem Chef hatte. Er mußte, wenn auch höchst ungern, jenen recht geben, die ihn darauf hinwiesen, noch kein Herrscher habe einen so unbequemen Minister nicht nur behalten, sondern habe sogar seine Ratschläge befolgt. Auch er meinte, was er sagte in jenem bewegenden, vom Krankenbett aus diktierten Brief: »Meine Arbeitskraft entspricht nicht meinem Willen, aber der Wille wird bis zum letzten Atem Euer Majestät gehören.« Er diene ihm freudig und mit Liebe, weil die angestammte Treue des Untertanen unter des Kaisers Führung niemals zu befürchten habe, mit einem warmen Gefühl für die Ehre und das Wohl des Vaterlands in Konflikt zu geraten.

Der Deutsche hat den Affen erfunden

Das Wohl des Vaterlands war es dann, das Kaiser und Kanzler noch einmal hart aneinandergeraten ließ. Der eine sah dieses Wohl in einem engen Zusammengehen mit Rußland, der andere dagegen in einer Hinwendung zu Österreich. Angefangen hatte alles mit einem Brief eines russischen Neffen an seinen deutschen Onkel.

»Ermutigt durch Ihre dauernde Freundschaft, lieber Oheim«, begann Zar Alexander II. seinen Brief an Kaiser Wilhelm, »erlauben Sie mir, den delikaten und mich beunruhigenden Punkt offen auszusprechen.« Der Zar, erbittert durch den Ausgang des Berliner Kongresses, den er für eine Niederlage seines Landes ansah, inszeniert durch Bismarck, den nur scheinbar *ehrlichen Makler*, empfand erneute Brüskierung, als in den zur Durchführung der Kongreßbeschlüsse eingesetzten Kommissionen die Deutschen sich *geradezu systematisch* rußlandfeindlich verhielten. Und das sei »... in vollem Widerspruch zu den Traditionen der Freundschaft, die seit länger als einem Jahrhundert die Politik unserer Regierungen geleitet hat und immer ihren gemeinsamen Interessen entsprach. Diese Freundschaft lebt in mir ganz unverändert, und, wie ich hoffe, auch in Ihnen.« Er griff noch einmal diesen Bismarck an, der nur deshalb gegen Rußland sei, weil er den Fürsten Gortschakow, den Regierungschef, wegen einer längst vergessenen Affäre (während der »Krieg in Sicht«-Krise) nicht ausstehen könne.

»Ist es eines wahren Staatsmannes würdig, einen persönlichen Streit ins Gewicht fallen zu lassen, wenn es sich um das Interesse zweier großer Staaten handelt, die geschaffen sind, im guten Einverständnis zu leben – und von denen der eine dem anderen im Jahr 1870 einen Dienst geleistet hat, den Sie nach Ihrem eigenen Ausdruck niemals vergessen zu wollen erklärt haben?«

Das war ein deutlicher Hinweis auf jenes Telegramm, mit dem Wilhelm dem Zaren dafür gedankt hatte, daß er Österreich während des 1870/71er-Krieges zur Neutralität gezwungen hatte. Und noch deutlicher war der Schlußsatz des Briefes: »Ich würde mir nicht erlaubt haben, Sie daran zu erinnern, aber die Lage wird zu ernst, als daß ich Ihnen meine Befürchtungen verbergen dürfte, deren Folgen verhängnisvoll für unsere beiden Länder werden können.«

Wilhelm zeigte sich verstört nach der Lektüre des Briefs. Nichts vermochte ihn mehr zu treffen, als wenn man an seiner Dankbarkeit zweifelte, an seiner Treue, seiner Ehrlichkeit. Die Bande des Bluts verknüpften ihn mit dem russischen Kaiserhaus – die Zarenmutter war seine Schwester, der Zar mithin sein Neffe – und die Tradition einstiger Waffenbrüderschaft. *Mild, fast traurig, nichts weniger als drohend* sei Alexander gewesen in den Tagen, da er sich mit dem Entwurf des Briefes beschäftigt hatte, meldete sein Botschafter Schweinitz aus Petersburg, und genauso empfand ihn Wilhelm: vielleicht ein wenig übereilt das Ganze, hier und da gereizt im Ton, doch letztlich ein Herzenserguß enttäuschter Liebe wegen.

Sein Kanzler war anderer Meinung. Herzenserguß? O nein, Ohrfeige! Ein Schreiben voll unverhüllter Drohungen; eine Nötigung, die eigene Politik der russischen unterzuordnen; ein Monarch, der im gleichen Ton antwortete, würde geradezu einen Krieg heraufbeschwören. Dankbarkeit in allen Ehren, aber wenn es sie überhaupt gab in der Politik, dann durfte sie den Dankbaren nicht zum Sklaven machen. In einem 2 500 Wörter umfassenden Brief versuchte Bismarck, seinem alten Herrn die Freundschaft zu Rußland auszureden, gemäß dem französischen Sprichwort: *Grattez le Russe et vous trouverez le Tartare*. Und wenn man bei Alexander »kratze«, würde unverzüglich Tamerlan zum Vorschein kommen, der grausame Mongolenfürst.

Der Ohrfeigenbrief, wie er von nun an hieß, empörte den Kanzler, doch im Grunde kam er ihm recht. Die Freundschaft zwischen Deutschland und Rußland war in den letzten Jahren nur noch beteuert, aber nicht mehr praktiziert worden. Dem slawischen Volkscharakter fehlten die Eigenschaften, die dem deutschen eigentümlich waren – Produktivität, Einfallsreichtum, Tätigkeitsdrang –, und was man nicht hat, verdammt und neidet man gleichermaßen, eine Einstellung, die sich in dem russischen Sprichwort niedergeschlagen hat: *Der Deutsche hat den Affen erfunden*. Diese mehr traditionelle Antipathie hatte sich verstärkt durch Grenzsperren, Erhöhung der Durchgangszölle für russisches Getreide, die Verweigerung von Krediten und eben die Ergebnisse des Berliner Kongresses. Die deutschfeindliche Partei am Petersburger Hof hatte Oberwasser bekommen: eine Tatsache, die Bismarck alarmierte.

Von dem Wohlwollen einer Macht abhängig zu werden, die mißgestimmt sei, ihr Volk verhetze, immer wieder Truppen an den deutschen Ostgrenzen zusammenziehe, sich anschicke, *Lehnsfolge* von einem Volk zu fordern, das soeben zur Großmacht aufgestiegen sei, dies alles erschien ihm unerträglich. Nichts aber wäre zur Zeit gefährlicher als einzulenken, würde doch Nachgiebigkeit von Rußland grundsätzlich als Schwäche ausgelegt werden.

Um Rußland trotzdem als Bündnispartner zu bewahren, als Gleicher unter Gleichen allerdings, verhielt er sich wie der kluge Freier, der nach einem Korb sein Liebeswerben nicht verdoppelt, sondern mit einer anderen Schönen anzubändeln beginnt, wohl wissend, wie wirkungsvoll Eifersucht sein kann. Denn: »Das Dreikaiserbündnis im Sinne einer friedlichen und erhaltenden Politik bleibt ein ideales Ziel ...«

Österreich hieß die neue alte Liebe, um deren Gunst, ja Hingabe es zu buhlen galt. Mit den Österreichern sprach man dieselbe Sprache, hatte man eine fast tausendjährige gemeinsame Geschichte, ihnen war man näher im Wesen als den Russen, mit denen die Deutschen nicht Stammesverwandtschaft verband, sondern lediglich die Zuneigung zweier Monarchen. Blut war eben dicker als Wasser, ein Bündnis würde in beiden Ländern populär sein, die Popularität ihm Festigkeit und Lebenskraft verleihen. Erinnerungen wurden wach an den Feldzug von 1866, bei dem ja, das stellte man plötzlich fest, Deutsche gegen Deutsche angetreten waren. Daß Bismarck damals gesagt hatte, gegen Sentimentalitäten wie *Blutsverwandtschaft* und *Bruderkrieg* sei er *stichfest*, kaum jemand schien sich mehr daran zu erinnern, und wer es dem Kanzler vorgehalten hätte, dem würde er geantwortet haben, daß ein Politiker, der seine Meinung nicht zu wechseln vermag, nicht in die Politik gehöre.

Er kündigte ein Rendezvous an mit dem Grafen Andrássy in Gastein, zwecks Bündnisverhandlungen, und einen anschließenden Besuch bei Franz Joseph in Wien, zwecks Absegnung. Eile schien geboten, denn auch Österreich brauchte jemanden, um sich anzulehnen, und wenn es nicht Deutschland sein konnte, hieß der anlehnungswillige Partner vielleicht Frankreich – oder Rußland.

Kaiser Wilhelm wandte sich gegen den Besuch des Kanzlers in der Hofburg mit sonst ungewohnter Entschiedenheit: »Auf keinen Fall, weil Rußland dies sofort als eine rupture [einen Bruch] mit sich annehmen muß!« Fast zwei Jahrzehnte hatte er sich mehr oder weniger kommandieren lassen, diesmal wollte er hart bleiben. Ebenso entschlossen schickte er den als Friedensboten bewährten Feldmarschall Manteuffel auf die Reise gen Osten und ließ, nachdem die erhoffte Einladung des Zaren eingetroffen war, den Sonderzug unter Dampf setzen, ohne auf Bismarcks prompt erfolgten telegraphischen Protest auch nur einzugehen.

Sie trafen sich in Alexandrowo, einem bei Thorn gelegenen Grenzstädtchen, in dessen Nähe der Zar gerade Manöver abhielt. Alexander II. Nikolajewitsch, ein 1,90 Meter großer, bärenstarker Mann, der anderthalb Jahre später auf der Fahrt zum Petersburger Winterpalast den Bomben der Nihilisten erlag, war ein Mensch von extremen Gegensätzen: friedlich und kriegerisch, autoritär und liberal, brutal und sanft, verzeihend und rachedurstig; ein Herrscher, der die Leibeigenschaft aufhob und seine Untertanen durch ein Spitzelsystem schikanierte, der kirchenfromm war und Pornographisches sammelte, der die Ehe pries und mit seiner Mätresse mehrere Kinder hatte.

Der *cher neveu* begrüßte den *cher oncle*, so die gegenseitige Anrede, auf dem Bahnhof, und sie waren bald ein Herz und eine Seele, sich der großen Zeiten erinnernd, in denen ihre Länder Seite an Seite gegen Napoleon gekämpft hatten. Da war der Schwur, den Königin Luise und Friedrich Wilhelm III., Wilhelms Eltern, am Sarg des großen Friedrich mit Alexander I., dem Großvater des zweiten Alexander, geschworen hatten; und die Attacke, die der siebzehnjährige Wilhelm bei Bar-sur-Aube mit dem Pleskauschen Kürassierregiment ritt; und der Einmarsch in Paris im Gefolge des damaligen Zaren und des Preußenkönigs. »De maintenir le legs centenaire de nos pères – Das hundertjährige Vermächtnis unserer Väter aufrechtzuerhalten«, versprachen sich die beiden französisch parlierenden älteren Herren, und es stellte sich bald heraus, daß es Alexander peinlich war. Die Sache mit dem Brief.

Er ging so weit, sich zu entschuldigen, den Brief als eine Übereilung zu bezeichnen, als eine Dummheit. Er wolle gern alles tun, um ihn und seine Folgen aus der Welt zu schaffen. Würde der Onkel seine Bitte gewähren und das Schreiben als nicht geschrieben betrachten? Nichts habe ihm ferner gelegen, als ihn zu kränken. Der Onkel gewährte die Bitte, selbst herzlich froh, daß die Mißverständnisse sich aufgeklärt hatten. Gut gelaunt verlieh er hohe Orden an die kaiserliche Suite, verabschiedete sich unter Tränen, Umarmungen, Wangenküssen und der Beteuerung unverbrüchlicher Freundschaft. Als der Sonderzug aus dem Bahnhof rollte, sagte der Zar zu dem an seiner Seite stehenden General Radetzky: »Gott sei es gedankt. Der Krieg zwischen uns ist eine Unmöglichkeit ...«

HOHENZOLLERN UND HABSBURG

Wilhelm, der gute Mensch, fuhr über die Grenze nach Deutschland hinein, erleichtert, seinem Kanzler mitteilen zu können, daß die dunklen Wolken im Osten sich verzogen hätten, ein Verteidigungsbündnis mit Österreich nicht mehr nötig sei. Doch schon in Danzig wurde er grausam mit der Realität konfrontiert. Die sah so aus, daß man, seine Reise ignorierend und ihn bewußt übergehend, die Verhandlungen weit vorangetrieben sowie das Plazet Franz Josephs eingeholt hatte und nun um die Ermächtigung bat, das Bündnis formell abschließen zu dürfen.

Wilhelm, enttäuscht, getäuscht, verzweifelt, setzte sich hin und schrieb dem Reichskanzler: Versetzen Sie sich für einen Augenblick an meine Stelle. Ich bin mit einem persönlichen Freunde, einem nahen Verwandten und einem Verbündeten zusammen, um über einige übereilte und wirklich mißverstandene Briefstellen ins klare zu kommen, und unsere Besprechung führt zu einem befriedigenden Resultat. Soll ich jetzt gleichzeitig einem feindlichen Bunde gegen diesen Herrscher beitreten, mit anderen Worten, hinter seinem Rükken in einer Weise handeln, die im Gegensatz zu der steht, in der ich mit ihm gesprochen habe?«

Bismarck ließ der Brief kalt. Freundschaften zwischen Monarchen waren angenehme Begleiterscheinungen, aber keine Garantie für das Zusammenleben der Völker. Überhaupt: Tradition, Freundestreue, einstige Waffenbrüderschaft – so was galt nichts, wenn es um die Existenz ging!

»Wer in das Getriebe der großen europäischen Politik gerät, wird es schwer haben, seinen Charakter rein und makellos zu bewahren«, hatte Friedrich der Große in seinen *Denkwürdigkeiten* geschrieben, ganz in des Kanzlers Sinne übrigens. »Er ist ständig gefährdet, von seinen Verbündeten verraten und von seinen Freunden in Stich gelassen, von Mißgunst und Eifersucht erdrückt zu werden. Und so steht er schließlich vor der schrecklichen Wahl, entweder sein Volk zu opfern oder sein Wort zu brechen.

Wer seinen Vorteil nicht wahrnimmt, behielte vielleicht seine Tugend, müßte aber sehen, wie seine tugendlosen Nachbarn immer stärker werden, er dagegen schwächer.«

Zwei Welten standen sich gegenüber mit dem Kaiser und dem Kanzler: der Kavalier und der Staatsmann, das Gewissen und die Staatsraison. Wir haben uns angewöhnt, es hinzunehmen, daß Politik keine Moral kennt und ein Machiavelli auf diesem Gebiet nützlicher scheint als ein guter Mensch à la Wilhelm. Den Gedanken, daß es trotzdem anders sein könnte, sollte man nicht aufgeben zu denken.

Bismarck klagte über das Schwinden seiner Kräfte, über Amtsmüdigkeit. Nein, er habe nicht die Kraft, derartige *Friktionen* durchzustehen wie seinerzeit in Nikolsburg und in Versailles (wo er Wilhelm die Kaiserkrone hatte aufzwingen müssen), noch heute leide er gesundheitlich darunter. Was das obligatorische Rücktrittsgesuch betraf, so hatte er diesmal eine interessante Variante parat. Wenn die Situation sich nicht verändere, werde er es in acht bis zehn Tagen einreichen, und zwar diesmal nach den Vorschriften des Reichsbeamtengesetzes, demgemäß der Kaiser zu einer Bewilligung gesetzlich verpflichtet sei.

Der Kaiser war, wo es um seinen persönlichen Einsatz ging, nicht so leicht wie sonst zur Kapitulation zu zwingen. Er setzte Abdankung gegen Rücktritt, ein Zeichen, wie sehr ihm alles gegen sein Gewissen, seinen Charakter, seine Ehre ging. Er schrieb: »Lieber will ich vom Schauplatz abtreten und die Regierung meinem Sohn übergeben, als daß ich wider meine bessere Überzeugung handele und eine Perfidie gegen Rußland begehe.« Er flüchtete sich zur Kur nach Baden-Baden.

Bismarck machte jetzt förmlich Jagd auf ihn, umstellte ihn nicht nur mit immer neuen Argumenten, sondern auch mit neuen Parteigängern, ließ Moltke eine militärische Denkschrift über die Notwendigkeit eines Bündnisses mit Österreich verfassen, spannte selbst das ungeliebte, in diesem Fall aber nützliche, da rußlandfeindliche Kronprinzenpaar ein, verpflichtete die Staatsminister, im Falle der Ablehnung des Bündnisses aus ihren Ämtern auszuscheiden, konnte sich diesmal selbst der Zustimmung der Kaiserin Augusta erfreuen, seiner Intimfeindin, brachte seinen Herrn schließlich dazu, daß er, körperlich und geistig erschöpft, nur noch versuchte, in Ehren kapitulieren zu dürfen. Das geschah mit den seinem noblen Charakter entsprechenden Worten: »Bismarck ist notwendiger als ich.«

Noch einmal bäumte er sich auf und verlangte, daß das Verteidigungsbündnis erweitert werde. »Warum sollten wir Österreich gegen Rußland mit unserer ganzen Macht unterstützen und uns gegen einen Angriff Frankreichs mit einer Neutralität Österreichs begnügen? Das ist *partie inégale.*« Er erreichte lediglich, daß sein Neffe, der Zar, wenigstens informiert wurde: bei dem Abkommen handele es sich um eine Art Deutschen Bund, gedacht zur Stärkung der *entente des trois empereurs*. Seiner Unterschrift unter den Vertrag hatte er den Satz beigefügt: »Die, welche mich zu diesem Schritt veranlaßt haben, werden es dereinst dort oben zu verantworten haben.« Eine Aussage, die anrührt und bewegt – und nachdenklich macht. Haben ihm doch Historiker im nachhinein bestätigt, daß er damals »recht« gehabt habe.

Bismarck nämlich hatte nicht das erreicht, was ihm vorgeschwebt: ein Bündnis zwischen den beiden Reichen, das nicht nur zum Beistand bei *jedem* Angriff auf einen von ihnen verpflichtete, sondern, durch enge wirtschaftliche Bindungen ergänzt, eine Art ewigen Charakter erhalten sollte, staatsrechtlich untermauert, von den Parlamenten abgesegnet. Andrássy jedoch fürchtete, daß bei solch heftiger Umarmung ein Partner in die Gefahr geriet, erdrückt zu werden, und das wäre gewiß nicht das Deutsche Reich. Er wählte die kleinere Lösung, eben jene von Wilhelm bemängelte für Deutschland *ungleiche Partie*.

Schwerwiegender noch: Das Argument *Österreich wird England mitbringen* hielt der Wirklichkeit nicht stand. Auf die präzise Frage des deutschen Botschafters, wie England sich verhalten würde, wenn Deutschland mit Rußland sich überwerfen würde, antwortete Premierminister Disraeli: »Bei einem deutsch-russischen Krieg würden wir Frankreich neutral halten wollen.« Eine Antwort, die Bismarck enttäuscht kommentierte: »Sonst nichts?«

War der Abschluß des Zweibunds ein verhängnisvoller Schritt, dergestalt, daß er die anderen Mächte dazu zwang, sich ebenfalls zu konsolidieren, speziell Rußland an die Seite Frankreichs brachte und damit jene Machtgruppierung vorbereitete, die letztlich zu Deutschlands Untergang führte? Wurden Hohenzollern und Habsburg, ursprünglich zwei Rittergeschlechter im süddeutschen Winkel des alten Reichs, hineingewachsen in die große Weltgeschichte, nach jahrhundertelangen Rivalitätskämpfen endlich 1879 vereint, wurden sie durch diese Vereinigung auch gemeinsam aus dem weiteren Lauf der Weltgeschichte hinausgesprengt? Wäre die gesamte europäische Geschichte des 20. Jahrhunderts anders verlaufen, wenn Bismarck, sich über die anfängliche Skepsis der Briten hinwegsetzend, mit England eine Allianz geschlossen hätte? Oder war die spätere Katastrophe nur deshalb möglich, weil sich das Wilhelminische Reich, den Bund fälschlicherweise im Sinn eines Schicksalsbündnisses begreifend

– Nibelungentreue! –, von Wien in unkalkulierbare Risiken hineinziehen ließ?

Die historische Forschung hat diese Frage leidenschaftlich diskutiert, die vielen Hätte und Wäre gewogen, ohne eine befriedigende Antwort zu finden. Wie immer nämlich in solchen Fällen läßt sich viel behaupten, aber wenig beweisen. Vergessen wurde oft, daß der Zweibund auch als ein Instrument der Innenpolitik gedacht war und sich insofern bewährte, als er die Menschen im katholischen Süden Deutschlands mit dem Reich versöhnte. Für sie war Königgrätz nicht nur eine Niederlage der Österreicher gewesen, sondern auch die des Katholizismus und die Liquidierung des *germanischen Interesses*.

Bismarcks Erkenntnis, daß Willfährigkeit gegenüber allen Wünschen des Zaren das schlechteste Mittel war, um mit einer *halb barbarischen, verhetzten Nation* in Frieden zu leben, erwies sich als richtig. Der Vertrag mit Österreich war noch nicht einmal unterschrieben, da kamen bereits die ersten Signale aus Petersburg. Fürst Orlow, Rußlands Mann in Paris, in dessen Frau Katharina der Botschafter Bismarck sich einst in Biarritz heftig verliebt hatte, klopfte in der Wilhelmstraße an. Ein Sondergesandter folgte und schließlich ein Brief des Zaren, in dem für das Bündnis der Deutschen mit ihren österreichischen Stammesbrüdern überraschend viel Verständnis gezeigt wurde.

»Da habe ich die beste Quittung für meine Wiener Politik«, sagte der Kanzler zu seinem Mitarbeiter Radowitz. »Ich wußte es, der Russe würde uns kommen, wenn wir erst den Österreicher festgelegt haben.«

Auf des Messers Schneide

Das Ergebnis war ein neuer Dreikaiservertrag, der die drei Mächte verpflichtete, wohlwollend Gewehr bei Fuß zu ste-

1

2

Oben: Drei-Kaiser-Treffen in Berlin (1872). Franz Joseph I. von Österreich, Wilhelm I. und Alexander II. von Rußland kamen überein, *durch persönliche Verständigung* den Frieden Europas zu sichern.

Vorhergehende Seite: »Kein Großer, aber ein Ritter und ein Held«, sagte Bismarck über Wilhelm I. Wenn die Musik der Wachparade erklang, trat der Kaiser mit der Pünktlichkeit eines Uhrwerks an das *historische Eckfenster*.

3

4

Vier Generationen. Kaiser Wilhelm I. mit seinem Sohn, dem späteren Kaiser Friedrich III., seinem Enkel, dem späteren Kaiser Wilhelm II., und seinem Urenkel, dem späteren Kronprinzen Wilhelm.

Links: Bismarck als *ehrlicher Makler* für die auf dem Berliner Kongreß (1878) versammelten Saatsmänner aus sieben Ländern.

5

Kronprinzessin Viktoria, von liberaler Gesinnung, war damit einverstanden, daß ihr Sohn Wilhelm – wider jede Tradition – eine öffentliche Schule besuchte. Auf dem Gymansium in Kassel bestand er sein Abitur mit der Note »genügend«.

6

Unter den Linden schießt der Student Cohen-Blind auf Bismarck; die Kugeln gleiten wie durch ein Wunder an einer Rippe ab. Einige Jahre später feuert der Böttchergeselle Kullmann in Kissingen auf den Kanzler, der wieder nur leicht verletzt wird.

»Ich begreife nicht, warum immer auf mich geschossen wird.« Auf Wilhelm I. wurden mehrere Anschläge verübt. Das Attentat des Klempnergesellen Hödel ging glimpflich für ihn aus.

7

8

9

10

Oben links und Mitte: August Bebel und Ferdinand Lasalle kämpften einen langen Kampf für die Rechte der Arbeiterklasse.

Unten links: Düster, verfallen, trostlos – Tausende von Menschen vegetierten in den Mietskasernen der großen Städte.

Oben rechts: Zeitalter des Glanzes. Die Familie des Eisenbahnkönigs Bethel Henry Strousberg, der in den Gründerjahren Millionen gewann (und wieder verlor).

Unten rechts: Zeitalter des Elends. Heinrich Zille, laut offizieller Kunstrichtung ein »Rinnsteinkünstler«, läßt den Beamten vom Sozialamt sagen: »Na, so schlimm ist's wohl noch nicht. Da sind ja noch die Goldfische.«

11

12

13

»... mit welchen Worten das unvordenkliche Gefühl von bürgerlicher Sicherheit umschreiben, das von dieser Wohnung ausging«, heißt es in den Lebenserinnerungen eines aus dem Bürgertum stammenden Schriftstellers.

»In diesen Stuben bin ich oft gesessen, wo hart der Tisch das Brot der Armen trägt, die Fenster müd auf dunkle Mauern starren, und Wintersturm den kalten Ofen fegt«, dichtete ein junger Hilfsarbeiter.

14

hen, wenn eine von ihnen mit einer anderen Großmacht in einen militärischen Konflikt gerate. Es war nicht viel, was hier vertraglich versprochen wurde, aber genug, um einen europäischen Krieg weniger wahrscheinlich zu machen. Der Beitritt Italiens zum Bündnis Wien-Berlin, wodurch aus dem Zweibund ein Dreibund wurde, gehörte in das allgemeine System Bismarcks, den Frieden zu sichern, auch wenn er sich von dem neuen Partner nicht mehr militärische Hilfe versprach, als daß ein italienischer Trommler fahnenschwenkend auf einem Alpengipfel erschien.

Ein höchst kompliziertes System der Allianzen das Ganze, vergleichbar einem modernen Mobile, dessen einzelne Elemente haarfein ausbalanciert sein müssen, sollen sie störungsfrei schwingen. Aus dem Rhythmus schien das Mobile zu geraten, als in Frankreich einer jener Militärs emporkam, die in der Politik seit jeher Unheil angerichtet haben. Diesmal hieß er Boulanger und war *Kriegs*minister, eine Amtsbezeichnung, der er gerecht wurde, hatte er doch auf die Frage des Präsidenten der Republik, ob er wisse, was eine Mobilmachung gegen Deutschland bedeute, geantwortet: »Ich bin bereit zum Krieg.«

Georges Boulanger, Vertreter eines übersteigerten, blinden Patriotismus, *Chauvinismus* genannt, machte sich für den Gedanken der Revanche stark, für den sich in seinem Vaterland, vertrat man ihn nur fanatisch genug, stets genügend Anhänger fanden. Genügend, aber nicht genug, um die von jedem Franzosen im Grunde seines Herzens ersehnte *guerre sainte*, den heiligen Krieg gegen Deutschland, vom Zaun zu brechen.

Was aber war, wenn die russischen Panslawisten, die in ihrer Deutschfeindlichkeit den französischen Revanchisten glichen, die Politik bestimmen würden und Anschluß an Frankreich suchten? Bismarck, der fünf Jahre zuvor erleichtert festgestellt hatte, daß die Außenpolitik ihm keine schlaflosen

Nächte mehr bereite, wurde wieder heimgesucht vom Alptraum der gegen Deutschland gerichteten Bündnisse …

Boulangers Kriegsgeschrei nutzte der Kanzler auf seine unnachahmliche Weise, indem er es in Deutschland widerhallen ließ, den Widerhall durch einen in die Zeitung *Post* lancierten Artikel (»Auf des Messers Schneide«) verstärkte, ein Gerücht von einer 300-Millionen-Kriegsanleihe in Umlauf brachte, und die Menschen, die durch Börsenkräche in Paris und Berlin verunsichert waren, durch die Einberufung von 73 000 Reservisten vollends einschüchterte. Krieg schien wieder einmal in Sicht, und man stand, wie der Zufall es wollte, vor den Wahlen. Sieger wurde Bismarck, durch die seine Politik stützenden Konservativen, Freikonservativen und Nationalliberalen. Dieses Kartell schien den meisten Wählern durch die Annahme des neuen Wehretats den Frieden am sichersten zu garantieren.

Es scherte den Kanzler nicht, daß seine arg gerupften Gegner die neue Mehrheit ein Produkt der Panikmache nannten. Befriedigt konstatierte er mit einem Seitenblick nach Frankreich: »Ich habe Boulanger nicht machen können, aber er ist mir sehr zustatten gekommen.«

Inzwischen war das eingetreten, was seit dem zweiten Besuch des Prinzen Wilhelm in Rußland zu befürchten gewesen war: der Dreikaiserpakt war nicht erneuert worden, trotz des Kanzlers Bemühen, das Bündnis weiterzuspinnen, solange ein Faden daran war. Die balkanischen Querelen der Partner Rußland und Österreich, vor allem wegen des unglückseligen Battenbergers, hatten den letzten Faden längst reißen lassen. Bismarcks ganzes Bemühen ging nun dahin, neue Fäden mit Rußland zu knüpfen. Mit diesem Reich, unvergleichlich in seinem Reservoir an Menschen, Bodenschätzen und ungenutztem Raum, in Frieden zu leben schien ihm nach wie vor die Voraussetzung für die Existenz Deutschlands

Es galt, mit dem Ungeheuer zu leben, ohne dem Ungeheuer Angst zu zeigen.

Er konnte maßlos zornig werden, wenn er in den Zeitungen lesen mußte, ob nicht *ein gesunder Krieg einem krankhaften Frieden vorzuziehen* sei, wenn die Militärs die Chancen eines Präventivkriegs gegen das Zarenreich abwogen, wenn Stammtischpolitiker, die leider nicht an ihrem Stammtisch sitzen blieben, von Weltpolitik zu faseln begannen, von *dynamischer Aktivität*, von *kriegsbereiter Außenpolitik*.

Der Kanzler trat für den Frieden ein, nicht weil er plötzlich so friedlich geworden war, sondern weil nur friedliche Zeiten für das Reich herrliche Zeiten sein konnten. Insofern war seine Politik Sicherheitspolitik. Sie hatte die Aufgabe, den Krieg, wenn möglich, ganz zu verhüten, und ginge das nicht, ihn wenigstens hinauszuschieben. Auf das Hinausschieben kam es ihm in erster Linie an, als er über einen Vertrag zu verhandeln begann, der als sogenannter Rückversicherungsvertrag geschichtsnotorisch geworden ist. Auch hier ist über das Für und Wider das Kriegsbeil der Historiker bis heute nicht begraben worden.

Nach dem Vertrag war Rußland verpflichtet, bei einem französischen Angriff auf Deutschland neutral zu bleiben, und Deutschland an Neutralität gebunden, wenn Österreich gegen Rußland zu Felde ziehen sollte. Die Abmachung galt nicht, wenn die Deutschen einen *Angriffs*krieg gegen die Franzosen führen oder die Russen die Österreicher angreifen würden. Der Vertrag war so geheim, daß sein Wortlaut der Öffentlichkeit erst ein Menschenalter später, 1919, bekannt wurde. Noch geheimer war das Zusatzprotokoll, in dem Deutschland moralische und diplomatische Unterstützung versprach, falls der Zar es für notwendig halten sollte, *den Schlüssel seines Reiches in der Hand zu behalten*, das heißt, wenn es ihn gelüstete, den Türken die Dardanellen zu rauben. Hätte jemand den Text enthüllt – der Verlust an Vertrauen wäre unermeßlich gewesen, Bismarcks ganzes Bündnissystem in Frage gestellt worden. Denn: hatte er nicht im Mittelmeerabkommen zugesagt, was er im Rückversicherungsvertrag verneint, die Erhaltung *des gegenwärtigen Zustands* einer so heiß umstrittenen Meerenge?

Seine Gegner haben diesen Verstoß gegen das zwischen den Völkern zu beachtende Prinzip von Treu und Glauben übel vermerkt, des Kanzlers Praktiken bei den Verhandlungen mit dem russischen Botschafter gleichermaßen, als er den Text des mit Österreich abgeschlossenen Geheimvertrags vorlas. Der Kanzler selbst hat dem Rückversicherungsvertrag höchste Wichtigkeit erst zugemessen, als es nach seinem Rücktritt darum ging, seine Nachfolger zu diskriminieren (die ihn nicht erneuerten). Bei seinem Abschluß war er der Meinung seines Sohns Herbert, der beiläufig bemerkte, der Vertrag werde *uns im Ernstfall die Russen sechs bis acht Wochen länger vom Hals halten als ohnedem.* Aber er fügte hinzu: »Das ist doch etwas wert.« Insofern wert, weil sich der deutsche Aufmarsch zunächst nur gegen Frankreich zu richten bräuchte.

Heute neigt man dazu, wie Lothar Gall in seinem Bismarckbuch, den Vertrag als eine Station anzusehen, als vorläufige Formulierung einer Zukunftsperspektive. Sie sollte Rußland von vorschnellen Entscheidungen und Festlegungen in seinen Beziehungen zu Frankreich abhalten. Das ist gelungen, und durch dieses Gelingen rechtfertigt sich der Pakt von selbst. Ob er, wäre er verlängert worden, Deutschland 1914/18 einen Zweifrontenkrieg erspart hätte, beziehungsweise diesen Krieg überhaupt, gehört wieder in den Bereich der historischen Spekulation. Unzweifelhaft bleibt, daß die Nichterneuerung des Zaren Weg nach Paris zwar nicht erschlossen, doch erleichtert hat: nach 1890 waren für die russische Politik die Signale endgültig gestellt, die bereits unter dem Eindruck der französischen Milliardenanleihen (die die Deutschen nicht hatten bewilligen wollen!) in Richtung Frankreich zu weisen begannen.

Kein Grosser, aber ein Ritter und ein Held

»Meine ganze moralische Kraft ist gebrochen! Ich weiß nicht, was aus mir werden soll«, hatte Wilhelm geschrieben, nachdem er in der Frage des Bündnisses mit Österreich nachgegeben hatte. Das war kein Selbstmitleid, solche Gefühle waren ihm fremd. Es war Ratlosigkeit, Resignation und nüchterne Erkenntnis zugleich. Er blieb immer noch der König, der überzeugt sein wollte, bevor er etwas unterschrieb, und wenn ihm komplizierte Dinge auf dem Gebiet der Rechtswissenschaften oder der Technik unverständlich waren, ließ er sich von Experten einen Vortrag halten.

Als Werner von Siemens ihm die Funktion des Telephons zu erklären versuchte, *eines Apparates, welcher gesprochene Laute auf elektrischem Wege in die Ferne fortpflanzte*, hatte er den Mut, den seine Minister vorher nicht gehabt hatten, und sagte schlicht: »Bitte, wiederholen Sie es noch einmal, Herr von Siemens, ich möchte es gern behalten.« Siemens begann seinen Vortrag aufs neue, und diesmal behielt, das heißt verstand es Wilhelm. Mit einem herzlichen »Danke! Ich habe wieder etwas gelernt« entließ er den Erfinder des Zeigertelegraphen, der Dynamomaschine, der elektrischen Lokomotive.

193 Sprechstellen hatte das erste deutsche Telefonnetz, und bei der Inbetriebnahme war es selbstverständlich, als ersten Teilnehmer den Kaiser anzurufen. Doch wie verhielt sich ein Anrufer gegenüber der unsichtbaren Majestät am anderen Ende der Leitung? Das Protokoll war hier nicht auf dem laufenden. Um keinen Fauxpas zu begehen, sprach man den Kaiser nicht an, sondern spielte ihm etwas vor. Auf dem Haupttelegraphenamt in Berlin stand ein Geiger, den man in einen Gehrock gesteckt hatte – in dieser Frage hatten sich die Protokollbeamten sofort eingeschaltet –, und geigte eine Serenade in die Sprechmuschel.

Die Kraft, die ein Mensch braucht, um gegen einen Stärkeren anzugehen und wenigstens einen Teil der eigenen Vorstellungen durchzubringen, besaß Wilhelm nicht mehr. Er mischte sich immer weniger ein in die Geschäfte, protestierte selten, hob entsagend die Schultern und begnügte sich damit, Bedenken anzumelden. »Toute la vérité n'est pas bonne à dire – Es ist nicht gut, die ganze Wahrheit zu sagen«, pflegte er in solchen Fällen an den Rand Bismarckscher Redeprotokolle zu schreiben. Mehr denn je lieh er seinen Namen für des Kanzlers Politik. *In Kaiser Wilhelms Namen*, das kam gleich nach *In Gottes Namen*, so hoch war sein Ansehen beim Volk. Selbst unpopuläre Maßnahmen konnten auf diese Weise verwirklicht werden.

Die Beendigung des Kulturkampfs allerdings fand des Kaisers ganze Zustimmung, fürchtete er doch, wie erwähnt, daß auf die Dauer beide Kirchen darunter leiden würden. Wie Bismarck sich aus diesem Kampf zurückzog, wie er aus einer ungünstigen Frontstellung herauskam, ohne in Gefahr zu geraten, sein Gesicht zu verlieren, wie er dem neuen Papst Leo XIII. schmeichelte, indem er ihn zum Schiedsrichter eines deutsch-spanischen Streits um die pazifische Inselgruppe der Karolinen machte und ihn gleichzeitig gegen den politischen Katholizismus in Deutschland ausspielte – die Zentrumspartei war bei allen Verhandlungen mit der Kurie nicht erwünscht –, das alles bewies: der alte Löwe hatte nichts eingebüßt von seiner Kraft.

1887 war der Kulturkampf, durch eine Erklärung des Vatikans in einem öffentlichen Konsistorium, auch offiziell beendet, eine Auseinandersetzung, wie Leo XIII. es ausdrückte, welche die Kirche geschädigt hatte und dem Staat nicht genützt.

Fazit: die Einführung der Zivilehe wurde nicht rückgängig gemacht; den Behörden blieb unter bestimmten Voraussetzungen ein Einspruchsrecht gegen neu anzustellende Geistliche; die Jesuiten sahen sich auch zukünftig vom deutschen Boden verbannt; in den Schulen durften die Geistlichen die Aufsicht nicht wieder übernehmen; wie es ihnen auch fernerhin untersagt war, die Kanzel zu politischer Agitation zu mißbrauchen. Alle anderen Gesetze aber, die das kirchliche Leben der Katholiken erschwert, ja unmöglich gemacht, wurden geändert, gemildert, das heißt, sie wurden praktisch aufgehoben.

Nach Canossa war Bismarck nicht gegangen, wie er es geschworen, aber er hatte, wie viele weltliche Herrscher vor ihm, erfahren müssen, daß es nicht gut war, mit dem Papst zu streiten. Der Vatikan wiederum hatte die Lehren der Geschichte mißachtet, wonach Rom immer dann in eine Krise geraten war, wenn es die Herrschaft über die Seele und den Leib angestrebt, die geistliche Macht über die weltliche Macht zu stellen versucht hatte.

Wilhelm I. war davon überzeugt, daß ein Staat auf die Dauer nur existieren könne, wenn seine Bürger an Gott glaubten. Die Gottlosigkeit, die er überall zu bemerken meinte, zu bekämpfen, in der Jugend den wahren Glauben zu erwecken, dieser Herausforderung hat er sich noch im hohen Alter gestellt. Hier war er sich ausnahmsweise einig mit der Gemahlin und Kaiserin, die er im übrigen eher respektierte als liebte. Seine Liebe hatte Elisa von Radziwill gegolten, die so schön war und voller Liebreiz, doch leider nicht ganz ebenbürtig – ein paar Ahnen fehlten, außerdem war sie polnisch versippt. Und *Wimpus*, wie Wilhelm als junger Mann genannt wurde, hatte auf Drängen des Vaters verzichten müssen, hatte unter Qualen gelobt, *in frommer Demut und Unterwürfigkeit ein Schicksal zu ertragen, das ihm der Himmel auferlegt*, und schließlich um die achtzehnjährige Augusta geworben. Sie stammte aus Weimar, was sie ihm ihr Leben lang vorhielt – denn Weimar war Goethe (der Olympier hatte ihr sogar ein Gedicht gewidmet), und was war schon Berlin, damals, 1829?

Wilhelm hat die einstige Verlobte nie vergessen. Wenn er in Babelsberg weilte, seinem Lieblingswohnsitz, zog er Elisens in einer Schatulle verschlossenes Bild hervor, und der Schwester Alexandrine schrieb er einmal von jenem nur *zu kurzen Brautstand*, damals in Posen, vor nunmehr sechzig Jahren. Mit Augusta hatte er sich im Laufe der Jahre arrangiert: lange Gewöhnung, angeborene Ritterlichkeit gegen die Frau und legitimistische Verehrung für die Fürstin hatten eine Art erbitterter Harmonie erzeugt. Die Erbitterung verflog, wenn er erfuhr, daß es ihr gesundheitlich nicht gutging. Dem Generaladjutanten Albedyll, der sich dann über die plötzlich aufkeimende Zuneigung wunderte, sagte er: »Seien Sie erst einmal fünfzig Jahre verheiratet, zanken Sie sich jeden Tag mit Ihrer Frau und stehen Sie vor der Alternative, daß diese Gewohnheit aufhören soll, dann werden Sie auch unglücklich sein.«

Militärs hatte er am liebsten um sich, wie er selbst sich ganz und gar als Soldat fühlte, dachte, handelte und, außer auf seinen Badereisen, stets Uniform trug. Von der Armee, in der er aufgewachsen, die ihn zu dem gemacht hatte, was er war, verstand er etwas. Die Kommandeure verehrten und fürchteten ihn gleichermaßen. Wenn er zur Inspektion ihrer Truppen erschien, wußten sie, daß er sie auf Herz und Nieren prüfte und nichts Unvorschriftsmäßiges übersah.

Kaum genesen von den schweren Verletzungen, die er nach dem Nobiling-Attentat erlitten hatte, taucht er zur Überraschung aller bei den Herbstmanövern in Kassel auf. »Angegriffen bin ich mehr von den Diners als von der Revue, die sehr schön war.« Als er die Fünfundachtzig überschritten hat, wollen ihn die *Äskulapen*, wie er seine Ärzte nennt, nicht mehr zum Manöver lassen, und wenn unbedingt, dann nur im Wagen. Majestät seien in letzter Zeit mehrmals vom Pferd gestürzt, sagen sie und verschweigen taktvoll, daß er ohne fremde Hilfe gar nicht erst hinaufkäme. Er weigert sich, ihren

Wünschen nachzukommen, *wageninvalid* sei er noch nicht, und ein Oberkommandierender in der Kutsche, einen unmilitärischeren Anblick gebe es nicht!

Ja, das Alter. »Es schwindelt einen«, schreibt er an Alexandrine, die kleine Schwester, die auf die achtzig zugeht, »was man alles erlebt und überlebt, wenn man so alt wird, wie wir werden.« Die Demütigungen eines siechen Alters bleiben ihm erspart. Des Dienstes immer gleich gestellte Uhr, wie es bei Schiller heißt, die kein Sichgehenlassen duldet, hält ihn aufrecht. Die heute übliche Frage an die sehr Alten, wo das Geheimnis ihres hohen Alters liege, hätte er mit dem Hinweis auf seinen »Dienstplan« beantwortet und auf die wohltuende Wirkung des einfachen Lebens.

Gegen acht Uhr erhebt er sich von einem eisernen Feldbett. Es ist das Bett, das im siebziger Krieg in seinem Quartier, dem Rothschild-Schloß Ferrières, hatte aufgestellt werden müssen. (»Das könnte ich mir nicht leisten«, hatte er angesichts der verschwenderischen Pracht des Schlosses bemerkt und mißbilligend die luxuriösen Himmelbetten betrachtet.) Er wäscht sich mit einem Schwamm, läßt sich dazu eine lange Schürze umbinden. Bei einem Bad muß die Badewanne vom gegenüberliegenden Hotel de Rome leihweise in sein Palais Unter den Linden geholt werden, eine eigene Wanne besitzt er nicht. Im Stehen trinkt er eine Tasse Tee, auch beim zweiten Frühstück nimmt er nur wenig zu sich, preußisch frugal sind alle Mahlzeiten.

Den Vormittag verbringt er am Schreibtisch mit dem Studium der Akten. Sie dort zu plazieren fällt den Räten immer schwerer, weil der Tisch überladen ist mit tausendfachem Tand, wie manche sagen, mit liebevollen Souvenirs nach der Meinung anderer, Geschenke von Menschen aus allen Volksschichten.

Da stehen: ein Tintenfaß mit einer Bulldogge als Deckel, ein Ständer mit Korkfederhaltern, ein Hufeisen als Briefhalter, Hummer, die eine Muschel für die Zigarrenasche in ihren Scheren tragen, Bilder und Fotos in Plüschrahmen, ein goldenes Körbchen mit künstlichen Blumen; ein Wandspruch, in Kreuzstich gestickt, der das Erdenleben als leichte Bürde preist, wenn der Weg *in Freud und Schmerz* nur zum Herrgott führe; an den Wänden Fahnen der siegreichen Regimenter, Etageren mit Karten, Mappen, Papprollen; die lorbeergeschmückte Büste des Vaters, ein Portrait der Königin Luise, seiner Mutter; Lexika, Ranglisten, Militärhandbücher, Adelskalender, Gesetzessammlungen, Ordenslisten.

Wenn aus der Ferne die Musik der Wachtparade erklang, stand er auf, knöpfte sich den Rock zu, legte den Pour le mérite um und trat an das auf die Linden führende Fenster. Karl Baedeker hat es in seinem Reisehandbuch als *historisches Eckfenster* zur Sehenswürdigkeit erklärt und mit einem Stern versehen. Die Berliner wußten es auch so. Kam Besuch aus der Provinz, führten sie ihm zuallererst den Kaiser vor, wie er, die Hand zum Gruß erhoben, lächelnd dankte. Wäre er nicht an seinem Fenster erschienen zur bewußten Stunde, etwas wäre ihnen faul erschienen im Staate Deutschland.

Am Nachmittag unternahm Wilhelm pünktlich seine Ausfahrt in den Tiergarten. So pünktlich, daß die Passanten danach ihre Uhr stellen konnten, aber auch die Attentäter, wie der Polizeipräsident mißbilligend feststellte. Sowohl Hödel als auch Nobiling hatten bei ihren Anschlägen Zeit, Ziel und Weg der kaiserlichen Kutschenfahrt einkalkulieren können. Unter Besuchen, Audienzen, Vorträgen kam der Abend heran und damit das bescheidene Vergnügen, auf das er sich bereits am Morgen beim Studium der Programme gefreut hatte: ein Theaterbesuch.

Er bevorzugte das Schauspielhaus und zeigte sich erfreut, wenn das Stück harmlos-heiter war und nur einen Akt umfaßte. Für Clowns hatte er, wie schon sein Vater und sein Bruder, ein Faible, das so weit ging, daß er die Könige der Gaukler in das Schloß der Könige einlud.

Das Opernhaus besuchte er nur, wenn ein Ballettabend gegeben wurde. Opern waren ihm zu laut, zu lang, und zu den ersten Wagnerfestspielen in Bayreuth 1876 war er nicht zuletzt aus Pietät gegenüber Ludwig II. gegangen.

Wenn er in Schwerin erschien, in Dresden, in Karlsruhe oder in Stuttgart, in Residenzen der Bundesländer, bejubelte man ihn derart, daß es ihm, der jeweiligen Landesherren wegen, ersichtlich peinlich war, und er unternahm alles, die fürstlichen Vettern an dem Jubel teilhaben zu lassen. An sich freute es ihn, wie sehr man ihn feierte. Er hatte die Zeiten nicht vergessen, da man ihn mit Haß verfolgte, ihn einen *Kartätschenprinzen* schimpfte, der im 1848er Jahr bereit gewesen wäre, die Revolution in Berlin niederzuschießen, was er in Baden und in der Pfalz auch getan hatte. Die Tage der Verbannung in London, die Rückkehr nach Berlin und der Schrei aus der Menge, als er wieder Unter den Linden erschienen war: »Da kommt Lehmann!« (eines seiner Pseudonyme auf der Flucht nach England), das alles war vergangen, aber nicht vergessen, und wenn ihn jemand darauf aufmerksam machte, wie beliebt er doch jetzt sei, meinte er: »Gewiß, es hat nur etwas lange gedauert.«

Über seinem Bett hing ein Aquarell, die Aufbahrung seiner Mutter, der Königin Luise, die ihn auf die Flucht nach Ostpreußen mitgenommen hatte. Unvergessen blieb ihm, wie sie in Tilsit Napoleon mit Charme und Würde entgegengetreten war, unvergessen auch ihr Tod in Preußens tiefster Erniedrigung, mit nur vierunddreißig Jahren. Er entsann sich, wie er damals mit den Geschwistern im Schloßpark von Hohenzieritz weiße Rosen gepflückt, um das Sterbebett damit zu schmücken.

An Alexandrine, das letzte noch lebende Geschwisterkind, schrieb er: »... alles sehe ich heute noch! Unauslöschlich, als im Weißen Saal die Polonaisen getanzt wurden und Mama mit den vornehmsten Fürsten getanzt hatte, Schilden [ein Adjutant] auf mich zukam, Mama wolle eine Polonaise mit mir tanzen; ich war dermaßen überrascht, daß ich beinah vor Freude geweint, da ich mir das nicht geträumt hätte zu erleben, und ihr nach dem Umgang tief dankbarst die Hand geküßt! Wie ich neben der schönen Mama, so klein ich war, gepudert, in Schuh und Strümpfen und nicht elegant angezogen, wie jetzt unsere Prinzen es schon sind mit 10 Jahren, mag kein schöner Anblick gewesen sein.«

Im Gegensatz zu vielen Großen pflegte er die eigene Legende nicht, er wies seine Biographen an, alles korrekt wiederzugeben und nicht soviel *Anekdotenzeugs* hineinzuflechten. Er konnte ärgerlich werden, wenn man ihn einen *Bräutigam Germanias* nannte, einen *erzenen Adler in des Reiches Horst*, einen dem Kyffhäuser entstiegenen *Barbablanca*, und was die Patriotenlyrik sonst noch heranschwemmte. Auch den Ausdruck *Heldengreis* mochte er nicht. Zu Louis Schneider, einem ehemaligen Schauspieler, den er als Vorleser von seinem Bruder übernommen hatte, sagte er: »Ich weiß gar nicht, was die Menschen immer mit ihrem Heldengreis wollen! Mache ich denn den Eindruck des Greisenhaften? Ich dächte nicht! Zu einem Heldengreis aber gehört doch vor allen Dingen ein Greis.«

Es ist auch die Frage, ob ihm das Denkmal gefallen hätte, das man ein Jahrzehnt nach seinem Tod an der Westseite des Schlosses errichtete, eine chaotische Versammlung von Göttern, Genien, Pferden, Löwen, Engeln, Trophäen und Gespannen, das die Berliner bei der Einweihung mit der Bemerkung bedachten: »So ville Bronze jibt's also für vier Millionen.«

Seinem Bruder, dem geistreichen vierten Friedrich Wilhelm, galt er als *der Feldwebel*; sein damaliger Spitzname *der schöne Willem* war alles andere als schmeichelhaft; viele hielten ihn in der Zeit, da er ein Prinz war, für borniert, bestenfalls für naiv konservativ, später kritisierten sie sein ewiges Zaudern, die Angst vor Konsequenzen, seine Abhängigkeit von fremdem Rat; in seinen Briefen zeige sich ein allzu schlichtes Gemüt.

An diesen Urteilen ist gewiß etwas Wahres, aber eben nur etwas, und sie ändern nichts an der Bedeutung eines Mannes, der sich selbst gut kannte und damit seine Grenzen. Daß man ihn nach seinem Tod zu Wilhelm dem Großen machen wollte, wäre ihm fatal gewesen, und er hätte eher Bismarck zugestimmt, der in Friedrichsruh dazu bemerkte: »Der Große? – Das paßt vielleicht nicht ganz: aber ein Ritter war er, – ein Held.«

»Was ihn vor allem in seinem an Wandlungen so reichen Leben auszeichnete«, schreibt Theodor Fontane, »war: Standhaftigkeit in gefährlichen und Mäßigkeit in glücklichen Lagen. Und daneben jenes strenge Pflichtgefühl, das ihn die Wohlfahrt und Größe seines Landes als einzige Richtschnur seines Denkens und Handelns erscheinen ließ.« Wilhelm war in seiner Person ein glänzendes Beispiel dafür, daß im Staatsleben der Charakter mehr bedeutet als die Intelligenz. Zu diesem Charakter gehörte eine bei Herrschern selten anzutreffende Tugend: geniale Männer zu erkennen, sie an sich zu ziehen und wirken zu lassen. Wie es an Bismarck, wie es an Moltke augenfällig wurde, die er in den Vordergrund stellte, ohne zu fürchten, in ihren Schatten zu geraten. Sein verstorbener Bruder zum Beispiel hatte keine großen Männer neben sich geduldet und niemals Dankbarkeit empfunden für die Verdienste derer, die seiner Krone dienten.

Wilhelm war sich trotzdem des eigenen Wertes bewußt, seine häufigen Hinweise auf *dort oben* zeigen, daß er sich als ein Herrscher von Gottes Gnaden fühlte und davon überzeugt war, letztlich nur Ihm Rechenschaft zu schulden. Er war im Sinne des Wortes die Seele des Reiches, eine sein Volk umfassende, ihm das Gleichgewicht bewahrende, Sicherheit verleihende Macht, und wenn die Leute abends in jenem Eckfenster das Licht noch brennen sahen und andächtig sagten: »Der Kaiser arbeitet noch …«, dann gehörte das zu den Manifestationen dieser Macht.

V Die übersprungene Generation

Warum ist der Himmel so grausam?

»... möchte ich hiermit Kaiserliche Hoheit meinen eigenen Kehlkopf anbieten, weil doch und liegt mir als alter Soldat nichts mehr am Leben, wenn Kaiserliche Hoheit nicht mehr leben, habe unter Ihm die Hölle von Spichern mitgemacht«, stand in dem Brief. In einem anderen hieß es: »Wenn Hoheit beiliegenden Talisman auf der Brust tragen im Schlafe und am Fußende brennt eine Lampe, wo etwas Öl und Wasser ist, werden Hoheit im Schlaf sagen, wo das Übel sitzt und wie zu heilen.« Ein Amerikaner empfahl zerstoßene Austernschalen; aus Martinique kam ein Kistchen mit lebenden Würmern, auf Kompressen zu legen; französische Bauern schickten zwanzig Flaschen Wasser aus Lourdes; Schotten meinten, daß Hochlandwhisky helfen könne, mit etwas Hochlandhafermehl vermischt.

Briefe, Pakete, Päckchen, Telegramme, Einschreiben, Eilschreiben – die Postbeamten des an der ligurischen Küste gelegenen Städtchens San Remo wurden nicht müde, die ungewohnte Last zu der auf einer Anhöhe gelegenen, von Palmen und Ölbäumen umgebenen *Villa Zirio* hinaufzutragen. Dorthin, wo Federico Guglielmo in seinem Liegestuhl lag, Heilung suchend in einem Land, in dem der Mond wärmer schien als in seiner Heimat die Sonne.

Hatten sie ihre Post abgeliefert, wurden sie, ebenso wie die Diener, die Kutscher, die Küchenmädchen, von den Journalisten abgefangen und ausgefragt, die in die Pensionen und Hotels eingefallen waren wie fremdartige Zugvögel. Gerüchte wurden kolportiert, halbe Wahrheiten, ganze Lügen, Falschmeldungen. Stritten sich die Ärzte wieder? Lebte der Deutsche überhaupt noch? Wird Bismarck persönlich erscheinen, um Tabula rasa zu machen?

Die Geschichte des Kronprinzen Friedrich Wilhelm, seiner Krankheit, der neunundneunzig Tage seiner Regierung als Friedrich III., ist eine Geschichte, in der sich Trauriges mit Peinlichem mischt, Groteskes mit Grausigem; eine Geschichte von Qual und Leid, Tod und Triumph, von Niedertracht und hohem Mut, in der die Rollen besetzt sind mit einem sterbenskranken Fürsten, einer grausam enttäuschten Frau, einem ungeduldigen Prinzen und seinen Vasallen, denen das Sterben zu lange dauert.

Der kranke Mann von der Villa Zirio war in den letzten Monaten durch ganz Europa geirrt. Er hatte am goldenen Regierungsjubiläum der Königin Victoria in London teilgenommen und war den Engländern, die den Weg vom Buckingham-Palast bis zur Westminster Abbey säumten, erschienen wie ein strahlender Held aus einer Wagneroper und nicht wie ein vom Tode Gezeichneter. Tägliche Behandlungen währenddessen in Harley Street bei Dr. Mackenzie, der die Geschwulst auf dem Stimmband weitgehend beseitigte, ein Gewebestück nach Berlin schickte, wo Virchows Befund wiederum negativ ausfiel: »Kein Krebs ...« Aufenthalt im gemäßigten Klima der Insel Wight, Rekonvaleszenz in der klaren Luft des schottischen Hochlands.

»Der liebe Fritz fühlt sich sehr viel besser, noch heiser, aber doch nicht ganz ohne Stimme wie bei seiner Ankunft in England.« So die Queen über ihren Lieblingsschwiegersohn, und Friedrich Wilhelm selbst, unendlich erleichtert, innerlich jubelnd: »M. [Mackenzie] verließ mich nach zwei Tagen ungemein befriedigt, so daß er den Ausspruch tat, er betrachte mein Leiden als behoben, wenn auch noch eine lange Zeit der Schonung in Ruhe und Schweigsamkeit unabweislich notwendig bleibt ...«

Toblach in Südtirol wurde zur nächsten Station, keine gute Wahl. Vor den Bergwinden mußte er nach Venedig fliehen. Von Venedig nach Baveno, wo die duftenden Gärten an den Ufern des Lago Maggiore weitere Linderung versprachen. Die Stimme jedoch wurde plötzlich wieder rauh, Heiserkeit stellte sich ein, die linke Wand des Kehlkopfs schwoll an, am rechten Stimmband schien sich eine neue Wucherung zu bilden. Der Kronprinz konnte sich nur noch flüsternd verständigen.

Jäh sein Sturz vom Himmelhochjauchzen zum Zutodebetrübtsein, Depressionen, die verstärkt wurden durch das, was in seinem Vaterland geschah: an seinem Geburtstag die Nachricht in einigen Gazetten, daß er unrettbar verloren sei; die bis zur Perversion diskutierte Frage, ob ein der Stimme beraubter Kronprinz den Thron besteigen dürfe; der rührend-barbarische Vierzeiler in einem liberalen Blatt »Und ist der Fritz auch heiser, so wankt das Reich noch nicht; man hört den deutschen Kaiser, auch wenn er leise spricht«; die ständig wiederholte Forderung der Antiliberalen, der Prinz möge dorthin zurückkehren, wohin er angesichts der Hinfälligkeit seines greisen Vaters gehöre, nach Berlin, seine Krankheit sei letztlich Privatsache.

Und nun San Remo, die Stadt der Blumen, wo die Novembersonne warm und mild ist. Neben Mackenzie werden zwei weitere Kapazitäten hinzugezogen, Privatdozent Dr. Krause aus Berlin, Professor von Schrötter aus Wien. Noch jemand trifft ein: sein Sohn Wilhelm, in seiner Begleitung Moritz Schmidt, ein Spezialist, doch in erster Linie entsandt, für den Berliner Hof die Wahrheit zu erkunden. Der Prinz benimmt sich nach dem Urteil seiner Mutter, das, ihrer Verzweiflung wegen, hart ausfällt, aber wohl nicht ungerecht, *so roh, unanständig und frech wie nur möglich*. Der greise Großvater, den er liebt, der todkranke Vater, an dem er trotz allem hängt, bedrängt und beeinflußt von einer Clique hoher Militärs und konservativer Politiker, die Macht greifbar nah vor Augen, das alles ist zuviel für den Achtundzwanzigjährigen. Er ist von Spannungen zerrissen, spielt mal den guten Sohn, mal den Sonderbotschafter. Wie immer, wenn man ihm entgegentritt, beruft er sich wichtigtuerisch auf *Befehle*. Er habe Befehl vom Kaiser, auf der richtigen Behandlung zu bestehen, was immer unter »richtig« zu verstehen war, er solle darauf achten, daß die Ärzte nicht beeinflußt würden, und ... und ...

»Er sprach vor anderen«, berichtet Viktoria, »und drehte mir dabei halb den Rücken zu, so daß ich ihm sagte, ich würde seinem Vater davon Mitteilung machen, wie er sich benähme, und ihn bitten, daß ihm das Haus verboten würde, und verließ das Zimmer. Darauf sandte er mir sofort den Grafen Radolinsky nach, um mir zu sagen, daß er nicht hätte unhöflich sein wollen und mich zu bitten, Fritz nichts zu sagen ...«

Wilhelm sei eben nicht klug und erfahren genug, Servilität von Treue zu unterscheiden, Schmeichelei von Zuneigung, sein Urteil werde dadurch getrübt, ja sein Geist vergiftet. Als ihr Mann sich bitterlich über seinen Ältesten beschwert, sagt sie unter Tränen: »Fritz, so sollst du nicht denken; es ist ja doch mein liebes Kind, das ich unter dem Herzen getragen habe ...«

Der zehnte Tag des November 1887 wurde zum Schicksalstag Friedrich Wilhelms. Prinz Wilhelm bittet die versammelten Ärzte zu sich ins Hotelzimmer. Sie haben den Patienten untersucht und sind, von geringen Abweichungen abgesehen, zur gleichen Diagnose gekommen. Eine ungewöhnliche Übereinstimmung. Seit den ersten Anzeigen der Krankheit im Januar 1887 waren sie in zwei Parteien gespalten. Hier die englische Partei unter Führung des schottischen Spezialisten Mackenzie, die die Geschwulst nicht für bösartig hielt und sich dabei auf Rudolf Virchow stützen konnte, den führenden Pathologen Europas, dort die deutsche, deren Anhänger von Beginn an auf eine Operation gedrängt hatten, wohl wissend, daß sie ein tödliches Wagnis war bei dem damaligen Stand der Kehlkopfchirurgie.

Diese Parteiung zog sich durch alle gesellschaftlichen Schichten, zerstörte Freundschaften, entzweite Familien. Überdies wurde sie belastet mit nationalen Vorurteilen. Mackenzie, der behauptet hatte, der Patient werde eines Tages mit seiner Stimme wieder ein ganzes Armeekorps kommandieren können, wurde zum »Schwindler«, »Betrüger«, dem es nur um Eigenwerbung und um Geld ginge, zum Repräsentanten typisch englischer Borniertheit. Die andere Seite unter Führung der Kronprinzessin behauptete, daß Überheblichkeit und Rechthaberei der deutschen Mediziner den Patienten längst umgebracht hätten, wenn sie gleich anfangs in Berlin hätten operieren dürfen.

Die Ärzte in der Villa Zirio wählen einen aus ihrer Mitte, der den hohen Patienten über den Charakter seiner Krankheit und ihre noch verbleibenden Behandlungsmöglichkeiten informieren soll. Gemeinsam betreten sie den Salon, wo der Kronprinz sie zusammen mit seiner Frau empfängt. Schrötter versucht, sich der ihm übertragenen Aufgabe schonend zu entledigen, durchsetzt seine Rede mit Fachausdrücken, vermeidet vor allem das Wort *Krebs*. Es gebe zwei Möglichkeiten: eine Operation mit teilweiser oder gänzlicher Entfernung des Kehlkopfes (Exstirpation) oder, da die stetig wachsende Geschwulst eines Tages mit Sicherheit die Atmung unterbrechen werde, einen Luftröhrenschnitt (Tracheotomie). Eine Operation in diesem Stadium biete nur wenig Hoffnung auf Heilung, aber eben Hoffnung, ein Luftröhrenschnitt würde nicht heilen, sondern nur erleichtern. Die Entscheidung darüber, welche Methode angewendet werden solle, könne Kaiserliche Hoheit nur allein fällen.

Ein Mann steht dort, der soeben sein Todesurteil empfangen hat und nun entscheiden soll, ob er lieber mit dem Beil oder mit dem Strick hingerichtet werden möchte; dieser Mann ist, wie Mackenzie später berichtet, *the calmest person in the room*. Er ignoriert das Schluchzen, in das der Oberstabsarzt Schrader ausbricht, und fragt Schrötter: »Sagen Sie, lieber Professor, ist es Krebs?«

Der Professor antwortet: »Kaiserliche Hoheit, es ist eine bösartige Neubildung.« Selbst jetzt wagt er es nicht, das ominöse Wort in den Mund zu nehmen.

Der Kronprinz bittet die Herren einen Augenblick um Geduld, geht mit seiner Frau ins Nebenzimmer und kommt mit einem Zettel wieder zurück, auf den er mit großen Buchstaben geschrieben hat: »Exstirpation – nein! Tracheotomie – ja, wenn notwendig.«

Als der Kammerdiener ihn abends auskleidet, sagt er, auf seinen Hals zeigend: »Sie wollten mir den Kehlkopf aufschneiden. Bestenfalls würde ich dann ein halber Mensch sein, und das will ich nicht. Lieber lasse ich die Dinge gehen, wie es Gott gefällt.« In sein Tagebuch schreibt er: »Somit werde ich wohl mein Haus bestellen müssen.«

Mit seiner Frau allein, zerbröckelte die ihm anerzogene Contenance, hielt ihn das preußische Korsett nicht mehr aufrecht. Er verhielt sich so, wie die meisten Menschen sich benehmen, wenn sie erfahren, daß ihr Ende nah ist. Klage und Anklage, das »Warum gerade ich?« brach sich herzzerreißend Bahn.

»Daß ich eine so schreckliche, ekelhafte Krankheit haben muß! Und für euch alle zum Ekel und eine Last sein! Ich hatte gehofft, meinem Lande nützen zu können. Warum ist der Himmel so grausam gegen mich? Was habe ich getan, um so geschlagen und verdammt zu sein? Was wird aus dir werden? Ich kann dir nichts hinterlassen.« Er brach in hemmungsloses Schluchzen aus.

Wir Deutschen fürchten Gott, sonst nichts auf der Welt

Viktoria gelang es wie so oft, ihn zu trösten und wieder aufzurichten. Es war kein billiger Trost, wie man ihn Todkranken zu spenden pflegt, im tiefsten Grund schien sie an eine Heilung zu glauben. Wie oft hatten Ärzte sich schon geirrt! Das Schicksal konnte nicht so blind sein, einen Mann nicht zur Herrschaft kommen zu lassen, der das andere Deutschland verkörperte; ein Deutschland, in dem nicht Blut und Eisen Trumpf waren, sondern das Wort von den moralischen Eroberungen als Richtschnur gelten würde?! Indes, wenn sie *Herrschaft* sagte, dann meinte sie damit nicht zuletzt sich selbst. »Ich komme nicht zur Macht, ich komme nicht zur Macht!« hatte sie nach dem letzten ärztlichen Bulletin aus sich herausgeschrien. *Ich*, nicht *wir*.

Die Angst um den Mann, den sie aufrichtig liebte, die entschwindende Hoffnung, all das verwirklichen zu können, was ihr vorschwebte und in großen Entwürfen niedergelegt worden war, hatte sie fast um den Verstand gebracht in jenen Tagen von San Remo. Sie steigerte sich in die phantastischsten Verdächtigungen hinein, sprach davon, daß man den Kronprinzen nach Berlin entführen wollte, um ihn durch eine Operation zu ermorden.

Intelligenter als ihre fürstlichen Geschlechtsgenossinnen, willensstärker als ihr Mann, von besten Absichten beseelt, mußte sie zusehen, wie die Macht in die Hände eines Menschen zu gleiten begann, den sie für unreif, ja unwürdig hielt – in die des eigenen Sohnes: Prinz Wilhelm, der ihr ins Gesicht gesagt hatte, es wäre besser gewesen, wenn der Vater 1870 bei Wörth auf dem Feld der Ehre den Tod gefunden, als an einer solchen Krankheit dahinzusterben. Nie heimisch geworden in Deutschland und schon gar nicht populär, hatte sie unter dem Namen gelitten, den man ihr gegeben hatte: die

Engländerin. Man warf ihr ständig das vor, was man bei deutschen Prinzessinnen an fremden Fürstenhöfen als eine Tugend pries: die angeborene Eigenart unter einem anderen Himmel nicht zu verleugnen. Der alte Kaiser hatte sie nicht recht gemocht, der Hof in Berlin sie abgelehnt, der Kanzler ihr von Anbeginn Feindschaft entgegengebracht.

Bismarck selbst erzählte, wie er ihr auf einem Hofball ein Glas Wasser gereicht habe und sie es mit den an eine Tischdame gerichteten Worten entgegengenommen: »So viel Wasser in diesem Glas ist, so viele Tränen hat er mich schon gekostet.«

An ihrer Unbeliebtheit nicht schuldlos, erlebte sie jetzt ein Martyrium, das sie nicht verdient hatte. Man warf ihr vor, anonym und öffentlich, daß sie die Schuld trüge, wenn der günstige Augenblick der Operation nicht hatte genutzt werden können, daß sie mit Hilfe Mackenzies die deutschen Ärzte verunglimpft habe, daß sie ihren Mann nur deshalb am Leben erhalte, um wenigstens für kurze Zeit die Kaiserin spielen zu können. Diese Erfindungen waren, wie Richter in seiner Friedrich-Biographie festgestellt hat, von erstaunlich hartnäckiger Lebenskraft. In Wirklichkeit aber hatte, beispielsweise, nicht Viktoria die Operation verhindert, sondern Bismarck Einspruch erhoben, woraufhin beschlossen worden war, einen ausländischen Spezialisten hinzuzuziehen.

Die Taktlosigkeit, ja Gefühlskälte, mit der Berlin den *Fall Kronprinz* behandelte, war, auch unter Berücksichtigung der Tatsache, daß Politik ein beinhartes Geschäft ist, schwerlich zu übertreffen. Angesichts eines immer hinfälliger werdenden Kaisers und eines im Ausland weilenden Kronprinzen war es notwendig, die Frage der Stellvertretung zu klären. Die laufenden Geschäfte verlangten von einem amtierenden Herrscher zumindest die Kenntnis der Akten und zahlreiche Unterschriftsleistungen. Prinz Wilhelm wurde dazu ermächtigt, er handhabte die betreffende Order jedoch so ungeschickt, daß Friedrich Wilhelm von dritter Seite davon Kenntnis erhielt. Bleich und verstört stammelte er in seinem gespenstisch anmutenden Flüsterton immer wieder: »Ich bin noch nicht blödsinnig. Ich bin nicht unzurechnungsfähig.«

Wie bei Krebskranken nicht selten, begann sich sein Zustand in den nächsten Wochen zu bessern. Bei erstaunten Besuchern, die einen Sterbenden erwartet hatten, entschuldigte er sich scherzhaft wegen seines guten Aussehens. Hoffnung keimte in ihm und damit das Interesse an den Dingen außerhalb der Wände seines Krankenzimmers. In jenen Wochen und Monaten waren dunkle Wolken am politischen Horizont aufgezogen. Die Frage Krieg oder Frieden ängstigte die Menschen in Deutschland. Wegen der ungelösten Bulgarienfrage schien dort eine russische Invasion bevorzustehen. Die deutschen Militärs befaßten sich, wieder einmal, mit der Planung eines Präventivkrieges gegen Rußland. Der Zar besuchte Berlin, weigerte sich, im Schloß zu wohnen, legte Bismarck – gefälschte – Dokumente vor, die ihn eines doppelten Spiels gegen Bulgarien bezichtigten. Im Westen wuchs die Gefahr eines französischen Revanchekriegs und einer Annäherung an Rußland. Reservisten wurden einberufen, die Rüstung vorangetrieben. Im Reich gliederte man die Landsturmmänner in die reguläre Armee ein, womit sie im Kriegsfall um 700 000 Mann mehr verfügen würde.

Um diese ungeheure Heeresverstärkung der Welt als eine Maßnahme zur Erhaltung des Friedens verständlich zu machen, trat Bismarck mit einer seiner großen Reden vor den Reichstag. Sie endete mit den aus dem Stegreif gesprochenen, berühmt gewordenen Worten: »Wir Deutsche fürchten Gott, aber sonst nichts auf der Welt.« Berliner, Bayern, Hessen, Sachsen, Schwaben, Schlesier, Ostpreußen stickten sie auf Sofakissen, prägten sie in Münzen, Silberteller, Armreifen, beschrifteten Bierkrüge damit, Aschenbecher, Vasen, verewigten sie auf Denkmalssockeln, schrieben sie in die Schulbücher – und mißbrauchten sie damit für einen blinden Patriotismus.

Ein Mißbrauch, der nicht möglich gewesen wäre, hätten sie sich des auf diese Worte folgenden Satzes erinnert, der da hieß: »… und die Gottesfurcht ist es schon, die uns den Frieden lieben und pflegen läßt.« Denn Bismarck hatte nichts anderes gemeint, als daß ein deutscher Politiker im Angesicht der geographischen Situation Deutschlands mit seinen drei Fronten und seinen Nachbarn, welche die Gründung des Reiches nicht verziehen hatten, von Gott verlassen sein müsse, wenn er den Frieden nicht wolle.

In der Villa Zirio wurde Bismarcks Auftreten besprochen, und selbst Viktoria fand, daß ihr liebster Feind *alles in allem eine sehr gute Rede* gehalten habe. Ihr Mann nahm keinen rechten Anteil mehr an solchen Gesprächen. Er kämpfte seit kurzem gegen ein allgemein elendes Gefühl an, hustete mit Blut vermengten Schleim aus, sein Atem ging so schwer, daß man das Keuchen sechs Räume weiter hörte. In einer Nacht zu Anfang Februar erhob er sich, wankte zu seinem Kammerdiener hinüber und flehte, von Erstickungsanfällen gefoltert: »Hilfe, um Gottes willen, mache mir einen Umschlag!« Als der Tag anbrach, verlangte er, man möge unverzüglich seine Luftröhre zerschneiden und die Kanüle einführen.

Der Eingriff wird zum makabren Schauspiel, bei dem die Ärzte traurige Figur machen. Dr. Bramann, der junge Assistent des berühmten Chirurgen Bergmann, der in Berlin den Luftröhrenschnitt an einer Leiche übt und zu spät benachrichtigt wird, Bramann muß die Operation unter Umständen ausführen, die seinen Chef später sagen lassen: »Das hätte man noch unter Friedrich dem Großen am Galgen zu bereuen gehabt.« Es gibt keinen Operationsraum, keinen Operationstisch, keine Operationsschwestern. Der totenbleiche Mackenzie muß dazu überredet werden, wenigstens den Puls des Patienten zu messen. Dr. Hovel hält mit zitternden Händen zwei Schalen mit Schwämmen und Pinzetten. Dr. Krause hält die Narkosemaske so linkisch, daß sie vom Gesicht des Kranken heruntergleitet. Nach endlosen zwanzig Minuten kann Bramann, der als einziger die Nerven behält, das silberne, mit einem Ventil versehene Röhrchen in die Luftröhre schieben.

Friedrich Wilhelm erwacht, atmet befreit auf, läßt sich Block und Stift reichen und schreibt mit großen Buchstaben: »DANKE!« Er kann wieder atmen, aber die Luft, die er einsaugt, passiert die Stimmbänder nicht mehr: er ist stumm.

Die Ärzte, die sich vom ersten Aufflackern der Krankheit an gestritten hatten, stritten weiter. Diesmal ging es um die Art der Kanüle, um ihre Biegung, ihre Größe, und ob die deutsche des Dr. Bergmann besser war als die englische des Dr. Mackenzie. Der Krieg der Kanülen setzte sich fort im Kampf um die Kehlkopfspiegel, der mit gegenseitigen Drohungen endet, man würde den anderen ins Gefängnis bringen. Bramann wurde um das ihm verliehene Komturkreuz des Hohenzollernordens von den anderen beneidet. Mackenzie bemühte sich, sein Honorar (60 000 Reichsmark allein für die Behandlung in San Remo) einzustreichen, bevor neue Komplikationen auftauchten. Der todkranke Prinz notierte angesichts des entwürdigenden Spektakulums: »Diese Wirtschaft greift mich doch sehr an ...«

Seine Frau verbiß sich in ihren Glauben, daß es sich bei der Krankheit vielleicht doch nur um eine Kehlkopfentzündung handele oder um Perichondritis, eine Entzündung der Knorpelhaut, beides heilbar, und die Stunde sei nicht fern, an der sie mit dem *herrlichen Manne* den Thron besteigen werde. Nachdem ein hinzugezogener Pathologe im Auswurf des Patienten eindeutig Krebszellen mikroskopisch nachgewiesen hatte, schrieb sie an die Queen nach London: »Mich kann das durchaus nicht bekehren, liebe Mama ...«

Und der Tag kam, auf den sie so viele Jahre sehnlichst gehofft hatte. Als Friedrich Wilhelm am 9. März 1888, genau vier Wochen nach dem Luftröhrenschnitt, seinen Morgenspaziergang im Garten der Villa Zirio unternimmt und auf die wunderschöne Bucht von San Remo schaut, erscheint ein Diener und überreicht ihm auf silbernem Tablett eine Depesche. Er liest die Adresse und erbleicht. Sie lautet: »An Seine Majestät den Deutschen Kaiser und König Friedrich Wilhelm.«

DAS DREIKAISERJAHR

»Wieviel hoffte ich von meinem Sohne, von der Lauterkeit seines Charakters, von der Reife seiner Erfahrung, von der Liebenswürdigkeit seiner Erscheinung. Und nun … Im Himmel wird mir bald das Rätsel gelöst werden, warum diese Fügung über uns verhängt ward«, hatte Kaiser Wilhelm gesagt in seinen letzten Lebenstagen. Nachts wachte er auf und rief: »Mein Sohn, mein armer Fritz!« Neben ihm saß die an ihren Rollstuhl gefesselte Kaiserin und hielt seine Hand. Zu Bismarck, den er für den Prinzen Wilhelm hielt, sagte er: »Den Kaiser von Rußland mußt du recht rücksichtsvoll behandeln, das wird nur gut für uns sein.« Dann erkannte er den Kanzler und verlangte von ihm das Versprechen, seine Erfahrung auch seinem Enkel zukommen zu lassen.

Er sank zurück in die Dämmerung, aus der die Schatten der Vergangenheit auftauchten: Bar-sur-Aube, die Schlacht; die Mutter, die Flucht, Königsberg, die Befreiungskriege. Oberhofprediger Kögel betete: »Christus ist die Auferstehung und das Leben … mein Erlöser lebt.« Der Kaiser sagte: »Das ist schön.« Er bat um ein Glas Champagner und richtete sich auf. Der alte Soldat, der als König nur eine Schildwache ohne Tadel hatte sein wollen, erzählte von der Armee, von seinen

Männern, vom Dienst, von noch notwendigen Reformen. Seine Tochter, die Großherzogin von Baden, bat ihn, sich nicht anzustrengen und lieber etwas zu ruhen. Er antwortete: »Dazu habe ich jetzt keine Zeit.« In der Form »Ich habe keine Zeit, müde zu sein« ging der Satz ein in den geflügelten Wortschatz der Deutschen.

Kaiser Wilhelm I. starb am Morgen des 9. März, wenige Tage vor seinem einundneunzigsten Geburtstag. Gegen Mittag desselben Tages erschien Bismarck vor dem Reichstag. Als er eintrat, erhob sich das ganze Haus – *auch die Sozialdemokraten*, wie der Berichterstatter nicht versäumte hinzuzufügen, und hörte sich des Kanzlers Rede im Stehen an. Die Tapferkeit, das Ehrgefühl und die Pflichterfüllung seien die herausragenden Tugenden des Verstorbenen gewesen. »Das hoffe ich zu Gott, daß dieses Erbteil von allen, die wir an den Geschäften unseres Vaterlands mitzuwirken haben ..., in Hingebung, in Arbeitsamkeit, in Pflichttreue treu bewahrt bleibe.«

Bei den letzten Worten brach seine Stimme, er sank auf seinen Sessel und bedeckte sein Gesicht mit den Händen.

An der Grablegung nahm er nicht teil. Er hatte eine durch nichts zu überwindende Abneigung gegen Beerdigungen. An jenem Abend saß er wie versteinert im Kreis seiner Familie, sprach leise über seinen, wie er sich ausdrückte, heißgeliebten Herrn und führte immer wieder sein Taschentuch an die Augen.

Urplötzlich richtete er sich auf und sagte schroff: »Und nun vorwärts ...«

Mit Wilhelms Tod ging eine Epoche zu Ende, zumindest die des alten Preußen, und bei seiner Bestattung entfaltete die alte, untergehende Zeit noch einmal ihren Glanz. Die Prachtstraße Unter den Linden trug Schwarz, aus den Gaslaternen flackerten die Flammen; winterlicher Nebel und Schneegestöber vermischten sich mit dem Rauch der Pechpfannen; der

Trauermarsch aus Beethovens »Eroica« erklang; hinter dem Sarg in zwanzig Fuß Abstand ging der junge Wilhelm, nunmehr Kronprinz, den Helm halb verhüllt mit schwarzem Flor, in seinem Gefolge die Könige von Belgien, Sachsen und Rumänien, Fürsten, Prinzen, hohe Militärs; vier Kommandierende Generale hielten die Zipfel des Leichentuchs, zwölf Generalmajore trugen den Baldachin; Trommelwirbel, Glockengeläut, Kanonendonner, die Gardes du Corps in schwarzen Kürassen, die Leibkompanie vom 1. Garde-Regiment mit ihren hohen Grenadiermützen aus friderizianischer Zeit.

»Ganz Berlin war auf den Beinen und lief zu Tausenden allem nach, was seinem Herzeleid zur Belustigung dienen konnte«, schrieb der schriftstellernde Ingenieur Max von Eyth mit sanfter Ironie. Selbst die Damen der Horizontale sollen ihren Liebesdienst in schwarzen Kreppkleidern versehen haben. Wer sich der Kälte und des Schnees wegen ein auf die Linden hinausführendes Fenster mietete, hatte bis zu 500 Mark dafür zu bezahlen.

Als der Zug auf dem Weg zum Mausoleum der Königin Luise, wo Wilhelm ruhen sollte, das Charlottenburger Schloß passierte, erschien an den hohen Fenstern des Kuppelsaals Friedrich Wilhelm, nunmehr Kaiser Friedrich III., und grüßte den Vater auf seinem letzten Weg. »Ich müßte eigentlich dort sein«, hatte er auf einen Zettel geschrieben, aber die Ärzte hatten ihm die Teilnahme untersagt, und die Prunkkalesche mußte wieder abgeschirrt werden.

Ein Mann hatte den Thron bestiegen, der jede Stunde, jeden Tag bemüht war, die Rolle eines gesunden Herrschers zu spielen. Es war erschütternd mit anzusehen, mit welch übermenschlicher Anstrengung er die Gewißheit des nahen Todes zu verdrängen suchte. Seine Haltung, seine Würde, das Fehlen von Selbstmitleid beeindruckten. Johanna von Bismarck schrieb anläßlich einer Visite ihres Mannes: »... mußte er um 2 Uhr nach Charlottenburg zum neuen Kaiser, den er nicht so schlimm aussehend gefunden, wie man's vermutet. Er hat sich so zur Heimat gefreut und war unbeschreiblich freundlich zu Papa und für die anderen auch; voller Interesse für alles, ging sehr stramm und kräftig einher – aber kann keinen Ton sprechen, und das sei furchtbar erschütternd, sagen Papa und Herbert [Bismarcks Sohn] ... Die freundlichen Augen, die so verlangend nach Reden aussehen – und dann die Unmöglichkeit, ein Wort hervorzubringen – nur ein leises Pfeifen oder Röcheln durch Nase und Kehlkopf sonst nichts – nur Winken, Schütteln und Handbewegungen.«

Das Kaiserpaar hatte sich Charlottenburg zum Wohnsitz gewählt. Das Schloß, an dem Schlüter und Eosander gebaut hatten, war infolge allzu preußischer Sparsamkeit zur Unwohnlichkeit verkommen: bröckelnder Putz, verzogene Fenster, zerschlissene Tapeten, zersprungene Lampen überall; die eilig aufgestellten eisernen Öfen vermochten die Feuchtigkeit nicht aus den Mauern zu vertreiben. Ein Wohnsitz, der für einen Gesunden eine Zumutung war, für einen Kranken eine Grausamkeit; dazu unwilliges Personal, renitente Beamte; ein Hofstaat, dessen Chargen jedermann spüren ließen, daß sie die neue Herrschaft nur für ein Intermezzo ansahen.

»... traurig, doppelt traurig«, schrieb der britische Militärattache an den Prinzen von Wales, Viktorias Bruder, »weil fast alle Beamten ... sich in einer Weise benehmen, als ob der letzte Funke von Ehre und Pflichterfüllung erloschen sei – sie hängen alle den Mantel nach dem Wind.«

Vom Oberhofmarschall wußte man, daß er den Kaiser im Auftrag Bismarcks überwachte. Der Adjutant und Schatullenverwalter gehörte zur gegnerischen Partei um den Kronprinzen. Einer der Krankenpfleger lieferte geheime Berichte für die Mackenzie-Feinde. Mißtrauen, Verdächtigungen, Angst überall, eine Atmosphäre, in der das Gerücht wucherte und die Intrige gedieh. Das Schloß, wegen seiner ruhigen Lage vor den Toren der Stadt gewählt, wurde zur Isolierstation. Nur die an den Gittern des großen Vorplatzes sich drängenden Menschen, die, wenn sie den Schatten des Kaisers am Fenster auftauchen wähnten, laut zu jubeln begannen, gaben Friedrich das Gefühl, nicht vollends verlassen zu sein.

Für diese Menschen, für seine Untertanen, wenigstens etwas von dem zu verwirklichen, was er in der endlos langen Wartezeit an Reformen geplant, bemühte er sich mit seinen letzten Kräften. »Muß einerseits eine höhere Bildung immer weiteren Kreisen zugänglich gemacht werden, so ist doch zu vermeiden, daß durch Halbbildung ernste Gefahren geschaffen, daß Lebensansprüche geweckt werden, denen die wirtschaftlichen Kräfte der Nation nicht genügen können«, hatte er in seinem Erlaß geschrieben. Und: »Es ist Mein Wille, daß keine Gelegenheit versäumt werde, in dem öffentlichen Dienste dahin einzuwirken, daß der Versuchung zu unverhältnismäßigem Aufwande entgegengetreten werde.« Den Sinn dafür zu wecken, daß man mit Blut und Eisen zwar ein Reich gründen könne, zur Bewahrung dieses Reiches jedoch mehr gehörte, die Freiheit des Individuums nämlich, die Moral und die Nächstenliebe über die Klassen hinweg, sah er als seine Aufgabe an – jedoch wie wenig von dem ließ sich auch nur in Angriff nehmen!

Schon die Verleihung hoher Orden an die ihm verdienstvoll erscheinenden Männer stieß auf die Obstruktion seiner erzkonservativen Gegner, denen ein mit dem Schwarzen Adlerorden geschmückter Liberaler ein Greuel war. Die meisten Männer, die er auszeichnen wollte, bekamen diese Auszeichnung nicht, und viele von jenen, die freizulassen er die Absicht hatte in Form der bei einer Thronbesteigung üblichen Amnestie, blieben weiterhin in Haft (was besonders die eingekerkerten Sozialdemokraten betraf). Die großen Frühjahrsparaden, so kostspielig wie militärisch sinnlos, konnte er abschaffen; die aus Messing gearbeiteten, lächerlich luxuriösen Offiziersepauletten, die veralteten Brustpanzer der Kürassiere auch, und eine Kommission einsetzen zur Reformierung der verstaubten Felddienstordnung, und – hier stockt man schon.

Alles, was er sonst noch beabsichtigte in den ihm vergönnten neunundneunzig Tagen, verlor sich in den Umtrieben passiven Widerstands, auf den er überall stieß. Oder er scheiterte an der Unmöglichkeit, die Mauer zu durchbrechen, die man um ihn errichtet hatte. Die Entlassung Puttkamers, des reaktionären Ministers, der das Wahlrecht skandalös mißbraucht hatte, blieb der einzig buchenswerte Erfolg.

Größere Auswirkungen hatte das alles nicht, doch wird man Werner Richter zustimmen, wenn er sagt, daß Friedrich mit dieser letzten großen Anstrengung das Grundgesetz seines Lebens gleichsam symbolisch bestätigte, wonach es die vornehmste Pflicht der Krone sei, die Schwachen zu schützen, denn: Recht geht vor Macht.

Viktoria genoß trotz aller Querelen den Triumph, endlich Kaiserin geworden zu sein. Bei einer Fahrt zu den durch eine Überschwemmungskatastrophe in Not geratenen Einwohnern an Oder, Netze und Warthe trat sie im Stil einer großen Herrscherin auf. Sie gab Wohltätigkeitsbälle, empfing die Vertreter der Provinzialregierungen und veranstaltete Tombolas. Um dem für sie rauschhaften Gefühl Dauer zu verleihen, gaukelte sie sich immer wieder das Trugbild eines Kaisers vor, dem es gesundheitlich zwar nicht gutging, der aber keineswegs zum Tode verurteilt war. Als der Fürst Hohenlohe in Charlottenburg seine Aufwartung machte, fragte sie: »Nicht wahr, Sie finden ihn nicht schlecht aussehend?!« Und zu einem anderen Gast: »Schauen Sie seine Augen an, diese wundervollen klaren Augen. Sind das die Augen eines Todkranken?!« Nein, nein, dreimal nein, es war nicht möglich, daß ein so lieber, grundgütiger, begabter, von den hehrsten Idealen erfüllter Mensch nicht dazu gelangen sollte, diese Eigenschaften für Deutschlands Heil fruchtbar zu machen. Dr.

Mackenzie sprach ganz in ihrem Sinne, wenn er den in Berlin akkreditierten Korrespondenten der internationalen Presse mitteilte, wie gut sein hoher Patient schlafe, wie fleißig er arbeite, wie optimistisch er in die Zukunft sehe.

Bismarck traute den rosaroten Bulletins des Dr. Mackenzie nicht. Er hielt ihn ohnehin für einen *ganz gerissenen Jungen*. Er glaubte mehr dem Professor Bergmann, und der gab dem Kaiser nur noch ein paar Monate zu leben. Es lohnte also nicht, mit der bewährten Feindin weiterhin zu streiten. Er hatte sie überdies überzeugt, daß er nicht ihr Gegner sei, sondern ihr treuster Diener, und zwar durch die Zuwendung einer größeren Summe Geldes – wie er später mit behaglichem Zynismus bekannte. Eine Zuwendung, die ohne seine Unterschrift schwerlich möglich gewesen wäre. Die Summe (man spricht von etwa 10 Millionen Mark) stammte aus der 45-Millionen-Erbschaft, die der alte Kaiser nach seinem Tod hinterließ. Der Baron Cohn, sein Privatbankier, hatte sie mit goldener Hand verwaltet und vermehrt.

Als in jenen Tagen die Queen Berlin besuchte, um noch einmal ihren Schwiegersohn zu sehen, betätigte sich der Kanzler sogar als Schwerenöter. Bei der Galatafel nahm er vom Desserteller ein Praline, das in einer Photographie der Kaiserin eingewickelt war, wickelte es aus und drückte das Photo vor aller Augen an sein Herz. Am Sterbelager ihres Mannes versprach er, nie zu vergessen, daß sie seine Königin sei. Er vergaß sie so schnell, daß er ihr noch nicht einmal einen Kondolenzbesuch machte.

Viktorias Mutter, die Queen, war ganz nach seinem Geschmack. Mit der alten Dame, meinte er nach einer Audienz bewundernd, könne man Geschäfte machen. Sie hatte *common sense* genug, ihrer Tochter, der deutschen Kaiserin, zu raten, sie möge nun ihren Lieblingsplan aufgeben, den sie seit Jahren mit fast pathologischem Starrsinn verfolgte: die Verheiratung ihrer Tochter Vicky, auch Moretta genannt, mit dem Ex-Fürsten Alexander von Bulgarien. Alexander, schön von Angesicht, doch töricht in *political affairs*, hatte sich bei dem mächtigen bulgarischen Nachbarn Rußland mißliebig gemacht und Land nebst Thron verlassen müssen.

Seine Heirat mit einer Tochter des Deutschen Kaisers wäre selbst jetzt noch, wo er im Exil lebte, einem Affront gegenüber dem Zaren gleichgekommen. Und Bismarck war nicht bereit, die deutsch-russischen Beziehungen durch die privaten Beziehungen eines romantisch veranlagten Prinzeßchens zu belasten.

Ende Mai schickte Kronprinz Wilhelm seinem Vater einen Brief, der sich später, eingeklebt in seinem Tagebuch, wiederfand. »... mit einer ganz gehorsamen Anfrage erlaube ich mir, Dich zu belästigen. Meine Brigade exerziert morgen zum letztenmal im Terrain der Tegeler Heide und endet mit einem Sturm auf die Charlottenburger Brücke des Spandauer Kanals. Darf ich eventuell, wenn es Dir Spaß machen sollte, auf dem Nachhauseweg die Truppen – ohne Spiel zu rühren – vor Deinem Fenster vorbeiführen?«

Friedrich ließ sich die Uniform der Gardes du Corps anziehen, setzte den schweren Helm auf und bestieg eine offene Kalesche, um die Parade abzunehmen. Die Hände in die Lehne verkrampft, schweißüberströmt, hielt er sich mühsam aufrecht, als die Truppen an ihm vorbeizogen. »Unser Fritz« hatten die Soldaten ihn einst genannt, damals bei Wörth, Weißenburg, Spichern. Er war ein Oberbefehlshaber gewesen, der sich persönlich um ihre Verpflegung gekümmert hatte, um ihre Quartiere, um ihre verwundeten Kameraden, von dem die für einen General höchst ungewöhnlichen Worte stammten: »Ich verabscheue dies Gemetzel, ich habe nie nach Kriegsehren gestrebt, und es wird gerade mein Schicksal, von einem Schlachtfeld über das andere geführt zu werden und in Menschenblut zu waten, bevor ich den Thron meiner Vorfahren besteige.«

Erinnerungen, machtvoll, überwältigend, auch auf seiner letzten Fahrt, die ihn von Charlottenburg nach Potsdam führte, ins Neue Palais, wo er geboren war und wo er sterben wollte. Die Ärzte hatten den Weg über das Wasser, von Spree und Havel, empfohlen. Friedrich sitzt im Salon des Schiffchens, das den hochtrabenden Namen *Kaiserliche Dampfyacht Alexandria* führt, schaut auf die Blumen, die von den Brükken auf das Deck herunterregnen, hört die Chöre der am Ufer stehenden Schulkinder, Spandau wird passiert, die Pfaueninsel, von der aus der Vater 1848 nächtens seine Flucht nach England angetreten. Der sechzehnjährige Friedrich hatte damals notiert: »In diesem Augenblicke nahm ich mir fest vor, auch in dem größten Unglück stets mit Ruhe und Festigkeit mich zu benehmen.« An Backbord die Wipfel der das Schloß Babelsberg schützenden Bäume, dort, wo er vor einem Vierteljahrhundert durch ein schlichtes Ja hätte König werden können. Wilhelm I. hatte, wie erinnerlich, vor dem Parlament in der Heeresreform zurückweichend, keine Möglichkeit mehr gesehen, *seine Pflicht gegenüber dem teuren Vaterland zu erfüllen*. Friedrich hatte gezögert, die Chance verspielt, gegen den Rat seiner Frau, die darauf gedrungen hatte, das *Opfer anzunehmen*.

Die Krankheit fraß sich weiter in ihn hinein, Teile der Speiseröhre lösten sich, die Erstickungsanfälle wurden häufiger, neben der Kanüle floß eine braune, mit Eiter vermischte Flüssigkeit aus dem Hals, die Diener versprühten Rosenwasser im Schlafzimmer. Im Tagebuch fand sich die mit versagender Hand geschriebene Eintragung: »Was wird denn eigentlich aus mir ...« Zu seiner Frau sagte er, die Kanüle mit dem Finger zuhaltend, was ihm ein dumpfes Flüstern ermöglichte: »Scheint es besser zu gehen? Wann werde ich wieder wohl? Was glaubst du? Bleibe ich lange siech?« Er preßte seine Hände zusammen. »Ich muß ja gesund werden. Ich habe so viel zu tun.«

Am Vormittag des 15. Juni 1888 trat der Hausmarschall von Lyncker an das zur Parkseite hinausführende große Mittelfenster, zückte sein weißes Spitzentaschentuch, hielt es einen Augenblick in der Hand, steckte es wieder weg. Im selben Moment erschallten Kommandos, Soldaten des Lehrbataillons, die im Morgengrauen scharfe Munition empfangen hatten, näherten sich im Laufschritt und bezogen an den Terrassen Posten. Garde-Ulanen besetzten den nahen Bahnhof Wildpark, das Telegraphenamt, die Tore des Schloßparks. Durch die Bäume schimmerten die roten Röcke der Husaren. Wer das Palais verlassen wollte, wurde mit scharfem »Halt, zurück!« abgewiesen. Auch die eben zur Witwe gewordene Kaiserin durfte ihre Gemächer nicht verlassen, und als sie es dennoch tat, um einige Rosen für das Totenbett ihres Mannes zu pflükken, wurde sie von einem Offizier wieder ins Palais geleitet.

Le roi est mort: vive le roi – der alte Ruf, mit dem man den Tod eines Königs und die Thronbesteigung des neuen Herrschers in Frankreich verkündete, hier wurde er auf gespenstische Weise zum Ereignis. Man hat die Szene wegen ihrer Ungeheuerlichkeit verglichen mit jener anderen, da der Kronprinz Friedrich, der nachmalige Friedrich der Große, an seinen Haaren zum Zellenfenster geschleift wurde, damit er sähe, wie sein Freund unter dem Schwert des Henkers starb.

Was wäre gewesen, wenn …

Was war der Grund für eine militärische Aktion, die in ihrer Dramatik so wirkte, als hänge das Schicksal Deutschlands davon ab? Wilhelm II. hat später in Doorn *seine* Antwort auf diese Frage gegeben: »Jene Absperrungen sollten verhindern, daß Staats- oder Geheimpapiere von meiner Mutter nach England geschafft wurden, worauf mich Fürst Bismarck warnend verwiesen hatte.«

Bei den Papieren handelte es sich um die Korrespondenz Viktorias mit ihrer Mutter, der Queen, um die Tagebücher Friedrichs und um sein Testament. Ihre Veröffentlichung könnte dem Ansehen des Reichs schaden, fürchtete Wilhelm, wobei er *Reich* gleichsetzte mit seiner Person. Er glaubte nicht ohne Grund, daß er in den Briefen und Notizen nicht gut wegkommen würde. Daß Wilhelm angesichts des gestörten Verhältnisses zu seiner Mutter, einer Haßliebe, bei der der Haß zu überwiegen begann, daran interessiert war, in den Besitz der Papiere zu kommen, ist verständlich. Doch das Unternehmen *Friedrichskron* – auf diesen Namen hatte der Verstorbene das Schloß umgetauft – war zu spät angelaufen. Viktoria hatte nicht damit gewartet, die Dokumente in Sicherheit zu bringen, bis ihr Sohn zur Herrschaft gekommen war, sondern vorher einen Weg gesucht: mit Hilfe des britischen Botschafters waren Briefe, Tagebücher und Testament längst in die Tresore von Windsor Castle gekommen.

Der neue Kaiser, berichtet Wilhelms neuester Biograph Alan Palmer, habe eigenhändig – in der roten Uniform der Leibgarde-Husaren, den Säbel griffbereit – die Räume seiner Eltern durchsucht. »Nichts Schriftliches da«, sagte er zu General Waldersee, »es ist alles beseitigt.« Staatsgefährdende Erlasse irgendwelcher Art fand er nicht. Er entdeckte lediglich in einer Schublade das vergilbte Telegramm, das Königin Victoria von England an einem Januarabend vor 29 Jahren aus Windsor geschickt hatte: »Ist der Junge wohlgeraten?«

Die Bestattung Kaiser Friedrichs wurde zur traurigen Farce, inszeniert von Hofbeamten, Militärs und Geistlichen, die Respekt vor der Majestät nicht einmal mehr zu heucheln brauchten und lachend und schwatzend hinter dem mit purpurfarbenem Samt überzogenen Sarg einhergingen. Die Kaiserin Friedrich, so nannte sich Viktoria fortan, war der Bestattung in der Potsdamer Friedenskirche ferngeblieben. Der einzige wirklich schmerzerfüllte Trauergast sei *Wörth* gewesen, das Reitpferd des Verstorbenen, das von einem Kavallerieoffizier im Leichenzug mitgeführt wurde. »Alles war schauderhaft«, schrieb der Militärattache Wilhelm von Döring.

Was wäre gewesen, wenn? Diese von den Historikern gehaßte, geliebte, sie immer wieder faszinierende Frage, hier darf sie mit einigem Recht gestellt werden. Schon deshalb, weil Kaiser Friedrich III. in manchen Geschichtswerken mit ein, zwei Sätzen abgetan, ja auch gänzlich übergangen wird. Theodor Heuß hat im Vorwort zu einer Biographie Viktorias gesagt, daß das »Was wäre gewesen, wenn?« keine unfruchtbare Fragestellung sein müsse, »falls es über Zufälligkeiten und Unzulänglichkeiten hinweg, die durch alle Geschichte geistern, den Weg öffnet zur Überprüfung der Grundsätze, in ihrer Konfrontierung mit den Möglichkeiten des Staaten- und Völkerdaseins.« Die guten Vorsätze, die Friedrich gefaßt hatte, wie jeder Herrscher vor seinem Machtantritt, sind nicht geeignet, diese Frage zu beantworten. Bleiben die Zeugnisse jener, die ihn gut kannten, die Tagebücher, die Briefe und seine Taten. Hier fällt auf, daß er den Wissenschaften und den Künsten zugetan war, einen Cercle von Künstlern und Gelehrten in seinem Haus pflegte, sich überhaupt merklich abhob von seinem Vater, der nie in einem Museum ertappt worden war, Kunstausstellungen mied und wohl kaum eine Zeile von Fontane oder anderen zeitgenössischen Schriftstellern gelesen hatte. 1863, in Danzig, wo Friedrich als Kronprinz sich gegen die Knebelung der Presse durch Bismarck gewandt, hatte er eine rare Tugend gezeigt: Zivilcourage.

Unbestechlichkeit bewies er, als er nach dem 1870/71er-Krieg gegen Frankreich sich weigerte, eine Dotation in Form einer hohen Geldsumme entgegenzunehmen – womit er ziemlich allein stand. Bescheidenheit und Realitätssinn zeigte er, wenn man ihn als Feldherrn feiern wollte: Blumenthal, sein damaliger Chef des Stabes, habe die Schlachten gewonnen. Er verschwieg, daß er, Friedrich, die strategische Planung billigen mußte und sie bei einer Niederlage auch zu verantworten gehabt hätte. Den in Europa Mode gewordenen Antisemitismus verdammte er als die Schmach des Jahrhunderts. In seinem Erlaß nach der Thronbesteigung betonte er ausdrücklich die Verfassungs- und Rechtsordnung des Reiches.

Das Schicksal habe Deutschland einen Kaiser versagt, für den Humanität mehr als ein leeres Wort gewesen sei, und wie anders hätte sich die Geschichte Deutschlands gestaltet, wenn von dem Thron des Deutschen Reichs nicht ein *unreifer Bramarbas* vom Typ Wilhelm II. gesprochen hätte, sondern ein Mann, der die Stimme der Menschlichkeit verstand – urteilen einige aus der Zunft der Historiker. Andere meinen sogar, unter Friedrich wäre Deutschland in die Bahnen englischer Staats- und Verfassungsentwicklung eingeschwenkt. Wieder andere sind skeptischer und vermuten, daß Friedrich auf die Dauer sich nicht hätte durchsetzen können gegen die alle Schlüsselpositionen innehabenden traditionellen Eliten. Die vorgegebenen Bedingungen und ausgeprägten Entwicklungstendenzen seiner Zeit wären letztlich stärker gewesen als alle Reformbemühungen. Auch seien keine Anzeichen auszumachen, daß er ein tieferreichendes Gespür für die wirklich drängenden Probleme des Reiches besaß. Friedrich hätte überdies eine hohe, für eine moderne Staatsform allzu hohe Vorstellung von der Würde und der Macht eines Monarchen gehabt.

Berechtigte Einwände; doch bestehen bleibt die Tatsache, daß Deutschland durch den frühen Tod dieses Mannes um eine liberale Erfahrung betrogen worden ist. Nicht Kaiser Friedrich allein, eine ganze Generation ging mit ihm. Sie lebte noch, aber sie war ohnmächtig. Ihr wurde die Entfaltung und die Blüte geraubt. Eine Generation, eine Epoche wurde übersprungen. Und, so Golo Mann, wer die Meinung vertritt, daß Kaiser Wilhelm II. kraft seines persönlichen Charakters viel Unheil angerichtet habe, der wird auch gestehen müssen, daß ein festerer Charakter in derselben Stellung Gutes hätte tun können.

VI Wilhelm II. oder: Mit Volldampf voraus

Der Kuss des Kanzlers

Das alte Berliner Schloß, oftmals Szenarium historischer Ereignisse, bildete am 25. Juni 1888 den Schauplatz eines glanzvollen Spektakulums: der Eröffnung des Reichstags durch den neuen Souverän Wilhelm II. Die Schloßgarde paradierte in den Uniformen der friderizianischen Zeit. Am Portal fuhren die Wagen vor mit den Angehörigen des Kaiserhauses, der Bundesfürsten, der hohen Staatsbeamten. Moltke, uralt, steinern, ein Denkmal seiner selbst, stieg die Freitreppe empor. Der Kaiser erschien, angetan mit dem von ihm neu geschaffenen purpurnen Mantel der Ritter vom Schwarzen Adlerorden. Bismarck, Träger dieses Ordens, hatte diese Tracht als *unzeitgemäß, unpopulär, auch politisch nachteilig* abgetan und sich mit der schlichten Interimsuniform der Halberstädter Kürassiere begnügt.

Der neue Kaiser litt unter Lampenfieber. Trotz der Totenstille, die im Weißen Saal herrschte, war seine Stimme kaum vernehmbar, als er mit der Verlesung der Thronrede begann. Er wischte die neunundneunzig Tage seines Vaters vollends hinweg, als er fast ausschließlich seines Großvaters gedachte, des erhabenen Vorbilds, dem er später den Beinamen Wilhelm *der Große* zu geben versuchte. »Meine Liebe zum deutschen Heere ... wird Mich niemals in Versuchung führen, dem Lande die Wohltaten des Friedens zu verkümmern, wenn der Krieg nicht eine durch Angriff uns aufgedrungene Notwendigkeit ist ...«, und jetzt war Bismarcks Handschrift zu spüren, der des Kaisers martialische Proklamation an seine Soldaten zu mildern versucht hatte, denn, so der Kaiser weiter: »Deutschland bedarf weder neuen Kriegsruhms noch irgendwelcher Eroberungen, nachdem es sich die Berechtigung, als einige und unabhängige Nation zu bestehen, endgültig erkämpft hat.«

Der Kanzler beugte sein Haupt und küßte die Hand seines neuen Herrn, ein Kuß, der nicht dem Menschen Wilhelm galt, sondern dem Repräsentanten einer von Gott gewollten Macht, ohne die weder Gesetz noch Ordnung sein würden. Hatten jedoch Wilhelm I. und Friedrich III. diese Ehrenbezeigung in eine Umarmung verwandelt, der Neue ließ sie sich reglos gefallen. Nicht so sehr aus Eitelkeit oder Größenwahn, sondern aus der Überzeugung heraus, daß ein Fürst der Hohenzollern wirklich von Gottes Gnaden sei.

Mit Sturmesschritten begann er seine Herrschaft. Mit vorher nie gekannter Hast hatte er den Vater begraben, zehn Tage nach seinem Tod den Reichstag eröffnet, dann den Landtag, im Juli war er bereits nach Petersburg unterwegs zum Antrittsbesuch beim Zaren. Von der Erziehung durch Hinzpeter frustriert, von der Mutter bevormundet, vom Vater als unreif abqualifiziert, brach das Gefühl, plötzlich über sich selbst bestimmen zu können, alle Dämme. Der Großmutter in London, die auf die schickliche Zeit zu trauern hinwies, auch darauf, daß *ihr* der erste Besuch gebühre, antwortete er: »... das Staatsinteresse geht persönlichen Gefühlen vor, und das manchmal über den Nationen hangende Schicksal wartet nicht, bis die Etikette der Hoftrauer erfüllt worden ist.«

Er zog den Purpurmantel aus, schlüpfte in Admiralsuniform und nahm in Kiel eine Flottenparade ab, zog russische Generalsuniform an und führte dem Zaren in Zarskoje Selo das nach ihm benannte Regiment vor, dampfte mit seiner Flotte von Kronstadt nach Stockholm zu Schwedens König und nach Kopenhagen zum Herrscher der Dänen, und von Bord seiner Jacht erging der Funkspruch: »Die Erscheinung Meiner Schiffe in fremden Häfen war geeignet, sie die anerkennende Beurteilung des Auslands finden zu lassen.«

Um die anerkennenden Beurteilungen zu steigern, wurde ein neues, größeres, prächtigeres Schiff in Auftrag gegeben. Es war 117 Meter lang, seine 4187 Tonnen wurden von 9 000 Pferdestärken angetrieben, die Besatzung bestand aus acht Offizieren, zwei Ingenieuren, einem Stabsarzt, einem Zahlmeister und 295 Mann. Dieses 4,5-Millionen-Schiff wurde vom Reichstag nur genehmigt, weil es großen Geschwaderverbänden als Aviso, als schnelles Depeschenboot, dienen sollte. Wilhelm betrachtete es als *sein* Boot und sagte in seiner Taufrede mit schöner Unbefangenheit: »Leicht über die Meere dahinzufliegen, vermittelnd von Land zu Land, dem Arbeitsamen Ruhe und Erholung zu gönnen, den kaiserlichen Kindern und der hohen Mutter des Landes Freude zu bringen, das sei deine Aufgabe. Mehr zum Schmuck als zum Gefecht mögest du deine leichte Artillerie tragen. So taufe ich dich auf den Namen *Kaiserliche Yacht Hohenzollern!*«

Da nicht alle Residenzen per Schiff zu erreichen waren, benötigte man auch landgängige Transportmittel. Der Kaiser gehörte zu den ersten Automobilisten, sah richtig voraus, daß die Menschheit einem *Jahrhundert des Motors* entgegenging, förderte den Autosport, und das Ta-tiii-ta-taaa seiner Hupe, besser Fanfare, kündigte in der Berliner City schon von ferne sein Kommen an: ein Dreiklang, den die Berliner auf ihre Art deuteten: »Bald hiiieeer, bald daaa!« Wie sie auch das *IR* hinter seinem Namen (Imperator Rex) in »Immer reisebereit« verwandelten.

Der Hofzug bestand aus zwölf Waggons in Blau, Elfenbein und Gold, der Salonwagen war mit Seide tapeziert, die Kronleuchter feuervergoldet, komfortabel die Schlaf-, Bade- und Speisewagen des Kaisers, dazu Waggons für die Küche, für das Gepäck, für die Begleitung, für die Dienerschaft. Bei besonderen Gelegenheiten waren Gehrock und Zylinder für das Zugpersonal die vorgeschriebenen Kleidungsstücke. Zwei bullenstarke Loks brachten den Zug auf die Geschwindigkeit, die

Wilhelm liebte. Ein kaiserlicher Zug durfte nicht durch die Landschaft bummeln, er hatte dahinzubrausen wie ein Sturmwind.

Auf den *greisen* Kaiser, Wilhelm I., und den *weisen* Kaiser, Friedrich III., so der Volksmund, war ein *Reisekaiser* gefolgt, der in manchen Jahren bis zu 200 Tage unterwegs war. Das bedeutete, daß er, wenn überhaupt, nur telegraphisch erreichbar war, wenn es um wichtige Entscheidungen ging.

Die generalstabsmäßige Planung mit der Entsendung des Vorauskommandos, die Einrichtung beziehungsweise der Umbau des in Aussicht genommenen Quartiers, die Kilometergelder für die Eisenbahngesellschaften, die Ehrengeschenke (allein auf seine erste Reise nach Wien und Rom nahm Wilhelm 80 Diamantringe mit, 50 brillantenbesetzte Busennadeln, 30 goldene Uhren, 100 juwelenverzierte Tabatieren, 20 mit Diamanten besetzte Adlerorden, 150 silberne Orden, zwei Dutzend goldene Bilderrahmen mit dem Portrait des Kaisers), die vielen Uniformen, Galamonturen, Dienstanzüge, Interimsröcke, Litewken, Attilas und Ulankas, die Ehrensäbel, Degen, Orden, Helme, Haar- und Federbüsche, Mützen, Tschakos, Tschapkas, Epauletten, Portepees, Sporen, Bandeliers, Schärpen, Fangschnüre – das alles kostete Geld, viel Geld. Verglichen mit den Unsummen, die unsere reisebesessenen Minister und Abgeordneten heute benötigen, waren des Kaisers neue Kleider billig. Seine Zivilliste, die er nach seiner Thronbesteigung auf jährlich sechs Millionen Mark erhöhen ließ, lag unter den »Gehältern« von seinesgleichen auf den anderen Thronen Europas.

Sein Lebensstil war nicht spartanisch wie der seines Großvaters, doch keineswegs luxuriös. Er trank mäßig, meist Bier von der Pschorrbrauerei aus München, bevorzugte Hausmannskost, Kartoffelsuppe war sein Leibgericht, an besonderen Tagen gab es Wein aus dem Rheingau und Sekt von Matheus Müller. Das alte, verwinkelte Palais Wilhelms I. Unter den Linden bezog er nicht, sondern quartierte sich in dem von Schlüter erbauten Schloß ein. Er bewohnte dort mit seiner Frau, die ihm im Laufe der Jahre sechs Söhne und eine Tochter gebar, zwanzig Räume. Darunter waren sein Arbeitskabinett, das Rauch- und Billardzimmer, der Speisesaal, der Salon der Kaiserin, die Bibliothek, die Schlafgemächer, die Kinderzimmer.

Im Salon wurde das Frühstück eingenommen, in dessen Verlauf die Kinder erschienen und von ihren Sorgen berichten durften. Am Wochenende händigte ihnen der Vater das Taschengeld aus, das, preußischer Tradition gemäß, knapp bemessen war. Der kleinen Viktoria Luise gelang dabei etwas, was ihre Brüder vergeblich versuchten: ein paar Groschen extra herauszuholen. Abends las er ihnen etwas vor oder erzählte von seinen Reisen. Dazu kam es selten genug. Wilhelm hatte kaum Zeit für seine Familie und überließ die Erziehung Privatlehrern und Gouvernanten.

In Potsdam residierte Wilhelm II. im Neuen Palais, in dem wohnen bleiben zu dürfen seine Mutter ihn vergeblich gebeten hatte. Das herrliche Schloß, mit dessen Erbauung Friedrich der Große nach dem Siebenjährigen Krieg der Welt sein »Nun erst recht!« entgegenschleuderte, sah seinen Nachfahren in großer Pose. In der Grünen Damastkammer, deren Fenster auf den Park hinausgehen, empfing er, umgeben von Möbeln aus Rosenholz und Gemälden von Watteau, seine Minister und gewährte hohen Gästen Audienz. Es kamen viele Besucher, vor allem aus dem Ausland. Sie wollten das *fabulous monster*, so der Titel einer späteren englischen Biographie, persönlich erleben, einen Mann, der nun an der Spitze jener gefährlich scheinenden neuen Großmacht namens Deutsches Reich stand.

Der erste Eindruck war meist positiv, ja blendend, und ein Blender war er, einer, der seinen Gesprächspartner vom ersten Augenblick an für sich gewinnt, ihn bezaubert. »Er ist ziemlich gedrungen«, berichtete der britische Politiker John Morley, »hält sich straff, kommt mit dem festen Schritt des Soldaten herein. Er spricht mit heftigen und energischen Gesten, nicht wie ein Franzose, eher abgehackt. Seine Stimme ist angenehm, die Augen leuchtend, sein Mund entschlossen, das Kinn ein wenig fliehend ... und sein Lachen ist herzlich. Energie, Schnelligkeit, Unrast in jeder Bewegung von der knappen Neigung des Kopfes bis zu den Füßen.«

Die mit Saphiren und Brillanten besetzten Ringe an den zarten, weißen Händen irritierten manchen Besucher. Der mit den Spitzen nach oben weisende Schnurrbart, von Herrn Haby aus der Friedrichsstraße mit Hilfe seiner Pomade, Marke »Es ist erreicht«, und einer nachts zu tragenden Bartbinde in Form gehalten, machte Mode. Der Händedruck ließ auch harte Männer schmerzlich zusammenzucken; so athletisch hatte sich der fast ausschließlich gebrauchte rechte Arm entwickelt.

Er wechselte vom Deutschen ins Englische, vom Englischen ins Französische, diskutierte sachverständig über archäologische, historische, militärische, wissenschaftliche, technische Probleme. Er verstand es, eine gute Geschichte zu erzählen und, was seltener vorkommt, diese Geschichte auch gut zu erzählen, und verblüffte durch ein Gedächtnis, das Zahlen, Daten, Namen, Fakten mühelos speicherte.

Die Gäste, die ihn bei Paraden, Manövern und Inspektionen zu Pferd begleiten durften, verzweifelten an seiner guten körperlichen Verfassung, die ihn Strapazen mühelos ertragen und den Tag nicht zum Abend werden ließ. Und es verwunderte sie, wie ihr hoher Gastgeber sich plötzlich wandelte, wenn er im Licht der Öffentlichkeit erschien. Jetzt blickten die Augen starr, war die Miene bei vorgerecktem Kinn verbissen, klang die Stimme schnarrend, kam sein Lachen stoßweise und übertrieben laut, wurde die Gestik affektiert – er schien ein anderer.

In seinem Element war Wilhelm II., wenn er eine Ansprache hielt. Wie nur wenigen war es ihm gegeben, aus dem Stegreif seine Zuhörer, gleich, aus welchen Kreisen sie kamen, ob aus der Armee oder vom Hof, vom Theater oder aus dem Turnverein, zu fesseln und zu begeistern. Seine Metaphern waren treffend, das Pathos zeitgemäß, und wenn die satirische Zeitschrift *Kladderadatsch* ihn in der Toga des Mark Anton karikierte, dann lag darin nicht nur Ironie, er war in der Tat, und wieder taucht die Vokabel auf, ein *blendender* Redner. Dem Menschen sei die Sprache gegeben worden, hat Talleyrand einmal zynisch bemerkt, damit er seine Gedanken verbergen könne. Wilhelm machte davon keinen Gebrauch. Er sagte immer, was er dachte. Dieses Denken aber war weder scharfsinnig noch nüchtern genug, besonders für jemanden, der sich anmaßte, den politischen Kurs allein zu bestimmen. Gefährlich wurde es, wenn er vom Redetext abwich und aus der Situation heraus improvisierte. Das passierte ihm zum erstenmal in Frankfurt, wo er ein Denkmal für den Sieger von Mars-la-Tour, den Prinzen Friedrich Karl, einweihte.

Es waren Gerüchte aufgekommen, wonach Kaiser Friedrich, wäre er länger Kaiser gewesen, den Franzosen das im 1870/71er-Krieg weggenommene Elsaß-Lothringen wieder zurückgegeben hätte. »Ich glaube«, sagte Wilhelm, »daß darüber nur eine Stimme sein kann: daß wir lieber unsere gesamten 18 Armeecorps und 42 Millionen Einwohner auf der Walstatt liegen lassen, als daß wir einen einzigen Stein von dem, was mein Vater und der Prinz Friedrich Karl errungen haben, abtreten.« Auf einem Schlachtfeld zu verwesen, damit wären die »Einwohner« gewiß nicht einverstanden gewesen, auch nicht für Elsaß-Lothringen, dessen Abtretung 1871 alle gefordert hatten. Von solchen Entgleisungen abgesehen waren sie mit dem Kaiser zufrieden; mit seinen markigen Worten an das Ausland, seinem selbstbewußten Auftreten, seinem mitreißenden patriotischen Hochgefühl gleichermaßen. Im übrigen: was für ein vorbildliches Familienleben führte er, wie wohlgeraten waren die Kinder, wie sittenstreng die Kaiserin! Zwar schien es übertrieben, ihn bereits jetzt mit dem großen Friedrich zu vergleichen, doch so viel schien gewiß: hier stand der wahre Nachfolger des alten Kaisers, *leuchtete Morgenröte, wehte der Sturmwind einer neuen Zeit.* »Es ging ein Aufatmen durch das ganze Land«, schrieben die Zeitungen von rechts und links über den jungen Kaiser.

Wie lange auch hatten die Deutschen warten müssen, bis sie sich in einem Reich vereinigt fanden! Eine Einigung, die Engländer, Franzosen, Russen vor Jahrhunderten erreicht hatten. Die Nachbarn hatten die Deutschen lange genug herumgestoßen, sie an den Katzentisch verwiesen, ihren Stammeshader ausgenutzt. Wilhelm I., der »Heldenkaiser«, hatte endlich ihr Reich aus der Taufe gehoben, Roon das Schwert geschliffen, Moltke es geführt und Bismarck dafür gesorgt, daß die Fürsten der Einzelstaaten ihr Jawort gegeben.

Mit Bismarck verstand sich der junge Herr anscheinend glänzend. So viel glaubte man zu sehen oder erfuhr es aus gewöhnlich gutunterrichteten Kreisen. Er setzte sich nicht, bevor der Kanzler sich gesetzt hatte; er wartete geduldig, wenn der große Alte zu spät kam; und als er einmal von einem Staatsbesuch zurückkehrte, der ihm besonders geglückt schien, bat er den Reichskanzler beinah flehentlich: »So loben Sie mich doch.«

Der Eindruck trog nicht. Wilhelm hat so empfunden, wie er es später in seinen Erinnerungen beschrieb: »Ich verehrte nach wie vor den gewaltigen Kanzler mit allem Feuer meiner Jugend, stolz darauf, unter ihm gedient und nunmehr mit ihm als meinem Kanzler arbeiten zu können.« Bismarck, der ihm, wie erwähnt, in seiner Zeit als Prinz den Eltern gegenüber den Rücken gestärkt hatte, sagte nach der Thronbesteigung zu einigen Reichstagsabgeordneten, er werde »bis zum letzten Atemzug zu einem Souverän stehen, der so begabt ist, so pflichtgetreu und so eifrig tätig für des Reiches Wohl, für den Frieden und das Glück des Landes«.

DIE RUHE VOR DEM STURM

In Wirklichkeit hielt er nicht viel von den Talenten des jungen Mannes, hatte bei dessen Tätigkeit im Auswärtigen Amt rasch gemerkt, wie wenig ihm an intensiver Arbeit gelegen war, wie oberflächlich sein Urteil, wie fahrig sein Wesen. Auch hatte er den Entwurf der Proklamation noch gut im Gedächtnis, die Wilhelm nach seiner Thronbesteigung an die Bundesfürsten hatte richten wollen, und den Begleitbrief dazu, in dem es geheißen hatte: »... die alten Onkels sollen dem lieben, jungen Neffen nicht Knüppel zwischen die Beine stekken ... Mir wird es leicht werden, per Neffe zu Onkel mit diesen Herren. Habe ich sie erst von meinem Wesen und Art überzeugt und in die Hand mir gespielt, nun, dann parieren sie mir umso lieber. Denn pariert muß werden.«

Doch wenn der junge Herr nicht allzu oft über die Stränge schlug und ihn amtieren ließ, wie er es unter dem alten Kaiser gewohnt war, selbständig, unbeeinflußt, mochte es angehen. Seinetwegen konnte Wilhelm weiterhin in der Welt herumreisen. Reisen bildete ja nicht nur, sondern lenkte auch ab. Er war sich des neuen Kaisers sicher genug, um im Spätsommer für viele Monate Berlin zu verlassen und sich in seine Wälder zurückzuziehen, ins Hinterpommersche, dann in den Sachsenwald, nach Friedrichsruh. Außerdem konnte ihm Herbert aus der Wilhelmstraße über alle Vorgänge in der Hauptstadt berichten: Herbert, der Wachhund, auch dazu bestimmt, die Ratgeber des Monarchen in Schach zu halten, den Chef des Generalstabs Waldersee zum Beispiel, einen General, der politisierte, für Bismarck eine besonders unangenehme Spezies Mensch. Im Reichstag besaß des Kanzlers *Kartell*, ein Bündnis aus Konservativen, Freikonservativen und Nationalliberalen, eine sichere Mehrheit, so daß er auch hier beruhigt sein konnte.

Der Alte wanderte durch seine Wälder. Er entsann sich des Tages, da man ihm den wichtigsten Posten anvertraut hatte, den es in der preußischen Diplomatie gab, den des Gesandten beim Deutschen Bundestag in Frankfurt – fast vierzig Jahre war das nun her, und er hatte an Johanna geschrieben: »... war heute bei General Gerlach, und während er mir von Verträgen und Monarchen dozierte, sah ich, wie im Garten unter den Fenstern der Wind wühlte in Kastanien und Fliederblüten und hörte die Nachtigallen und dachte, wenn ich mit Dir am Fenster der Tafelstube stünde und auf die Terrasse sähe, und wußte nicht, was Gerlach redete.«

Die früchteschweren Bäume, der Duft der Äpfel auf den Schränken, die Malven in den Bauerngärten, das Hufgeklapper seines Pferdes, die Abendnebel über den abgeernteten Feldern und der Rauch der Kartoffelfeuer – das arkadische Glück auf eigener Scholle schien späte Erfüllung zu finden. Abends hockte er mit der langen Pfeife im verräucherten Wohnzimmer und war zufrieden *zu leben, die Sonne zu sehen und notdürftig zu tun, was das Amt mit sich bringt*.

Die Kuriere, die mit ihren dicken Aktentaschen auf der kleinen Bahnstation ausstiegen, mußten abgefertigt werden, Unterschriften waren zu leisten, Depeschen zu diktieren, und gelegentlich ließ es sich nicht umgehen, einen wichtigen ausländischen Diplomaten im Fremdenzimmer einzuquartieren. Deutschland, die neue Großmacht, wurde von einem verschlissenen Kanapee aus regiert, dem Lieblingsmöbel des nun 73jährigen, das in einem alten Haus im Sachsenwald stand. Bismarck tat alles mit heiterer Gelassenheit. Auch gesundheitlich ging es ihm besser. Die Trigeminusneuralgie hatte nachgelassen, nachdem er, die Angst vor den verhaßten Zahnärzten überwindend, sich endlich die kranken Zähne hatte ziehen lassen.

Nach der großen Stadt an der Spree hatte er keine Sehnsucht. Ihr ungesundes, zu schnelles Wachstum mit den kilometerlangen Straßen, den Mietskasernen und den aus den Nähten platzenden Villenvororten, ihre neuen Reichen und verbitterten Armen, ihre bigotten Christen, arroganten Militärs, liebedienernden Hofschranzen, die qualmenden Schlote, die protzigen Restaurants, eine Stadt, dazu verflucht, immer nur zu werden und nie zu sein, sie war nicht mehr seine Stadt.

»Ich ließe mir stückweise ein Glied nach dem andern für Sie abhauen, eher, als daß ich etwas unternähme, was Ihnen Schwierigkeiten oder Unannehmlichkeiten bereiten würde«, hatte Wilhelm gesagt, als der Kanzler ihn wenige Monate vor der Thronbesteigung darauf hinwies, daß es nicht gut sei für einen Herrscher, sich an den Bestrebungen von Leuten zu beteiligen, denen es nur um seine Gunst ginge – gemeint waren die antisemitischen Stöcker-Christen. Noch einmal war er belehrt worden angesichts des unsäglichen Briefes an die *alten Onkels*.

Das ewige »Das will der Fürst nicht« und »Damit kommt man beim Fürsten nicht durch« der Ministerialbeamten, wenn Wilhelm eigene Vorschläge durchzubringen versuchte, begann ihn zu enervieren. Er konnte ärgerlich werden, bei seinen Besuchen in Wien, Petersburg, London, Rom immer wieder hören zu müssen, wie sehr er um den großen Mann an seiner Seite zu beneiden sei, und Graf Waldersee, wegen seiner Wühlarbeit *der Dachs* genannt, meinte beiläufig, daß aus Friedrich II. niemals Friedrich der Große geworden wäre, wenn er einen Bismarck an der Seite gehabt hätte. Ein Satz, der den Kaiser mitten ins Herz traf.

An diesem Hofgeneral wird anschaulich, wie Preußisches zu Wilhelminischem sich wandelte, Selbstbewußtsein zu Arroganz wurde, Königstreue zu Liebedienerei, das »Mehr sein als scheinen« zu einem »Mehr scheinen als sein«, wie Tugenden pervertieren können. Waldersee trat für einen Präventivkrieg gegen Rußland ein. Die Gelegenheit würde nicht wieder so günstig werden, ein Land auf viele Jahre als Machtfaktor auszuschalten und damit auch Frankreich von seinen Revanchegedanken abzubringen, wie jetzt, da die Finanzen des Zarenreichs zerrüttet waren, seine Rüstung mangelhaft, das Eisenbahnnetz unzulänglich und seine innenpolitische Lage höchst unsicher.

Bismarck war nach wie vor gegen jede Art von Präventivkrieg und lediglich bereit, Schutzdeiche zu bauen gegen eine vielleicht drohende Flut aus dem Osten. Graf Waldersee, den die Empfehlung des alten Moltke auf den Posten des Generalstabschefs gebracht hatte, konnte auf die Generalität zählen. Besonders auf die Herren mit den karmesinroten Kragen, die den Tag nahen fühlten, sich für den Verdruß zu rächen, den der *verkleidete Zivilist* namens Bismarck ihnen in der Vergangenheit bereitet hatte. Das Militärkabinett, das ihnen jederzeit Zugang zum Monarchen ermöglichte, und die ihnen hörigen Militärattachés an den deutschen Botschaften, von denen sie über alle Details informiert wurden, machten sie um so gefährlicher.

Hofprediger Stöcker, darum bemüht, die Arbeiter vom Marxismus zum christlichen Sozialismus hinüberzuziehen, sie durch Almosen und den Appell an ihre Frömmigkeit für den Staat zu gewinnen, auch den Einfluß der Juden in Wirtschaft und Finanzen zurückzudrängen, Adolf Stöcker, der beim Begräbnis Friedrichs III. zu den fröhlichsten Trauergästen gehört hatte, weil sein Weizen unter des neuen Kaisers Sonne gewiß blühen würde – nur Bismarck stand ihm noch im Wege –, schrieb an den Chefredakteur der erzkonservativen *Kreuzzeitung*: »Man muß rings um das ... Kartell Scheiterhaufen anzünden und sie hell auflodern lassen ... Merkt der Kaiser, daß man zwischen ihm und Bismarck Zwietracht säen will, so stößt man ihn zurück. Nährt man in Dingen, wo er instinktiv auf unserer Seite steht, seine Unzufriedenheit, so stärkt man ihn prinzipiell, ohne persönlich zu reizen.«

Und dann folgte jener Satz, der Bismarck, wäre er ihm bekannt gewesen, aus seiner hinterwäldlerischen Ruhe aufgeschreckt hätte: »Er [der Kaiser] hat kürzlich gesagt: ›Sechs Monate will ich den Alten verschnaufen lassen, dann regiere ich selbst‹.«

Der Mann mit den Hyänenaugen

Die Intriganten hatten hohe Zeit. Der Hofmarschall von Liebenau behauptete, der Fürst sei ein ausgemachter Morphinist. Daß er mehr Alkohol trinke, als ihm gut tue, schien ohnehin jedem klar. Wenn er Herbert nicht hätte, wäre er nicht mehr imstande, eine einzige vernünftige Zeile zu Papier zu bringen. Überhaupt verstünde er nichts von neuzeitlicher Wirtschaftsführung, von den Belangen der Industrie, versperre sich jedem modernen Gedankengang.

Der Großherzog von Baden, des Kaisers angeheirateter Onkel, hielt Bismarck nicht nur für einen Reaktionär, sondern meinte: »Viele Leute fangen an zu glauben, daß er nicht mehr recht im Kopfe sei.«

Selbst dem Kanzler wohlgesinnte Leute wie der alte Moltke stimmten ein in die Klagen über den immer häufiger hervortretenden Mangel an Instruktionen, über die Unsicherheit in der Entscheidung, *namentlich auch über das Lügen des Kanzlers*. In der *Germania*, dem Organ der Zentrumspartei, erschien ein Bericht, der sich mit Bismarcks Politik in den letzten beiden Jahren beschäftigte. Er trug die Überschrift, die schlagwortartig das ausdrückte, was viele zu spüren glaubten: »Es gelingt nichts mehr!« Die freisinnige *Nation* war noch deutlicher mit ihrem über einer Artikelserie prangenden Titel »Bismarcks Nachfolge«.

»Die Bismarckidee überflutete alles«, vertraute der Geheime Rat Holstein vom Auswärtigen Amt seinem Tagebuch an, »überschwemmte ... die Begriffe Kaiser, Reich, Dienst, denen sie sich substituiert hatte.« Holstein versorgte die Waldersees aller Couleurs mit Geheiminformationen, aus denen die deutschfeindliche Stimmung am Petersburger Hof hervorzugehen schien. Das war Wasser auf die Mühlen der den Krieg planenden Militärs. Ratschläge folgten, wie man den Kaiser mit Hilfe ausgewählter Zeitungsartikel stärker gegen Rußland einnehmen könne.

Man hat es sich angewöhnt, den *Mann mit den Hyänenaugen*, wie Bismarck den Geheimrat Holstein nannte, mit allen politischen Sünden zu belasten, die letztlich auf den Weg zum Weltkrieg führten. Die erst spät zutage gekommenen *Geheimen Papiere* und der Briefwechsel offenbaren einen skurrilen Einzelgänger und Menschenfeind, dessen Mißtrauen gegen alles und jeden sich in den Postskripta selbst privater Briefe zeigt. »Bitte vernichten!« heißt es da oder: »Sofort verbrennen!« Seine souveräne Aktenkenntnis, sein phänomenales Gedächtnis und seine Erfahrungen in Personalfragen machten ihn für drei Kanzler – Bismarck, Caprivi, Hohenlohe – unentbehrlich. Es gab niemanden, der ihn liebte, aber viele, die ihn fürchteten. In seiner Kartei befand sich Material über jedermann, selbst über den Kaiser, und wie es in der Politik so geht, war es belastendes Material. Schuldenmacherei, Spielleidenschaft, Drogenkonsum, Ehebruch, sexuelle Verfehlungen, Bankrotte, Jugendsünden, der dunkle Fleck auf der Weste der Ehrbaren – Holstein führte sorgfältig Buch. *Russophil, anglophil, zu friedlich, Eisenfresser* stand auf den Karteikarten oder Bemerkungen wie »Verschlagener Schwabe, zu sehr Korpsstudent, abhängig von schweren Weinen, Zigarren und vor allem von Frau Hauptmann K.«.

Von monomanischem Fleiß besessen, verbrachte er sein Leben im Auswärtigen Amt, Wilhelmstraße 76, alltags wie sonntags. Die Gesellschaft mied ihn, seitdem er in Bismarcks Auftrag den Grafen Arnim, Deutschlands Botschafter in Paris, ans Messer geliefert hatte. Und er mied die Gesellschaft, sich hinter der Polstertür seines Arbeitszimmers verbergend, die von zwei Lakaien bewacht wurde und nur jene zuließen, denen er *le droit de la porte* gewährt hatte. Die Beförderung zum Staatssekretär lehnte er ab, weil er nicht ins Rampenlicht wollte. Einladungen an den Hof folgte er nicht; er besäße, wie er mitteilte, leider keinen Frack. Er dürfe im Gehrock kommen, ließ der Kaiser ihm ausrichten, als er ihn persönlich zur Tafel bat. Es blieb die einzige Einladung in sechzehn Jahren. Wenn er sich gekränkt fühlte, reichte er seinen Rücktritt ein; wirkte diese Drohung nicht, begann er, seinen Schreibtisch auszuräumen.

Für sein liebeleeres Leben entschädigte er sich bei *Borchardt* in der Französischen Straße mit Austern und Chablis, auch hier in einem Séparée verborgen, meist allein, gelegentlich mit ausgewählten Gästen, bei Diners, die stets etwas Konspiratives hatten. Er trug eine Pistole und übte sich auf einem Schießstand, was mehr einem Verfolgungswahn entsprang als der Erinnerung an London und Washington, wo er, den man später nur als Frauenverächter kannte, als junger Attache von beleidigten Ehemännern zum Duell gefordert worden war.

In jüngerer Zeit hat man versucht, ihm mehr Gerechtigkeit zu gewähren. Wie immer bei einer Mohrenwäsche übertrieb man, und aus Holstein, dem *Maulwurf*, der *Spinne*, dem *Höllensohn*, wurde Holstein, der sensible Sonderling mit einigen recht sympathischen Zügen, einer Figur aus einem Roman Fontanes ähnlich. Aus einem Stück von Moliere, dem »Tartuffe« zum Beispiel, scheint er eher zu stammen. Zu wirklicher Dämonie fehlte ihm das Format. So kommt man doch wieder auf das Bild der *Grauen Eminenz* zurück, auf den Mann, der im verborgenen seine Fäden zieht, und wenn er dem Kanzler auch nicht den Dolch in den Rücken gestoßen hat, zu seinem Sturz hat er beigetragen.

Ein König der Armen

»Sind Sie sicher, daß Sie Kanzler bleiben werden?« fragte der Zar.

Bismarck sah erstaunt auf von seinem Sessel, in den Alexander III. ihn hineinkomplimentiert hatte. Wegen des hohen Gasts hatte er Friedrichsruh verlassen, sich in die Galauniform seines Magdeburger Kürassier-Regiments gezwängt und sogar eine Wagneroper, *Rheingold,* über sich ergehen lassen. Er erwiderte, daß er vom Vertrauen seines Herrn überzeugt sei und ihm, falls es seine Gesundheit erlaube, noch lange zu dienen hoffe.

Der Zar schwieg einen Moment, wechselte dann das Thema, unbewußt spürend, daß die Frage den deutschen Kanzler konsterniert hatte. Dessen Zuversicht jedenfalls schien er nicht zu teilen. Bismarcks Optimismus mußte tatsächlich verwundern, hatte er doch einige Monate vor dem Zarenbesuch ein Erlebnis mit dem *jungen Herrn,* das ihn hätte warnen müssen.

Damals waren hunderttausend Bergleute im Ruhrgebiet in den Streik getreten, weil ihnen ihr Lohn nicht lohnenswert erschien. Die Unternehmer riefen nach dem Staat, hülfen doch gegen (Sozial-)Demokraten nur Soldaten, mußten aber fassungslos feststellen, daß der Kaiser, den sie bei jeder Gelegenheit in Trinksprüchen zu feiern pflegten, anderer Meinung war. Er kabelte dem Oberpräsidenten von Westfalen, die Unternehmer und Aktionäre seien auf das energischste zu zwingen, die Löhne sofort zu erhöhen. Weil, und das sagte er dem Kanzler persönlich, weil die Arbeiter seine Untertanen seien, für die er zu sorgen habe, und wenn die Millionäre nicht nachgäben, würde er seine Truppen zurückziehen, und wenn ihre Villen erst in Flammen stünden, würden sie schon klein beigeben.

Bismarck war maßlos überrascht von diesem stürmischen Erguß im Angesicht seiner Minister, und noch mehr davon, daß Wilhelm in eine wichtige politische Angelegenheit eingegriffen hatte, ohne ihn zu fragen. Wenige Wochen später begann der Kaiser, an das empfindliche System der auswärtigen Beziehungen Hand anzulegen. Nach der Verabschiedung des Zaren auf dem Lehrter Bahnhof zum Beispiel meinte er beiläufig, er werde bald wieder nach Rußland gehen, um mit dem lieben Vetter einmal persönlich zu verhandeln.

Warum Bismarck, der die Menschen zu kennen glaubte, seinen jungen Herrn verkannte und ihn den Einflüssen einer Kamarilla überließ, ausgerechnet er, dessen Prinzip es gewesen war, seinen *alten* Herrn vor wichtigen Entscheidungen nicht von der Seite zu weichen, ist nicht allein mit der Blindheit zu erklären, mit der die Götter den schlagen, den sie verderben wollen. Eher schon damit, daß er darauf baute, Herbert würde den Kaiser für die Firma Bismarck und Sohn, wie seine Gegner das »Haus B.« ironisch nannten, schon bei der Stange halten. Herbert, seit 1888 preußischer Staatsminister, war sein Lieblingssohn und zum Nachfolger bestimmt. Die Liebe ging so weit, daß der Vater sich sogar in die Heiratspläne seines Sohnes einmischte und ihn unter Drohungen zwang, die Fürstin Carolath aufzugeben; nur weil er sie nicht mochte und sie mit einer Familie verwandt war, die der Kanzler ablehnte. Und die ihn gut kannten, meinten, daß Herbert von Bismarck daran innerlich zerbrochen sei.

Dessenungeachtet hatte er alle jene Eigenschaften nicht, die Bismarck in ihm sah, wobei ihn wieder seine Menschenkenntnis im Stich ließ. Ausländische Beobachter entdeckten in dem jungen lediglich eine Karikatur des Alten und nannten ihn den *häßlichen Herbert*. Energie hatte sich in Brutalität verwandelt, Gradlinigkeit in Grobheit; die Gabe, Menschen durch Charme zu gewinnen, besaß er so wenig wie Geschmeidigkeit und Feingefühl; er war ein Routinier, ein guter zweiter Mann, aber kein Staatsmann. Herbert von Bismarck hatte geglaubt, den Kaiser mit jener Casinokameraderie behandeln zu können, wie er sie dem Prinzen gegenüber angewandt, eine Instinktlosigkeit, die seinen Einfluß allmählich versiegen ließ. Und da er ein Mensch war ohne Freunde, wirkte sich das doppelt aus.

Bismarck dachte überdies, was Danton gedacht hatte, bevor er fiel: *ils n'oseront pas! Sie werden es nicht wagen* – gegen einen Mann vorzugehen, der das Reich geschaffen hatte, der in Europa als politische Autorität galt. So mögen Blindheit, Fehleinschätzung, Hochmut zu dem Drama beigetragen haben, das in den deutschen Geschichtsbüchern unter dem Titel »Die Entlassung« erscheint. Eine Tragödie, als die sie selbst in neueren Bismarckdarstellungen erscheint, war sie nicht. Es sei denn, man will die Ablösung des Alten durch das Neue, den Widerspruch von Mann und Zeit, den Abgang des müde gewordenen Helden von der Bühne der Kategorie des Tragischen zuordnen. Die Wahrheit ist schlicht und lautet: seine Zeit war um …

Am 23. Januar 1890 bekam Bismarck in Friedrichsruh ein Telegramm, das ihn nach Berlin rief. Der Kaiser hatte den Kronrat einberufen, um mit den Ministern über die Erweiterung des Arbeiterschutzes zu beraten. Mißmutig ließ er anspannen, ein eisiger Wind fegte durch die gewaltigen Bäume der zur Bahnstation führenden Allee, und während er im Zug saß, das Reiseplaid fröstelnd um die Knie, wurde seine Laune übler. Ihn also wollte man lehren, die Arbeiter zu schützen, wer hatte denn das Wort vom *Recht der Enterbten* geprägt, wer war für die staatliche Fürsorge eingetreten und hatte vor sieben Jahren die Sozialreform eingeleitet?

1883 war die Krankenversicherung eingeführt worden, die dem Arbeiter und Handwerksgesellen freie ärztliche Behandlung zusicherte und die Zahlung eines Krankengelds vom dritten bis zum einundneunzigsten Tag. Die Kosten waren durch Beiträge aufzubringen, zu denen die Arbeitgeber die Hälfte zusteuerten. Ein Jahr später folgte die Unfallversicherung, die von der vierzehnten Woche an, nach Ablauf der Krankenversicherung, wirksam wurde, die die Kosten der Behandlung übernahm und zwei Drittel des Verdienstes zahlte für die Zeit der Arbeitsunfähigkeit. Die Alters- und Invalidenversicherung, zu der der Staat Gelder zuschoß, kam zwölf Millionen Menschen zugute, zu denen neben Arbeitern und Handwerkern auch die Landarbeiter und Dienstboten zählten.

Man hat bemängelt, daß der Unfallschutz unzureichend war, das Krankengeld zu gering, die Altersgrenze für die Rentner zu hoch. Das alles trifft zu, vergleicht man die Sozialgesetzgebung der achtziger Jahre des 19. Jahrhunderts mit der aus unseren Tagen. Stellt man sie in die Zeit, kommt man um die Tatsache nicht herum, daß Deutschland auf diesem Gebiet der fortschrittlichste Staat der Welt war, vorbildlich für die anderen Völker. Eine Wahrheit, die nicht weniger wahr wird, wenn man, wie es modern geworden ist, feststellt, daß Bismarck für gute Taten schlechte Gründe hatte, daß ihn nur die Angst trieb um den Bestand des Staates und der Hintersinn, mit milden Gaben die Arbeiter für den Staat zu interessieren und von der Sozialdemokratie zu trennen.

Gegen sechs Uhr abends hatten sich die Minister an jenem Januartag im Berliner Schloß eingefunden und im Sitzungszimmer unter dem gewaltigen Kronleuchter Platz genommen. Der Kaiser ergriff sogleich das Wort und setzte sich mit einer Vehemenz für den Arbeiterschutz ein, an der Bebel, wäre er zugegen gewesen, seine helle Freude hätte haben müssen. Die Unternehmer, so führte er aus, pflegten ihre Arbeiter auszupressen wie die Zitronen, um sie dann auf den Mist zu werfen. Die Frucht solchen Tuns sei das Anwachsen der Sozialdemokratie, sei die Gefahr neuer Streiks, die, besser organisiert, weiter um sich greifend, die Gewalt der Waffen herausfordern würden.

»In eine solche Zwangslage darf ich nicht und will ich nicht gebracht werden. Wer es also redlich mit mir meint, muß alles aufbieten, um ein solches Unglück zu verhüten.«

Es war der Tag, an dem vor 178 Jahren Friedrich der Große geboren ward, und Wilhelm kündigte an, eine Proklamation an sein Volk zu richten, der Devise des großen Königs gemäß: *Je veux être un roi des gueux. – Ich will ein König der armen Leute sein.*

Er forderte das Verbot der Sonntagsarbeit, der Nachtarbeit für Frauen und Kinder, der Frauenarbeit während der letzten Schwangerschaftsmonate und die Einschränkung der Arbeit von Kindern unter vierzehn Jahren. Bei dem zur Erneuerung anstehenden *Gesetz wider die gemeingefährlichen Bestrebungen der Sozialdemokratie*, Sozialistengesetz genannt, trat er für die Streichung des Ausweisungsparagraphen ein; eines Paragraphen, der die Polizei dazu berechtigte, Menschen aus ihrer Heimat zu vertreiben, wenn sie ihre politische Gesinnung öffentlich vertraten.

Dem Kaiser war es Ernst mit seinen Forderungen. Daß sie nicht, wie sein Kanzler argwöhnte, auf seinem Mistbeet gewachsen waren, sondern von Hinzpeter gesät, dem grämlichen Schulmeister, und von Heyden, dem Bergmann und Kunstmaler, und vom Grafen Douglas, dem Schmeichler, und von Berlepsch, dem vor Aufständen zitternden Oberpräsidenten der Rheinprovinz, das änderte nichts an ihrer Ernsthaftigkeit, auch nichts an ihrer Berechtigung. Die meisten Reichstagsabgeordneten dachten so, die Parteien führten damit ihren Wahlkampf, die Minister waren dafür. In der gesamten öffentlichen Meinung überwogen die Stimmen jener bei weitem, die gegen die Ausbeutung von Frauen und Kindern eintraten.

Bismarck blieb kühl bis ans Herz hinan, machte darauf aufmerksam, daß, wenn man den Arbeitern verbiete, mehr zu arbeiten, man ihnen auch den entgangenen Lohn zahlen müsse – damit die Unterlegenheit der deutschen Exportindustrie in Kauf nehmend –, daß Revolutionen nicht durch Nachgiebigkeit verhindert werden würden, sondern durch energisches In-die-Parade-fahren. Die Sozialdemokraten würden statt des kleinen Fingers immer die ganze Hand nehmen. Er sprach von *Humanitätsduselei* und ließ durchblicken, daß des Kaisers Pläne Utopien seien, lediglich darauf ausgerichtet, Popularität bei den niedersten Klassen zu gewinnen. Auf den Ausweisungsparagraphen des Sozialistengesetzes zu verzichten hieße die Flagge streichen, und das würde man einmal zu bereuen haben. Scheitere das Gesetz, nun schön, dann müsse man sich eben so behelfen *und die Wogen höher gehen lassen – dann möge es zum Zusammenstoß kommen.*

Das roch nach Blut und Eisen, und der Kaiser meinte, er wolle seine ersten Regierungsjahre nicht mit dem Blut seiner Untertanen färben. Irritiert, beinah verschreckt, wandte er sich an die Minister. Die Minister teilten seine Meinung, wagten aber nicht, wie die Schulbuben in Anwesenheit des Lehrers, ihre Meinung zu äußern. Als Bismarck, nun doch aufs äußerste erregt, ausrief: »Wenn Eure Majestät kein Gewicht auf meinen Rat legen, so weiß ich nicht, ob ich auf meinem Platz bleiben kann!«, verleugneten sie sich vollends; sie schwiegen.

Der Kaiser sagte, und nur der neben ihm sitzende Boetticher konnte ihn verstehen, so leise kam seine Stimme: »Das versetzt mich in eine Zwangslage.« Später sprach er von Fahnenflucht eines ganzen Ministeriums und von Leuten, die nicht königliche Minister genannt werden dürften, sondern bismarcksche Minister.

»Man ging«, notierte einer der Teilnehmer dieser geschichtsträchtigen Sitzung, »mit ungelösten Differenzen, mit dem Gefühl auseinander, daß ein irreparabler Bruch zwischen Kanzler und Souverän erfolgt war. Seine Majestät bemühten sich zwar, gegen den Fürsten freundlich zu sein, aber es kochte in ihm. Eine Krise hat mit diesem Kronrat begonnen, welche einen ernsten Verlauf nehmen wird.«

Wird das Reich gekündigt?

Doch schon wenige Tage später herrschte Versöhnungsstimmung. Zu den Ministern sprach Bismarck von den Launen der Monarchen, denen man ausgeliefert sei wie dem Wetter, man sollte also bei den vom Kaiser gewünschten Arbeitsschutzgesetzen *mitmachen*. Und was ihn selbst betreffe, so wolle er alle seine Ämter aufgeben und nur noch die auswärtige Politik führen. Um seinen Worten Wirkung zu verleihen, übergab er gleich das Handelsministerium dem Oberpräsidenten von Berlepsch, einem Günstling Wilhelms. Daß die Herren gegen die freiwillige Entmachtung seiner selbst nicht wenigstens ein klein bißchen protestierten, irritierte ihn zwar, doch beim Geburtstagsempfang des Kaisers erschien er gutgelaunt und quittierte Wilhelms Wunsch nach weiterer Zusammenarbeit mit scheinbarer Genugtuung. Daß er die beiden kaiserlichen Erlasse, an denen er mitgearbeitet hatte, dann nicht gegenzeichnete, trübte des Kaisers Begeisterung kaum, mittels einer nach Berlin einzuberufenden internationalen Arbeiterschutzkonferenz *für den wirtschaftlich schwächeren Teil des Volkes im Geiste christlicher Sittenlehre* fürsorglich tätig werden zu können.

Der wirtschaftlich schwächere Teil, sprich die Arbeiter, honorierte des Kaisers Fürsorge schlecht, er nahm das, was Bismarck befürchtet hatte: er nahm Wilhelms große Geste als

Bestätigung, mit seinen Forderungen auf dem rechten Weg zu sein, und wählte die Partei, die sich bisher als guter Wegweiser bewährt hatte, die Partei der Sozialdemokraten. Fast anderthalb Millionen Deutsche, und das waren doppelt soviel wie vor drei Jahren, gaben den Sozialdemokraten ihre Stimme.

Der Kaiser war maßlos enttäuscht über so viel »Undankbarkeit« und sah sich um die Hoffnung betrogen, die Arbeiter um sich scharen zu können. Bei Bismarck, dessen *Kartell* förmlich in Stücke gehauen worden war und nicht mehr regierungsfähig, wurde das Gefühl, eine Niederlage erlitten zu haben, durch die Genugtuung überwogen, nun doppelt im Recht zu sein. Jetzt sah der junge Herr, wie gefährlich es war, politischen Gegnern um den Bart zu gehen. Wichtiger noch, daß Wilhelm nun bereit sein würde, deprimiert, ja hilflos, wie er schien, mit ihm wieder zusammenzuarbeiten. Es galt, gegen den Reichstag zu regieren, ihn immer wieder aufzulösen, wenn die Parteien nicht nach den Wünschen der Regierung verfuhren.

Mit einem Schlag waren Unsicherheit und Resignation von Bismarck abgefallen. Wie ein altes Schlachtroß, das fernen Kanonendonner hört, ging er in die Levade. Den Vorschlag des jüngeren Sohns Bill, zurückzutreten und sein wohlverdientes Alter in Friedrichsruh zu genießen, wischte er beiseite und zeigte sich kampfentschlossen wie zu des alten Kaisers Zeiten. Er ließ sich bei Wilhelm melden und entwickelte ein Kampfprogramm, demgemäß er auf die von seinem Souverän gewünschten Arbeiterschutzgesetze einging, gleichzeitig aber ein Sozialistengesetz vorschlug, das nicht nur die Ausweisung sogenannter Agitatoren aus ihrem Heimatort vorsah, sondern die Vertreibung aus ihrem Vaterland; ferner wäre eine Militärvorlage einzubringen, die eine Heeresverstärkung von 80 000 Mann und zusätzliche Bewilligung von 130 Millionen Mark beinhalte.

Beide Vorlagen würden auf den erbitterten Widerstand der Abgeordneten treffen. Ihre Einbringung bedeutete Kampf, hieß Konflikt, Unruhen, ja Aufstände, und Wilhelm wandte wieder ein, daß er später nicht, wie einst sein Großvater, *Kartätschenprinz* genannt werden möchte.

Bismarck: »Ich persönlich habe noch die Kraft dazu, später wird es unmöglich sein. Aber wenn die Sache in die Hand genommen wird, muß sie unter allen Umständen durchgefochten werden; dann darf es nur heißen: ›No surrender‹, keine Übergabe.«

Das war ein Appell an die Offiziersehre, dem Wilhelm, der ewige Leutnant, sich nicht zu entziehen vermochte. »No surrender!« sagte er plötzlich, reichte dem Kanzler die Hand und versicherte, im Falle der Gefahr kein Friedrich Wilhelm IV. zu sein; jener preußische König, der 1848 vor den Aufständischen kapituliert hatte und angesichts der aufgebahrten Märzgefallenen gedemütigt worden war (»Hut ab!«).

Ein *Menue* für den neuen Reichstag nannte der Kanzler das, was er seinen Staatsministern eine Woche später ankündigte, bestehend aus Arbeiterschutz, Militäretat und neuem Sozialistengesetz. Um es servieren zu können, bräuchte er ein kampfentschlossenes Kabinett. Sein Ärger über seine Herren, die sich, wie er feststellen zu können glaubte, unmerklich der aufgehenden Sonne zuneigten, machte sich Luft, als er sie auf die Kabinettsorder hinwies, wonach den einzelnen Ministern der Vortrag beim Souverän ohne Wissen des Ministerpräsidenten untersagt sei.

Betroffenes Schweigen. Jeder wußte, wie alt die Order war, nämlich fast vierzig Jahre, seit langem verstaubt, vergessen. Das Schweigen wurde bedrückend, als *der Chef*, wie sie ihn nannten, ihnen auseinandersetzte, was man alles anstellen könne, wenn die Abgeordneten Militärvorlage und Sozialistengesetz ablehnen würden, womit zu rechnen sei, und *Neuwahlen fortgesetzt schlecht ausfallen würden.*

Das Deutsche Reich sei ja im Grunde ein Bund der Fürsten und nicht ein Bund der einzelnen Staaten, ergo hätten die Fürsten auch das Recht, von dem gemeinschaftlichen Vertrag wieder zurückzutreten, wofür er das schöne Wort von der *konstruktiven Auflösbarkeit* des Reiches gebar. Auf diese Art würde es möglich sein, sich von dem alten Reichstag loszumachen und einen neuen zu küren; mit Hilfe einer Wahl allerdings, die dann nicht mehr auf dem gleichen, geheimen, allgemeinen Wahlrecht beruhen würde. Das klang nach theoretischen Spekulationen, war aber ernst gemeint. Wie schon des öfteren in der Vergangenheit spielte Bismarck mit dem Gedanken eines Staatsstreichs, im Klartext: mit einem vom Inhaber der Regierungsgewalt vorgenommenen, gegen die Verfassung gerichteten Machtumsturz. In der Praxis bedeutete das, wie des Kanzlers kritischster Biograph Erich Eyck schreibt, das Reich zu kündigen, wie man eine Gesellschaft zum Betrieb einer Geflügelzucht kündigt, die keinen befriedigenden Ertrag liefert. Es war die Verneinung der ganzen nationalen Entwicklung, als deren Held er galt. Bismarck schien unter Umständen bereit, sein eigenes Kind umzubringen. Daß er bewußt darauf hingearbeitet hat, die Sozialdemokratie totzuschießen und im Blute zu waten, gehört zur – negativen – Bismarcklegende.

»Keine Übergabe!« hatte der Kaiser am 25. Februar versichert, ein Wort, das er bereits eine Woche später als Geschwätz von gestern ansah. Er befahl, das Sozialistengesetz nicht einzubringen. Bei ihm hatte eben immer der recht, der zuletzt mit ihm sprach, und das waren in diesem Fall die Konservativen mit ihren Bedenken, daß man mit dem Gesetz nur unnötig provoziere und außerdem den ganzen Arbeiterschutz gefährde. Ein Umfall, der jedem für die Politik Verantwortlichen als unzumutbarer Affront hätte erscheinen müssen. Bismarck aber gab sich gelassen. Er blieb es auch, als man ihm Wilhelms Rede vor dem Brandenburgischen Provinziallandtag mitteilte mit den an seine Adresse gerichteten Worten: »Alle, die mir bei meiner Aufgabe helfen wollen, begrüße ich! Wer sich mir aber in den Weg stellt, den zerschmettere ich!« Als der Kaiser dem von Bismarck als *Verräter* bezeichneten Minister von Boetticher demonstrativ den Orden vom Schwarzen Adler verlieh, Preußens höchste Auszeichnung, bemühte er lediglich Schiller: »Du hast's erreicht, Octavio.«

Es war nicht die Gelassenheit des Starken, es war die Ratlosigkeit des Verunsicherten, und seine Kampfentschlossenheit schien nur ein Strohfeuer gewesen. Der große alte Mann demütigte sich so weit, die Kaiserin Friedrich, seine langjährige Feindin, aufzusuchen und zu bitten, sie möge ihren Sohn zu seinen Gunsten beeinflussen. Die tiefe Trauer tragende Witwe antwortete in einer Mischung aus Ironie und Bitternis, sie habe keinen Einfluß auf Wilhelm. »Und Sie, Fürst Bismarck, sind es, der ihn zerstört hat. Sie kommen zu spät ...«

Der Verzweiflung entsprungen schien ein anderer Versuch: mit Windthorst, dem Führer des Zentrums, ins Gespräch zu kommen; ein Versuch, den er selbst mit einer fahrenden Lokomotive verglich, auf die man, ehe sie einen überrollte, lieber aufsprang und mitfuhr. Nun sind Politiker nicht empfindlich, wenn es darum geht, Todfeinde zu Busenfreunden zu machen, und Bismarcks Überlegung, durch eine Koalition der Konservativen mit dem Zentrum wieder eine Mehrheit zu bekommen, war nicht unverständlich. Windthorst schien auch nicht abgeneigt, sah er doch mit Schaudern das Wachsen jener Partei, für deren Führer die Religion Opium für das Volk war, die Sozialdemokraten. Wer anders als Bismarck wäre imstande, sich dem Ansturm entgegenzustellen und die bestehende Staats- und Gesellschaftsordnung zu garantieren.

Über den Preis – Einschränkung des Jesuitengesetzes, Schulfrage – würde man sich einigen. Die kleine Exzellenz jedoch, ausgerüstet mit der Witterung des geborenen Politikers, spürte während der anderthalbstündigen Unterredung etwas, was er nach seinem Besuch in die Worte kleidete: »Ich komme vom politischen Sterbebett eines großen Mannes.«

Als das Wort ruchbar wurde, rührte es niemanden. Mit mitleidloser Kälte hieß es quer durch die Parteien: »Weg mit dem Mann!« Der Kaiser war längst entschlossen dazu, ermutigt durch des Fürsten ungewohntes Nachgeben in den entscheidenden Fragen, beeinflußt von einer Umgebung, die den Kanzler als eine *nationale Kalamität* empfand, empört über die Kabinettsorder, die den freien Zugang der Minister zum Vortrag beim Monarchen von Bismarcks Gutdünken abhängig machte.

All jene, die er in den Jahrzehnten seiner Amtsführung benutzt hatte, unterdrückt hatte, verachtet hatte, sahen den Augenblick gekommen, es dem alten Tyrannen heimzuzahlen, und auch solche waren dabei, die ihm ihre Karriere verdankten.

Der Sturz des Titanen

In den frühen Morgenstunden des 15. März wird Bismarck geweckt: der Kaiser erwarte ihn in der im Garten der Reichskanzlei gelegenen kleinen Villa. Der 75jährige kleidet sich hastig an, murrend über die Rücksichtslosigkeit des jungen Herrn, seine Laune bessert sich nicht, als ihm gesagt wird, das Billet mit der Anmeldung des hohen Besuchs müsse ihn aus irgendwelchen Gründen nicht erreicht haben. Auch der Kaiser ist mißgestimmt, weil er glaubt, man habe ihn absichtlich antichambrieren lassen.

Sie begrüßen sich frostig, und da Wilhelm während der Unterredung stehenbleibt, zwingt er den alten Herrn ebenfalls dazu. Auf den Besuch Windthorsts anspielend, der durch den Bankier Bleichröder vermittelt worden ist, drückt er seine Verwunderung aus, daß sein Kanzler jetzt mit Juden und

Jesuiten verkehre, und fragt: »Sie haben ihn doch hoffentlich zur Tür hinauswerfen lassen?«

Nein, das habe er nicht, es sei seine Pflicht, jeden Abgeordneten, der es wünsche, zu einer Unterredung zu empfangen.

»Auch dann, wenn Ihr Souverän es Ihnen verbietet?«

Es ist ein für Bismarck ungewohnter Ton, den niemand, weder der alte Kaiser noch ein fremdes Staatsoberhaupt, ihm gegenüber anzuschlagen gewagt hat. Mühsam beherrscht sagt er: »Die Macht meines Souveräns endet an der Schwelle des Salons meiner Frau.«

Wilhelm schweigt, verlangt dann, das Thema wechselnd, die alte, vergilbte Kabinettsorder nicht anzuwenden, die ihm den Verkehr mit den Ministern unmöglich mache. »Wie soll ich ohne Verhandlung mit den Ressortministern regieren, wenn Sie einen großen Teil des Jahres in Friedrichsruh sitzen?«

Daß er *regieren* solle, verlange ja niemand von ihm, mag Bismarck gedacht haben, gesagt hat er, die Order sei der Homogenität wegen unentbehrlich; und als der Kaiser, eine neue Karte ausspielend, ihm mitteilt, er wolle die Militärvorlage, sein Lieblingskind, in so abgemilderter Form einbringen, daß kein Abgeordneter etwas gegen sie vorbringen könne, womit er seinem Gegenüber die letzte Waffe gegen den Reichstag aus der Hand schlägt, in diesem Moment muß es um des Kanzlers Beherrschung geschehen sein. Herbert, der im Nebenzimmer wartet, hört die polternde Stimme des Vaters und ein klatschendes Geräusch, als würde jemand einen Aktenordner auf den Tisch schmettern.

»Ich fürchtete, er würde mir das Tintenfaß an den Kopf werfen«, hieß es im Bericht des Kaisers über diese Szene. Und weiter, in einem Brief an Franz Joseph von Österreich: »Gott ist mein Zeuge, wie ich in mancher Nacht im Gebet gerungen und gefleht habe, das Herz dieses Mannes zu erweichen, und mir das furchtbare Ende ersparen möge, ihn von mir gehen zu lassen! Allein, es sollte nicht sein!« Die Anrufung des lieben Gottes, beim frommen Kaiser Wilhelm I. stets überzeugend, hier klingt sie so phrasenhaft wie die ganze Äußerung unwahr.

Bismarck hat nicht zum Tintenfaß gegriffen, er verlor seine Contenance auf andere, bösere Art. Er nimmt das Aktenstück wieder vom Tisch, blättert wie beiläufig darin und meint, was übrigens den geplanten Besuch beim Zaren angehe, so möge er hiervon abraten, seien doch gewisse Äußerungen des Zaren, die man ihm per Geheimbericht zugespielt, von solcher Art, daß sie sich nicht zum Vortrag eigneten.

Wilhelm besteht darauf, die Berichte zu sehen. Bismarck zögert, das betreffende Papier in der Hand, läßt es sich schließlich aus der Hand nehmen und wendet sich ab.

Der Kaiser liest, erbleicht, wird rot, erhebt sich abrupt und verabschiedet sich, kaum daß er seinem Gastgeber die Hand gereicht hat. Er, der auf die Freundschaft des Zaren sich so viel zugute gehalten, weiß nun, was Alexander von ihm hält: »C'est un garçon mal élevé, et de mauvais foi. Il est fou. – Das ist ein schlecht erzogener Bursche, dem man nicht trauen kann. Er ist närrisch.« Seine kalte Wut richtet sich jedoch gegen Bismarck, denn er spürt natürlich, daß er mit diesen Worten gedemütigt werden sollte.

Am nächsten Tag erschien, und damit nahm das Stück, genannt »Die Entlassung«, seinen Fortgang, der Chef des Militärkabinetts, General von Hahnke, erinnerte an die Aufhebung der Order von 1852 und bekam die gleiche abschlägige Antwort wie sein Souverän. Vierundzwanzig Stunden später klopfte Hahnke erneut an, des Kaisers munteren Gruß noch im Ohr – »Waidmannsheil denn!« – und teilte dem Kanzler mit, er möge sich um zwei Uhr im Schloß einfinden, um seinen Abschied zu erbitten. Das Stück entwickelte sich zum Trauerspiel, als gegen Abend ein weiterer Bote – diesmal wurde der Chef des Zivilkabinetts dazu mißbraucht – mit spürbarer Peinlichkeit den immer noch mächtigsten Minister Europas fragte, wo denn nun das Abschiedsgesuch bliebe.

Bismarck, der sich gerade vom Abendbrottisch erhoben hatte, erklärte, daß die Verfassung es dem Kaiser gestatte, ihn zu entlassen, und wenn er es eilig habe, so möge er es sofort tun. Wenn er, Bismarck, jedoch seinen Abschied einreichen solle, so brauche er zur Abfassung des dazu notwendigen Gesuchs Zeit. Er brauchte sie wirklich: es sollte keines der üblichen Abschiedsgesuche werden, sondern eine Staatsschrift, mit der Rechenschaft abzulegen war und darzulegen, wie es zu seiner Entlassung gekommen und warum es so hatte kommen müssen. Er entwarf das Gesuch immer in dem Gedanken, daß es veröffentlicht werden würde, und wenn das auch zu seinen Lebzeiten kraft höchster Weisung nicht geschehen mochte, nach seinem Tod würde diese Weisung nicht mehr gelten – und genauso geschah es.

Bismarck ging mit grimmiger Lust an die Arbeit, hatte ihm Wilhelm doch nach Hahnkes erstem Besuch mit einem offenen Billet – ohne Kuvert, ohne Anrede – einen unbezahlbaren Dienst erwiesen. Auf Konsularberichte aus Kiew eingehend, wonach an der Südwestgrenze Rußlands umfangreiche, den Frieden in Frage stellende Truppenverschiebungen stattfänden, hatte er an den Kanzler geschrieben: »Sie hätten mich schon längst auf die furchtbare drohende Gefahr aufmerksam machen können! Es ist die höchste Zeit, die Österreicher zu warnen und Gegenmaßnahmen zu treffen.«

Nun fanden an den russischen Grenzen seit jeher Truppenbewegungen statt, und die in den Provinzhauptstädten sich langweilenden Konsuln pflegten sie regelmäßig zu dramatisieren – *furor consularis* nannte man das im Auswärtigen Amt, konsularisches Wüten. Eine Gefahr bestand also nicht, noch dazu, da am selben Tag Rußlands Botschafter Schuwalow in der Wilhelmstraße erschienen war, um über die Verlängerung des Rückversicherungsvertrages zu verhandeln. Bismarck erkannte seine Chance, statt Arbeiterschutz, Sozialistengesetz, Mehrheitsbildungen und so fort Schwerwiegenderes in den Mittelpunkt seines Gesuchs zu stellen, die Außenpolitik. Das Handbillet zu einer Richtungsweisung für die auswärtige Politik aufwertend, erklärte er, einer solchen Richtung nicht folgen zu können.

»Ich würde damit alle die für das Deutsche Reich wichtigen Erfolge in Frage stellen, welche unsere auswärtige Politik seit Jahrzehnten im Sinne der beiden hochseligen Vorgänger Ew. Majestät in unseren Beziehungen zu Rußland unter ungünstigen Verhältnissen erlangt hat.« Der Kaiser war damit zum Angeklagten geworden und auch schuldig gesprochen im Falle der Entlassung. Obwohl er habe wissen müssen, daß es nicht möglich gewesen, die Kabinettsorder von 1852 aufzuheben (»... als eine unentbehrliche Voraussetzung einheitlicher politischer Leitung«), habe er trotzdem auf seinem Befehl bestanden und den Rücktritt seines Kanzlers damit erzwungen.

Auch seine Schlußworte zeigen den Prankenhieb des alten Löwen, der nichts eingebüßt hatte von seiner Kraft und seinem Mut, wenn er schreibt, und diese Worte muß man, ihrer Großartigkeit wegen, zur Gänze zitieren: »Ich würde die Bitte um Entlassung aus meinen Ämtern schon vor Jahr und Tag Eurer Majestät unterbreitet haben, wenn ich nicht den Eindruck gehabt hätte, daß es Eurer Majestät erwünscht wäre, die Erfahrungen und die Fähigkeiten eines treuen Dieners Ihrer Vorfahren zu benutzen. Nachdem ich sicher bin, daß Eure Majestät derselben nicht bedürfen, darf ich aus dem politischen Leben zurücktreten, ohne zu befürchten, daß mein Entschluß von der öffentlichen Meinung als unzeitig verurteilt wird.«

Er unterschrieb das Gesuch, ließ sich sein Pferd satteln und ritt im scharfen Trab durch den Tiergarten, dessen Bäume das erste Grün trugen. Die Berliner sollten mit eigenen

Augen sehen, daß er *noch nicht zum alten Eisen* gehörte. Die aber nahmen den alten Herrn auf seinem mächtigen Trakehner gar nicht wahr. Es ritten so viele ältere Herren in Uniform die Reitwege entlang. Sic transit gloria mundi.

Unweit davon, im alten Schloß, das Schlüter für die Könige Preußens erbaut hatte, wurde musiziert. Philipp Eulenburg, des Kaisers Favorit, sang seine Lieder, Wilhelm stand neben ihm und wendete die Notenblätter. Irgendwann näherte sich ein Adjutant auf Zehenspitzen und bat ihn vor die Tür. Zurückgekehrt, setzte er sich wieder neben Eulenburg, flüsterte: »Jetzt ist der Abschied da« und wendete das nächste Blatt.

Deutschland und die Welt erfuhren durch das Amtsblatt, daß Fürst Bismarck, seiner *erschütterten Gesundheit* wegen, um seinen Abschied nachgekommen sei, alle Versuche, ihn zur Rücknahme seines Gesuches zu bewegen, erfolglos geblieben seien und nur die Hoffnung bestehe, seinen Rat auch in Zukunft einholen zu dürfen. Königin Victoria von England erhielt eine Depesche ähnlichen Inhalts und sprach in ihrer Antwort, von ihrer Tochter über den wahren Hergang instruiert, von einem *unglückseligen Ereignis*. Ein weiteres Telegramm ging an den Großherzog von Baden: »Mir ist so weh ums Herz, als hätte ich noch einmal meinen Großvater verloren. Aber von Gott Bestimmtes ist zu tragen, auch wenn man darüber zugrunde gehen sollte.«

Dieser Text galt immer als ein Produkt purer Heuchelei, doch macht man es sich damit zu einfach.

Wer sich mit dem komplizierten Innenleben des Menschen Wilhelm beschäftigt hat, spürt, daß die Angst vor der eigenen Courage und das Gefühl hilfloser Verlassenheit ihn sehr wohl so hat empfinden lassen. Unsicherheit sprach auch aus dem Versuch, den verdienten Mann durch eine Dotation noch etwas verdienen zu lassen, ihn außerdem zum Herzog von Lauenburg zu erheben.

Das Geldgeschenk bezeichnete der Scheidende aufgrund der allgemeinen Finanzlage und aus persönlichen Gründen als unannehmbar (privat äußerte er, kein Postbote zu sein, dem man eine Weihnachtsgratifikation zukommen lasse). Den Herzogtitel wies er zurück und bat, ihm die Führung seines bisherigen Namens und Titels – »Ich bin Bismarck!« – gestatten zu wollen. Als der Kaiser bei der Abschiedsaudienz auf seine *erschütterte Gesundheit* zu sprechen kam, um vor der Öffentlichkeit die offizielle Version zu wahren, weigerte er sich, die Komödie mitzuspielen: »Ew. Majestät mögen versichert sein, daß mein Befinden selten so gut gewesen ist wie in den letzten Monaten.«

Dann steht er in dem alten Haus in der Wilhelmstraße, das ihn achtundzwanzig Jahre als Hausherrn gesehen hat, in dem die Welt zu Gast war, und er kommt sich vor wie ein Untermieter, dem man wegen ungebührlichen Verhaltens vorzeitig gekündigt hat. Briefe, Telegramme, Blumen, Urväter Hausrat, Erinnerungen und Berge von Akten, die er bedenkenlos einpacken läßt. Auf dem langen Gang sieht er einen General: es ist sein Nachfolger, Leo von Caprivi, erschienen, um die Dienstwohnung zu besichtigen. Da kommen die Bürodiener, die Wachtleute, das ganze Personal, um sich von ihm zu verabschieden, und um seine Fassung ist es geschehen. Er zieht sich in sein Arbeitszimmer zurück, wo ihn Schweninger, sein Arzt, antrifft, wie er lautlos weint.

Am selben Tag fährt er allein nach Charlottenburg hinaus, läßt sich das Mausoleum im Schloßpark aufschließen und legt drei Rosen auf den Sarkophag Wilhelms I. »Da bin ich lange gestanden und habe ihm vieles hinuntergerufen«, erzählt er Johanna.

Die Fahrt zum Lehrter Bahnhof, am Nachmittag des 29. März: wie ein Sturmwind warf sich die Menge dem Wagen entgegen – berichtet die Baronin von Spitzemberg, eine Augenzeugin –, ihn umringend, begleitend, aufhaltend, Hüte und

Tücher schwenkend, rufend, weinend, Blumen werfend. Im offenen Wagen, mit den Füchsen bespannt, saß Bismarck, totenbleich, im Dienstanzug der Kürassiere. Auf dem Bahnsteig eine Schwadron Gardekürassiere, die Minister, die Botschafter, die Generale – dieselben Generale, in deren Ohren noch die abfälligen Äußerungen ihres Souveräns klangen, der nicht ein Wort des Bedauerns oder der Anerkennung für den Gründer des Reichs gefunden hatte.

Sie hatten geschwiegen, so wie sie immer geschwiegen und auch in Zukunft schweigen würden, wenn es um ihre Karriere ging. Mit den Generalen des alten Preußen, für die Schillers Wort vom Männerstolz vor Königsthronen galt, hatten sie keine Ähnlichkeit. Als der Zug langsam aus dem Bahnhof hinausrollte, stand Bismarck hochaufgerichtet am Coupefenster und hob grüßend die Hand. Er war bewegt, aber nicht bewegt genug, um sich Illusionen zu machen. »Staatsbegräbnis erster Klasse«, sagte er zu Johanna …

»Willst du denn ewig leben?!«

»… alles ist geschäftig, niemand betrübt. Kein Gesicht, das nicht Aufatmen und Hoffnung verrät; nicht *ein* Bedauern, nicht *ein* Seufzer, nicht *ein* Wort des Lobes. Damit enden also so viele gewonnene Schlachten, so viel Ruhm, eine Regierung … erfüllt von so vielen Großtaten.«

Diese Zeilen stammen nicht aus dem Jahre 1890, sondern aus dem Jahre 1786. Der Graf Mirabeau schrieb sie am Todestag Friedrichs des Großen. Sie hätten auch auf den politischen Todestag Bismarcks gepaßt. Nach dem Abschied auf dem Lehrter Bahnhof ging man zur Tagesordnung über, so als habe es Bismarck nie gegeben. Im Volk wurde die Version von der *angegriffenen Gesundheit* als Ursache des Rücktritts geglaubt. In den höheren Beamtenkreisen, in denen man es besser wußte, herrschte Erleichterung, ja Behagen. Die Abgeordneten in den Häusern des Parlaments nahmen die offizielle Mitteilung mit völligem Schweigen entgegen.

Die Börse reagierte kaum. Extrablätter, wie sie die großen Verlage bei wichtigen Ereignissen von ihren Zeitungsjungen auf den Straßen verteilen ließen, gab es nicht. Die Presse gab sich zurückhaltend, wenn nicht gar, wie die freisinnigen und sozialdemokratischen Blätter, unverhohlen freudig. Selbst ein dem Kanzler nahestehendes Blatt wie die *Kölnische Zeitung* bemerkte mit bis dato ungewohnter Kühle, die Erwägung müsse allen Trost gewähren, daß Deutschland nicht führerlos dastehen werde, sondern einen kraftvollen, willensstarken Kaiser besitze.

Das waren Reaktionen, die Österreichs Botschafter für ein widerwärtiges Schauspiel ansah, geboten von Menschen, die noch vor kurzem vor dem Fürsten Bismarck auf dem Bauch lagen, nunmehr aber das Seziermesser an seine Vergangenheit legten, um daraus Fehlgriffe und kleine Schwächen herauszuschälen. Wie überhaupt die Ausländer stärker beeindruckt waren vom Rücktritt des großen Kanzlers als seine eigenen Landsleute. Die französischen Diplomaten hatten das Gefühl, daß Deutschland anscheinend zu viele politische Genies habe. »Wie wär's, wenn Sie uns einen borgten?!« meinte Herbette, Frankreichs Botschafter in Berlin, verblüfft über die allgemeine Teilnahmslosigkeit. *Le Temps* schrieb: »Deutschland, das gestern noch von dem berühmtesten Staatsmanne, dem umsichtigen Minister, geleitet wurde, ist nunmehr der Willkür einer unerfahrenen Hand preisgegeben.« Die russische Zeitung *Nowoje Wremja* erklärte: »Deutschland mit Bismarck war eine genau zu bestimmende Größe. Deutschland ohne Bismarck ist ein Problem. Wir stehen dem Unbekannten gegenüber.«

Die offenkundige Tatsache, daß die Deutschen ihn nicht geliebt haben – bewundert ja, verehrt, auch gefürchtet! –, war es nicht allein, was ihnen den Abschied leichtmachte. Sie spürten unbewußt, und die Historiker haben es später bestätigt: ein Zeitalter war mit ihm zu Ende gegangen, und ein neues kündigte sich an. Er hatte gegeben, was er zu geben fähig war, nun schien er am Ende. Für die Studenten, die ihn in Friedrichsruh besuchten, war er eine ehrwürdige historische Figur, aber kein Führer, der sie zu neuen Ufern hätte weisen können. Er war einer, der ihnen riet, zu bewahren und zu behalten. Sie aber dürsteten nach Taten, suchten die Herausforderung. So konnte es zu dem wahnwitzigen Paradoxon kommen, daß viele Deutsche 24 Jahre später den Ausbruch des Weltkriegs als eine *Erlösung* empfanden.

Der Titan, der Geistesheros, das Genie, konnte ein solcher Mann jemals am Ende sein? Bismarck war ein Mensch, kein Übermensch, und die Zeit nahm ihn hinweg, wie sie Alexander hinweggenommen, Cäsar, Karl den Großen, den Staufer Friedrich II. Geboren 1815, als Napoleon sein Waterloo fand, Schubert die Dritte Symphonie schrieb, Goethe dem Freiherrn von Stein begegnete, es noch keinen Eisenbahnverkehr gab; aufgewachsen im Biedermeier, geprägt vom ostelbischen Junkertum, stand er der Epoche der Industrialisierung und ihrer Massengesellschaft verständnislos gegenüber. Als der Reeder Albert Ballin mit ihm durch das tosende Gewirr des Hamburger Hafens fuhr – an Ozeanriesen, Dampfschleppern und Barkassen, Kränen, Kais, Turmsilos vorbei –, wurde er unruhig und sagte mit belegter Stimme: »Das ist eine neue Welt. Sie ist mir fremd.«

Der junge Graf Kesser notierte nach einer Audienz beim Exkanzler: »Er war, wie schmerzlich in die Augen sprang, kein Anfang, sondern ein Ende, ein grandioser Schlußakkord – ein Erfüller, kein Verkünder.«

Für den Arbeiterschutz, für die Landgemeindeordnung, für die progressive Einkommensteuer, für die zweijährige Dienstzeit war er nicht zu haben, für weitergehende überfällige Reformen schon gar nicht. Er hatte die Deutschen zu einer Nation vereint, zu einer *inneren* Einheit, der Eintracht der Klassen, vermochte er ihnen nicht zu verhelfen.

Auch in der Außenpolitik erwies sich sein System der *balance of power* mit den sich gegenseitig bedingenden Bündnissen und Verträgen als nicht mehr tragfähig. Das Verhältnis der Völker untereinander erschöpfte sich nicht mehr in den Beziehungen von Monarchen oder Kabinetten. Konservativ, unter sträflicher Hintansetzung aller institutionellen Sicherungen, alles zugeschnitten auf die eigene Person, war er der letzte große Repräsentant der Kabinettspolitik. Eine Politik, die ohne viel Rücksicht auf die öffentliche Meinung ausschließlich nach Erwägungen der Staatsraison und mit rein diplomatischen Mitteln geführt wurde.

Das Bild vom Lotsen, der von Bord des Staatsschiffs geht, die Zeichnung von John Tenniel aus dem *Punch*, ist zwar weltberühmt geworden, aber eines der Wesensmerkmale der echten Karikatur erfüllte sie nicht: die Hintergründe einer Handlung durch Überbetonung schlagartig aufzuhellen. Der Lotse, altersgrau und im Dienst verschlissen, kannte die Gewässer nicht mehr gut genug, um das Schiff an allen Klippen vorbeizusteuern. Bismarck war fünfundsiebzig Jahre alt, seine Erholungspausen in Varzin und Friedrichsruh waren immer länger geworden, und da niemandem ewige Schaffenskraft beschieden ist, hätte er irgendwann gehen müssen, ob nun 1890 oder 1892 oder 1893. Eines Tages wäre Wilhelm, um es mit seinen eigenen Worten auszudrücken, das Amt des wachhabenden Offiziers auf dem Staatsschiff zugefallen.

Gültig bleibt das Wort Ludwig Bambergers, des Führers der inneren Opposition gegen Bismarck: »Gewiß war es ein Glück, daß Fürst Bismarck entlassen wurde. Aber daß es ein Glück war, das ist eben das Unglück.«

Bismarck gab sich in der ersten Zeit nach der Entlassung beherrscht, war von milder Würde und vornehmem Wesen,

Die Karikatur des Lotsen Bismarck, der das (Staats)Schiff verlassen muß, ging um die ganze Welt.

wie Besucher berichteten. Kaum ein Wort fiel gegen den Kaiser. Gern hätte er seinem angestammten Herrn noch gedient und gesund genug sei er auch, *aber Seine Majestät hat es mir nicht gestattet*. Das war alles, was er anfangs verlauten ließ. Eine Zurückhaltung, die Johanna, seine Frau, nicht beachtete. Die alte Dame, die, obwohl an Asthma leidend, nur für ihr Ottochen lebte und für seine Gesundheit und die nie hatte einsehen wollen, warum er sich für sein Vaterland derart aufopferte, der auch die Karriere ihres Mannes gleichgültig war wie überhaupt die ganze schreckliche Politik, von der sie nichts verstand, Johanna von Bismarck nahm kein Blatt vor den Mund und beschimpfte den Kaiser so maßlos, daß Besucher von Amt und Würden verschreckt wegblieben, weil es ihnen ihre Stellung verbot, Ohrenzeuge derartiger Verbalinjurien zu werden.

»Das Alter des Methusalem würde nicht ausreichen«, meinte der Exkanzler, »um die Gefängnisstrafen abzusitzen, deren sich meine Frau täglich wegen Majestätsbeleidigung schuldig zu machen pflegt.«

Gäste, die schärfer zu beobachten verstanden, merkten sehr wohl, wie es hinter Bismarcks zur Schau getragener Gelassenheit wirklich aussah: sie spürten den Groll und die Bitterkeit, die ihm die Nacht zum Tage machten. Besonders litt er darunter, daß auch sein Rat nicht mehr gefragt schien. Selbst sein Nachfolger, Leo von Caprivi, hatte es nicht für nötig gehalten, sich in die laufenden Geschäfte einführen zu lassen. Was in der kleinsten Firma üblich war, wenn der langjährige Chef in den Ruhestand ging, für die Geschäftsführung einer Großmacht schien es nicht nötig zu sein.

Ja, die Wilhelmstraße! Dort in dem alten, verbauten Haus ging das politische Leben weiter, machten die ausländischen Diplomaten ihre Aufwartung, erschienen die Staatsoberhäupter zu Staatsbesuchen, wurden die Kuriere abgefertigt – alles ohne ihn. Wenn er nächtens dem Pfiff der Lokomotiven lauschte, wußte er, daß die Züge am Stationshäuschen von Friedrichsruh ihre Geschwindigkeit nicht mehr mäßigten, um die für ihn bestimmten Postsäcke abwerfen zu können. Er tröstete sich mit Metternich, der nach seiner Absetzung gesagt hatte, nun würde er sich das Spiel, in dem er auf der Bühne so lange brilliert, eben von der Loge aus anschauen. Aber der Trost schmeckte fad.

Er lese jetzt viel, bekannte er dem Historiker Heinrich Friedjung, der zu den wenigen Gästen gehörte, die ihm willkommen waren, Zeit genug habe er ja, und zwar in erster Linie die Klassiker. Neben Shakespeare gehöre Schiller zu seinen Favoriten, während ihm Goethe weniger bedeute. »Als ich jüngst beim Schlafengehen die ›Räuber‹ vornahm, kam ich an die ergreifende Stelle, wo Franz den alten Mohr ins Grab zurückschleudert mit den Worten ›Was? Willst du denn ewig leben?!‹ Da stand mir mein eigenes Schicksal vor Augen.«

Wer aber sollte ihm nachweinen? Die Abgeordneten, die er verachtet hatte, die Beamten, die er geschurigelt, die Sozialdemokraten, die er verfolgt, die politisierenden Katholiken, die er verabscheut, die »Reichsfeinde« aller Couleur, denen sein Haß gegolten, alle jene, die er gebraucht, mißbraucht, benutzt hatte um seines großen Zieles willen? Ein Politiker, der *everybody's darling* war, kann kein guter Politiker gewesen sein, aber bei Bismarck kam die Menschenverachtung hinzu, und so erlebte er, auch hier dem Alten Fritz ähnlich, das Schicksal jener Großen, die, von den Menschen nie geliebt, im Alter heimgezahlt bekommen, was sie ihnen scheinbar angetan. In seinen Losungen, einer Art Andachtskalender mit Psalmversen und frommen Sprüchen, das er als Tagebuch benutzte, strich er die Stelle an: »Die mich ohne Ursach' hassen, derer ist mehr, denn ich Haare habe auf dem Haupte.«

Das Leben auf dem Lande, das er während seiner Amtszeit so geschätzt hatte, bot ihm nun, da er es tagaus, tagein genießen durfte, keine Befriedigung mehr. Seine Bäume liebte er wie eh und je, aber sie ließen ihn jetzt daran denken, daß er lieber in ihren Wipfeln ruhen mochte wie die alten Wikingerhäuptlinge als in einem engen Holzkasten. Als er erfuhr, daß im Garten der Reichskanzlei die alten Eichen gefällt worden waren, weil ihre Kronen dem neuen Hausherrn Caprivi die Räume verdunkelten, erregte er sich maßlos. Angesichts der Zugvögel am hohen Herbsthimmel kamen ihm schwarze Gedanken: werde ich ihre Wiederkehr im nächsten Jahr erleben? Noch immer konnte er selbstvergessen ein Nest beobachten, wie damals in Gastein, als die gerade flügge gewordenen Meisen ihn derart fesselten, daß er zu einer Konferenz mit König Wilhelm und Kaiser Joseph verspätet eintraf. Den Pferden, die zum Reiten nicht mehr taugten, gab er das Gnadenbrot. Seine Hunde, Ulmer Doggen, groß wie Kälber, verwöhnte er, als seien sie seine Kinder. In Varzin hatte man ihn einst gefunden, auf dem Boden der Halle sitzend, den Kopf eines sterbenden Hundes im Schoß, ganz aufgelöst in Tränen und Schmerz. Bismarck ging es in Friedrichsruh, in Schönhausen, in Varzin wie manchen Rentnern, denen der ersehnte Traum vom holden Nichtstun zum Alptraum wird, kaum daß er sich erfüllt. Die Forstbeamten, die er zum Rapport bestellte, die Gutsbeamten, die ihm vortrugen, langweilten ihn bald. Für die Verwaltung seiner Liegenschaften vermochte er sich nicht zu erwärmen. Reformen und Verbesserungen waren ihm Hekuba. Johannas Wort, wonach er sich für eine frisch geerntete Kohlrübe mehr interessierte als für Englands Außenpolitik, galt nicht mehr. Er suchte Ersatzbefriedigung in der Lektüre eines halben Dutzends Zeitungen, die er sorgfältig durchstudierte, mit dem überlangen Bleistift jede stilistische oder grammatikalische Entgleisung anstreichend.

Die menschlichen Leidenschaften verglich er mit Forellen in einem Teich, von denen eine die andere auffräße, »bis nur mehr eine dicke Forelle übrig bleibt. Bei mir hat im Laufe der

Zeit die Leidenschaft zur Politik alle anderen Leidenschaften aufgefressen.« Für Alexander Keyserlings Mahnung – der Graf gehörte zu jenen Freunden, deren Zahl kaum die Finger einer Hand umfaßten –, er möge versuchen, die Harmonie in sich zum Klingen zu bringen, hatte er wenig Verständnis wie auch für Goethes Wort nicht: »Selig, wer sich vor der Welt ohne Haß verschließt.«

Die Religion spendete ihm keinen Trost mehr. Er sei dem Herrn ferner gerückt, gestand er, ginge kaum mehr zum Abendmahl und fände im Gebet nur noch schwer Zugang zum Herrn. Anscheinend nahm er es ihm übel, in eine solche Lage geraten zu sein, einem trotzigen Kind gleich, das dem lieben Gott schmollt, wenn es die im Gebet vorgetragenen Wünsche nicht umgehend erfüllt bekommt.

Fremde Besucher merkten wenig vom Zwiespalt seiner Seele und der inneren Zerrissenheit. Sie berichteten vom Zauber seiner Persönlichkeit, seinem sarkastischen Humor, seinem Esprit, seiner Bildung und seinem Wissen. Mit Franzosen sprach er französisch, mit Engländern englisch, mit Russen russisch. Zitate aus dem Griechischen und Lateinischen waren ihm präsent. Über Alexander von Humboldt und Metternich sprach er mit soviel Sachverstand wie über den Anbau von Hackfrüchten und frühamerikanische Siedlungen.

Die bodenlange Pfeife, der breite Lehnstuhl, Tyras, der »Reichshund«, zu seinen Füßen, der bis zum Kinn durchgeknöpfte Schoßrock und die weißseidene Halsbinde, die vor hundert Jahren Mode gewesen: alles war dazu angetan, das idyllische Landleben eines den Ruhestand genießenden alten Herrn zu vermitteln. »Fürst Bismarck in Friedrichsruh« lautete der Titel eines zeitgenössischen Bilderbuchs, das den Eisernen Kanzler in solch noblen Posen zeigte. Es trug auf ähnliche Weise zur Bismarcklegende bei wie der Historienmaler Anton von Werner mit den ewigen Bismarckschen Kürassierstiefeln. Daß der Konterfeite sich gern so sah, wie er gar nicht war, diente der Legende. Wie er überhaupt tatkräftig mitgewirkt hat, nicht nur sich, sondern auch sein Werk legendär zu machen und der Nachwelt ein Kanzlerbild zu überliefern, in dessen Zügen die Dichtung mit der Wahrheit sich kunstvoll verbindet.

Gedanken und Erinnerungen

Dr. Schweninger hatte als kluger Arzt erkannt, daß ein von heute auf morgen zum alten Eisen geworfener tatkräftiger Mensch dahinsiechen wird, wenn man ihm nicht eine neue Aufgabe bietet. Seine Therapie, unverzüglich mit der Abfassung eines Memoirenwerks zu beginnen, tarnte er mit dem Appell an den Exkanzler, das deutsche Volk habe ein Recht darauf zu erfahren, wie es wirklich gewesen ist. Bismarck ließ sich überzeugen. Als seine Pläne, unter die Autoren zu gehen, ruchbar wurden, verfloß kein Tag, ohne daß nicht ein Verleger telegraphisch oder mündlich in Friedrichsruh vorstellig geworden wäre. Von den insgesamt 43 Verlegern bekam die Cotta'sche Buchhandlung aus Stuttgart, zu deren Autoren Goethe und Schiller gehört hatten, den Zuschlag mit einem Angebot von 100 000 Mark pro Band, nach heutiger Kaufkraft ein Angebot in Millionenhöhe. Viel Geld, doch wenig, vergleicht man die Summe mit Offerten der Amerikaner, die allein für die Übersetzungsrechte 80 000 Mark zu zahlen bereit waren.

Unendlich schwierig zeigte sich Bismarck am Schreibtisch. Lothar Bucher, der ihm fast ein Vierteljahrhundert im Auswärtigen Amt gedient hatte, war zum Privatsekretär erkoren worden. Der kleine, dürre Mann mit den schlotternden Anzügen hatte jede Akte, jeden Vorgang im Kopf und war in einer Kunst bewandert, die nur wenige beherrschten, in der Kunst der Stenographie. Der Exkanzler erzählte, berichtete, spazierte im Plauderton durch seine Vergangenheit, sprunghaft, sich wiederholend, Weg und Steg nicht achtend, und der Rat Bucher schrieb und schrieb, gelegentlich irritiert aufblickend, wenn er gemeinsam Erlebtes anders dargestellt sah, als er sich zu erinnern glaubte.

»Nicht nur, daß sein Gedächtnis mangelhaft und sein Interesse für das, was wir fertig haben, gering ist«, notierte er, »sondern er fängt an, auch absichtlich zu entstellen, und zwar selbst bei klaren, ausgemachten Tatsachen und Vorgängen. Bei nichts, was mißlungen ist, will er beteiligt gewesen sein.« Bisweilen muckte Bucher auf und stellte seine eigene Version der Bismarckschen gegenüber. Daß Bismarck zu Napoleon III. keine vertraulichen Beziehungen gehabt hatte, war ihm neu; daß es beim Krieg gegen Dänemark, 1864, nicht um die Beute gegangen war, sondern letztlich um die nationale Einheit, wunderte ihn; daß die spanische Thronkandidatur, Ausgangspunkt des Krieges von 1870/71, nur die Familie Hohenzollern betroffen habe und nicht die preußische Regierung, riß ihn geradezu vom Schreibpult (Bismarck selbst hatte ihn doch damals zum spanischen Regierungschef entsandt!).

Der Exkanzler, der die Memoiren von Politikern immer ironisch, ja hohnvoll kommentiert hatte, weil er sie für eine Mischung aus Rechtfertigung und Rechthaberei ansah, es ohnehin nicht für möglich hielt, Dienstliches von Persönlichem dabei zu trennen, machte geradezu lustvoll alle von ihm kritisierten Fehler. Auch unterschob er, nach der Art mancher moderner Historiker, die Erkenntnisse der Gegenwart den Handlungsweisen der Vergangenheit, gab sich wissender, als er gewesen sein konnte, und was einst Improvisation war, Intuition aus dem Augenblick, geriet nunmehr zum in weiser Voraussicht angelegten Plan.

Die *Gedanken und Erinnerungen* sind zu Papier gebracht worden, weil Bismarck, den drohenden Zusammenbruch seines kunstvollen Systems von Allianzen vor Augen, warnen wollte; aber sie sind auch das Werk eines Mannes, der sich zu Unrecht entlassen fühlte und seinen Ressentiments, bestehend aus Haß und dem Bedürfnis nach Rechtfertigung, freien Lauf ließ. Es war ihm nicht wichtig, Bilanz zu ziehen, zurückzublicken auf ein Leben, das mit seinen Erfolgen und Mißerfolgen, seinen Leiden und seinen Freuden, der Nachwelt zur Erbauung und zur Erkenntnis hätte dienen können. Ein Werk, für das das Lied des Türmers aus dem zweiten Teil des Faust gültig gewesen wäre – »Ihr glücklichen Augen, was je ihr gesehn, es sei, wie es wolle, es war doch so schön« –, ist es weiß Gott nicht geworden, eher eine gezielt auf die wilhelminische Gegenwart gerichtete Streitschrift.

Sind die *Gedanken und Erinnerungen* wenigstens ein Lehrbuch für die hohe Kunst, einen Staat zu führen, ein Standardwerk für die Wissenschaft von der Politik? Viele Politiker behaupten es, weil es sich gut macht, auf diese Weise in die Nähe des Kanzlers gerückt zu werden, doch können sie das Buch kaum gelesen haben. Bismarcks Grundsatz, daß es keine Grundsätze gebe, seine Technik, die Technik ständig zu wechseln, seine Kunst, sich blitzschnell unter Hintanstellung aller bis dato gefaßten Entschlüsse einer neuen Situation anzupassen, ist kaum zu lehren. Auch dem Motto des zweiten Bands war er nicht gerecht geworden: »Den Söhnen und Enkeln zum Verständnis der Vergangenheit und zur Lehre für die Zukunft«.

Trotz aller Einwände gehören Bismarcks Erinnerungen zu den großartigsten politischen Memoirenwerken der Geschichte. Der meisterliche Stil, die erzählerische Kraft, die Gabe, die Dinge originell zu sehen, ließen keinen Geringeren als Gustav Freytag sagen, daß Bismarck, wäre er Schriftsteller geworden, einen hohen Rang in der Literaturgeschichte des 19. Jahrhunderts eingenommen hätte.

Daß sie überhaupt erschienen, verdankt die Welt dem Geheimrat Bucher, der die einmal übernommene Aufgabe zäh und pflichtbewußt weiterführte: zermürbt von den schlechten Arbeitsbedingungen (die Temperatur in seinem Varziner Arbeitszimmer überstieg selten 12 Grad), oft verzweifelt durch seines Autors Hang zu Kneipereien, die die Arbeit immer wieder unterbrachen, von seiner Faulheit und Lethargie nicht zu reden. Die Arbeitsidylle schildert uns der Doktor Schweninger auf anschauliche Weise. »Bucher, stumm, verstimmt, ›mucksch‹, mit leerem Blatt, gespitzten Ohren und gespitztem Bleistift am Tische, der Fürst, nach ärztlicher Anordnung auf der Chaiselongue liegend, in die Zeitung vertieft. Tiefe Stille; man hätte ein Mäuschen laufen hören können. Der Fürst sprach kein Wort, Bucher noch weniger – und die Blätter bleiben leer.«

Aus dem Chaos von Diktaten und mosaikartigen Bruchstücken wurden Kapitel, wurden Druckfahnen, wurde kein Buch. Bismarck korrigierte jahrelang an den Fahnen herum, ließ sie von seinem Anwalt überprüfen (der darauf hinwies, der Kaiser werde die Veröffentlichung als *feindseligen Akt* ansehen), hörte nicht ohne Befriedigung, daß dem Verlag Cotta eine halbe Million geboten wurde, wenn er die Verlagsrechte an eine Art Regierungsverlag abtrete, zwecks *gewisser Änderungen*, zur Freigabe der Fahnen aber konnte und konnte er sich nicht entschließen. Sollten die Söhne das Manuskript freigeben, wenn ihn der Rasen deckte.

Er erlebte nicht mehr – die ersten zwei Bände kamen zum horrenden Preis von 20 Mark im November 1898 heraus – die Empörung Wilhelms II., den Abscheu der Kaiserin Friedrich gegen *the truly disgusting book*, die Strafanzeige der Mediziner wegen Diskriminierung der deutschen Ärzteschaft, die Attacke des Großherzogs von Baden gegen die eklatante *Geschichtsfälschung,* die Flut von Richtigstellungen, Schmähschriften, Presseangriffen, aber auch nicht den Sturm auf die Buchhandlungen, von dem Autoren nur zu träumen wagen.

»... prügelt man sich um Bismarcks Erinnerungen«, schreibt die Baronin von Spitzemberg, unsere bewährte Berichterstatterin, »längst ist die Auflage von 100 000 Exemplaren vergriffen, und Cotta kann auch nicht annähernd nachliefern, was gefordert wird. Dabei ist es merkwürdig und noch nie dagewesen, daß nicht nur die gebildeten Kreise ... das Buch kaufen, sondern zu Dutzenden ehrbare Handwerksmeister, Bäkker, Schlächter, die offen sagen, sie wollen Bismarcks Buch bloß im Hause haben, es besitzen, lesen, verstehen könnten sie es kaum.«

Hosenknopf gegen Hose getauscht

Konnte man bei des Reichskanzlers Entlassung von einer *Tragödie* nicht sprechen, denn die Elemente des Tragischen – das Unschuldig-schuldig-werden, das unverdiente Leid, der Triumph des Ungerechten – waren keineswegs vorherrschend, um so mehr war *Ironie* im Spiel. Bismarck hatte die Monarchie und damit den Monarchen so stark gemacht, daß sie schließlich stark genug war, den, der sie gestärkt hatte, aus dem Amt zu weisen. Wie oft hatte er bei seinen Maßnahmen Wilhelm I. zitiert und darauf verwiesen, daß der faktische Leiter der Politik nicht der Kanzler sei, sondern der Kaiser und König, und gegen den Willen des Souveräns alle Künste vergeblich seien.

Eben darum hatte es der neue Kanzler Leo von Caprivi auch besonders schwer. Er traf auf einen Kaiser, der Bismarcks Worte wörtlich zu nehmen die Absicht hatte. Unvermeidlich überdies, daß jeder Nachfolger an Bismarck gemessen wurde, und Leo von Caprivi bekannte nicht von ungefähr, daß er sich vorkomme wie ein Soldat, der befehlsgemäß in die Bresche zu springen habe, ein Todeskommando, und er könne nur hoffen, in Ehren unterzugehen.

Caprivi war durch und durch Soldat, preußischer Offizier mit allen Vorzügen und Nachteilen dieses Typus: pflichtgetreu und steif, unbestechlich und pedantisch, fleißig und phantasielos, von vornehmer Ritterlichkeit und unfroher Schlichtheit, belastet mit dem Gepäck ererbter und anerzogener Vorurteile. Der in drei Kriegen bewährte, hochdekorierte Militär verfügte, was in seinem Beruf nicht häufig vorkommt, über Zivilcourage, hatte als Chef der Admiralität seinen Abschied eingereicht, als er die Flottenpolitik Wilhelms II. nicht mehr mittragen wollte, und war auch auf seinem neuen Posten nicht gewillt, nur den Erfüllungsgehilfen zu spielen.

Mit fünf Kugeln gleichzeitig zu jonglieren wie Bismarck, dazu sei er nicht imstande, er habe schon Schwierigkeiten mit zweien, bekannte er, doch an der Spitze eines Staats könne nicht immer ein Genie stehen, es müsse auch mit Durchschnittsmenschen gehen, wie denn überhaupt eine Nation von den ewigen großen Zeiten endlich in ein normales Alltagsleben zurückzuführen sei. Worte, die von Selbsterkenntnis und gesundem Menschenverstand zeugen. Von Finassieren und Hinterlisten hielte er nichts, zwischen Ja und Nein dürfe es keine Zwischenstadien und Schattierungen geben, wie im diplomatischen Verkehr sonst üblich.

Bismarck hatte ihn als Nachfolger empfohlen und hielt sich mit Kritik wohlweislich zurück. Im internen Kreis allerdings machte er sich lustig über *Leo, den Breschenspringer*. So viel Naivität war ihm suspekt. Ein Politiker, der eine neue Aufgabe als bloßen Opfergang ansah, würde kaum reüssieren. Die Blauäugigkeit des Neuen, seine Absicht, hinfort eine saubere, klare, ehrliche Außenpolitik zu treiben, schien denn auch böse Folgen zu zeitigen.

Die Szene des drei Tage vor Bismarcks Entlassung im Auswärtigen Amt erscheinenden russischen Botschafters, der eine Verlängerung des Rückversicherungsvertrags anbietet, vertröstet werden muß, des Kanzlers Nachfolger die Verlängerung förmlich aufzudrängen versucht und schließlich, von den Deutschen schnöde abgewiesen, nach Petersburg berichtet, woraufhin der Zar sich widerwillig Frankreich zuwendet, war immer sehr filmträchtig und bühnenwirksam, nur abgespielt hat sie sich so nicht.

Caprivi, wohl wissend, daß er im außenpolitischen Geschäft ein Neuling war, hatte sich von den Räten des Auswärtigen Amts, die durch die Schule Bismarcks gegangen waren, gründlich beraten lassen, und der Rat lautete: Der Rückversicherungsvertrag verstößt gegen den mit Österreich-Ungarn und Italien geschlossenen Dreibundvertrag, zwingt Deutschland zu einer Schaukelpolitik, gebe, seiner geheimen Zusatzprotokolle wegen, Rußland ein Dokument in die Hand, das im Falle einer Veröffentlichung Deutschlands Glaubwürdigkeit bei den Verbündeten sowie bei England und der Türkei zerstören würde. Von einer Erneuerung sei deshalb abzuraten. Und so geschah es, begleitet von den bedauernden Worten des Kaisers: »Nun, dann geht es nicht, so leid es mir tut.«

Ob die Nichterneuerung des Vertrags Rußlands Hinwendung zu Frankreich verursacht oder nur erleichtert hat, dazu ist im Zusammenhang mit Bismarcks Entlassung schon einiges gesagt worden. Jedenfalls mußte Rußland annehmen, das Reich habe im Gegensatz zu den Worten des Kaisers (»Volldampf voraus. Der Kurs bleibt der alte«) doch einen Kurswechsel vollzogen. Eine Annahme, die verstärkt wurde durch den Helgoland-Sansibar-Vertrag, der englisch-deutsche Kolonialzwistigkeiten beseitigte, dergestalt, daß Deutschland den Engländern das Protektorat über die vor der Küste Ostafrikas gelegene Insel Sansibar einräumte und auf das Sultanat Witu und einen Teil der Somaliküste verzichtete (womit die Briten auf ihrem Weg von Kap nach Kairo ein Stück weitergekommen waren). Das Reich bekam dafür Helgoland, eine Bastion, die nach der Fertigstellung des Nordostseekanals das Hin- und Herwechseln der Flotte zwischen den beiden Meeren sichern würde und damit die Verteidigung der Küsten. Ganz abgesehen davon, daß man mit England endlich in Geschäftsverbindungen gekommen war.

Sofern Verträge nur dann gut sind, wenn sich beide Partner übervorteilt glauben, dann war das Helgoland-Sansibar-Abkommen ein sehr guter Vertrag. In England klagte man über den Verlust einer im Kriege Sicherheit gewährleistenden Flottenbasis, in Deutschland war man der Meinung, eine Hose für einen Hosenknopf hergegeben zu haben. Der *Alte aus dem Sachsenwald* führte den Chor der Kritiker an, eine Opposition um der Opposition willen. Denn Kolonialpolitik war für ihn immer nur eine Episode gewesen, Kolonien lediglich Absatzmärkte, vielleicht auch Stützpunkte für den Handel, aber keine Erweiterung des deutschen Herrschaftsgebietes. »Ihre Karte von Afrika ist ja sehr schön, aber meine Karte von Afrika liegt in Europa«, hatte er einem Afrikaforscher einmal gesagt, in der Erkenntnis, daß Deutschland wegen seiner Mittellage schwerlich Weltpolitik treiben könne.

Ein *Alldeutscher Verband* tat sich nun auf, mit dem Ziel, das Bewußtsein der rassischen und kulturellen Verwandtschaft aller deutschen Volksteile zu wecken, zu pflegen und für die deutschen Interessen in der ganzen Welt tatkräftig einzutreten. »Deutschland, wach auf!« riefen die Alldeutschen, »und besinne dich auf deine Kolonien«, ohne die die Deutschen zu einem selbstzufriedenen Volk der Phäaken herabsinken würden, wache auf und tritt den Regierenden entgegen, die die nationalen Belange in Übersee verraten und das Reich daran hindern, die ihm gebührende Weltstellung einzunehmen.

Das klang nationalistisch, ja imperialistisch, und im Ausland wurden die Deutschen prompt danach eingeschätzt (»Herrenvolk!«), im Reich selbst fanden die Alldeutschen ein geringes Echo. Die Regierenden, allen voran der Kaiser (»Die haben ja keinen Verstand. Das ist ihr ganzes Unglück«) sahen in ihnen skurrile Deutschtümler. Und im Volk hatte man andere Sorgen, zu denen die Kolonien gewiß nicht gehörten. Die Parteien, wie Freisinn, Sozialdemokratie, Zentrum, sahen in der Kolonialpolitik lediglich Betätigungsfelder für Militärs mit Tropenkoller. In Kolonien würden Spargroschen des Volkes zur Pflasterung tropischer Sumpf- und Fieberlöcher verwendet, glaubte man zu wissen, wären Grausamkeiten, sittliche Verfehlungen, Korruption an der Tagesordnung.

Es war schon erstaunlich mit anzusehen, wie wenig sich hoch und niedrig für den kolonialen Gedanken zu erwärmen vermochten. Deutsch-Ostafrika, Deutsch-Südwest, Togo, Kamerun, Kaiser-Wilhelm-Land in Neuguinea und der Bismarck-Archipel waren ihnen relativ gleichgültig. Die im Bundesrat vertretenen Länder entwickelten keine Initiative, verfügte Berlin doch ohnehin schon über zu viele Kompetenzen. Die Reichszuschüsse waren lächerlich gering, das Großkapital nicht interessiert; in der Kolonialabteilung, dem Stiefkind des Auswärtigen Amts, saßen Bürokraten, denen die fernen Länder fremde Länder blieben. Die Aufregung über »Hosenknopf« und »Hose« wirkte vor dem Hintergrund allgemeiner Gleichgültigkeit in Kolonialfragen gekünstelt.

Der Kaiser hatte seinen Kanzler vor den Alldeutschen in Schutz genommen. Er war stolz darauf, »daß Helgoland in den Kranz der deutschen Inseln, welcher die vaterländische Küste umsäumt«, zurückgeführt worden war. Auch gegen einen anderen Verband stützte er Caprivi, den *Bund der Landwirte*. Der allerdings besaß mehr Einfluß, zählte zehnmal so viele Mitglieder und war in jeder Beziehung gefährlicher. Er benutzte eine Bewegung als Motor seiner Bestrebungen, die der 99-Tage-Herrscher Friedrich III. noch als *Schmach und Schande* gebrandmarkt hatte, den Antisemitismus. Gegen die Juden zu sein, sie für alles haftbar zu machen, was faul war in Deutschland, galt seit dem Gründerkrach, der vor allem jüdischen Unternehmern angelastet wurde, als »vaterländisch«.

»Wir müssen schreien, daß es das ganze Volk hört, wir müssen schreien, daß es bis in die Parlamentssäle und Ministerien dringt, wir müssen schreien, daß es bis an die Stufen des Throns vernommen wird.« So klang es aus den Reihen jener, die sich zum Bund der Landwirte zusammengeschlossen hatten.

Angefangen hatte das Schreien mit dem Getreidepreis. Einheimischer Roggen und Weizen waren vor Preisverfall geschützt, weil jede Tonne, die aus dem Ausland kam, mit 50 Mark Einfuhrzoll belastet wurde. Von lästiger ausländischer Konkurrenz befreit, konnten die Großgrundbesitzer den Inlandspreis bestimmen, was zur Folge hatte, daß er, besonders bei schlechten Ernten, immer höher stieg. Die Leidtragenden waren die Industriearbeiter, deren Hauptnahrung aus Brot und Kartoffeln bestand. Caprivi nun schloß Handelsverträge ab – und dieses Vertragssystem darf als seine große Tat gelten –, durch die er zwei Fliegen mit einer Klappe schlug: er senkte den Einfuhrzoll für Getreide, Vieh, Futtermittel, Holz, auch für Rohstoffe, und handelte dafür die Herabsetzung der Zölle ein, mit denen die anderen Länder die deutschen Industrieerzeugnisse belegten.

Damit stiegen die deutschen Exportchancen, und Export war lebenswichtig für einen Staat, der sich von einem Agrarland immer mehr zu einer Industrienation entwickelte, dem vor allem der innere Markt längst zu eng geworden war. Caprivi sagte in einer Rede, mit der er im Reichstag für die Handelsverträge warb: »Wir müssen exportieren: entweder wir exportieren Waren oder wir exportieren Menschen. Mit dieser steigenden Bevölkerung ohne eine gleichmäßig zunehmende Industrie sind wir nicht in der Lage weiterzuleben.«

Menschen waren in der Tat genug exportiert worden. Die Auswandererquote der Jahre 1880 bis 1885 lag mit fast einer Million dreimal so hoch wie die der Jahre 1871 bis 1875. Bis 1895 hatten über zweieinviertel Millionen Deutsche ihre

Heimat verlassen, weil sie ohne Hoffnung waren, je über das Existenzminimum hinauszukommen. Viele erschöpften sich in einem oft menschenunwürdigen Kampf, Arbeit zu finden und ihre Familien ernähren zu können. Besitz zu erwerben schien vielen im Deutschen Reich ein aussichtsloses Unterfangen.

Die meisten Enttäuschten wandten sich nach Nordamerika, zogen in die Neue Welt, wo sie ihr Glück zu machen hofften. So geschah es, daß um die Jahrhundertwende in den Vereinigten Staaten fast drei Millionen Menschen lebten, die in Deutschland geboren waren. Ihr Fleiß, ihre Kraft, ihr Unternehmungsgeist, ihre Erfindungsgabe und ihr Einfallsreichtum gingen dem eigenen Land verloren, und in den letzten Jahrzehnten waren die Stimmen jener immer vernehmlicher geworden, die das Ausbluten der Volkskraft, den Schwund an Nationalvermögen laut beklagten.

Wenn die Baracken der Auswandererlager in Hamburg und Bremen sich allmählich leerten, in denen so viele Tränen geflossen waren, ja nach 1896 der Strom sich umzukehren begann und immer mehr Ausländer nach Deutschland einwanderten, war das nicht zuletzt den Caprivischen Handelsverträgen zuzuschreiben. Sie erschlossen dem Reich neue Märkte, schufen die Voraussetzungen eines industriellen Aufschwungs vor 1914, der einem wahren Wirtschaftswunder glich, sorgten für Vollbeschäftigung und hoben den Lebensstandard der Arbeiter. Die deutsche Ausfuhr stieg in den zwölf Jahren, in denen die Verträge galten, von drei auf fast sieben Milliarden Mark, die Einfuhr von vier Milliarden auf fast neun. Nicht umsonst wurden die Verträge mit den Dreibundstaaten, mit der Schweiz, Belgien, Serbien, Rumänien und schließlich Rußland im Reichstag auch von den Sozialdemokraten angenommen: in ihrer parlamentarischen Geschichte das erstemal, daß sie für eine Regierungsvorlage stimmten!

»Caprivi, Sie fallen mir auf die Nerven«

Caprivi wurde vom Kaiser als Mann der rettenden Tat gefeiert und in den Grafenstand erhoben. Und in der Tat entwickelte er erstaunliche Initiativen und schien mit der von ihm propagierten Politik der inneren Versöhnung Erfolg zu haben. Er versuchte, die Katholiken zu versöhnen, indem er die ihnen während des Kulturkampfes vorenthaltenen Gelder nachzahlte; die Polen in Posen und Westpreußen, indem er die gegen sie gerichtete Repression bremste; die Presse, indem er allen ihren Vertretern Informationen zukommen ließ und nicht nur, wie unter Bismarck, den der Regierung wohlgesinnten Zeitungen; die Minister, indem er ihnen ein Maß an Selbständigkeit gewährte, das unter ihrem alten Chef undenkbar gewesen wäre; die Sozialdemokraten, indem er das berüchtigte Sozialistengesetz auslaufen ließ und den Arbeiterschutz durchbrachte.

Arbeiterschutz bedeutete im einzelnen: Verbot der Sonntagsarbeit, 11stündiger Maximalarbeitstag für Frauen, Verbot der Fabrikarbeit von Kindern unter 13 Jahren, Lohnschutz, Gesundheitsschutz. Die progressive Einkommensteuer, die die niedrigen Einkommen entlastete und die höheren stärker heranzog, wurde ebenfalls eingeführt.

Die im Bund der Landwirte organisierten Grundbesitzer und Großbauern allerdings konnte er nicht versöhnen. Für sie war er *der Mann ohne Ar und Halm*, ein Besitzloser, der die Menschen nicht verstand, die im Schweiße ihres Angesichts den Boden bebauen, um ihm seine Früchte abzuringen, einer, der das *erste und bedeutendste Gewerbe* zu ruinieren trachtete. Die Getreidepreise waren zwar wirklich gefallen, doch nicht die Zollsenkung war schuld daran, sondern ein Preissturz auf dem Weltmarkt, ausgelöst durch Rekordernten in den beiden Amerika. Viele Landwirte gerieten trotz einer sie begünstigenden Export-Import-Klausel nun tatsächlich in ernste Schwierigkeiten. Doch an ihrem Ende stand eine durch den Einsatz von Maschinen und wissenschaftlichen Methoden erhöhte Produktion. Not macht eben erfinderisch.

Graf Caprivi galt desungeachtet als Verräter am eigenen Stand, den es gnadenlos zu bekämpfen galt. Es war ein Kampf, der die Konservativen desavouierte: eine Weltanschauung oder wenigstens eine geistige Tradition stand nicht mehr dahinter, nur noch nackte Interessenwirtschaft. Die Leute, die immer vorgaben, Thron und Altar zu stützen, ließen den neuen Kanzler beinah resignieren. »Lohnt es dem Staat noch, für diese Klasse Opfer zu bringen?« fragte er sich.

Caprivi mußte erfahren, wie schwer die Deutschen zu regieren waren in ihrem Reich, das sie sich so sehnlich gewünscht hatten: wie kompliziert die Parteien, wie egoistisch die Interessengruppen, wie einflußreich die Männer im Hintergrund, Junker, Militärs, Industrielle. Da war das neue, die Geistlichen begünstigende Schulgesetz, das er eingebracht hatte, um dem Zentrum entgegenzukommen, das er unter dem Druck der Liberalen aber wieder hatte fallenlassen, um nun beide Parteien im Nacken zu haben. Das Ergebnis war sein Rücktritt vom Posten des preußischen Ministerpräsidenten, den er neben seinem Kanzleramt, wie schon Bismarck, ebenfalls bekleidete. Nachfolger wurde Botho Graf zu Eulenburg, stockkonservativ, ein Vertrauensmann der Agrarier.

Da war die neue Militärvorlage, die das Heer so stark machen sollte, vor allem die Artillerie, daß es Deutschland im Westen gegen Frankreich und im Osten gegen Rußland schützen konnte. Der Zweifrontenkrieg zeichnete sich drohend am Horizont ab, als im Juli 1891 der Zar bei einem Besuch der französischen Flotte in Kronstadt barhäuptig die Marseillaise angehört hatte, das Kampflied jener, welche die Paläste, auch die der Zaren, zu zerstören sich geschworen hatten. Und die Menge schrie: »*Vive la France! Vive L'Alsace-Lorraine!*« Rußland hatte sich unaufhaltsam den Franzosen zugewandt, zurückgewiesen von den Männern nach Bismarck, gelockt durch das französische Kapital, getrieben von der am Zarenhof und auch im Volk angewachsenen Feindseligkeit gegenüber den Deutschen.

Caprivi brachte die Heeresreform durch, obwohl er dazu den Reichstag hatte auflösen müssen. Die Friedensstärke der Armee betrug damit 589 000 Mann. Das war zweifellos ein Erfolg, aber dieses Erfolges konnte er nicht froh werden. Er hatte ihn mit dem Verzicht auf die dreijährige Dienstzeit bezahlt. Ein geringer Preis, denn das dritte Jahr hatte sich längst als überflüssig erwiesen; wer bis dahin kein Soldat geworden war, wurde es nimmermehr, und die meisten hatten schon nach zwei Jahren das zu Herzen gehende Lied anstimmen dürfen »Reserve hat Ruh'. Und wenn Reserve Ruhe hat, dann hat Reserve Ruh'«.

Dem Kaiser aber war die dreijährige Dienstzeit das, was sie seinem Großvater gewesen war: ein Lieblingskind. Er hatte sich nur unter Qualen einverstanden erklärt, dieses Kind zu verstoßen.

Ein derartiges Opfer vergißt man nicht und belädt den mit Schuld, der es einem zugemutet hat. Wenn der Kaiser seinen Kanzler anfangs schon allein deshalb gestützt hatte, um Bismarck zu zeigen, wie gut es ohne ihn ginge, jetzt begann ihm der Mensch lästig zu fallen, und es kam häufig zu Wortwechseln wie: »Caprivi, Sie fallen mir schrecklich auf die Nerven.« – »Euer Majestät, ich bin immer ein schwieriger Untertan gewesen.«

Aus den letzten Wahlen waren die Sozialdemokraten stärker denn je hervorgegangen und verfügten nunmehr im Reichstag über 44 Sitze statt wie bisher 35. Das hatte man davon, meinte der Kaiser, und die Sozialistenfresser in seiner Umgebung stimmten ihm zu, wenn man den Arbeitern in so großzügiger Weise Schutz gewähre, wie es mit seinen Gesetzen von 1890 geschehen sei; und empört wandte er sich von ihnen ab. Wilhelm handelte wie der Ehemann, der nach langen Jahren schwerer Zerwürfnisse, die er selbst verschuldet hat, durch ein einziges Geschenk die Zuneigung der Partnerin wieder erringen will. Er war nicht fähig einzusehen, daß die Arbeiter nicht nur vor Ausbeutung geschützt werden wollten, sondern danach strebten, als angesehene Bürger in einem Staat zu leben, der auch ihr Staat war.

Die Sozialdemokraten machten es allerdings den Gutwilligen im bürgerlichen Lager nicht leicht, die, aus Humanität oder lediglich aus Vernunft, für die Rechte der Arbeiter eintraten und das Wort von den *vaterlandslosen Gesellen* ebenso verabscheuten wie die Arbeiter selbst. Das Arbeiterschutzgesetz hatten die Funktionäre zwar insgeheim begrüßt, waren aber im Parlament dagegen gewesen. Denn: dem Gesetz zuzustimmen hieß dem Staat zuzustimmen, und das hätte nicht in ihre auf totale Negation ausgerichtete Strategie gepaßt.

Vernünftige Männer wie der bayrische Sozialistenführer Vollmar, der von wirklichen Verbesserungen sprach und zu Verhandlungen mit der Regierung riet, da doch durch Bismarcks Entlassung eine neue Lage eingetreten sei und der grundsätzliche Widerstand gegen alles, was von oben kam, nicht mehr zeitgemäß erschien, Vollmar mußte sich den Vorwurf *direkter Arschkriechereien vor Wilhelm und Caprivi* gefallen lassen. Er wurde als Reformist, Revisionist, Opportunist verfemt. Die alte Funktionärsgarde behielt das Heft in der Hand und wich keinen Fingerbreit ab von ihrer Überzeugung, die kapitalistische Wirtschaftsordnung erzeuge zwangsläufig eine immer größer werdende Verelendung des Proletariats.

Jeder der auf dem Erfurter Parteitag 1891 versammelten Delegierten hätte es besser wissen müssen: der Lebensstandard der Arbeiter hatte sich nachweislich von Jahr zu Jahr erhöht. Das hieß nicht, daß bereits alle überall ein auskömmliches Leben gehabt hätten, doch ein Fortschritt war nicht zu leugnen. Vollmars Forderung »Dem guten Willen die offene

Hand, dem schlechten die Faust!« zeugte von realistischer Einsicht in die Gegebenheiten.

Die meisten Delegierten aber applaudierten Bebel, als er verkündete: »Die bürgerliche Gesellschaft arbeitet so kräftig auf ihren eigenen Untergang los, daß wir nur den Moment abzuwarten brauchen, in dem wir die ihnen entfallende Gewalt aufzunehmen haben. Ja, ich bin überzeugt, die Verwirklichung unserer letzten Ziele ist so nahe, daß wenige in diesem Saale sind, die diesen Tag nicht erleben werden.«

Solche Haltung war Wasser auf die Mühlen jener Männer in der Umgebung des Kaisers, die zwar für eine Sozialpolitik eintraten, aber der Meinung waren, daß man keine Sozialdemokraten bräuchte, um sozial wirksam zu werden. »Sozis« störten bloß und müßten schon deshalb bekämpft werden. Zu jenen Männern gehörte der Großindustrielle Stumm-Halberg, der für seine Arbeiter väterlich sorgte, aber auch wie ein herrischer Vater über sie bestimmen wollte (was bis zur Heiratserlaubnis ging). Die »Umsturzpartei« jedenfalls duldete er in seinen Eisenwerken an der Saar sowenig wie eine Gewerkschaft.

Wilhelm wehrte sich lange gegen alle Einflüsterungen. Nach wie vor wollte er ein König der Armen sein. Als eine Reihe von anarchistischen Attentaten Europa erschütterte, der Präsident der französischen Republik Carnot in seinem Blut lag, die Bürger überall nach dem Staat riefen, damit ihr Besitz geschützt werde, wurden auch in Deutschland Gegenmaßnahmen gefordert. Die Sozialdemokraten waren mit den Anarchisten zwar auf keine Weise in Verbindung zu bringen, wie es seinerzeit im Falle der Attentäter Hödel und Nobiling manipulativ gelungen war, geistige Wegbereiter der Anarchie indessen seien sie zumindest: würde nicht immer wieder gestreikt, zum Boykott aufgerufen, ja selbst die Bühne zur Plattform des Aufruhrs mißbraucht, wie das Stück »Die Weber« eines Herrn Hauptmann hinlänglich beweise?!

Die Stimmung allgemeiner Ängstlichkeit auszunützen, waren Botho von Eulenburg und seine Konservativen eifrig bemüht. Als Verfasser des Sozialistengesetzes von 1878 besaß er einschlägige Erfahrungen. Der Kaiser war inzwischen soweit, ihn zu unterstützen. Bei einer Rede in Königsberg sagte er, was er über Bestrebungen dachte, die sich gegen die Grundlagen des staatlichen und gesellschaftlichen Lebens richteten, und rief schließlich: »Auf zum Kampf für Religion, für Sitte und Ordnung, gegen die Parteien des Umsturzes!«

Wenn dieses Ziel auf dem Wege der Verfassung nicht zu erreichen sei – im Reichstag würde sich für ein neues Sozialistengesetz keine Mehrheit finden –, müsse nicht das Ziel aufgegeben werden, sondern die Verfassung. Und das hieß: Abschaffung des allgemeinen Wahlrechts mit Hilfe eines Staatsstreichs, Wahl eines neuen, gefügigen Reichstags. Man war dort angelangt, wo Bismarck geendet hatte.

DER BESUCH DES ALTEN MANNES

Der Alte im Sachsenwald hatte seine anfängliche Zurückhaltung gegenüber Caprivi längst aufgegeben, bezeichnete die Maßnahmen des Neuen Kurses als »Capriviolen« und bekannte, daß er sich in dem Manne getäuscht habe. Um seine jeweiligen Äußerungen an die Stellen zu bringen, wo sie gehört wurden, brauchte er keine Besucher und keine Interviewer mehr, er verfügte über das gesamte weiße Papier einer Zeitung. Die *Hamburger Nachrichten*, ein angesehenes Blatt mit nationalliberaler Tendenz, hatte sich ihm angedient, einesteils der Überzeugung, andrerseits des Geschäftes wegen. Ihr politischer Redakteur, ein Herr Hofmann, erschien regelmäßig in Friedrichsruh, um devot der Stimme seines Herrn zu lauschen und sie anschließend in Worte zu fassen. Er tat es so perfekt, daß Sohn Herbert später Mühe hatte, die *Hofmanns* von den *echten Bismarcks* zu unterscheiden.

Eine, je nach Standpunkt, bemitleidenswerte oder verächtliche Figur, dieser Herbert Hofmann. Etwas war er gewiß nicht: Bismarcks Eckermann, wie ihn manche in totaler Verkennung zu sehen glaubten. Bedrängt von hohen Schulden und einer exzentrischen Frau, gehörte Hofmann zu den Preßlakaien dieser Zeit, die man benutzte und fallenließ: Kreaturen, nicht denkbar ohne jene, die sich ihrer bedienten und damit ihre Existenz ermöglichten.

Bismarck hatte, was die Journalisten betraf, nie etwas anderes verlangt als Fügsamkeit. Die *Hamburger Nachrichten* boten mit dem von ihm inspirierten oder diktierten, doch nie mit seinem Namen gezeichneten Artikel das verschleiernde Zwielicht der Halbanonymität. Jeder wußte, wer der Autor war, keiner hätte je beweisen können, daß er es war. Die Eigentümer der *Nachrichten* wuschen nach jedem Bismarckartikel ihre Hände in Unschuld, was sie allein 1892 fast hundertmal tun mußten.

Die Artikel richteten sich gegen den Neuen Kurs, gegen die Männer, die ihn steuerten, und wer zwischen den Zeilen zu lesen verstand, begegnete häufig genug dem Kaiser. Dem Exkanzler lediglich Rachsucht, Ressentiments oder Verfolgungswahn zu unterstellen wäre zu einfach. Ausschlaggebend war auch hier die Sorge, die Nachfolger könnten das, was er mühsam unter dem bedrohenden Gewehranschlag des übrigen Europa ins trockene gebracht hatte, aufs Spiel setzen und – schlimmer – Deutschland in einen Krieg verwickeln.

In Berlin bewahrte man anfangs staatsmännische Ruhe. Die Bismarckschen Ausführungen zu widerlegen hätte ihnen noch mehr Aufmerksamkeit verschafft, als sie ohnehin fanden: die in den *Hamburger Nachrichten* erschienenen Artikel wurden von seriösen Blättern wie den *Leipziger Neuesten Nachrichten* oder der *Münchner Allgemeinen Zeitung* nachgedruckt, von anderen Zeitungen, darunter vielen ausländischen, in Auszügen zitiert.

»Der Herzog von Lauenburg«, wie Bismarck von Wilhelm grundsätzlich genannt wurde, »hat eben den Maßstab des preußischen Offiziers und märkischen Junkers völlig verloren.« Eine von kluger Zurückhaltung zeugende Randbemerkung, doch von Mal zu Mal wurde Wilhelm nervöser.

Die Attacken des Alten trafen meist einen schwachen Punkt, mobilisierten die Gegner, begannen dem Staat ernsthafte Schwierigkeiten zu machen. Wenn jemand unter Bismarck die Regierung so angegriffen hätte, wie Bismarck die Regierung jetzt angriff, hätte er sich sehr schnell vor den Schranken des Gerichts wiedergefunden, des Staatsverbrechens angeklagt, des Vergehens gegen den Reichsgedanken und das Prestige des Monarchen.

Den Höhepunkt der Auseinandersetzung bildete der sogenannte Wiener Besuch, ein privates Ereignis, das sich groteskerweise zu einer Krise des Neuen Kurses auswuchs. Bismarck, von seinem Sohn Herbert zur Hochzeit mit der österreichischen Gräfin Hoyos nach Wien eingeladen und aus Gründen der Etikette bei dieser Gelegenheit um Audienz bei Kaiser Franz Joseph bittend, was ihm freudig gewährt wurde, mußte bei seiner Ankunft erfahren, daß der Kaiser anderen Sinnes geworden war. Auch die Angehörigen der Deutschen Botschaft hatten ihre Zusagen, zur Hochzeit zu kommen, unter durchsichtigen Vorwänden zurückgezogen.

Ein doppelter Affront, vom Exkanzler empfunden, als sei er ein räudiger Hund, ein Gefühl, das sich zu Empörung steigerte, als er von einer entsprechenden Weisung Caprivis erfuhr und von einem Brief Wilhelms, in dem Franz Joseph gebeten wurde, den *ungehorsamen Untertan* nicht zu empfangen, sei doch die angestrebte Audienz nichts anderes als die Hauptnummer eines auf die Sensationslust der blöden Massen berechneten Schwindels. Im Grunde gehöre der Alte,

Exkanzler Bismarck, dargestellt als riesiger Walfisch, »bläst« mittels der *Hamburger Nachrichten* seine Ansichten zur Politik in die Welt hinaus.

so Wilhelm später zum österreichischen Militärattaché, als Rebell auf die Festung Spandau, ja in alter Zeit läge sein Kopf schon vor seinen Füßen.

Bismarck dachte im ersten Zorn daran, Caprivi vor die Pistole zu fordern, eine ungewöhnliche Reaktion, doch nachfühlbar schon deshalb, weil er eben nicht, wie von Berlin kolportiert und von namhaften Historikern bis in die Gegenwart geglaubt, Reich und Monarchie herauszufordern die Absicht hatte. Er wollte einfach nur an der Hochzeit seines Sohnes teilnehmen. Manfred Hank hat das in seiner detaillierten Untersuchung über den *Kanzler ohne Amt* überzeugend nachgewiesen und auch, wer der eigentliche Urheber des als *Uriasbrief* in die Geschichte eingegangenen Schreibens nach Wien gewesen war: Friedrich von Holstein, die Graue Eminenz. Selten jedoch hat sich eine Intrige derart gegen den gewandt, der sie inszeniert hatte.

Der Heimweg des alten Mannes über München, Augsburg, Würzburg, Kissingen, Jena, über Städte, an denen er von Zehntausenden gefeiert wurde wie kein Fürst jemals zuvor, wurde zur *via triumphalis*. Es kam überall zu Demonstrationen, die er so ergriffen wie befriedigt entgegennahm, sich immer wieder aus dem Stegreif an die Menge wendend wie in Jena, wo er sich mit Götz von Berlichingen verglich, der dem kaiserlichen Abgesandten die weltberühmte Aufforderung übermittelt, er könne ihn mal ..., der Majestät selbst aber den schuldigen Respekt zollt. Er attackierte also die Ratgeber und schonte den, den sie berieten. Das war klug taktiert, doch merkten auch weniger Eingeweihte, daß das Ziel seiner Angriffe vornehmlich der Kaiser war. Das Volk jubelte Bismarck zu, weil es in einem elementaren Gerechtigkeitsgefühl spürte, daß hier einem verdienten Mann Unrecht geschehen war, daß man ihn gedemütigt hatte, und wenn sie Bismarck bis dahin nur bewundert hatten, jetzt schienen sie ihn regelrecht zu lieben.

Für den plötzlich Umschwärmten hatte das Folgen. Ganze Wagenladungen mit Päckchen und Paketen wurden Woche für Woche in dem alten Haus in Friedrichsruh abgeliefert. Sie enthielten silberne Pokale, Topflappen, Fahnen, Ehrenurkunden, Aschenbecher, Jagdstühle, Knotenstöcke, Bilder von 1864, 1866 und 1870/71, Tabakspfeifen, Futternäpfe für den Reichshund, junge Eichbäume, Lorbeerkränze, Hausmittel gegen Gicht, Wolldecken gegen Rheuma, Zipfelmützen gegen Zugluft, Sinniges und Unsinniges, Rührendes und Unbrauchbares. Dem Beschenkten war es selbstverständlich Pflicht, sich auch für die kleinste Kleinigkeit zu bedanken. Handschriftlich, wie es sich damals gehörte; und wenn die Hand nicht mehr gehorchen wollte und er den Federkiel seufzend fallen ließ, nahmen die Söhne Herbert und Bill ihn auf und schrieben originale Bismarckdankbriefe, so gut hatten sie es gelernt, die Schrift des Vaters nachzuahmen.

Am Portal allerdings mußte er sich selber zeigen. Dort harrten sie, die Sanges- und die Kegelbrüder, die Veteranen von den Düppeler Schanzen, von Königgrätz und Gravelotte, die Delegierten der Schützen- und der Kriegervereine, die Studenten im Wichs, die Wandervögel und die Wochenendbesucher aus Hamburg und Holstein.

Bismarck trat dann unter sie, versuchte die Damen abzuwehren, die ihm die Hände küssen wollten, schritt behutsam über die Rosen hinweg, die man ihm auf den Weg zu streuen pflegte, stellte Fragen wie »Was sind Sie von Beruf?« oder »Wo haben Sie gedient?« oder »Haben Sie Kinder?«, sprach über das Wetter, die Ernteaussichten, die allgemeinen Zeitläufe, hörte sich die Gedichte knicksender Kinder an, den Gesang der Liedertafeln, und abends stand er auf der Terrasse und beobachtete mit Johanna den Widerschein der Fackeln, denn es verging kaum ein Wochenende ohne Fackelzug.

Vom Volk gefeiert zu werden war ihm immer eher lästig gewesen, wie er auch im gesellschaftlichen Verkehr sich stets zurückgehalten hatte, jetzt schien er es zu genießen, *gelegentlich ein Bad in der Menge zu nehmen*. Eine Ersatzdroge für den Verlust der Macht hat man das genannt, aber es steckte mehr dahinter. In einem Gespräch über seine Reisen sagte er: » ... wenn ich in der Nähe einer Station ... das Rufen oder Singen der mich Erwartenden höre, da ergreift es mein Herz mit unendlicher Freude darüber, daß ich nicht vergessen bin in Deutschland, daß man weiß, wie ich es geliebt habe und was ich für das Reich getan ...«

Die Ovationen, die dem Exkanzler bereitet wurden, entsprangen nicht nur der Begeisterung für seine Person, sie waren auch Ausdruck eines wachsenden Unbehagens an den Steuerleuten des Neuen Kurses und besonders an dem, der diesen Kurs angab, dem Kaiser. Hätte es damals demoskopische Umfragen gegeben über den Popularitätsgrad prominenter Persönlichkeiten, Wilhelm II. wäre seit seiner Thronbesteigung um etliche Prozentpunkte gesunken. Wie kam es, daß der als strahlender junger Held begrüßte Monarch so schnell an Glanz verloren hatte?

Wilhelm machte wie die meisten ihrer selbst nicht sicheren Menschen wechselhafte Phasen durch, polarisiert zwischen Besonnenheit und Labilität, Ruhe und Reizbarkeit. Hinzu kamen die ständigen Attacken eines Teils der Presse, der unterschiedslos alles verdammte, was immer er auch tat. Vor allem aber, und das hätte auch nervenstärkere Menschen mitgenommen, waren da die ewigen Querelen mit Bismarck, den entlassen zu haben ihn übrigens stärker belastete, als ihm anzumerken war. Für einen unerfahrenen Herrscher waren das seelische Belastungen, die, wie man heute sagen würde, Streß auslösten, was wiederum die Abwehrmechanismen in Bewegung setzte, um die aufgestaute Spannung abzuleiten. Es ist nicht zuletzt dieser, bisher wenig beachtete Grund, der den Kaiser, zumindest anfangs, seine berühmt-berüchtigten Reden halten ließ.

DIE VERSÖHNUNG

Von seinem Standpunkt aus hatte Wilhelm deshalb nicht unrecht, wenn er Abgeordneten auf einem Bankett zurief, daß ein Geist des Ungehorsams durch das Land schleiche. »Gehüllt in ein schillernd verführerisches Gewand versucht er, die Gemüter meines Volkes und die mir ergebenen Männer zu verwirren; eines Ozeans von Druckerschwärze bedient er sich.«

»Einer nur ist Herr im Reiche, und das bin ich, keinen anderen dulde ich«, sagte er mit deutlicher Zielrichtung kurz darauf in Hannover. Die Herren des Brandenburgischen Provinziallandtags wies er auf die nur gekrönten Häuptern gewährte göttliche Eingebung hin. »Dazu kommt das Gefühl der Verantwortung unserem obersten Herrn dort oben gegenüber und Meine felsenfeste Überzeugung, daß unser Alliierter von Roßbach und Dennewitz Mich dabei nicht im Stich lassen wird. Er hat sich solche unendliche Mühe mit unserer alten Mark und unserem Hause gegeben, daß wir nicht annehmen können, daß er dies für nichts getan hat.«

Vor dem gleichen Forum wendete er sich gegen die ständigen Nörgler – wie sich die Bilder mit einigen von heute gleichen! –, die den wohlgesinnten Bürgern ihre *Freude am Dasein und am Leben und am Gedeihen unseres gesamten großen deutschen Vaterlandes vergällten*, und empfahl diesen Schwarzsehern, *lieber den deutschen Staub von ihren Pantoffeln zu schütteln und sich unseren elenden und jammervollen Zuständen auf das schleunigste zu entziehen.*

Der Dirigent Hans von Bülow nahm den ersten Teil der Aufforderung wörtlich und staubte sich nach einem Konzert in der Berliner Philharmonie mit seinem seidenen Taschentuch ostentativ die Lackschuhe ab. Daß er es tun konnte, ohne seiner Karriere auch nur im geringsten zu schaden, zeugte zumindest von einem gewissen Maß an Toleranz und Humor bei denen *da oben.*

Die Rede allerdings, die Wilhelm bei der Rekrutenvereidigung der Garderegimenter in Potsdam hielt, kann selbst mit dem zitierten Abwehrmechanismus nicht erklärt werden. Vielleicht gehört sie zu jenen Ansprachen, die ihm, wie er später einmal gestand, schlaflose nächtliche Stunden bereiteten, weil er das dumpfe Gefühl hatte, *nicht das Maß des Inhalts und des Ausdrucks gewahrt zu haben.* Kaum eine Arbeiterversammlung gab es später mehr, auf der sie nicht zitiert wurde, was regelmäßig empörte Zwischenrufe hervorrief.

Von dieser Rede existieren drei Fassungen, sogenannte gereinigte und ungereinigte Versionen. Man war nämlich inzwischen gebranntes Kind genug in der Umgebung des Kaisers, um den ursprünglichen Text nach Möglichkeit zu mildern. Die Originalversion lautete: »Es gibt für euch nur einen Feind und das ist mein Feind. Bei den jetzigen sozialistischen Umtrieben kann es vorkommen, daß ich euch befehle, eure eigenen Verwandten, Brüder, ja Eltern niederzuschießen – was ja Gott verhüten möge –, aber auch dann müßt ihr meine Befehle ohne Murren verfolgen.«

Auch die Eintragung in das Goldene Buch der Stadt München war nicht geeignet, ihn beliebt zu machen. »Suprema lex regis voluntas esto«, schrieb Wilhelm hinein. »Oberstes Gesetz sei der Wille des Königs.« Philipp Eulenburg, als Botschafter Preußens in Bayern ohnehin schwer geprüft, berichtete seinem Kaiser, daß das Wort an höchster Stelle sehr verletzt habe, »weil hier Regis Voluntas = Wahnsinn ist!« Womit er auf die Geistesgestörtheit der beiden Könige aus dem Hause Wittelsbach, Ludwig II. und Otto I., anspielte.

Im übrigen war ein solch autokratisches Wort in einem Zeitalter, in dem man sich anzugewöhnen begann, den Volkswillen als oberstes Gesetz zu betrachten, psychologisch mehr als ungeschickt. Entsprechend negativ reagierten die Parteien und die Presse.

Von der Bismarckfronde verstört, in der Öffentlichkeit auch seiner ständigen Reisen wegen angegriffen (genau 199 Tage, rechnete man ihm vor, sei er 1893 unterwegs gewesen), von den Herren auf den anderen deutschen Thronen kühl und kritisch betrachtet, mit den Ministern uneins, brauchte der Kaiser, um der allgemeinen Mißstimmung zu begegnen, einen Erfolg. Was lag näher, als sich mit Bismarck zu versöhnen, eine Geste, die vom Volk enthusiastisch begrüßt werden und ihn selbst nichts kosten würde?

Den ersten Schritt zur Versöhnung zu machen sah er sich nicht imstande, letztlich sei der *böse Alte* an allem schuld und habe mit seinem Peccavi, seinem Schuldbekenntnis, vor ihm zu erscheinen. Allzu langes Warten auf einen Canossagang wiederum schien fehl am Platz. Der Kanzler litt an den Folgen einer Lungenentzündung, und wenn er, was bei seinem Alter ja denkbar, unversöhnt mit den Hohenzollern in die Grube führe – keiner würde das dem Kaiser je verzeihen.

Von allen Seiten gedrängt, bot er nun per Telegramm eines seiner mitteldeutschen Schlösser an zur Rekonvaleszenz, dann machte sich sein Flügeladjutant auf den Weg nach Friedrichsruh in streng geheimer Mission, ein kaiserliches Handschreiben und eine Flasche edlen Weins im Gepäck (einen 59er Steinberger Cabinet, Trockenbeerenauslese aus dem Geburtsjahr des Kaisers). Nach beiderseitigem Eiertanz, bei dem jeder so tat, als sei nicht er derjenige, der zuerst mit Friedensvorschlägen gekommen war, einigte man sich auf ein »Gipfeltreffen« Kaiser-Kanzler im Januar 1894 in Berlin. Man schied in Eintracht.

In Berlin erzeugte die Nachricht Freude, Verzweiflung und Furcht. Diejenigen, die den Fürsten verehrten und den Kaiser liebten und unter dem Zwist der beiden doppelt gelitten hatten, freuten sich; die, die in Bismarcks Besuch eine Kapitulation sahen und ihr Götterbild von nun an mit einer bösen Schramme verunziert, zweifelten an sich und der Welt; und die, die an seinem Sturz mitgearbeitet hatten oder ihn nachher sofort verleugnet, glichen einer Schar Hühner, über denen der Habicht kreist, fürchteten sie doch des Fürsten Rückkehr in Amt und Würden. Holstein schrieb mit zitternder Feder: »Wenn Bismarck selber oder durch seine Kreaturen zur Macht gelangt, dann gibt es ein Blutbad, dem wohl keiner von uns allen entrinnt.«

Ihre Panik war unbegründet. An ein Comeback dachte niemand. Die hohe Politik wurde nicht berührt an der kaiserlichen Tafel, zu der Prinz Heinrich den gebrechlich gewordenen alten Herrn behutsam geleitete. Anekdoten aus der Zeit Friedrich Wilhelms IV., Erinnerungen an Wilhelm I., Militärisches, die Gesundheit und das Wetter waren die Gesprächsthemen. Johanna notierte amüsiert: »Ottochen hat Ballgeschichten erzählt.«

Noch am selben Abend fuhr Bismarck wieder zum Lehrter Bahnhof, von den Berlinern gefeiert, die zu ihrem Leidwesen den Exkanzler nur schemenhaft am Fenster der geschlossenen Kutsche auftauchen sahen. Die Gefahr, daß sie ihm die Pferde ausspannten und die Kutsche selbst zogen, was als ihre größte Liebeserklärung galt, hatte man durch strenge Order an die begleitenden Gardekürassiere von vornherein gebannt.

Der Kaiser, am Morgen beim Empfang von Nervosität geplagt, zeigte sich aus Erleichterung über den störungsfreien Verlauf der Visite beim Abschied von seiner liebenswürdigsten Seite. Er half Bismarck beim Aussteigen, umarmte ihn, küßte ihn auf die Wange und winkte dem langsam aus der Halle gleitenden Sonderzug lange nach. Ehrungen, die den König von Sachsen ärgerlich sagen ließen: »Sowas stäht doch aichentlich nur unserainem zu, oter?«

Seine Eifersucht war grundlos. Die Herzlichkeit war Schaugepränge, der Kuß für die Öffentlichkeit, ein taktisches Manöver das Ganze, um den Alten durch Gnaden- und Freundschaftsbeweise ruhigzustellen und von seinen Ausfällen gegen S. M. abzulenken (der jüngere Moltke: »Die beiden Alten [Bismarck und Johanna] müssen so gut unterhalten sein, daß sie gar nicht Zeit haben, Gift zu infiltrieren ...«). Der Kaiser verriet die wahren Beweggründe des Berliner Rendezvous, als er nach Bismarcks Abfahrt – die durchweg positiven Berichte über die *große Versöhnung* in der in- und ausländischen Presse vor Augen – meinte: »Jetzt können sie ihm Ehrenpforten in Wien und München bauen, ich bin ihm immer eine Pferdelänge voraus.«

Auch für Bismarck war es nur ein Waffenstillstand. Er hatte nicht die Absicht, die Rolle eines *lebenden Toten* oder eines *stummen Hunds* zu spielen, nur weil der Kaiser ihn mit Ehrungen überhäuft hatte. Noch bevor Wilhelm zum Gegenbesuch in Friedrichsruh eintraf, trank er den 59er Steinberger Cabinet zusammen mit Maximilian Harden, einem ebenso brillanten wie grundsatzlosen Journalisten, der in seiner Wochenzeitschrift *Die Zukunft* Wilhelm und die Kamarilla gnadenlos bekämpfte.

Lacrimae Caprivi hatten Spötter die Flasche Wein genannt, denn nur die Tränen des Kanzlers hätte sie enthalten können, Tränen, die er geweint nach immer wieder neuen Auseinandersetzungen mit seinem einstigen Gönner. Doch nicht nur bei Bismarck, auch bei den Parteien war Caprivi in Ungnade. Das ging so weit, daß ihm konservative Politiker den Rücken zukehrten, wenn er irgendwo auf einer Gesellschaft auftauchte. Die Ostelbier haßten ihn wegen seiner Getreidepolitik, die Militärs wegen der von ihm im Parlament durchgebrachten nur zweijährigen Dienstzeit; die Liberalen lehnten ihn ab, weil er den Klerikalen zu viele Konzessionen in Sachen Schulgesetz angeboten, und die Klerikalen, weil er sie wieder zurückgenommen hatte; die Bismarckianer mochten ihn nicht, weil er an die Stelle Bismarcks getreten war, die Nationalisten wegen der nach ihrer Meinung laschen Kolonialpolitik und der noch lascheren Haltung gegenüber den aufsässigen polnischen Minderheiten; und der Kaiser hatte nichts mehr mit ihm im Sinn, nachdem Caprivi das geforderte Ausnahmegesetz gegen die Sozialisten strikt abgelehnt, denn, so sein Grundsatz, mit Gewalt sei in der Innenpolitik kein Staat zu machen.

Am Ende stand die Entlassung des Leo von Caprivi. Vier Jahre und ein halbes hatte seine Kanzlerschaft gedauert. Allgemein wurde sein Pflichtgefühl gelobt, seine Festigkeit, sein Fleiß, seine Uneigennützigkeit und Bescheidenheit. Es waren rare Tugenden, doch für einen Kanzler anscheinend nicht ausreichend. Charakter bewies er auch nach seiner Entlassung, als er es ablehnte, Memoiren zu schreiben, ein Weg, der von Expolitikern eingeschlagen wird, wenn es gilt, sich zu rechtfertigen und andere herabzusetzen. Selbst da zu schweigen, wo das Schweigen zum eigenen Nachteil ausfällt, blieb sein Grundsatz. Sein Wunsch war es, *verschollen zu werden*. Des, laut Wilhelm, »unseligen Menschen ohne Höhenflug der Gedanken« letzter Auftrag lautete, man möge dafür sorgen, daß die Presse seine Entlassung nicht gegen den Kaiser ausbeute. Er verbrannte alle Papiere, die mißbraucht werden konnten, zog sich auf das Gut seines Neffen in Niederschlesien zurück, und niemals bis zu seinem Tod 1899 hörte jemand wieder etwas von Leo von Caprivi, dem Gentleman unter den Kanzlern des Reichs, der allzu ehrenhaft war für seinen Beruf.

VII Herrliche Zeiten

Phili und Onkel Chlodwig

Es war auf der Jagd unweit des am Rande der Uckermark gelegenen Schlosses Liebenberg, des Sitzes des Grafen Philipp Eulenburg. Der Kaiser war ein großer Nimrod wie fast alle seine Vorfahren. Wenn, nach der Jägersprache, der Bock aufging, ging für ihn die Sonne auf. Neben Liebenberg bevorzugte er das in Niederschlesien gelegene Primkenau mit seinen vielen Rehen, die Reviere der Fürsten Dohna und Fürstenberg-Donaueschingen mit der gut besetzten Niederjagd, das Hasentreiben bei den Bethmann Hollwegs, das Revier des Fürsten Pleß mit den seltenen Auerochsen, die Wälder von Konopischt in Böhmen mit ihren nach Tausenden zählenden Fasanen, die Letzlinger Heide mit dem Dam- und Schwarzwildbestand und das 100 000 Morgen umfassende Jagdrevier in der Romintener Heide mit den kapitalen Hirschen.

Eine geschickte Regie sorgte dafür, daß Wilhelm zuerst zu Schuß kam und nach Möglichkeit die höchste Abschußzahl erzielte. Das Handicap des linken Arms überwand er durch eine besondere Technik und – Mithilfe der ihn begleitenden Jäger. »Auf der Jagd am 9. November 1897«, berichtet der dafür zuständige Chronist, »in der Turmfasanerie des Reviers von Groß-Strehlitz erlegte der Kaiser in 17 Treiben zwischen 9 und 4 Uhr: 1 058 Fasanen, 2 Hasen, 74 Kaninchen und 4 Rebhühner.« Er führte, wie stets bei Fasanenjagden, fünf Centralfeuer-Doppelflinten Kaliber 20. Vier Büchsenspanner luden die Gewehre.

Als der Graf Thirschky nach der Jagd – die immerhin recht anstrengend war (wem jemals schon nach dem 300. bis 400.

Schuß das Blut von der durchgestoßenen Wange strömte, der weiß das!) – an seinen kaiserlichen Gast die Frage richtete, ob ihn die Jagd nicht sehr ermüdet habe, antwortete der Kaiser: »Ich möchte sie morgen mit demselben Vergnügen noch einmal durchmachen.«

Bei den Jagden wurde manches wichtige politische Gespräch geführt. So auch hier beim Grafen Eulenburg. Der Kaiser, das Gesicht vor Nervosität bleich und verkniffen, wandte sich an seinen Gastgeber. »Wen kannst du mir raten? Ich habe keine Ahnung, wen ich berufen könnte. Weißt du niemand?« fragte er. Es galt, einen Nachfolger zu finden für das Amt des Kanzlers und des preußischen Ministerpräsidenten. Anscheinend hatte er sich darüber vorher keine Gedanken gemacht.

Phili, wie man Eulenburg nannte, war der einzige Mensch, dem er aufrichtige Freundschaft entgegenbrachte und ein brüderliches Du: eine einseitige Gunst allerdings, hätte es der Graf doch nie gewagt, den Kaiser seinerseits zu duzen. Wir haben ihn kennengelernt, wie er am Flügel saß, seine Lieder sang, während Wilhelm nach seiner Gewohnheit ihm die Notenblätter wendete, und der Adjutant hereinkam, das endlich eingetroffene Abschiedsgesuch Bismarcks zu melden. Man wird ihm wieder begegnen, wenn er, homosexueller Beziehungen angeklagt, im Rollstuhl in den Gerichtssaal geschoben wird: elend, verstört, verlassen von seinem allerhöchsten Gönner, der ihn fallenließ wie eine faule Frucht.

Eulenburg hatte sich im diplomatischen Dienst bewährt, war 1894 Botschafter in Wien geworden, fühlte sich aber in der Politik, *dieser Brutanstalt für Schlangeneier*, unwohl genug. Uniformen schreckten ihn, wie überhaupt alles Militärische, die Luft des Hofs nahm ihm den Atem; er war weich, verträumt, versponnen – alles Eigenschaften, die Wilhelm im Grunde verabscheute. Phili überbrückte die Kluft durch sein

27

28

Oben links: Bismarck begrüßt seinen neuen Herrn, Kaiser Friedrich III., der, vom Tod bereits gezeichnet, aus San Remo nach Berlin zurückkehrt.

Oben rechts: Die Entlassung. »Staatsbegräbnis erster Klasse«, sagte Bismarck zu seiner Frau Johanna, als der Sonderzug den Lehrter Bahnhof verließ; mit dem Ziel Friedrichsruh.

Unten: Die Versöhnung, die keine war. Bismarck begibt sich am Arm des Prinzen Heinrich ins Berliner Schloß zum Kaiser (1894).

29

30

Wilhelm als dänischer Admiral.

31

Wilhelm in einer spanischen Galauniform.

Des Kaisers neue Kleider. Böse Zungen behaupteten, Wilhelm II. habe die Uniform eines Admirals für den Besuch der Wagneroper »Der Fliegende Holländer« angelegt.

Wilhelm in englischer Uniform mit dem Hosenbandorden.

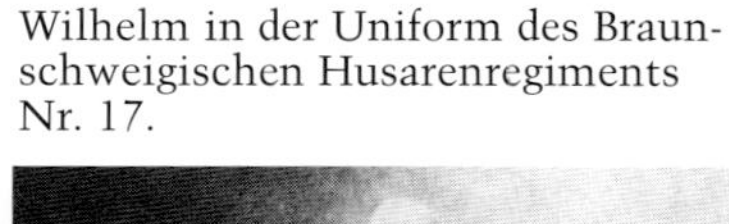

Wilhelm in der Uniform des Braunschweigischen Husarenregiments Nr. 17.

32

33

34

Wilhelm als Chef des kaiserlich-russischen Sankt Petersburger Leibgarderegiments Friedrich Wilhelm III.

35

Wilhelm in einer Jagduniform.

Wilhelm als »alter Schwede«.

36

Wilhelm in der Tracht des Protektors des Johanniterordens.

37

38

Oben: Die Graue Eminenz nannte man ihn, den Maulwurf, den Höllensohn – Fritz von Holstein vom Auswärtigen Amt war der Mann, der seine Fäden im verborgenen zog. 1906 konnten seine Feinde triumphieren: eines seiner zahlreichen – nie ernstgemeinten – Entlassungsgesuche wurde vom Kaiser genehmigt.

Unten: Philipp von Eulenburg wird, ungeheuerlicher Dinge angeklagt, in den Gerichtssaal getragen. Elend, verstört, krank, im Stich gelassen von seinem Freund, dem Kaiser.

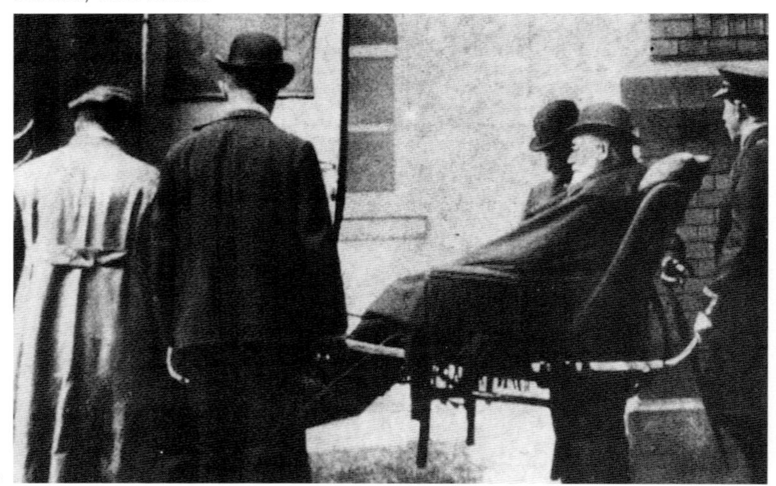

39

40

Leo von Caprivi oder der allzu ehrenhafte Kavalier.

41

Chlodwig zu Hohenlohe-Schillingsfürst oder die Politik der Defensive.

Bismarcks Nachfolger mußten es ertragen, ständig am Eisernen Kanzler gemessen zu werden.

Bernhard von Bülow oder das Prinzip, »alles pomadig zu nehmen«.

42

Theobald von Bethmann Hollweg oder der Sprung ins Dunkle.

43

44

45

Oben links: Minna, die Perle, und der Fleischergeselle vor dem *Lieferanteneingang.*

Oben rechts: Studentinnen trafen trotz bestandener Examina auf tiefes Mißtrauen. Denn: »Bildung verdirbt Weibliches im Weibe und mindert die Eignung zur Ehe.«

Unten links: Hausfrauen vor Bolles Milchwagen. Kirche, Küche, Kinder hießen die drei großen »K«, auf die die Frauen sich beschränken sollten.

Unten rechts: Erotische Postkarte aus dem Jahre 1900. Wer die Hüllen derart fallen ließ, galt für immer als gefallen.

46

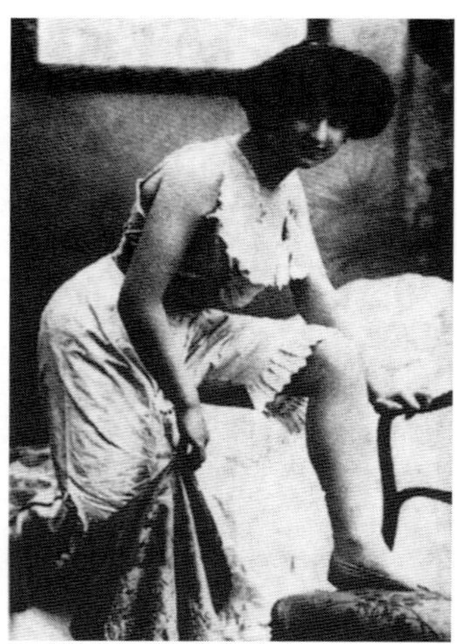

47

48

Unerschütterlicher Glaube an die Zukunft, getragen vom technischen Fortschritt auf allen Gebieten: einst würde man mit dem Luftschiff über Land und Meer gleiten *(oben)*, sich ein Fahrrad leisten können *(unten links)* oder vielleicht sogar einen »Wagen ohne Pferde«, Automobil genannt.

49

50

51

Otto Lilienthal, der Vogelmensch. Mit seine selbstgebauten Flugapparaten gelangen ihm Gleitflüge bis zu 300 Metern. Bei einem Flugversuch mit einem Eindecker stürzte er zu Tode.

Der erste Kraftomnibus in Berlin, Baujahr 1905. Über Deutschlands Straßen rollten damals bereits 23 000 Autos.

52

54

Oben: »Völker Europas, wahret eure heiligsten Güter!« Die gelbe Gefahr aus Ostasien schien Wilhelm II. derart zu beunruhigen, daß er nach eigenem Entwurf ein Gemälde bei seinem Lieblingsmaler Knackfuß in Auftrag gab.

Vorhergehende Seite: Wilhem II. und Auguste Viktoria mit ihren Kindern Wilhelm, Eitel Friedrich, Adalbert, August Wilhelm, Oskar, Joachim und Viktoria Luise.

Unten: Auf seiner Palästinareise machte der Kaiser Station in Haifa.

55

56

Oben und unten: Kaisermanöver – Lust und Leid des einfachen Soldaten. Für Wilhelm war die Armee die Schule der Nation, auf der der Bürger zu Ordnung, Kameradschaft, Härte erzogen wurde. Die Kehrseite der Medaille hieß: Stumpfsinn, seelenloser Drill, Leerlauf. Trotz allem war die Armee höchst populär.

Rechts: Kaiser Wilhem II. und Zar Nikolaus II., »Willy« und »Nicky«, miteinander verwandt wie die meisten Angehörigen der europäischen Dynastien, bei einer Truppenbesichtigung in Baltisch-Port.

57

58

59

60

Oben links: Theodor Fontane, der Dichter mit der griechischen Seele, der fritzischen Gesinnung und dem märkischen Charakter.

Oben rechts: Wilhelm Voigt, der legendäre *Hauptman von Köpenick*, war auf seine Weise auch eine Persönlichkeit der Zeitgeschichte.

Unten: Wagner und Liszt – Empfang im Hause Wahnfried in Bayreuth.

61

62

63

64

Doppelt so viele Nobelpreise wie jede andere Nation erhielt Deutschland auf dem Gebiet der Naturwissenschaften.

Oben links: Carl Ludwig Schleich, Arzt und Schriftsteller, entwickelte die Methode der örtlichen Betäubung, auch Lokalanästhesie genannt.

Mitte: Robert Koch fand den Erreger der Lugentuberkulose, einer wahren Volksseuche.

Oben rechts: Wilhelm Conrad Röntgen entdeckte eine neue Art von Strahlen, die er X-Strahlen nannte – ein Meilenstein in der Geschichte der Medizin, ein Segen für die Menschheit.

Unten: Emil von Behring, bahnbrechend auf dem Gebiet der Infektionskrankheiten, entdeckte das Heilserum gegen Diphtherie und das Tetanus-Antitoxin.

65

66

67

68

69

70

Oben: Schüsse in Sarajewo. Der Student Gavrilo Princip wird nach dem Attentat auf den österreichischen Thronfolger Franz Ferdinand abgeführt.

Kolonialpolitik, Flottenpolitik, Weltpolitik sollte Deutschland einen »Platz an der Sonne« sichern.

Links oben: Deutsch-Ostafrika. Die einheimischen Soldaten der Schutztruppe, Askaris genannt, kämpften im Ersten Weltkrieg zusammen mit ihren deutschen Kameraden einen aussichtslosen Kampf.

Ganz links: »Kiek ma', Neptun.« Großadmiral Alfred von Tirpitz, Schöpfer der zweitstärksten Flotte der Welt mit 300 Kielen, nach Bismarck die einzige große politische Begabung im wilhelminischen Deutschland, in einer Karikatur der »Lustigen Blätter«.

Links: Kaiser Wilhelm bei der Besichtigung einer Werft in Kiel. Hier wurden die Kriegsschiffe gebaut, die jeden Angriff der englischen Flotte zu einem Risiko machen sollten.

Unten links: Deutsche Linienschiffe (früher eine Kriegsschiffklasse) auf hoher See. Genial konstruiert, technisch perfekt ausgerüstet, von Matrosen mit hohem Ausbildungstand bemannt – und doch auf verlorenem Posten.

Unten: Kaiser Wilhelm II. auf dem Balkon des Berliner Schlosses am 1. August 1914. »Ich kenne keine Parteien mehr, ich kenne nur noch Deutsche!«

71

72

Unter den Linden in Berlin. Die offizielle Erklärung des Kriegszustands in Deutschland, verlesen durch einen von einer Abteilung Soldaten begleiteten Offizier.

Sie steckten ihren Soldaten Blumen in die Gewehrläufe und schmückten sie, als zögen sie hinaus zu einem Fest.

73

künstlerisches Temperament, seine poetischen und kompositorischen Talente, denen die Mitwelt Balladen verdankt wie den »Untergang von Atlantis«, den »Sang an Aegir« und die »Rosenlieder«, mit denen er hoffnungslos auf Schuberts Pfaden wandelte; und er machte sich beliebt durch seine Begabung, Geschichten zu erzählen, Pointen zu servieren, andere Menschen zu imitieren.

Er verehrte den Kaiser mit Inbrunst, und der Kaiser schätzte ihn, weil er sich in seiner Gegenwart nicht langweilte. Wenn er aufblickte, konnte er gewiß sein, dem schwärmerisch auf ihn gerichteten Blick Eulenburgs zu begegnen. Ein Auge, das einem das beste Frühstück verderben könne, meinte Bismarck, der es dem Grafen nicht vergessen konnte, daß er nach der Entlassung die »Kaisers« den »Kanzlers« vorgezogen hatte.

Philipp Graf zu Eulenburg und Hersfeld, vom Kaiser später in den Fürstenstand erhoben, wurde seiner Favoritenstellung wegen beneidet und befeindet. Viele hielten seinen Einfluß als Mitglied einer angeblichen Kamarilla für schädlich und verdächtigten ihn, ein Intrigant, ein Kriecher zu sein. Die Historiker haben das Urteil revidiert, als sie nach Philipps Tod Einblick in seine Briefe, Tagebuchblätter, Erinnerungen nehmen konnten. Danach hat er dem Kaiser nicht nur nach dem Mund geredet, sondern seine Meinung sehr wohl geäußert, allerdings nur dann, wenn er glaubte, seinen Herrn vor Gefahren schützen zu müssen. Wilhelm ließ sich, wie die meisten Monarchen, ungern etwas sagen und bezeichnete alle jene, die anderer Auffassung waren, als »Schafsköpfe«, »Esel« oder bestenfalls als Leute, die keine Ahnung hätten.

Eulenburg pflegte deshalb seine Vorhaltungen geschickt zu verpacken. Wenn er die in der Öffentlichkeit laut gewordene scharfe Kritik an des Kaisers Reiserei an den Mann bringen wollte, sagte er: »Das philiströse Deutschland ist nur schwer imstande, die unruhige Lebensweise Eurer Majestät zu begreifen! – Es besteht Verstimmung gegen Eure Majestät im Lande!« Wollte er vor den Folgen unbedachter kaiserlicher Ansprachen warnen, meinte er: »In der Begabung Eurer Majestät für Reden liegt eine große Gefahr: daß Eure Majestät zuviel von dieser Begabung Gebrauch machen.«

Der Kaiser reagierte auf derartige Vorhaltungen mit Schweigen. Manchmal war es das Schweigen des In-sich-Gehenden. Nach einem erneuten Hinweis darauf, wieviel böses Blut gewisse Reden besonders im Ausland machten, schrieb er Phili: »Deine freimütigen Worte haben mich gefreut. Ich bin Dir besonders dankbar dafür. Wenn *Du* nicht von der Leber weg reden willst, wer soll es denn sonst tun? Ich werde also künftig meinen Schnabel halten und nur zum Essen, Trinken und Rauchen benutzen.«

Derartige Einsicht war so selten wie die Bemühungen Eulenburgs, sie zu erzielen. Zwar war er anders als die Berater des Kaisers, denen in erster Linie darum zu tun war, ihrem Souverän zu schmeicheln, und die deshalb schwere Schuld auf sich geladen haben. Doch er nutzte seinen Einfluß nicht konsequent. Ihm war darum zu tun, die Wogen zu glätten, Harmonie walten zu lassen. Alle Tage sollten so sein, wie S. M. sie wünschte: Sonntage.

Eulenburg, nach dem Nachfolger für Caprivi befragt, hatte laut nachgedacht, ob es überhaupt möglich wäre, einen dafür geeigneten Mann zu finden. Der dürfe weder konservativ sein noch liberal, weder ultramontan noch fortschrittlich, weder atheistisch noch kirchenfromm. Er hatte aber längst ein solches Wundertier im Visier und empfahl mit Nachdruck den Fürsten Chlodwig zu Hohenlohe-Schillingsfürst, Statthalter von Elsaß-Lothringen. Der war zwar Katholik, aber ein Feind des Klerikalismus, war liberal, doch beinah konservativ, war Bayer, doch dem Reiche gewogen, war Bismarckanhänger, doch dem Kaiser als ein entfernter Verwandter der Kaiserin wohlgesinnt.

Der alte Herr – er ging auf die Sechsundsiebzig zu und war damit älter als Bismarck bei seinem Abgang – übernahm den Posten des Reichskanzlers und preußischen Ministerpräsidenten, obwohl er wußte, daß Wilhelm ihn nur als eine Figur des Übergangs ansah. Ein Übergang, der dann sechs Jahre währen sollte. »Onkel Chlodwig«, wie ihn der Kaiser nannte, wenn er mit ihm einverstanden war (wenn nicht, wurde er zur »Durchlaucht«), hat in dieser Zeit versucht, aus der Defensive heraus Innenpolitik zu treiben, das hieß, zu vermitteln zwischen Reichstag und der Krone, zwischen der Beamtenschaft und den Kabinetten, zwischen den einzelnen sich feindlich gegenüberstehenden Parteien.

Die von seinem Vorgänger nolens volens übernommene, gegen die Sozialdemokraten gerichtete *Umsturzvorlage*, nach der Aufreizung zum Klassenhaß, öffentliche Angriffe auf Ehe, Familie, Eigentum und Verächtlichmachung des Staates härter bestraft werden sollten als bisher, scheiterte ebenso wie die sogenannte Zuchthausvorlage, praktisch ein Sonderstrafgesetz für Arbeiter. Der liebenswürdige Grandseigneur war darüber nicht allzu unglücklich. Für irgendwelche Reformen war er zu alt, zu verbraucht und zu wenig Kämpfernatur, um sich durchsetzen zu können, schon gar nicht in der »Weltpolitik«, in die das Reich jetzt eintrat.

Der immer stärker werdenden Einmischung des Kaisers in alle Bereiche der Politik über die Köpfe seiner Minister hinweg trat er mit den ihm eigenen Waffen gegenüber: Geduld, Kompromißbereitschaft, Furchtlosigkeit. Er war zufrieden, wenn es ihm damit gelang, Unüberlegtes zu vereiteln, Fauxpas ungeschehen zu machen, Schaden abzuwenden. Für einen Politiker kann es auf die Dauer frustrierend sein, immer nur (Un)taten zu verhindern, statt Taten zu vollbringen, und es kam, wenn auch selten genug, zu Ausbrüchen, die niemand dem betagten Herrn zugetraut hätte; so, wenn er angesichts eines besonders eklatanten Falls kaiserlicher Einflußnahme der Majestät telegrafierte: »Ich bin nicht Kanzleirat, sondern Reichskanzler und muß wissen, was ich zu sagen habe!«

Gegen das *persönliche Regiment* eines Monarchen anzugehen, das heißt gegen seine Absicht, die Reichspolitik selbst zu leiten, das erwies sich als eine Sisyphusarbeit, zumal da Wilhelm II. so sehr davon überzeugt war, wie bereits erwähnt, ein Auserwählter zu sein: auserwählt von Gott, die Absichten des Himmels auf Erden zu verwirklichen. Wer die einschlägige Rede vor dem Brandenburgischen Provinziallandtag liest, wird nicht so sehr von der Anmaßung betroffen sein, die in den Worten zu liegen scheint, als von der Naivität. Der Redner glaubte zutiefst daran, was er sagte: »Sie wissen, daß ich Meine ganze Stellung und Meine Aufgabe als eine Mir vom Himmel gesetzte auffasse und daß Ich im Auftrage eines Höheren, dem Ich später einmal Rechenschaft abzulegen habe, berufen bin.« Fast zwanzig Jahre später meinte er in Königsberg, er betrachte sich als ein Instrument des Herren und brauchte deshalb keine Rücksichten auf Tagesansichten und -meinungen zu nehmen.

Als er 1915 erfuhr, König Viktor Emanuel von Italien könne von seinen Ministern wider seinen Willen zu einem Bündnis mit den Feinden Deutschlands gezwungen werden, meinte er, daß sich ein König nicht mit Gezwungen-worden-sein herausreden könne, wenn er sich einst vor dem Jüngsten Gericht zu verantworten haben werde. Dann würde der liebe Gott nämlich sagen: »Nee, Männeken, damit kommst du bei Mir nicht durch! Wer hat dich zum König gemacht? Deine Minister? Dein Parlament? Ich allein habe dich zu dieser Stellung erhoben. Mir allein bist du verantwortlich, hinunter mit dir in die Hölle, oder wenigstens ins Fegefeuer!«

Nun waren die europäischen Dynastien, jahrhundertealter Tradition gemäß, alle von dem Glauben erfüllt, göttlicher Abstammung zu sein und damit des darauf beruhenden wunderwirkenden Heils teilhaftig. In Petersburg, London, Rom oder

Madrid pflegte man es nur nicht derart häufig und derart nachdrücklich zu betonen. Die Kompliziertheit des *Falles Wilhelm II.* – wer etwas höher greifen will, mag auch von Tragik sprechen – liegt darin, daß er seinen Standesgenossen auf den anderen europäischen Thronen überlegen war. Überlegen an Bildung, Witz, Geist, an Talenten; auch meinte er es ehrlicher als sie mit dem Volk. Er wollte diese Deutschen glücklich machen, und so kam auch jenes Wort vor dem Brandenburgischen Landtag aus ehrlichem Herzen, das da lautete: »Brandenburger, zu Großem sind wir noch bestimmt, und herrlichen Tagen führe ich euch noch entgegen.«

Es ist, vom Volksmund in »herrliche *Zeiten*« verwandelt, ein geflügeltes Wort geworden, oft genug gegen ihn verwandt, häufiger noch als Motto für die Epoche benutzt, die wir die wilhelminische nennen. Aber waren die Zeiten wirklich herrlich? Hat es die gute alte Zeit überhaupt gegeben?

ALLES STANDESGEMÄSS …

Für den Fürsten Hohenlohe, den wir gerade als frischgebackenen Kanzler erlebt haben, waren die Zeiten ganz gewiß herrlich. Er nämlich konnte die ganze Herrlichkeit seines Zeitalters wahrnehmen: weil er wohlhabend war, unabhängig und eine führende Position bekleidete. Diese Stellung allerdings war nie sonderlich gut dotiert gewesen, denkt man an die damit verbundenen gesellschaftlichen Verpflichtungen. Bismarck hatte als Kanzler 65 000 Mark im Jahr bekommen, ein Gehalt, das ihn 120 000 Mark kostete, so viel nämlich mußte er aus seinem Privatvermögen jährlich zuschießen; und noch einmal 30 000 Mark für Sohn Herbert, den Staatssekretär des Auswärtigen Amts. Nach seiner Entlassung bekam er von der Oberrechenkammer die Aufforderung, für die Tage vom 20. bis 31. März den Unterschied zwischen seinem Gehalt und der ihm seit dem 20. März allein zustehenden Pension zurückzuzahlen. Der Exkanzler, sonst Kummer aus Berlin gewöhnt, witterte diesmal keine Schikane, sondern bemerkte amüsiert: »Durch solche Maßnahmen ist der preußische Staat groß geworden.«

Beamte hatten dem Staat zu dienen, ohne etwas an ihm zu verdienen. Sie waren ihm verpflichtet durch persönliche Treue, ihren Gehorsam, ihre Ehre. Während der vierjährigen Vorbereitungszeit zahlte Vater Staat ihnen kein Gehalt, allenfalls ein Taschengeld. Spesen gab es nicht wie auch keine Gewißheit, nach der Vorbereitung eingestellt zu werden. Die Eltern mußten schriftlich zusagen, für den Unterhalt aufzukommen. Hatte beispielsweise ein Postgehilfe nach viereinhalb Jahren die Prüfung zum Assistenten geschafft, war er gezwungen, bei einem Tagegeld von vier Mark auf eine Planstelle zu warten. Das konnte acht, neun, ja bis zu elf Jahre dauern. An eine Heirat war in dieser Zeit nicht zu denken, es sei denn an eine Mißheirat, eine Verbindung mit einer Frau aus einer tieferen Gesellschaftsschicht. »Nach oben« heiraten konnte ohnehin nur der akademisch vorgebildete Beamte, schätzten es doch Fabrikanten, sich mit einem Schwiegersohn zu schmücken, der seinen Dr. phil., noch besser seinen Dr. jur. gemacht hatte. Heiraten zwischen akademischen und nichtakademischen Beamtenfamilien waren so gut wie ausgeschlossen.

Hatte der Beamtenanwärter endlich seine Planstelle ergattert und eine Familie gegründet, begann der Kampf mit dem Einkommen, das sein Auskommen sichern sollte. Er mußte nun standesgemäß leben, aber gerade das Standesgemäße war das Übergehaltsmäßige. Woher sollte das Geld kommen für die Aussteuer der Tochter, für das Universitätsstudium des einen Sohns, für die zum Reserveleutnant führende einjährige freiwillige Dienstzeit des anderen? Denn das waren die Voraussetzungen dafür, daß die Kinder es später einmal besser haben würden.

Für dieses Ziel hieß es in einer Art und Weise zu sparen, wie sie in unserer Wegwerfgesellschaft nicht mehr vorstellbar ist. Die Wäsche wurde geflickt, die Strümpfe x-mal gestopft, die Kleider immer wieder gewendet, wie der vom Großvater herkommende Konfirmationsanzug, dessen Hosenboden längst einen sanften Glanz verbreitete. Schmalhans war Küchenmeister. In den Tagen vor dem Ersten gab es Beamtenstippe, eine Mehlschwitze, in die man Pellkartoffeln tunkte.

Die Warnungen vor Verschwendung waren drastisch. In seinem Buch der Erinnerungen schreibt der Historiker Schramm: »Sehr verdutzt waren wir, als wir den [kranken] Großvater einmal im Bette frühstückend antrafen; denn er schmierte sich seelenruhig Butter auf seine Zwiebäcke – dabei war uns zu Hause erklärt worden, wer das tue, komme ins Gefängnis. Tante Emmy, die unverheiratet gebliebene der O'Swaldschen Töchter, ging noch einen Schritt weiter: wer Marmelade auf Butter[brote] streiche, treibe Verschwendung und solches Tun führe unweigerlich in die Hölle.«

Viele Beamtenfrauen und die unverheirateten Beamtentöchter hätten gern etwas hinzuverdient, wenn sie nur gedurft. Aber sie durften nicht. Arbeit, die bekanntlich noch niemandem geschadet hat, ihnen schadete sie, wenn es sich um einen beruflichen Nebenerwerb handelte. Wer es dennoch wagte, mußte es im verborgenen tun, wollte er gesellschaftliche Ächtung vermeiden.

»Heimlich, ganz heimlich, daß ja Niemand es merke, holen sie sich die Handarbeiten aus den Geschäften«, heißt es in einem Bericht der Zeitschrift *Gartenlaube*, »heimlich tragen sie das Fertige wieder hin. Niemand soll und darf es wissen ... denn das ist nicht standesgemäß.« Das Blatt rät den verschämten Heimarbeiterinnen, sich vor dem Schlafengehen die Hände mit einem Stück frischen Specks einzureiben, denn die durch Handarbeit rauh gewordenen Hände könnten ihre Tätigkeit verraten.

Oft nützten weder Nebenerwerb noch eisernes Sparen. Die Familie war gezwungen, etwas zu tun, was laut Beamtenstatut verboten war – Schulden zu machen. Die Gehälter waren seit vielen Jahren unverändert geblieben, und ein Regierungsrat verdiente im letzten Jahrzehnt des ausgehenden Jahrhunderts eben nicht mehr als 600 Mark im Monat, der Kanzleisekretär 320, der Kassendiener bei der Eisenbahn 130. Das waren keine Anfangsgehälter, sondern das Maximum nach langen Dienstjahren. Der Landrat bekam zusätzlich zu seinem Jahressalär von durchschnittlich 4 500 Mark weitere 6 000 als Dienstaufwandsentschädigung. Sie mußte ausreichen, um acht bis zwölf Gehilfen zu entlohnen und 200 bis 250 Gäste zu bewirten.

»Immer tiefer sinkt der Beamte«, schreibt Theodor Fontane, »übrigens ganz unverschuldet. Vor hundert Jahren und fast noch vor fünfzig war er durch Stellung und Bildung überlegen, und in seiner Vermögenslage, so bescheiden sie war, meist nicht zurückstehend; jetzt ist er im Geldpunkt zehnfach überholt und in natürlicher Konsequenz davon auch in allem anderen.«

Die eigentliche Entlohnung eines Beamten – und das gehörte neben Unkündbarkeit und Pensionsanspruch zu den ausschlaggebenden Gründen, die Laufbahn eines Staatsdieners einzuschlagen – bestand aus dem Bewußtsein, einem privilegierten Stand anzugehören, aus der Hoffnung, durch Orden ausgezeichnet zu werden oder gar, was allerdings nur bei höheren Beamten möglich war, das heiß begehrte »von« dem Namen voranstellen zu können.

»Ich habe nicht umsonst gelebt«, sagte Baurat N. N., als man ihm auf dem Sterbebett den Roten Adlerorden 2. Klasse in die Hand legte. Vizepräsident Boetticher bekam einen Weinkrampf, als er zu seinem Dienstjubiläum einen lang ersehnten Orden *nicht* bekam. Von einem anderen ging die Rede, er habe, weil er statt des erwarteten Schwarzen Adleror-

HOF-FRISEUR HABY's

„Es ist erreicht"

Jeder Schnurrbart bekommt dadurch eine so **überraschend vornehme Lage,** als wäre er mit heissem Eisen gebrannt worden. (Barttracht Methode Haby.) Glanz und Weichheit der Haare bleiben erhalten. Selbst der kleinste Bart wird danach grösser und stärker, man kann damit dem Schnurrbart **jede gewünschte Lage geben.**

„Es ist erreicht" ist kein Klebestoff.

Letzte Neuheit von Juli 1899.

Hof-Friseur Haby's

KAISER-BINDE

FRANÇOIS HABY, Specialist für Bartfrisuren,
Hof-Friseur Sr. Maj. des Kaisers u. Königs.
BERLIN N. W., Mittelstrasse 57/58, Ecke Friedrichstrasse.

dens nur den Roten bekommen hatte, den Orden mit den Worten in die Gerümpellade geschleudert: »Hier kannst du liegen, bis du schwarz wirst.« Was, bei aller Erbitterung, noch von einem gewissen Humor zeugt.

Der Beamte im wilhelminischen Reich genoß hohes Ansehen, und vielen schien es lohnend, dafür mit einem Dasein zu bezahlen, für das das Wort »Mehr scheinen als sein« galt. Unglücklich war man trotz allem nicht. Die kleinen Freuden des Lebens wurden mit heute nicht mehr nachzuvollziehender Intensität genossen und entschädigten für viele Entbehrungen. Eine Landpartie mit dem Pferdefuhrwerk vor die Tore der Stadt, wo die Männer in Hemdsärmeln Skat spielten, ihre Frauen aus den Picknickkörben den selbstgemachten Kartoffelsalat neben kalten Koteletts herausholten, die Kinder ihre Schaukel an einem dicken Ast befestigten, während von ferne der Klang einer Drehorgel herüberwehte, eine solche Partie schenkte Müllers und Schmidts, wie die am häufigsten vorkommenden deutschen Familiennamen lauten, die Wonnen des Himmels, und man zehrte noch lange davon.

Genauso lange wie von dem Hausball, zu dem jede bessere Familie verpflichtet war, sollte die Reputation nicht leiden. Die Tischwäsche und das Tafelsilber, die Prunkrömer und Terrinen, die »echten« Teppiche und den galonierten Diener mußte man sich pumpen, die Bowle war zu süß, der Wein zu sauer, der befrackte Klavierspieler mit dem Kaiser-Wilhelm-Bart zu unmusikalisch (aber preiswert – sechs Mark für die Nacht plus warmer Mahlzeit und zwei Flaschen Lagerbier), dafür waren die Herren tanzlustig, die Damen selig angesichts ihrer wohlassortierten Tanzkarten, in die sich die Tänzer für die einzelnen Touren eingetragen, die Ballmütter nachsichtig, wenn es zu Extratouren kam, wie die zusätzlichen Tänze hießen, aber unnachsichtig, wenn ein allzu tiefes Dekolleté *weibliche Reize lüstern preisgab.*

»Alles tanzte, alles flog durcheinander«, erinnert sich Marie von Bunsen, »immer rascher wurde das Tempo – es war unbeschreiblich schön. Dann jedoch mußte der Vortänzer, den von den Eltern erhaltenen Vorschriften zufolge, um zwei Uhr Herrn Neumann [dem Klavierspieler] das Zeichen geben. Dieser spielte Halali, und das schöne Fest war beendet, ... man kühlte sich etwas ab und fuhr mit den Sträußen beladen nach Hause.«

Wer in den Erinnerungen Gerhart Hauptmanns, Marie von Bunsens, Felix Philippis, Walter Benjamins blättert, Erinnerungen aus der Welt, in der sie lebten, wird bei aller Nostalgie – wie man das Heimweh nach der Vergangenheit heute nennt – den Eindruck gewinnen, daß die Tugenden der Bescheidenheit, des Sichfreuenkönnens, der Herzenseinfalt und Herzensgüte damals noch ihre Gültigkeit hatten.

Die Gehälter waren, wie wir gesehen haben, niedrig, aber auch die Preise. Man bekam etwas für sein sauer verdientes Geld. Wenn Müllers und Schmidts für ihre Landpartie lieber mit der Bahn fuhren als mit dem Pferdefuhrwerk, zahlten sie für die Strecke von Berlin ins wald- und seenreiche Neustrelitz pro Nase in der 4. Klasse für Reisende mit Traglasten hin und zurück 2 Mark. Anstelle des Picknicks konnten sie sich auch mal den Besuch eines Restaurants leisten. Das Schweinekotelett mit Beilage kostete 1,25 Mark, der Gänsebraten 1,– Mark, Aal grün 75 Pfennig. Kompott stand in großen Schüsseln bereit, woraus sich jeder à discrétion bediente, das heißt, soviel er wollte. Man trank ein Bier dazu für einen Groschen (1 Liter 21 Pfennig!), einen Korn für einen Sechser, wie das 5-Pfennig-Stück in Erinnerung an die Talerwährung noch immer hieß. Wenn die Kaffeezeit nahte, ließ man sich kochendes Wasser servieren und brühte die mitgebrachte gemahlene Bohne auf, getreu der am Eingang des Etablissements hängenden Devise »Der alte Brauch wird nich' jebrochen, hier könn' Familjen Kaffe kochen«.

Wenn die Damen Müller und Schmidt sich beim Gemischtwarenhändler trafen, hatten sie in ihren Einkaufskörben Kalbfleisch, das Pfund für 95 Pfennig (Fleisch kam nur sonntags auf den Tisch), Butter, das Pfund für 72 Pfennig, Wurst, das Pfund für 1,– Mark; die Milch, zu 10 Pfennig pro Liter, so fett, daß man aus dem Rahm Schlagsahne bereiten konnte; ein kleines Brot kam auf 8 Pfennig, der Zentner Kartoffeln auf 2 Mark.

Wer von den Steuersätzen hört, denen Herr Müller und Herr Schmidt unterworfen waren, könnte schwermütig werden beziehungsweise endgültig davon überzeugt sein, daß es sich bei der Kaiserzeit tatsächlich um die gute alte Zeit handelte. Einkommen von 900 bis 1 050 Mark wurden mit 6 Mark »belastet«, solche bis 1 350 Mark mit 9 Mark. Wer bis zu 2 800 Mark verdiente, zahlte 31 Mark, Einnahmen von mehr als 9 000 wurden mit 3 Prozent versteuert, von mehr als 30 500 mit 4 Prozent. Umsatzsteuern waren unbekannt, ebenso Mehrwertsteuern. Bei einer größeren Erbschaft wurde mit 1,52 Prozent zur Kasse gebeten.

Minna, die Perle – und der Kastengeist

Daß die Frau Oberpostsekretär Schmidt die Frau Amtmann Müller beim Kaufmann traf, kam allerdings selten vor. Wer auf sich hielt, hielt sich ein Dienstmädchen. Sie hießen Minna, Jette oder Frieda, auch dann, wenn sie nicht so hießen. Ihre Herrschaft gewöhnte sich ungern an neue Vornamen, und die Mädchen wurden nach denen ihrer Vorgängerinnen getauft. Sie kamen zum überwiegenden Teil vom Land, meist schon mit sechzehn, aus Landarbeiterfamilien oder dem kleinstädtischen Arbeiterstand, und ihre Eltern waren froh, sie loszuwerden. In Berlin zogen jährlich etwa 45 000 Mädchen zu, eine Zahl, die die Nachfrage bei weitem nicht deckte. Die Mädchen konnten sich deshalb oft ihre Herrschaft aussuchen, fragten auch, bevor sie ihre Stelle antraten, wie viele Kinder zu betreuen, wie viele Zimmer zu putzen seien.

Viele dieser Mädchen wurden ausgenutzt, arbeiteten bis zu sechzehn Stunden am Tag und bekamen nur alle vierzehn Tage *freien Sonntag* der von vier Uhr nachmittags bis zehn Uhr abends dauerte. Ihr Bett stand in der Treppenkammer, auf dem Dachboden oder gleich in der Küche. In Berlin gab es sogenannte Hängeböden, durch eine Zwischendecke gebildete, nur mit Hilfe einer Leiter erreichbare Verschläge unter dem Plafond, ein Relikt, das, nun zur hängenden Rumpelkammer geworden, in den alten Berliner Wohnungen noch zu besichtigen ist. Auch in der Badestube pflegte man Dienstmädchen unterzubringen.

»Aber 'ne Badestube is nie 'ne Badestube. Wenigstens hier nicht«, erzählt das Dienstmädchen Lizzy in Fontanes Roman *Der Stechlin.* »Eine Badestube is 'ne Rumpelkammer, wo man alles unterbringt, alles, wofür man sonst keinen Platz hat. Und dazu gehört auch ein Dienstmädchen. Meine eiserne Bettstelle, die abends aufgeklappt wurde, stand immer neben der Badewanne, drin alle alten Bier- und Weinflaschen lagen. Und nun drippten die Neigen aus. Und in der Ecke stand ein Bettsack, drin die Fräuleins ihre Wäsche hineinstopften, und in der anderen Ecke war eine kleine Tür. Aber davon will ich zu Ihnen nicht sprechen, weil ich einen Widerwillen gegen Unanständigkeiten habe, weshalb schon meine Mutter immer sagte: ›Hedwig, du wirst noch Jesum Christum erkennen lernen!‹ Und ich muß sagen, das hat sich bei Hofrats denn auch erfüllt. Aber fromm waren sie weiter nich'.«

Nur törichte Hausfrauen behandelten ihr Personal derart schlecht. Gute Dienstmädchen waren rar, nicht umsonst nannte man sie »Perlen«. Wer sie nicht pflegte, bekam bald das Arbeitsbuch vorgelegt. Ein schlechtes Zeugnis hineinzuschreiben, wagten dann die wenigsten. Wenn Minna sich beim Amt beschwerte, kam der Wachtmeister vom nächsten Revier und erkundigte sich beim Portier nach dem Warum. Mit dem Portier aber wollte niemand etwas zu tun haben und mit der Polizei auch nicht, obwohl – oder weil – der Schutzmann sich großer Autorität erfreute, und man zitierte frei nach Goethe: »Willst du erfahren, was sich ziemt, so frage nur beim strengen Schutzmann an.«

Die Mädchen, die ihren Schatz über die Hintertreppe mit den Zigarren und dem Likör des Hausherrn versorgten, vom Haushaltsgeld Schmu machten, sich von den Lieferanten Prozente zahlen ließen, ja sich die Aussteuer zusammenstahlen, waren in der Minderzahl. Die meisten waren ehrlich, von unermüdlicher Arbeitskraft und daran interessiert, mit ihrer Gnädigsten auszukommen. Da sie meist dasselbe aßen, wenn auch nicht am selben Tisch, abgelegte Kleider geschenkt bekamen und Trinkgelder von den Hausgästen kassierten, standen sie sich besser als Fabrikarbeiterinnen. Familienanschluß war selten, mit den Kindern aber verband sie ein herzliches Verhältnis, und in den Erinnerungen der Zeitgenossen lesen wir von den Abschiedstränen, wenn Frieda heiratete oder in ihr Dorf zurückkehrte.

Bisweilen zogen sie heim mit einem wohlgefüllten Sparstrumpf im Reisekorb (vorausgesetzt, sie waren in reichen Häusern beschäftigt gewesen), in der Regel aber gut versehen mit neuen hauswirtschaftlichen Kenntnissen, nicht selten auch nur an – schlechten – Erfahrungen reicher. Für die Romanciers, die Lustspielautoren, die Coupletsänger und Schlagertexter waren sie dankbare Objekte, die Dienstmädchen aus der Kaiserzeit, mit ihrem Mutterwitz, ihrem Durchsetzungsvermögen, ihrem Liebesleid und ihrer Liebeslust. Ein kleines Denkmal hat man ihnen vor einiger Zeit an der Spree mit einer eigenen Gedächtnisausstellung errichtet. Es war überfällig …

Die Herrschaft weise Vertraulichkeiten zurück, heißt es in einem Benimmbuch für das Personal, und achte darauf, daß die Dienstboten in den ihnen zukommenden Grenzen verharren. Diese Grenzen waren auch von der »Herrschaft« zu beachten, wenn sie einem in der gesellschaftlichen Hierarchie höherrangigen Personenkreis begegnete, der Beamte der mittleren Laufbahn dem Beamten der höheren Laufbahn zum Beispiel, der Angehörige des niederen Adels dem des Hochadels, der Handwerker dem Ingenieur, der Nichtgebildete dem Gebildeten, der ungelernte Arbeiter dem Facharbeiter, der Gutsarbeiter dem Bauern, der Unternehmer dem Großindustriellen usw.

Die Deutschen des Kaiserreichs lebten in einem Klassenreich. Die Gegensätze zwischen den einzelnen Klassen hatten sich nicht nur vertieft, neue Rangordnungen waren entstanden mit feinen Abstufungen, bei denen der Verdienst, die Bildung, die Ausbildung eine Rolle spielten und auch, ob jemand Reserveoffizier war oder zum Hof zugelassen oder frisch geadelt worden oder bei der Garde gedient hatte statt bei der Linie (wie die »gewöhnlichen« Regimenter genannt wurden) oder – überhaupt nicht.

Wer sich außerhalb seines genau abgegrenzten Kreises bewegte, ja sogar heiratete, sorgte für Unruhe und, noch schlimmer, für Unordnung, außerdem lief er Gefahr, in Acht und Bann getan zu werden von jenen, die er verließ und von jenen, denen sich zuzugesellen er sich angemaßt. Ein Kastengeist, der vor den kleinsten Städten nicht haltmachte und gelegentlich zu grotesken Situationen führte; so, wenn Corpsstudenten bei einem Ball sich vorher erkundigten, ob die Dame, mit der sie tanzen wollten, auch einem dem Corps gemäßen Kreis angehörte; ein in eine östliche Provinzstadt abkommandierter General geschnitten wurde, weil er seinen dort als Volksschullehrer tätigen Bruder nicht verleugnete; die Freifrau von Kretschmer ihre Tochter Lily für gestorben erklärte, nachdem sie sich den Sozialdemokraten angeschlossen hatte.

Damit auch bei Hof Ordnung herrsche, teilte man die hoffähige Menschheit in 62 verschiedene Ränge ein, die eigentlich Vorränge waren. Das Protokoll bestimmte, wer vor wem den Vorrang hatte, die Kommandierenden Generale zum Beispiel vor den Ministern, Universitätsrektoren fanden sich an der 47. Stelle, und der Gardeleutnant ging dem Bischof voran. Bei Hof zugelassen zu sein war ehrenvoll und brachte Gewinn – durch die Protektion der Leute von Einfluß, die man dort kennenlernte. Man zahlte dafür mit teurem Aufwand und zäher Langeweile. Die vorgeschriebene Hofuniform für Zivilisten, bestehend aus Frack mit Atlasweste, Kaschmirkniehosen, schwarzseidenen Strümpfen und Schnallenschuhen, verwandelte sonst würdevolle Herren in leicht komisch wirkende Figuranten. Wem es gelang, mit einem Glas in der Rechten, dem gefüllten Teller in der Linken den Damen zur Begrüßung die Hand zu küssen, galt als Virtuose.

Bürgerlich geborene Menschenkinder waren, von wenigen Ausnahmen abgesehen, nicht zugelassen. Sie begnügten sich damit, die Hofnachrichten in den Zeitungen zu studieren, und waren beeindruckt zu erfahren, wer diesmal »angesprochen« worden war von den jeweiligen Majestäten. Es gab ja nicht nur Berlin mit seinem Kaiserhof. An den Höfen der Könige von Sachsen, Württemberg, Bayern ging es ähnlich zu, wenn auch die Steifheit sich dem Nord-Süd-Gefälle gemäß lockerte.

Die Fürstenhöfe unterlagen auch in anderen Ländern besonderen Gesetzen, was aber Deutschland von Frankreich, England, Italien unterschied, war jene Kastengesellschaft mit ihren schier undurchdringlichen Mauern. »Welchem Akademikerdünkel bin ich auf dem Wege meines Aufstieges begegnet!« klagte der spätere badische Staatspräsident Köhler. »... alles, was auf der Hochschule studiert oder wenigstens akademisches Bier getrunken hat, hielt wie Pech und Schwefel zusammen«, besonders dann, wenn es darum ging, einem Nichtstudierten den Aufstieg in die Kaste der Studierten zu verwehren, und war er noch so tüchtig.

Selbst Theodor Fontane, der es immerhin zu einigem Ruhm gebracht hatte, wurde bei hochoffiziellen Gelegenheiten von jenen verleugnet, die er für seine Freunde oder doch für gute Bekannte gehalten. Da hat er im Sommer an der Ostsee einen Geheimen Rat kennengelernt (»gleichmacherisch wirkte die Badehose. Allgemeines heiteres Sich-Anbequemen, ein Unterschied ist nicht wahrzunehmen«), den trifft er im Winter wieder bei einem Botschafterempfang, und er muß resigniert feststellen: »Du sitzt vis-à-vis ihm, es trifft dich sein Gruß, davor dein Herz ersteinen muß. Es wundert sein Chef sich, sein Kollege, die Badebekanntschaft ist plötzlich im Wege, von dem, mit dem du den Seehund umstanden, von dem ›sommerlichen‹ [Geheimrat] ist nichts mehr vorhanden, statt seiner der ›winterliche‹ ... Du frierst, suche, daß du dich rasch verlierst.«

Einem Mann wie Fontane fehlten, trotz seines literarischen Ruhms, die Voraussetzungen, um in der Gesellschaft etwas zu gelten. Hoffähig war er nicht, hohe Orden besaß er nicht, reich war er nicht, einflußreiche Gönner hatte er nicht und keinen Souverän, der ihn las und lobte, wie Ernst von Wildenbruch vom Kaiser gelesen und gelobt wurde. Niemand wäre auf den Gedanken gekommen, Fontane, wie es Industriellen und Gelehrten geschehen konnte, zu adeln, auch schmückte kein Titel seine Visitenkarte. Ja, wenn dort wenigstens ein L.d.R. gestanden hätte, die Abkürzung für jene Spezies Mensch, über die er seinen Kommerzienrat Treibel sagen läßt: »Reserveoffiziere. Ja, meine Damen, *das* gibt den Ausschlag. Ich glaube nicht, daß ein hierlandes lebender Familienvater, auch wenn ihm ein grausames Schicksal eigene Töchter versagt, den Mut haben wird, eine Landpartie mit zwei Reservelieutenants auszuschlagen.«

Noch deutlicher wird Carl Zuckmayer im *Hauptmann von Köpenick*, wenn der Schneider Wormser bei der Anprobe einer Offiziersuniform zu seinem Kunden, einem Kommunalbeamten, sagt: »Na, zum Reserveleutnant hamse's ja schon gebracht, das is die Hauptsache, das muß man sein heutzutage – gesellschaftlich – beruflich – in jeder Beziehung! Der Doktor is die Visitenkarte, der Reserveoffizier is die offene Tür, das sin' die Grundlagen, das is mal so!«

Um Leutnant der Reserve zu werden, brauchte man vier Jahre Gymnasium mit dem Abschluß der Obersekundareife, ein nach einjähriger Dienstzeit bestandenes Examen (normale Sterbliche hatten drei, später zwei Jahre zu dienen), einiges Geld (Kost, Logis, Ausrüstung, Bekleidung mußten aus eigener Tasche bezahlt werden) und zwei achtwöchige Übungen in den beiden darauffolgenden Jahren. Der einjährig-freiwilligen Dienstzeit lag die Idee zugrunde, ein Reservoir aus nichtberufsmäßigen Offizieren zu bilden. In der Konzeption eine gute Idee, auch von etlichen Staaten übernommen, jedoch führte sie in der Praxis, zumindest in Deutschland, zu einer Vertiefung sozialer Gegensätze – ein Obersekretär mit dem L.d.R. war eben mehr als ein Obersekretär ohne L.d.R. – und damit zu einer neuen Trennlinie innerhalb der Kasten und zur Ausbreitung des Militarismus, das heißt zum Auswuchern militärischer Denkweisen, Formen und Ziele in alle Bereiche des zivilen Lebens hinein. Der als Witz gemeinte Satz »Der Mensch fängt erst beim Leutnant an« war leider gar nicht komisch.

Die Armee, Schule der Nation?

Hier lag eine der Ursachen, warum der Uniformträger alles war und der Zivilist allenfalls schäbig. Ein Kriterium, das selbst einen Bismarck sich in die hohen Kürassierstiefel quälen ließ, einen Kanzler Bülow zur Karikatur eines Husaren machte, einen Kanzler Bethmann Hollweg zum Zerrbild eines Dragoners. » … der Deutsche Kaiser muß jeden Moment imstande sein, zu einem Leutnant zu sagen: ›Nehmen Sie zehn Mann und schließen Sie den Reichstag!‹« Das berüchtigte Wort, das der Rittergutsbesitzer Elard von Oldenburg-Januschau, Prototyp des reaktionären ostelbischen Junkers, vor dem Reichstag sprach, brachte ihm in der Öffentlichkeit mehr Beifall ein als Ablehnung.

Und als der ehemalige Zuchthäusler Wilhelm Voigt, angetan mit einer beim Kleiderjuden gekauften alten Hauptmannsuniform, mitten in Berlin ein paar Soldaten aufgriff, mit ihnen in das Kreisstädtchen Köpenick fuhr, dort den Bürgermeister verhaftete und mit der Stadtkasse verschwand, da wußte man nicht so recht, ob man darüber lachen sollte oder weinen.

»Das macht uns auf der ganzen Welt keiner nach«, soll der Kaiser mit einem gewissen Stolz gesagt haben, und diese Meinung teilten denn auch die meisten Deutschen.

Das deutsche Heer, häufig gleichgesetzt mit dem preußischen, hat sich mancherlei Kritik gefallen lassen müssen, auch an Einrichtungen und Zuständen, die keineswegs typisch deutsch waren, sondern für jede Armee der Jahrzehnte vor dem Krieg zutrafen, war sie nun französisch, britisch oder russisch: erbarmungsloser Drill, scharfe Vorgesetzte, stupider Dienst – und überall ging es *ungerecht* zu. Soldatenschinder vom Schlage eines Unteroffiziers Himmelstoß, wie ihn Remarque als Typ sprichwörtlich gemacht hat, trugen in anderen Ländern lediglich andere Namen.

Das schlechte Image, wie man heute sagen würde, des deutschen Heeres im Ausland war ungerechtfertigt, hatte desungeachtet aber seine Gründe: Ausnahmen bestimmten hier die Regel, Auswüchse das Gesamtbild. Den Leutnant oder den Hauptmann, wie ihn die Zeichner des *Simplicissimus* unnachahmlich karikiert haben mit seiner Arroganz (Zu den Rekruten: »Als Zivilisten seid ihr gekommen, als Menschen geht ihr wieder ...«), seiner Unbildung (»Janze Nacht Beethoven jespielt, Herr Oberst.« »Na und, jewonnen?«), seinem Adelsstolz (»Sieht auf Bürgerpack nur schief, weil der Grundsatz heißt: Adelsprädikat bezweckt, daß kein Plebs uns naht!«), diesen Typus hat es gegeben, bei den Gardetruppen und hier besonders bei der Gardekavallerie. Doch unter den nach Zehntausenden zählenden Offizieren im Land bildete er eine verschwindende Minderheit.

Die Zahl der bürgerlichen Offiziere, ursprünglich »Konzessionsschulzen« genannt, weil die feudalen Regimenter sich gezwungenermaßen einen Leutnant Schulze leisteten, war mit der Vermehrung des Heeres gestiegen; notwendigerweise, denn adlige Offiziere wuchsen nicht in genügender Anzahl nach, und das Junkermaterial reichte längst nicht mehr aus zur Besetzung der Offiziersstellen.

1913 waren 70 Prozent des Offizierskorps, und *diese* Zahlen haben die Kritiker *nicht* herausgestellt, bürgerlicher Herkunft, der Anteil adliger Generale und Obersten war von 80 auf 52 Prozent gesunken. Die Reserveoffiziere entstammten ohnehin fast ausschließlich dem Bürgertum. Schon 1890 hatte sich Wilhelm genötigt gefühlt, eine Order zu erlassen, in der es hieß: »Nicht der Adel der Geburt allein kann heutzutage wie vordem das Vorrecht für sich in Anspruch nehmen, der Armee ihre Offiziere zu stellen. Aber der Adel der Gesinnung soll und muß unverändert erhalten bleiben. So erblicke ich die Träger der Zukunft Meiner Armee in den Söhnen solcher ehrenwerter bürgerlicher Häuser, in denen die Liebe zu König und Vaterland, ein warmes Herz für den Soldatenstand und christliche Gesittung gepflanzt und anerzogen werden.«

Eine Order, die ein Berliner Zeitungsjunge mit dem gellenden Ausruf an den Mann brachte: »Janzer Adel abjeschafft! Allet nur noch Seelenadel!«

Der Bürger als Offizier war ein Fortschritt, doch nicht immer eine Zierde. Epigonen haben es an sich, echter sein zu wollen als die, die sie nachahmen. Besonders die Söhne der wohlhabenden Besitzbürger versuchten, ihre Vorbilder auf allen Gebieten zu übertreffen. Sie tranken mehr, verspielten mehr, hatten mehr Weibergeschichten und sprachen ein Leutnantsdeutsch, wie es sein Erfinder, der dritte Friedrich Wilhelm, nicht besser gekonnt hätte. Ein Bankier protzte damit, sein Sohn habe die meisten Spielschulden im ganzen Regiment.

Heeresreformen waren nicht selten, dabei fiel manch alter Zopf. Niemand wagte es jedoch, militärisch Sinnloses abzuschaffen, wenn es von der Tradition geheiligt war: das stumpfsinnige Einexerzieren des Paradeaufmarsches etwa, den Parademarsch, das Wachestehen dort, wo es nichts zu bewachen gab. Reformbedürftig waren nicht so sehr die Uniformen, an denen man ständig herumänderte, sondern die Manöver, bei denen die Generale Krieg spielen ließen, ohne kriegsmäßige Bedingungen zu berücksichtigen. Die feudalen Kavallerieregimenter – Ulanen, Husaren, Dragoner, Kürassiere, Chevaulegers und Schwere Reiter – in ihren bunten Uniformen, die da unter Trompetengeschmetter zur Attacke anritten auf ihren schönen Pferden, sie wären nach wenigen hundert Metern von den Maschinenwaffen des Gegners zusammengeschossen worden. Die exklusive Gardekavallerie, die Unsummen verschlang, hat sich bei Beginn des Weltkriegs sehr bald als nutzlose Truppe erwiesen.

Bei der Kriegsspielerei, genannt Manöver, wurde die eine Partei regelmäßig von der anderen in einer großen Zangenbewegung eingekesselt, ihre Truppen aufgerieben oder gefangengenommen, womit die Schlacht entschieden war. Wie es der Zufall wollte, stand an der Spitze der Sieger immer Kaiser Wilhelm. Man arrangierte die Truppenbewegungen so, daß S. M. nicht umhin konnte zu siegen, wie auch immer er in die

Befehle seiner Kommandierenden Generale eingriff. Bei der Manöverkritik wurden seine Verdienste am Schlachtensieg herausgehoben und gewürdigt. Die Generale nahmen es zähneknirschend, aber schweigend hin.

Das Los des Grafen Waldersee, der bei der Manöverkritik auf Fehler des Kaisers hinzuweisen gewagt hatte und daraufhin als Chef des Generalstabs abgelöst worden war, diente ihnen zur Warnung. Als Hindenburg bei einem Manöver die »falsche« Partei, das heißt die nicht vom Kaiser kommandierte, siegen ließ, zog er sich ebenfalls die allerhöchste Ungnade zu. Zivilcourage gehörte zu den Tugenden, die nicht mehr gefragt waren in der Armee, und so eifrig man die Tradition pflegte, einen York von Wartenburg, der noch gewußt hatte, wann ein Offizier *nicht* gehorchen durfte, schien man vergessen zu haben, und auch einen von der Marwitz mit der von ihm gewählten Grabinschrift »Sah Friedrichs Heldenzeit und kämpfte mit ihm in allen seinen Kriegen. *Wählte Ungnade, wo Gehorsam nicht Ehre brachte*«.

Die hohen Militärs waren es, die, mit der Billigung und der Unterstützung des Kaisers, das Offizierskorps vor den Einflüssen der neuen Zeit zu bewahren suchten. In der Praxis bedeutete das, zwar bürgerliche Offiziere zuzulassen, aber nur solche, die blind und bedingungslos auf den Kaiser eingeschworen waren und allen unorthodoxen politischen Ideen, besonders den sozialistischen, abgeschworen hatten. Ungetaufte Juden, oft auch getaufte, und Männer des unteren Mittelstands waren als unerwünschte Elemente ohnehin ausgeschlossen. Gleichzeitig verstand man es, jede Kontrolle des Reichstags über das Heer zu unterbinden.

Dazu gehörte es, die Position des Kriegsministers (damals hieß er ehrlicherweise noch nicht Verteidigungsminister), der dem Reichstag über militärische Angelegenheiten zumindest Rede und Antwort stehen mußte, planmäßig zu schwächen – ein Prozeß, der bereits unter Wilhelm I. begonnen hatte – und möglichst viele seiner Kompetenzen auf das dem Kaiser unmittelbar unterstehende Militärkabinett zu übertragen. Was auch gelang: der Chef des Generalstabs durfte dem Kaiser direkt vortragen (und ihn damit beeinflussen), sämtliche Personalangelegenheiten, wie Beförderung, Ernennung, Bestrafung, Entlassung, Auszeichnung, wurden dem Kriegsminister entzogen. Womit die gefürchteten *französischen Zustände* – in Frankreich kommandierte der Kriegsminister die Armee – verhindert waren.

Daß die Armee ein abgesonderter Körper bleiben müsse, in den niemand mit kritischen Augen hineinsehen dürfe, so der Chef des Militärkabinetts von Hahnke, darum ging es auch bei der Reform der Militärstrafgerichtsordnung. Was in Frankreich, England, ja selbst im reaktionären Rußland üblich, war in den einzelnen Ländern des Deutschen Reichs, von dem hier einmal fortschrittlichen Bayern abgesehen, nicht die Regel: die Öffentlichkeit bei den Gerichtsverfahren zuzulassen. Der Kanzler Hohenlohe war klug genug, den immer stärker erhobenen Forderungen nach Transparenz entgegenzukommen. Wer seine Prozesse zu Geheimsachen erklärte, müsse sich den Vorwurf gefallen lassen, etwas verbergen zu wollen. Darüber hinaus schade er damit dem Ansehen der Armee und liefere allen, denen jede Uniform ein rotes Tuch war, neue Argumente. Der Kaiser teilte Hohenlohes Überzeugung nicht und machte aus einer militärischen Frage eine Machtfrage, glaubte er doch »die durch Geschichte und Verfassung begründeten Rechte« der Krone und seine eigene Kommandogewalt gefährdet. Über den Liberalismus, ja Demokratismus, der manchen Deutschen anscheinend in den Knochen steckte, alterierte er sich maßlos und kanzelte seinen Kriegsminister in einer Weise ab, daß der später gestand, einem anderen gegenüber würde er zum Degen gegriffen haben. Was zu den leeren Drohungen gerechnet werden kann, mit denen sich Staatsminister und Generale Luft zu machen suchten, wenn S. M. allzusehr auf ihrem Ehrencodex herumgetrampelt hatte.

Wilhelm, von den Herren des Militärkabinetts angestachelt, die insgeheim immer mit dem Gedanken eines Staatsstreichs spielten, verkündete, daß er sich öffentlichen Militärgerichtsverfahren unbeugsam widersetzen werde, um sich nach jahrelangem Ringen dann doch zu beugen – zum Schaden seines und des Heeres Prestiges. Das Gesetz wurde unterzeichnet – und, wie so oft bei Gesetzen, durch Ausführungsbestimmungen verwässert. Mißhandlungen von Soldaten, wie sie immer noch vorkamen und immer wieder, besonders von den Sozialdemokraten, vor dem Reichstag angeprangert wurden, konnten damit jedenfalls nicht verhindert werden. Die Militärgerichte bestraften solche Vergehen streng, und von *allerhöchster Stelle* wurde für künftige Fälle mit noch größerer Strenge gedroht. Es empfahl sich nicht, die allerhöchste Empfehlung wörtlich zu nehmen, wie es der Erbprinz von Meiningen im Bereich seines Armeecorps tat. Er fand sich urplötzlich auf einem Abstellgleis wieder ...

Wie wenig die Hofgenerale von ihren Soldaten wirklich wußten, wie wirklichkeitsfremd sie waren, zeigte der Erlaß, wonach alle sozialdemokratischer Gesinnung verdächtigen Rekruten den Ersatzbehörden zu melden seien. Sie mußten sich von den Kommandeuren der einzelnen Truppeneinheiten dahingehend belehren lassen, daß, wenn alle solche Rekruten namhaft gemacht werden sollten, man die Mehrzahl der Wehrpflichtigen anzeigen müßte. Tatsächlich sympathisierten vier Fünftel der Gemeinen, wie die einfachen Soldaten genannt wurden, mit der sozialdemokratischen Bewegung.

Trotz des Adelshochmuts der Gardeoffiziere, trotz des Kastengeists der hohen Militärs, der Volkstümlichkeit der Armee tat all das kaum Abbruch. Da waren die Großväter und die Väter, die vom Sturm auf die Düppeler Schanzen erzählten, vom Schlachtengewitter bei Königgrätz, vom Todesritt bei Mars-la-Tour, von der Kanonade vor Paris. Dem Mut und der Tapferkeit, die sie als Soldaten gezeigt hatten, verdankte man die ersehnte Einigung des Vaterlands, seine neue Macht und Herrlichkeit und sein Ansehen in der Welt. Man war stolz auf sie, stolz auf den Ruhm der Waffen, und der Sedanstag am 2. September wurde von jung und alt, arm und reich mit Freuden gefeiert, freudiger noch als Kaisers Geburtstag am 27. Januar.

Tausende von Menschen kamen zu den Truppenparaden, sangen zur Marschmusik die im Volk kursierenden ziemlich deftigen Texte, wobei der zum Königgrätzer Marsch passende Text (»Denkste denn, denkste, du Berliner Pflanze, denkste denn, ick liebe dir, wenn ick mir dir tanze ...«) noch der harmloseste war. Die einzelnen Regimenter hatten Spitznamen, die humorvoll gemeint waren, wenn sie auch wenig schmeichelhaft klangen. Die Ulanen hießen wegen ihrer Lanzen »Paddenstecher« (Padde = Frosch), die Husaren »Strippenjungs« wegen der Verschnürung der Attila, die Kürassiere wegen der schönen weißen Uniform »Mehlsäcke«, die Gardefeldartilleristen waren die »Bumsköppe«, die vom Train die »Deichseldragoner« und das LF auf den Achselklappen des Infanterieregiments Nr. 93 Leopold Friedrich wurde zu »Landesfaulenzer«.

Ziel aller Provinzstädte war es, Garnisonsstadt zu werden. Ein Regiment, wenn möglich von der Kavallerie, in den Mauern zu beherbergen war ehrenvoll und finanziell einträglich. Handwerker, Gastwirte, Lieferanten und Landwirte kamen zu zusätzlichen Einnahmen, die Stadtverwaltung zu Steuererlässen, Dienstmädchen und Köchinnen zu einem Schatz, Bürgerstöchter zu flotten Tänzern oder guten Partien. Wer den Garnisonskommandanten zu seinen Gästen zählen durfte, erfreute sich stiller Hochachtung. Das gesellschaftliche Leben, sonst oft von grauer Eintönigkeit, belebte sich zum Vorteil beider, der Uniformträger und der Zivilisten, auch durch Konzerte, Vorträge, Theateraufführungen. Wenn manche Kleinstadt stolz eine gut funktionierende Kanalisation vorweisen konnte, verdankte sie es ihrer Garnison, deren Kommandeur mit dem Abzug seiner Truppe gedroht hatte, wenn nicht endlich die Plumpsklosetts beseitigt werden würden (die nicht selten Ursache immer wieder grassierender Typhusepidemien waren).

Wem die Berliner Herren keine Soldaten zugeteilt hatten, was viele Stadtväter in der Provinz als grausamen Schicksalsschlag ansahen, freute sich zumindest auf die Einquartierung während der großen Herbstmanöver. Einen Feldwebel als Quartiergast zu bewirten, einen Leutnant oder gar einen Stabsoffizier, tröstete manchen über die kleinstädtische Eintönigkeit der restlichen Monate hinweg. Und die Dorfschönen schwärmten noch lange von den Manöverbällen. Die Manöver*kinder* allerdings, die sich pünktlich einstellten, gehörten zu den weniger geschätzten Andenken.

Einberufen wurden keineswegs alle jungen Männer. Nach der Statistik zog Deutschland lediglich 53 Prozent der Wehrtüchtigen ein, Frankreich dagegen 82 Prozent. Schon 1890 war das Reich hinter der Kriegsstärke seiner späteren Gegner zurückgeblieben. 1914 hatte das Fünfundsechzigmillionenvolk der Deutschen von den zehn Millionen Wehrpflichtigen nicht viel mehr als die Hälfte ausgebildet, womit nach dem Urteil mancher Militärhistoriker dem Feldheer die eine Million fehlte, die zu einer frühen Entscheidung 1914 notwendig gewesen wäre.

Wer zum Kommiß mußte (ein Wort, das von dem lateinischen *commissum* kommt, was ursprünglich *anvertrautes Gut* hieß), ging willig, wenn auch fluchend, den Koffer oder den Pappkarton in der Rechten, durfte sich nach abgeleisteter Rekrutenzeit einen »alten Knochen« nennen, ließ sich im Urlaub in der Ausgehuniform bewundern und begann bald mit Hilfe eines Streichkalenders die Tage zu zählen, bis er endlich das schöne Lied singen durfte »Oh, wie wohl ist dem zumut', der die letzte Wache tut. Ja, und noch viel wohler dann, wer die Klappe rollen kann«. Damit war die Achselklappe gemeint, die der Reservist zusammenrollte. Den Reservestock mit der Kompanietroddel geschultert, die bunte Reservistenpfeife, auf deren Kopf der Name, die Uniformen und die Regimentsnummer prangten, ging es stark angeheitert heim zu Muttern, wo Reserve bekanntlich Ruh' hatte. In späteren Jahren kramte der Altgediente sein *Erinnerungsblatt an die Dienstzeit* mit den bunten Bildchen aus der Regimentsgeschichte (»Es lebe hoch das Regiment, das sich mit Stolz Markgraf Ludwig Wilhelm nennt«) hervor, zeigte auf den Feldwebel (»Das war ein ganz scharfer Hund«) oder auf den Bataillonskommandeur (»Zu dem konnte man mit allem kommen«) oder auf den Koch (»Der Fraß, den der kochte«) und kam nach dem Motto »Gehabte Sorgen, die habe ich gern« zu dem Resümee, daß es doch eine ganz schöne Zeit gewesen sei, die Zeit beim Militär.

Zu diesen Erinnerungsseligen gehörten übrigens auch eingefleischte Sozialdemokraten. Als Hohenlohe noch bayerischer Ministerpräsident war, registrierte er nach einer Parade am Berliner Kreuzberg, daß von der früheren Animosität gegen das Militär nichts mehr zu spüren sei und selbst der einfachste Arbeiter die Truppe mit dem Gefühl ansah, daß er dazugehöre oder -gehört habe.

Die Armee als die Schule der Nation, ein Wort, das heute nicht mehr gültig ist, aus der damaligen Zeit heraus gesehen jedoch in mancher Hinsicht zutraf. »Nicht selten«, schreibt der Militärhistoriker Ortmann, »entwickelte sich aus einem unbeholfenen, linkischen Rekruten ein anstelliger, gewandter Mann. Die mit dem Dienst verbundene Erziehung zur Ordnung, Sauberkeit, Ausdauer, Pünktlichkeit, Selbständigkeit und Kameradschaft wirkte sich auch im weiteren Leben aus. Der soziale Kontakt mit Menschen aus anderen Berufen und Schichten wurde zum Schlüssel für gegenseitiges größeres Verständnis.«

Junker, Bauern und Handwerker

Der Popularität, die sich das Militär errungen hatte, konnte sich die Beamtenschaft nicht erfreuen, und ironischerweise war es das Militär, das dazu beigetragen hatte. Die aus der Armee nach zwölf Jahren ausscheidenden Unteroffiziere und Feldwebel, »Zwölfender« genannt, besaßen Anspruch auf Beamtenstellen. Man teilte sie ihnen unglückseligerweise dort zu, wo sie mit dem Publikum in Kontakt kamen: am Schalter, in der Eisenbahn, am Gericht, bei der Polizei. Die frischgebackenen Schalterbeamten, Zugschaffner, Gerichtsdiener, Schutzmänner vergaßen nie, woher sie gekommen waren – aus der Kaserne, und entsprechend war ihr Verhalten, barsch nach unten, servil nach oben.

Zivilcourage war nicht ihre Sache und auch nicht die ihrer Kollegen und ihrer Vorgesetzten. Die Beamten waren pedantisch, paragraphenversessen und erlaubten sich fast nie den Luxus einer eigenen Meinung. Sie waren aber auch unbestechlich, fleißig, gerecht und verstanden etwas von ihrem Beruf. Eigenschaften, mit denen sie sich von ihren Kollegen in England und Frankreich abhoben, wo Cliquenwesen, Vetternwirtschaft und Korruption die Staatsverwaltung überwucherten.

So wurde das Reich zwar schlecht regiert, aber gut verwaltet, und nimmt man das Wort Mirabeaus »Administrer, c'est gouverner; gouverner, c'est régner – Verwalten heißt regieren, regieren heißt herrschen«, dann haben in Deutschland die Beamten die Schwächen der Regierenden gemildert. Daß sie damit gleichzeitig die Entwicklung eines parlamentarischen Regierungssystems verhinderten, steht auf einem anderen Blatt.

Beamte verkehrten, wie geschildert, vornehmlich mit Beamten; mit Fabrik- oder Landarbeitern nie, mit Handwerkern allenfalls nur dann, wenn es Handwerks*meister* waren. Typisch für die Zeit war das ominöse Schild, das man noch an alten großstädtischen Mietshäusern findet, mit der Aufschrift »Aufgang nur für Herrschaften« beziehungsweise in Richtung Hintertreppe »Aufgang für Lieferanten«.

Des Handwerks sprichwörtlich goldener Boden glänzte längst nicht mehr. Schuhe, Anzüge, Polsterstühle, Uhren, Türschlösser, Lampen und andere Gegenstände des täglichen Gebrauchs wurden nicht mehr Stück für Stück von Hand gefertigt, sondern in Serie fabriziert: weniger solide und von geringerer Haltbarkeit, aber billiger. Aus der Schreinerei wurde die Möbelfabrik, aus der Schusterwerkstatt die Schuhfabrik, aus den Webstuben das Textilunternehmen. Handwerker wurden zu Fabrikarbeitern – eine Umstellung, die ihnen schwerfiel. Ihr Standesbewußtsein war stark ausgebildet, und die häßliche Fabrikhalle, in der sie nun arbeiten mußten statt in ihrer heimeligen Werkstatt, erschien vielen als ein einziges großes Gefängnis.

Wer sich von ihnen dennoch seine Selbständigkeit bewahren wollte gegen die übermächtige Konkurrenz der *Warenhäuser*, in denen es von der Stecknadel bis zum Renaissancebüfett alles gab, mußte sich mit Reparaturen begnügen. Erst viel später begann das kaufkräftigere Publikum, abgestoßen von der niedrigen Qualität mancher Industriewaren, sich wieder auf handgearbeitete Erzeugnisse zu besinnen und verhalf dem Handwerk zu einer neuen Blüte.

Den über Land wandernden Handwerksburschen mit dem Felleisen auf dem Rücken, dem Zehrpfennig des Meisters in der Tasche und der Hoffnung im Herzen, daß ihnen die Zunftgenossen mit Bett und Brot schon weiterhelfen würden, konnte man bis in die Jahre vor 1914 noch begegnen. Für manche wurde die *Walz*, wie die Wanderschaft im Fachjargon hieß, zum Dauerzustand. Im Tornister ersetzte die Schnapsflasche das Werkzeug: aus einem Wanderburschen war ein Vagabund geworden. Manche Burschen kehrten dorthin zurück, woher sie gekommen waren, in die kleinen Landstädtchen, in denen der Bürger gleichzeitig Bauer war, ein Ackerbürger. Fand er dort einen Meister mit einer Tochter, die noch zu haben war, stand bescheidenem Glück nichts mehr im Wege.

Das flache Land bildete das riesige Reservoir der großen Städte über 100 000 Einwohner, deren Zahl von Jahr zu Jahr stieg. (1871 gab es acht »Hunderttausender«, zwanzig Jahre später bereits sechsundzwanzig, um die Jahrhundertwende waren es dreiunddreißig.) Der Lebensstandard der Kätner, Tagelöhner, Instleute, Gutsarbeiter, der Knechte und Mägde war niedrig. Ihre Arbeit hart, ihre freie Zeit gering, ihre Bewegungsfreiheit eingeschränkt. In den Gebieten östlich der Elbe, noch stärker in denen östlich der Oder, hatte der Gutsherr die Herrschaft und gebot – Bauernbefreiung hin, Bauernbefreiung her – über Wohl und Wehe seiner Leute. Er bestimmte die Höhe der Löhne, ahndete Vergehen, stiftete Ehen; empfahl, wer zu den Soldaten gehen mußte und wer nicht; befahl, welche Partei zu wählen war. Er war von Adel und hatte bei der Armee einen Offiziersdienstgrad bekleidet, mit dem er sich im allgemeinen anreden ließ, und wer von den Gutsarbeitern mit ihm sprach, stand stramm.

Die Junker – eine Bezeichnung, die von denen stammte, die sie bekämpften – sind die am meisten geschmähte Gesellschaftsschicht gewesen, und es gab in der Tat manche, die ihrem Namen Unehre machten. Besonders dann, als sie auf ihr ererbt geglaubtes Recht pochten, den Staat zu beherrschen, dieser Anspruch durch die sich ändernden Zeitläufe aber längst verspielt war. Doch wie es unsinnig ist, ein ganzes Volk in seiner Gesamtheit zu verteufeln (*die* Engländer, *die* Franzosen) oder einen ganzen Stamm (*die* Bayern, *die* Sachsen), so unsinnig ist es, eine historische Klasse in Bausch und Bogen zu verdammen. »Immer besteht sie aus Menschen von Fleisch und Blut«, meint Golo Mann, »die frei sind, sich über den Geist ihrer Klasse zu erheben oder von ihm abzufallen. Große Dichter wie Heinrich von Kleist waren Junker, tätige Idealisten und Pazifisten gar nicht junkerlichen Geistes kamen aus dem vielgeschmähten Stand. Auch als Ganzes hat die preußische Adelskaste ihre Tugenden gehabt, Tugenden der Nüchternheit, der Frömmigkeit, der bescheidenen Sicherheit. Historische Macht ist nie ohne historische Schuld. Gönnen wir also den Junkern ihre Verdienste, wie wir ihnen ihre Schuld ankreiden.«

Alle Macht lag bei den Gutsherrn, aber auch alle Verantwortung, denn sie herrschten patriarchalisch, wie ein Familienoberhaupt, und dazu gehörte eine umfassende Fürsorgepflicht. Die meisten von ihnen sind dieser Pflicht nachgekommen, nicht nur, weil ihnen die Klugheit gebot, dem Ochsen, der da drischt, nicht das Maul zu verbinden, sondern weil sich im Laufe der Generationen ein gegenseitiges Verhältnis von Treu und Glauben gebildet hatte. Und da der Vergleich notwendigerweise zur Geschichtsschreibung gehört: die mit den Junkern vergleichbaren Adligen in Frankreich, England, Italien etc. hätte der deutschen Landbevölkerung selbst ihr schlimmster Feind nicht als »Herrschaft« zumuten wollen. Zu selbstverständlich waren dort Menschenverachtung, Mißwirtschaft und Verschwendungssucht.

Häufig jedoch bekamen es die Gutsarbeiter weniger mit ihrem Herrn zu tun, dem sie im allgemeinen Respekt und Achtung entgegenbrachten, als mit dem Inspektor. Der Landarbeiter Franz Rehbein hat uns geschildert, wie die Rücken sich beugten und der Atem schneller ging, wenn der Hufschlag seines Pferdes aus der Ferne zu hören war.

»Auffallend war mir ..., daß er es nicht der Mühe für wert hielt, uns ... einen guten Morgen zu wünschen. Er notierte sich nur unsere Namen und ritt dann zu den pflügenden Knechten hinüber, wo wir ihn bald weidlich schimpfen hörten.«

Da die Landarbeiter einen Teil ihres Lohns in Naturalien bekamen, sich Schweine hielten, eine Kuh, Hühner, einen Garten bewirtschafteten, brauchten sie den Hunger nicht zu fürchten.

Verglichen mit den Zuständen in den Elendsvierteln der Großstädte war es viel, ihnen schien es verständlicherweise wenig. Die Geschichten aus dem goldenen Westen, kolportiert von heimkehrenden Dienstmädchen und entlassenen Soldaten, wo angeblich höhere Löhne winkten, geregeltere Arbeitszeiten, freie Sonntage, bessere Schulen und, nicht zuletzt, Vergnügungen jeder Art, ganz abgesehen von der Chance, »sein Glück zu machen«, diese Erzählungen ließen den Entschluß nicht schwer werden, der Heimat zu entfliehen.

Wie stark die Großstadt auf die Landflüchtigen wirkte, schildert der bereits erwähnte Landarbeiter Rehbein: » ... eilte unser Zug unaufhaltsam der Hauptstadt zu. Abwechselnd steckten wir die Köpfe aus den Wagenfenstern und blickten nach vorwärts dem hauptstädtischen Lichtmeer entgegen. Ausrufe des Staunens und der Überraschung: so viel Lichter gab's wohl in ganz Hinterpommern nicht, als wie hier im Fluge entgegenleuchteten.«

Manche von ihnen kamen vom Regen in die Traufe und vertauschten das sauer verdiente, aber sichere Brot in der Heimat mit dem Hunger in der Fremde; mit Obdachlosigkeit, mit Arbeitslosigkeit. Wurzellos geworden, gingen sie in der gesichtslosen Masse des Industrieproletariats unter. Andere schafften den sozialen Aufstieg; wenn nicht für sich selbst, so doch für ihre Kinder und Kindeskinder.

Daß sie nie vergaßen, woher sie gekommen waren, zeigte sich in ihrem Bemühen, ein Stückchen Erde, und sei es noch so klein, zu bepflanzen, mit Gemüse, mit Gewürzkräutern oder einfach mit Blumen; und wem es gelang, einen jener Gärten zu bekommen, die der Doktor Schreber aus Leipzig für die Großstadtmenschen erfunden hatte, der wurde viel beneidet.

Allein aus Ostpreußen wanderten innerhalb von fünf Jahren hunderttausend landwirtschaftliche Arbeiter ab. Insgesamt waren in den Jahrzehnten nach dem 1870/71er-Krieg Millionen von Menschen von Ost nach West unterwegs. Die Lücken dieser großen Landflucht waren spürbar genug, um die Gutsbesitzer zur Anwerbung von Saisonarbeitern zu zwingen. Sie kamen aus Polen, Masuren, Litauen, Böhmen und wurden nur für die Zeit der Ernten verpflichtet; unter Bedingungen, die, was ihre Löhne und ihre Unterkunft betraf, jeder Beschreibung spotteten, ihnen aber immer noch ein besseres Auskommen gewährten als in ihrer Heimat.

AUFWÄRTS GEHT'S MIT RIESENSCHRITTEN

Das große Staunen angesichts einer sich rapide verändernden Umwelt befiel nicht nur den Landarbeiter Rehbein. Auch der Großstädter selbst glaubte sich bisweilen der Entwicklung nicht mehr gewachsen. Das fing beim Straßenverkehr an, der in Großstädten wie Berlin ein solches Ausmaß angenommen hatte, daß Passanten, denen es gelungen war, den Potsdamer Platz zur Hauptverkehrszeit zu überqueren, sich auf der in der Mitte liegenden Verkehrsinsel erleichtert in die Arme fielen – wie Frau von Spitzemberg ihrem Tagebuch anvertraute. Die Deutschen, die trotz aller Industrialisierung in ihrer Mehrzahl auf dem Land wohnten, wurden Jahr für Jahr mit einem neuen technischen Wunder konfrontiert. Was damals auf technisch-wissenschaftlichem Gebiet geschah, muß man sich vergegenwärtigen, will man das Wilhelminische Zeitalter begreifen.

»Mutter, ich habe einen Pferdewagen gesehen, der fuhr ohne Pferde«, rief der damals fünf Jahre alte Vater (des Verfassers), wofür er von seiner Mutter eine Ohrfeige bezog: »Du sollst nicht immer so schwindeln ...«

Benz, Daimler, Otto, Maybach hießen die Herren, die die Kräfte des Pferdes auf scheinbar magische Weise in einen sogenannten Motor gebannt hatten. Eine technische Tat, die uns zum Segen wurde und auch zum Fluch(en). Wie manche der damals gemachten Erfindungen. Daß man mit jemandem sprechen konnte, der nicht neben einem saß, sondern viele Kilometer entfernt, an das Telephonieren, hatte man sich noch nicht gewöhnen können. Bei der Premiere des elektrischen Lichts in den Cafés Unter den Linden waren die Berliner so perplex, daß sie sich in die Bemerkung flüchteten: »Det wird nie 'n richtjer Jas.« Krauses Ältester erzählte, daß man in einem Haus in der Friedrichstraße in einem »Drahtkorb« bis in den fünften Stock hinauffahren könne. In den neu erbauten Warenhäusern brauchte man die Treppen nicht mehr hinaufzusteigen, man konnte mit ihnen hinauf*rollen*. Emil Berliner hatte eine schwarze Scheibe entwickelt, in deren Rillen man Töne speichern und mit Hilfe einer Nadel wieder hervorholen konnte. Wer sich photographieren lassen wollte, brauchte nicht mehr totenstill mit langsam gefrierendem Lächeln auf den Apparat zu starren, er durfte sich bewegen: die Momentaufnahme machte es möglich.

Man konnte den Staub aus der Wohnung *saugen*, einen Federhalter mit Tinte füllen, seine Hemden mit Hilfe eines gasbeheizten Bügeleisens glätten, die Wohnung mit heißem Dampf heizen, Gemüse durch Sterilisation haltbar machen, sich mit dem Apparat des Mister Gilette das Kinn rasieren, sich ein water closet einbauen lassen; in einem dahinrasenden Eisenbahnzug dinieren und zu Bett gehen, als sei es ein fahrendes Hotel; mit einem Veloziped, Knochenschüttler geschimpft, durch die Straßen radeln, weil Mister Dunlop mit seinem Luftreifen noch nicht soweit war. Das alles konnte, wer es sich leisten konnte, doch waren das noch nicht allzu viele. Alle aber waren davon überzeugt, daß sie es eines Tages können *würden*. Auch in dem Luftschiff dort oben würden sie einst sitzen – Zeppelin hieß es nach seinem Erfinder, dem Grafen Zeppelin – und schwerelos über Land und Meer gleiten der Sonne entgegen.

Es ging aufwärts, und kaum ein Tag verstrich ohne ein neues D.R.P, ein Deutsches Reichspatent. Nicht alle Erfindungen waren das, wofür sie sich ausgaben, *epochemachend*; auf den orthopädischen Nasenformer und den Atemabhalter für Friseure hätte man verzichten können wie auch auf das *gesunde militärische Haltung* verleihende Tragegestell Benefactor und die automatische Stopfmaschine Rapid. Was sich jedoch immer erst etwas später herausstellt. Der Kinematographenapparat der Herren Skladanowsky und Meßter zur Erzeugung beweglicher Bilder, die man in Kinos genannten finsteren Räumen vorführte, wurde von den Experten ja auch als Spielerei ohne Zukunft abgetan. Manche Erfindung wurde ihrer Ungeheuerlichkeit wegen gar nicht recht geglaubt. Holten sie sich wirklich den Stickstoff aus der Luft, holten sie aus Kohle solche Kostbarkeiten wie Parfum, Farben, Gewürze, Süßstoff, Gummi? Sie holten …

Koch fand den Erreger der Lungentuberkulose, dieser wahren Volksseuche; zwei seiner Schüler entdeckten den Diphtherie- und den Typhusbazillus. Der Entdeckung folgte die Bekämpfung mit Hilfe neuer Impfstoffe. Das Aspirin wurde entwickelt, ein fiebersenkendes und schmerzstillendes Mittel, das Germanin, das Pyramidon, das Serum gegen den Wundstarrkrampf. Wie man einen Patienten mit Hilfe von Cocain örtlich betäubt, Lokalanästhesie genannt, verdankt man dem Dr. Schleich; wie man mit Hilfe kurzwelliger elektromagnetischer Strahlen in ihn hineinsehen kann, dem Dr. Röntgen. Den Welträtseln auf der Spur waren Max Planck mit der Quantentheorie, Einstein mit seiner speziellen Relativitätstheorie, Paul Ehrlich mit der modernen Chemotherapie; Liebig, Wöhler, Kekulé machten die Chemie zur hilfreichsten Wissenschaft für die Menschen.

Die Deutschen errangen damals doppelt so viele Nobelpreise wie jedes andere Volk. Nicht nur auf dem Gebiet der Naturwissenschaften und der Technik gehörte es zu den führenden Nationen, auch in den Geisteswissenschaften, in der Literatur, der Malerei, im Drama, in der Musik und, last not least, im Film, der sich sehr bald zum jüngsten Musenkinde mauserte. Namen wie Nietzsche, Mommsen, Heinrich Schliemann, Thomas Mann, Max Liebermann, Gerhart Hauptmann, Richard Wagner mögen für alle jene stehen, die neue Wege wiesen und die Welt in einem anderen, einem neuen Licht zeigten. Was sich in der Geschichte des Reiches der Deutschen oft genug zum Unheil ausgewirkt hatte, der dynastisch-föderalistische Bau, den Künsten gereichten die verschiedenen Residenzen zum Vorteil. Die Bühnen in Berlin, die Oper in Dresden, die Galerien in Dresden und Darmstadt, die Theaterlandschaft von Rhein und Ruhr mit ihren vierzig Häusern waren in Europa ohne Beispiel.

Der Glaube an den Fortschritt der Menschheit war bei den Deutschen der Kaiserzeit grenzenlos. Er wurde getragen von einem bergeversetzenden Optimismus. »Der Baum, den ich gestern im Garten gepflanzt habe«, sagte der Großvater des Verfassers zu seinem Sohn, »der wird noch deinen Kindern, ja deinen Enkeln Schatten spenden.« Wer heute so reden würde, in einer Zeit, die – mißt man sie an ihrem Wohlstand, an ihrer Freizügigkeit und ihrer Freiheit – Grund hätte zu Lebensmut und Hoffnungsglauben, man würde ihn für einen sonderbaren Schwärmer halten. Als die *Berliner Illustrirte Zeitung* Silvester 1899 ihre Leser nach der Bilanz des Jahrhunderts fragte, gaben sie auf die Frage Numero 18 »Welches war die glücklichste Periode in diesen 100 Jahren?« in ihrer überwiegenden Mehrheit die Antwort »Die Zeit nach dem französischen Kriege (1870/71) bis zur Gegenwart«. Zeitgenossen, die ihre eigene Zeit am schönsten fanden, das war ein Novum in der Geschichte. Doch kam ihr Glaube nicht von ungefähr. Sie spürten den Fortschritt nicht nur auf dem Gebiet der Wissenschaften und der Technik, auch wirtschaftlich ging es ihnen von Jahr zu Jahr besser. Um die Entwicklung zu veranschaulichen, ist etwas Statistik nötig.

Danach hatte sich die Ausfuhr zwischen 1880 und 1912 um 6 Milliarden Mark erhöht, die Einfuhr um 8 Milliarden. Im Gesamthandel hatte das Reich Frankreich und die USA längst hinter sich gelassen und war dabei, Großbritannien, der führenden Industriemacht der Welt, den Rang abzulaufen. Das von den Engländern 1887 für alle importierten deutschen Waren vorgeschriebene Signum *Made in Germany*, vorgeschrieben, um die deutsche Konkurrenz zu erschweren, hatte sich als Bumerang erwiesen. *Hergestellt in Deutschland* wurde zum Gütezeichen, und wer Waren mit diesem Signum kaufte, wußte, daß er Qualität gekauft hatte. Die Entwicklung des Außenhandels entsprach der auf dem inneren Markt. Die Weizenernte hatte sich von 1880 bis 1912 dank chemischer Düngung nach den Prinzipien des Professors Liebig und moderner landwirtschaftlicher Maschinen fast verdoppelt. Ähnliches galt für Hafer, Roggen, Gerste, bei den Kartoffeln stieg die Ernte von 19,5 auf 50,2 Millionen Tonnen, in den Ställen und auf den Weiden drängte sich das Vieh.

Die Bergwerke an Rhein, Ruhr, in Lothringen und Oberschlesien förderten 175 Millionen Tonnen Steinkohle, das waren 100 Millionen mehr als vor zwanzig Jahren, und 27 Millionen Tonnen Eisenerze, beinahe eine Verdreifachung. Die Roheisenproduktion wuchs von 4,6 Millionen Tonnen im Jahre 1891 auf 19,3 Millionen im Jahre 1913, und fast doppelt so viele Schiffe liefen die deutschen Häfen an.

Um die Jahrhundertwende gab es über 56 Millionen Deutsche, 1871 waren es noch 41 Millionen gewesen. Die Verschuldung ihres Staates war, maß man sie an der Bevölkerungszahl, geringer als in anderen Ländern, ihre Spareinlagen dagegen weit höher. Für ihre 660 000 Soldaten zahlte jeder von ihnen 21,17 Mark im Jahr, jeder Franzose 27,08 Mark, jeder Engländer sogar 32,18 Mark. Das gesamte Volksvermögen betrug 270 bis 310 Milliarden Mark, gegen 260 bis 300 Milliarden in England und 170 Milliarden in Frankreich.

Vizekanzler Delbrück stellte in einer Reichstagsrede, die die Vermögens-, Einkommens- und Lohnverhältnisse in Deutschland behandelte, die Frage: In welchem Umfang sind die arbeitenden Klassen an diesem Aufschwung beteiligt? Er beantwortete sie mit in Preußen gewonnenen Zahlen, die als einigermaßen repräsentativ für das ganze Reich angesehen werden können.

»Das zu den direkten Steuern veranlagte jährliche Einkommen über 900 Mark [erst von diesem Betrag an mußte man, wie erinnerlich, Steuern zahlen] betrug 1892 5 704 Millionen, 1912 15 240 Millionen Mark ... Daraus ergibt sich also, meine Herren, daß das große Kapitalvermögen, das im Laufe der Jahre sich angesammelt, sich keineswegs nur in den Geldschränken der reichen Leute angesammelt hat, sondern daß die gesamte Bevölkerung bis in die Kreise des Handarbeiters herab an dieser Einkommensvermehrung teilgenommen hat.

(Unruhe bei den Sozialdemokraten)

Denn die Grenze von 900 Mark Einkommen, die ich eben angeführt habe, wird jetzt bekanntlich von den Einkommen eines großen Teiles unserer Arbeiterschaft längst überschritten. [Insgesamt von 60 Prozent der Bevölkerung.]

Unsere Wohnungen sind besser geworden trotz aller Mängel, die ihnen noch anhaften mögen ..., die ganze Lebenshaltung des Arbeiters ist eine bessere und höhere geworden. Das alles, die gesteigerte Lebenshaltung, die besseren Wohnungen usw. haben die minderbemittelten Klassen bezahlen können, ohne verhindert zu werden, an den Vermögensvermehrungen im Deutschen Reich für ihre Person teilzunehmen ...

Überblickt man eine längere Jahresreihe, so ist unzweifelhaft der Lohn erheblich stärker gestiegen als die Lebensmittelpreise. Die Lebenshaltung hat sich also gebessert.«

Die Frau, das unterdrückte Wesen

Was sich nicht gebessert hatte, war die Stellung der Frau, und zwar quer durch alle Klassen. Die Frauen blieben die Schwächsten der Schwachen. Ihre Welt war das Heim. Versuchten sie, ihren Einfluß auf andere Gebiete auszudehnen, stießen sie automatisch auf Widerstand. Von den Arbeiterinnen, die arbeiten mußten, den Frauen des Bürgertums, die nicht arbeiten durften, den vom Land kommenden Dienstmädchen, die sich ihre Mitgift erarbeiten wollten, wurde schon gesprochen; von jenen Frauen, die sich auf dem »Bildungsweg« emporzuarbeiten hofften, noch nicht.

Dieser Weg war anfangs ungangbar. Das erste Hindernis war das Abitur. Weil es für Frauen gar keins gab. Erst in den neunziger Jahren konnten junge Mädchen die Reifeprüfung ablegen. Vorausgesetzt, sie hatten das Glück, Eltern zu haben, die ihnen den Besuch eines der wenigen Mädchengymnasien ermöglichten. Solche Eltern mußten vermögend sein und ziemlich modern in ihren Ansichten.

Das Abitur öffnete der jungen Dame die Tore der Universität, aber studieren durfte sie dort nicht, nur Vorlesungen besuchen. Ihre bloße Anwesenheit im Hörsaal genügte, um, nach Meinung der Professoren, die Sitte und die Moral zu gefährden. Die Frau sei ohnehin ihrer physiologischen Beschaffenheit nach der inferiore Teil des Menschengeschlechtes, was sich besonders an der Schädelbildung und dem geringeren Hirngewicht zeige.

Der Münchner Professor für Anatomie Theodor Bischoff führte im einzelnen aus, warum Frauen sich für das Studium der Medizin nicht eigneten. »... ich kann mir doch nichts Abstoßenderes und Widerwärtigeres denken als ein junges Mädchen, beschäftigt am Seziertisch oder bei der Sektion einer menschlichen Leiche ... Nun denke man sich eine Vorlesung über Anatomie in Gegenwart von Dutzenden von jungen Männern und jungen Mädchen oder Frauen, in welcher von den Geschlechtsorganen gesprochen werden muß, dieselben demonstriert und in natura gezeigt, ihr Gebrauch und selbst ihr Mißbrauch erörtert werden!! Oder eine Vorlesung über Zeugung und Entwicklung, in welcher die Zeugungsmaterien, die Funktionen der Geschlechtsorgane, Begattung, Befruchtung ausführlich behandelt werden!!«

Während in Zürich und in Edinburgh Frauen bereits studierten und Examina ablegten, dauerte es in Deutschland bis zur Jahrhundertwende, ehe sich die ersten Mädchen an den Universitäten mit allen akademischen Rechten immatrikulieren durften. Den Akademikerinnen begegnete man trotz bestandener Examina, die die ihrer Kommilitonen in den Noten weit übertrafen, überall mit Mißtrauen. Der Geheimrat Virchow trat aus dem Vorstand des Victoria-Lyzeums aus, weil Dr. Franziska Tiburtius, die erste Ärztin Berlins, einen Kursus für Gesundheitslehre abhalten wollte. Im Reichstag erregte die Erwähnung einer weiblichen Medizinalperson, laut Parlamentsstenogramm, *ungeheure Heiterkeit*. Der *Kladderadatsch* witzelte zum Vergnügen seiner Leser über Rechtsanwältinnen, Professorinnen, Wissenschaftlerinnen, Richterinnen.

Die bürgerliche Gesellschaft glaubte, daß Bildung das Weibliche im Weibe verderbe und die Heiratschancen mindere. Denn: welcher Mann wünsche sich schon eine Frau, die mehr wußte als er? Verheiratung aber war das Ziel, aufs innigste zu wünschen, ein Ziel, dem alles andere im Leben des jungen Mädchens unterzuordnen war. Warten auf den Mann hieß der Titel des allgegenwärtigen Dramas, in dem die *höhe-*

re Tochter die passive Hauptrolle spielte. Warten auf den Richtigen natürlich, auf den begüterten, gutsituierten, aus guter Familie stammenden Ehekandidaten (gut aussehen durfte er, mußte aber nicht). Solche Männer waren auch damals rar, denn die meisten konnten erst zwischen Dreißig und Fünfunddreißig an eine Heirat denken, will heißen eine Familie standesgemäß ernähren.

Aus den Tagebüchern der jungen Damen weht Langeweile. »13. Januar: Clavierstunde gehabt; wollte zu Willy [dem älteren Bruder] gehen, Mama aber fand das Wetter zu schlecht. – Meine Handschuhe alle nachgesehen und genäht – ich habe jetzt 23 Paar tragbare und 10 Paar neue! In der *Gartenlaube* geblättert. 4. März: Clavierstunde gehabt und auch französische Stunde. Bei Ruete und Schuetts einen Besuch gemacht, zum Glück beide nicht angetroffen, meine Karte abgegeben. 22. März: Mit Mama zur Stadt gefahren und bei Fräulein Weimann einen Hut ändern lassen – dann bei Homann Kuchen und Bonbons mitgenommen; wir wollten nämlich zu Hause des Kaisers Wohl essen ...«

Die *Mama* (mit der Betonung auf der zweiten Silbe) war also immer dabei und sprach ein entscheidendes Wort, wenn es um den Zukünftigen ging. Heiraten war eine viel zu ernste Angelegenheit, als daß man es den jungen Leuten überlassen durfte. Mama war deshalb ständig auf Jagd nach der *Partie*, wobei Hausbälle, Tanzkränzchen und Badeorte die besten Reviere abgaben. Die große Liebe war nicht gefragt, sie kam ohnehin selten genug vor; Verliebtsein genügte für den Anfang, gegenseitige Achtung für die späteren Jahre. Die Ehen, die auf diese Art gestiftet wurden, waren nicht schlechter als die »Liebesheiraten« unserer Tage.

Die *höhere Tochter* hatte als Jungfrau in die Ehe zu gehen. Im Gegensatz zu den Töchtern der Arbeiter, der Handwerker, der Bauern, die vorher zu »probieren« pflegten. In einem Benimmbuch für die gehobenen Stände, erschienen 1895, lesen wir: »Der Brautstand gestattet einen herzlichen Verkehr zwischen den Brautleuten. Die Augenblicke des Alleinseins werden jedoch gezählt sein, denn die gute Sitte will, daß möglichst immer eine Anstandsperson gegenwärtig sei. Doch wird die Mutter oder irgendeine verständige Anverwandte das Wächteramt nicht gar zu strenge üben, sondern liebe Worte wie maßvolle Zärtlichkeiten erlauben.«

Derselbe Schramm, der sich hier beinahe großzügig gibt, verurteilt das gemeinsame Baden der Geschlechter, ungeachtet der Tatsache, daß die badende Venus ohnehin von Kopf bis Fuß verhüllt war. Noch degoutanter fand er es, daß Damen bei einem Schwimm*lehrer* Unterricht nahmen (ein Beruf, der häufig von ehemaligen Unteroffizieren ausgeübt wurde). Schramm streng: »Ich kann es nicht verstehen, wie Damen es fertigbringen, sich vor Herren im Badecostume sehen zu lassen. Daß aber ein Unteroffizier ein Mann ist, kann doch wohl kaum bestritten werden.« Die Prüderie ging mit der Heuchelei Hand in Hand und so weit, daß Wörter wie *Hose, Lende, Bein, nackt* in Gegenwart von Herren als unaussprechbar galten und in den Bücherregalen der Jungmädchenzimmer die männlichen von den weiblichen Schriftstellern zu trennen waren.

Sexuelle Aufklärung war den Eltern (wie nicht selten heute noch) peinlich und endete meist mit der Erklärung, wie es die Schmetterlinge machten. Es hieße jedoch, unsere lieben Urgroß- und Großmütter zu unterschätzen, wenn man annimmt, daß sie sich ihre Kenntnisse nicht auf ihre Weise zu holen wußten. Zum Beispiel aus Büchern *unter dem Ladentisch*, von denen sich ein Exemplar bei der Großmutter (des Verfassers) fand, mit dem Titel: »Chr. Truth. Frauenehre – Frauenliebe. Die Liebe zwischen Damen der vornehmen Gesellschaft und Lebemännern, zwischen Börsenbaronen und Damen vom Ballett wird freimütig geschildert. Realistischer Inhalt ohne jede Ängstlichkeit in der Ausdrucksweise. Es ist dies keine Lektüre für unreife Menschen.« Fälle, in denen die ahnungslose Braut während der Hochzeitsnacht aus dem Fenster flüchtete, aus Schreck vor dem fremden Mann im Nachthemd, sind nachweisbar, waren aber selten. Es blieben genug Verklemmung und Verdrängung, oder wie man heute sagen würde, Frustration.

Die Jungfräulichkeit, die von den Töchtern verlangt wurde, war bei den Söhnen der gehobenen Stände nicht erwünscht. Sie sollten sich, bevor sie heirateten, die Hörner abstoßen, sich austoben, wie man das nannte. Der Offizier hatte ein Verhältnis mit einem Mädchen aus dem Volke (von dem Österreicher Arthur Schnitzler als *süßes Mädel* zur Unsterblichkeit erhoben), der Student seine diversen Liebschaften, oder die jungen Herren kauften sich die Liebe. In einer Provinzstadt wie Leipzig gab es 70 Bordelle, in Hamburg 180, in Berlin gingen 11 000 Mädchen auf die Straße, darunter eine große Anzahl von Minderjährigen. Nicht alle waren behördlich zugelassen und besaßen das *Buch*, in dem die turnusmäßige ärztliche Untersuchung eingetragen wurde. Die Ziffer der nebenberuflich tätigen Damen der Horizontale lag im dunkeln, nicht aber die Zahl derer, die sich von ihnen eine Geschlechtskrankheit holten. Allein in Preußen gab es um 1900 41 000 Geschlechtskranke, darunter 11 600 mit frischer Syphilis, von 100 Männern waren etwa 20 geschlechtskrank, und das Mittel, das dagegen half, Salvarsan, war erst 1909 zu bekommen.

Dem Dr. Paul Ehrlich war die Erfindung dieses Heilmittels, das Millionen von Menschen in der ganzen Welt vor einem entsetzenerregenden Siechtum bewahrte, zusammen mit seinem japanischen Assistenten Hata im sechshundertundsechsten Versuch gelungen. Es bekam deshalb den Namen *Ehrlich-Hata 606*. In den Studentenkneipen sang man in einer Mischung aus Frivolität und Erleichterung: »Und hast du auch die Lues, du süße kleine Hex', ich lass' es nicht, ich tu es. Wir hab'n ja Ehrlich-Hata-sechs-null-sechs.«

Die Prostitution zu bekämpfen machte sich die Frauenbewegung anheischig, mit demselben Mißerfolg allerdings, mit dem der *älteste Frauenberuf der Weltgeschichte* seit eh und je bekämpft worden ist. Die englischen Frauenrechtlerinnen, Suffragetten genannt, die mit Regenschirmen auf Polizisten eindroschen und bei jeder Gelegenheit Streit anfingen, hatten dem Kampf um die Gleichberechtigung der Frau keinen guten Dienst erwiesen. Die deutschen Gesinnungsgenossinnen der *suffragets* versuchten sich durch Wort und Schrift durchzusetzen. Doch Deutschlands Männer – Katholiken, Altliberale und Konservative an der Spitze – waren gegen jede Art von Emanzipation; gegen gleiche Berufschancen und gleichen Lohn, gegen das Stimmrecht und die Reform der Mode, gegen sexuelle Befreiung. Selbst verwirklichen, ein Begriff, den es noch nicht gab, konnten Frauen sich nur als Schauspielerin, Schriftstellerin, Malerin – den leichten Hautgoût, eine Bohémienne zu sein, dabei in Kauf nehmend – und im Dienst der Kirche oder der Wohltätigkeit.

Luise Otto-Peters, Jenny Hirsch, Helene Lange, Anna Schepeler-Lette, Lina Morgenstern, um nur einige Namen zu nennen, gehörten zu den Führerinnen der Frauenbewegung; ein Beruf, besser eine Berufung, zu der Zivilcourage, Entsagung, Geduld gehörten und ein unendlich dickes Fell. Nicht zuletzt ihnen ist es zu verdanken, daß sich allmählich eine Schicht junger berufstätiger Frauen heranbildete, die ihre Vorurteilslosigkeit und ihre geschlechtliche Freiheit nicht mit schlechtem Gewissen bezahlen mußten.

Nicht nur die Politiker waren den Frauenrechtlerinnen wenig hilfreich, die Frauen selbst, und zwar in ihrer Mehrheit, zeigten sich entmutigend desinteressiert an ihrer Gleichberechtigung. Unbewußt schienen sie zu spüren, daß Unabhängigkeit mit Verantwortung bezahlt werden mußte, Verantwortung für sich selbst und die Familie. Da war es doch besser, den Herrn der Schöpfung für die materiellen Dinge des

Lebens aufkommen zu lassen. Je vergoldeter die Stangen des Ehekäfigs waren, um so weniger litten sie unter dem Mangel an Freiheit und dem Zepter des Hausherrn.

»Der Vater kommt! das sei das Zauberwort, das aller Augen freudig aufleuchten läßt, gerunzelte Stirnen glättet und mutige Zuversicht in bekümmerte Herzen gießt.« Um den Knigge für die gehobenen Stände noch einmal zu Wort kommen zu lassen. »Doch wehe dem Hause, in welchem der Eintritt des Hausherrn verfinsternd wirkt: frohe Lieder verstummen, heitere Spiele werden abgebrochen, die Hausfrau wirft scheue Blicke um sich, jede Unordnung und Ungehörigkeit noch im letzten Augenblicke tilgend ...«

Ibsens Nora, die ihr Puppenheim verläßt, um fern von ihrem spießbürgerlichen Mann und den Kindern ein selbständiger Mensch mit eigenen Gedanken und Erfahrungen zu werden, stimmten viele Frauen zu. Ihrem Beispiel zu folgen, dazu brachten sie nicht den Mut auf. Die Zeit wäre dafür auch noch nicht reif gewesen ...

VIII Die Deutschen und die Engländer

Die Planeten annektieren

Der Aufschwung auf den Gebieten der Wissenschaft, der Technik, der Wirtschaft und der Kultur fand im politischen Bereich keine Entsprechung. Hier konnte man von herrlichen Zeiten nur mit einer Portion Ironie reden. In der Innenpolitik war die *Umsturzvorlage*, die sich gegen die Sozialdemokraten richtete, gescheitert, was den Kaiser zu einer Depesche an Kanzler Hohenlohe bestimmt hatte, des Inhalts: »Besten Dank für Meldung. Es bleiben uns somit noch die Feuerspritzen für gewöhnlich, und die Kartätschen für die letzte Instanz übrig!« Das ließ ein Mann telegraphieren, der, soviel ist gewiß, niemals auf Arbeiter hätte schießen lassen, der sich auch von einem Scharfmacher wie Waldersee nicht zur *großen Abrechnung* mit der Umsturzpartei, wie die Sozialdemokratie jetzt genannt wurde, drängen ließ. Der General hätte jede Chance genutzt, vielleicht doch noch Kanzler zu werden, womit er so fest gerechnet hatte, und nichts ist bezeichnender für den skrupellosen Ehrgeizling als seine Bemerkung: »Man muß eine auswärtige kriegerische Verwicklung herbeiführen und diese zu gleichzeitiger Zwangspolitik im Innern benutzen.« Und Zwangspolitik schloß bei Waldersee Blutvergießen nicht aus.

Wilhelm beließ es bei Worten; er forderte zum Kampf gegen Leute auf, die sich gegen die Religion erhöben, das Volk durchseuchten und das Familienleben, ja die Stellung der Frau zu erschüttern trachteten, und da er gerade im Zuge war, drohte er mit einem »Kladderadatsch«, einem Staatsstreich, wenn der Reichstag die Kreuzervorlage nicht annehmen würde. Er sei zum Kampf auf Leben und Tod entschlossen.

Eine mächtige Kriegsflotte zu bauen war seit langem der Ehrgeiz des Kaisers: gepanzerte, kanonenbestückte Schiffe, geführt von gut geschulten Seesoldaten; Schlachtschiffe, die imstande waren, die Küsten vor Angriffen von See her zu bewahren; Kreuzer, die die weltweiten Interessen der neuen Großmacht Deutschland zu schützen vermochten, die Flagge zeigen würden in den fernsten Weltgegenden und das Reich auch als Seemacht zu einem begehrten Bündnispartner machen könnten.

Das waren keine unvernünftigen Gedanken. Deutschlands Seehandel war auf dem Weg, den zweiten Platz hinter England zu erringen: die deutschen Seehäfen hatten innerhalb weniger Jahre ihren Umschlag vervielfacht; eine Flotte von Handelsschiffen kreuzte die sieben Meere und hielt die Verbindung mit den Kolonien aufrecht. Die Küsten des Reichs waren nicht allzu lang, aber *zu* lang, um sie ungeschützt zu lassen. 1864 und wieder 1870, als drei deutsche Panzerschiffe sich vierunddreißig französischen gegenübersahen, hatte man die Blockade der Küsten ohnmächtig in Kauf nehmen müssen. Und wehrlos hatte man sich gefühlt, als es mit England zu kolonialen Streitigkeiten gekommen war. Charakteristisch hierfür war der sogenannte Jameson Raid.

Dr. Jameson, ein Angestellter der britischen Kolonialgesellschaft, fiel Ende 1895 mit 800 Freischärlern von der britischen Kapkolonie aus in Transvaal ein, wo die Buren eine Republik errichtet hatten. Den dort lebenden *Uitlanders*, meist Briten, sollte durch den Coup die politische Gleichberechtigung mit der burischen Bevölkerung verschafft werden. In Wahrheit ging es um die Einverleibung der Burenrepubliken (Transvaal und Oranjefreistaat) in das britische Kolonialreich. Die Metalle in den Bergwerken von Johannesburg sowie das Gold von Witwatersrand waren verlockend genug; und Jameson war nicht umsonst ein Freund von Cecil Rhodes, dem Premierminister der Kapkolonie.

Der Überfall sprach dem Völkerrecht Hohn und wurde von der Welt verurteilt. Am schärfsten reagierte Berlin. Aus gutem Grund: allein in Johannesburg lebten 15 000 Deutsche; besaßen Krupp, Siemens, die Dresdner Bank ihre Niederlassungen; war deutsches Kapital überall beteiligt und deutsche Waren in steigendem Maß gefragt. Auch hatten die Deutschen aus ihrer Sympathie für das stammverwandte Volk der Buren nie einen Hehl gemacht. Im Auswärtigen Amt erwog man deshalb, den Botschafter in London abzuberufen, ja den Buren militärische Hilfe durch ein Expeditionskorps zukommen zu lassen.

Die Briten distanzierten sich von ihrem Landsmann Jameson; doch nicht deswegen, weil sie ihn, wie die übrige Welt, für einen Verbrecher hielten, sondern für einen Hitzkopf, der das Richtige falsch angepackt hatte. Ohm Krüger, legendärer Präsident des Transvaalfreistaats, dankte den Deutschen, ihre Truppen aber wollte er lieber nicht, und als die Meldung eintraf, die Jameson-Bande sei von den Buren zu Paaren getrieben worden, schien eine gefährliche internationale Krise gebannt. Wenn nur das Auswärtige Amt zu Berlin nicht eine Botschaft abgeschickt hätte, die als *Krüger-Depesche* geschichtsnotorisch geworden ist. In ihr sprach der Kaiser dem Präsidenten der Republik Transvaal seinen Glückwunsch aus, daß es ihm mit seinem Volk gelungen sei, »in eigener Tatkraft die Unabhängigkeit des Landes gegen Angriffe von außen zu wahren«.

Ein harmlos klingender Text, jedoch brisant in der Wirkung. In Deutschland löste er Jubel aus, der Kaiser hatte wie meist den Ton getroffen, der bei seinen Untertanen ankam. Der Glückwunsch an ein kleines, tapferes Volk, das man wegen seines Freiheitswillens seit langem bewunderte, war ja auch aller Ehren wert. Doch mit Gefühlen ist schlecht Politik zu machen, und sosehr die Depesche den Buren schmeichelte – ohne daß ihnen damit in irgendeiner Weise geholfen war –, sosehr mußte sie die Engländer verärgern. Für sie waren die Burenrepubliken Transvaal und Oranjefreistaat zwar unabhängig im Innern, aber abhängig im Äußeren, nämlich Glieder des britischen Empire. Das Telegramm war unnötig, zwecklos und verriet ein bestürzendes Maß an politischer Naivität. Es war ein Luxus, wie das Auswärtige Amt später einsah, zu spät einsah, um der Buren willen sich England zum Feind zu machen.

Wer im einzelnen dafür verantwortlich war, der Chef des Marinekabinetts, der Außenminister, der Kanzler, der Kaiser selbst oder gar der böse Holstein, darüber haben die Herren sich später sehr verschieden ausgelassen. Verurteilt haben sie im nachhinein den Text alle, aber keiner wollte es gewesen sein. Dessenungeachtet bleibt die Tatsache, daß die Krüger-Depesche im Namen des Kaisers abgesandt worden war und unter Zustimmung seiner Ratgeber. Mit der Entschuldigung, es sei eine der üblichen Spontanaktionen des Monarchen gewesen, ließ sich diesmal nicht operieren.

Wie empört die englische Öffentlichkeit auf das Telegramm reagieren würde, das allerdings hätte auch ein guter Kenner Britanniens nicht ahnen können. Die Empörung der »upper ten« war so heftig wie die der breiten Masse. Die Schlagzeilen lauteten: *Deutschland ist unser wahrer Feind, Deutschland steckt seine Finger in unsere Töpfe,* und was »the Kaiser« betraf, der doch ein halber Brite sei, so ähnele das Telegramm einer Ohrfeige, die ein Gentleman einem anderen Gentleman aus heiterem Himmel verabreicht habe. Es gab nur wenige Engländer, die sich eingestanden, daß hier der ertappte Dieb sein Haltet-den-Dieb rief. Zum erstenmal tauchten Wendungen auf wie *Handelsrivalen auf Leben und Tod, Wirtschaftskämpfe, Konkurrenz.*

Die Krüger-Depesche hat die deutsch-englischen Beziehungen nachhaltig gestört, aber sie hat die antideutsche Stimmung nicht geschaffen. Diese Stimmung war latent vorhanden, genährt durch die Konkurrenzangst der Briten und die Großmannssucht eines von den Alldeutschen repräsentierten Deutschland. Wenn Menschen fleißiger sind als ihre Nachbarn, tüchtiger, erfindungsreicher, sparsamer, ist das schlimm genug; schlimmer ist es, wenn sie sich mit ihrem Fleiß, ihrer Tüchtigkeit, ihrem Erfindungsreichtum, ihrer Sparsamkeit brüsten, damit auch dem letzten Erdenbewohner klarmachend, daß ihm eines Tages das Wasser abgegraben sein würde.

Bismarcks Grundsatz, wonach niemand mit dem Säbel rasseln solle, der nicht imstande sei, den Säbel notfalls zu gebrauchen, bestätigte sich, als die Engländer im Kanal einen Teil der *grand fleet* zu einer machtvollen Demonstration zusammenzogen und Berlin nichts übrigblieb, als mit den Zähnen zu knirschen. Nein, Deutschland war nicht imstande, England für seine Politik der Selbstsucht und Einschüchterung, wie Holstein das ausdrückte, eine Lektion zu erteilen oder es durch die Erregung von Furcht bündniswillig zu machen und in den Dreibund Deutschland-Österreich-Italien *hineinzuschrecken.*

Es war nicht imstande dazu, weil es keine starke Flotte besaß, sagten die Alldeutschen, doch keineswegs nur sie. Eine Flotte fehlte auch, als man sich nach einem Stützpunkt an der chinesischen Küste umsah, um ein winziges Stück aus dem Riesenkuchen China abzubekommen, den Rußland, Frankreich, England, Japan untereinander aufzuteilen im Begriff waren. Die Bucht von Kiautschou mit dem Hafen Tsingtau wurde vom Landungskorps einer Kreuzerdivision besetzt (die Ermordung zweier deutscher Missionare diente als Vorwand), was ohne die stillschweigende Duldung durch England und Rußland schlecht möglich gewesen wäre.

Die Weltöffentlichkeit nahm derartige Landnahmen mit Selbstverständlichkeit hin. Man lebte im Zeitalter des Imperialismus, einer *imperial policy*, die alle Großmächte führten, deren Name aber ihre Herkunft bezeichnete: sie war ein original britisches Produkt. Der Imperialismus, heißt es im Handbuch der Geschichte, empfing Gesicht und Inhalt zuerst im britischen Weltreich. Die über lange Zeit hinweg einzige Weltmacht beanspruchte ihr Recht und Vorrecht auf dem Erdkreis, zuerst als stillschweigende Selbstverständlichkeit, dann laut in ihrer patriotischen Empire-Literatur. Imperial policy hieß Expansion, und Expansion war alles. »I would annex the planets, if I could«, sind Worte von Cecil Rhodes, dem England die riesigen Gebiete in Südafrika verdankte – »Wenn ich könnte, würde ich sogar die Planeten annektieren.«

England hatte zwischen 1884 und 1896 seinen Kolonialbesitz um 2,5 Millionen Quadratmeilen vermehrt, ein Gebiet, das einundneunzigmal so groß war und neunmal so viele Einwohner besaß wie das Mutterland, was den Premierminister Salisbury befriedigt feststellen ließ, daß die Welt in raschem Tempo englisch werde. Rußland vergrößerte sich in dem Jahrhundert vor dem Ersten Weltkrieg durchschnittlich um achtzig Quadratkilometer pro Tag. Frankreich verfügte über einen einundzwanzigfach größeren Kolonialbesitz und über anderthalbmal so viele Einwohner; die Niederlande besaßen das Zweiundsechzigfache des eigenen Territoriums, Belgien das Zweiundachtzigfache. Japan, das China überfallen hatte, die USA, die ihre Hände nach Cuba und den Philippinen ausstreckten, waren ebenfalls dem Rausch des Imperialismus verfallen.

Der Kampf ums Dasein

Sie alle trieben Weltmachtpolitik und hatten keine Skrupel, Völkern, die sich nicht wehren konnten, ihre Länder wegzunehmen. Manche glaubten sogar, daß sie eine Mission zu erfüllen hatten: zum Beispiel die Mission, den Eingeborenen den rechten Glauben zu bringen oder die richtige Kultur oder das Prinzip der Ordnung. Wer weniger idealistisch gesinnt war, nahm Zuflucht zu Charles Darwin und übertrug seine aus der Natur gewonnenen Begriffe auf das Völkerleben. Die aus dem popularisierten, meist falsch verstandenen Darwinismus gewonnenen Schlagwörter waren wohlfeil und hochwillkommen: *Kampf ums Dasein, Recht des Stärkeren, natürliche Auslese, Nahrungsspielraum.*

Die Industrialisierung hatte zu einer Überproduktion geführt, die nur auf überseeischen Märkten unterzubringen war, und das hieß: Exportiere oder stirb. Die rapide angewachsene Bevölkerung konnte von der eigenen Landwirtschaft nicht mehr ernährt werden, und das bedeutete: Importiere oder stirb. Das Geld hatte sich angehäuft, und wer es nicht anlegte, würde es verlieren. Der Tisch in Übersee war noch reichlich gedeckt, aber die Zahl der ungebetenen Gäste war größer geworden. Wer seine Ellbogen nicht gebrauchte – der Imperialismus war ein Kind der Gewalt –, würde früher oder später aus dem Kreis der Großen ausscheiden, sein Handel würde schrumpfen, seine Wirtschaft niedergehen, sein Volk darben: die rücksichtslose Bereicherung des eigenen Volkes auf Kosten schwächerer Völker war deshalb das Gebot der Stunde.

Die Deutschen gehörten zu den Völkern, die immer zu spät gekommen waren. Auch als es darum gegangen war, sich in einem Staat zu vereinigen, waren sie die letzten gewesen. Die Kolonien, die sie besaßen, waren über die Kontinente verteilt und ohne Zusammenhang untereinander. Unergiebig, zuschußbedürftig, kosteten sie den Steuerzahler Millionen und waren nicht geeignet, jenen, denen die alte Heimat zu eng geworden war, eine neue Heimat zu bieten. Bismarck hatte, wie erwähnt, wenig von Kolonien gehalten, der koloniale Gedanke war im Volk nie populär geworden, und viele Deutsche vertraten die Meinung, daß man dem Reich nicht mehr schaden könne, als ihm halb Afrika zu schenken.

Hier aber war inzwischen ein Wandel eingetreten. Der Gedanke des Imperialismus hatte auch in Deutschland Wurzeln geschlagen. Die Propaganda des Alldeutschen Verbands, des Flottenvereins, des Kolonialvereins mit ihrer Devise, Deutschland dürfe nicht wieder am Ende der Schlange stehen, wenn es um die Verteilung des Rests der Welt ginge, war nicht ohne Wirkung geblieben. Das Wort *Welt* in allen Zusammensetzungen wurde Mode. *Welt*politik mußte getrieben werden, um *Welt*geltung zu erlangen und in den Kreis der *Welt*mächte aufgenommen zu werden. *Weltmacht oder Niedergang*, das schien die Frage, und nicht nur die Nationalisten verkündeten, daß aus dem Deutschen Reich ein *Welt*reich geworden sei. Auch ein so nüchterner und weitblickender Mann wie der berühmte Soziologe Max Weber schrieb, daß man sich dem Zeitpunkt nähere, wo nur die Macht über den Anteil des Einzelnen an der ökonomischen Beherrschung der Erde entscheiden werde und damit über den Erwerbsspielraum ihrer Bevölkerung, *speziell auch ihrer Arbeiterschaft*. Man müsse begreifen, daß die Einigung Deutschlands ein Jugendstreich gewesen sei, den die Nation auf ihre alten Tage beging und seiner Kostspieligkeit halber besser unterlassen hätte, wenn sie der Abschluß und nicht der Ausgangspunkt einer deutschen Weltmachtpolitik sein sollte.

Stärker als die Propaganda der Nationalisten und die Argumente der Gelehrten waren die ökonomischen Zwänge. Ein Staat, dessen Industrie so produktiv war, dessen Handel so blühend, dessen Geldreserven so hoch, in dem so viele tatenlustige Menschen lebten, ein solcher Staat wurde förmlich in den Welthandel hineingezwungen.

Handel wollten die Deutschen treiben, aber nicht Händel anfangen. Ihr Imperialismus war wirtschaftlicher Natur. Sie erstrebten, wie es der spätere Kanzler Bülow ausdrückte, ihren *Platz an der Sonne*, ohne jemanden in den Schatten stellen zu wollen. Ihre Absichten waren friedlich. »Wo war die angebliche deutsche ›Weltpolitik‹ aggressiv, räuberisch, Frieden gefährdend, wie man ihr wohl vorwirft?« schreibt der Historiker Werner Frauendienst. »Wie äußerst bescheiden, verglichen mit England, Frankreich, Rußland und den USA, die sich damals riesige Gebiete mit Gewalt aneigneten, blieben seine über Bismarck hinausgehenden kolonialen Erwerbungen.«

Wenn man die friedlichen Absichten der Deutschen dennoch verkannte, lag das nicht nur daran, daß Menschen, die bereits ihren Platz an der Sonne haben, wegen eines Nachzüglers nur ungern zusammenrücken. Die Art und Weise, auf die der Neue seine Ansprüche anmeldete, war es, die sie verschreckte. Was maßgebende Männer, die ohne Maß waren, an Kraftmeiereien von sich gaben, war meist Theaterdonner. Wem aber wollte man es verübeln, wenn er den Kulissenlärm für die Wirklichkeit nahm?

Sprach *the Kaiser, le Kaiser, il Kaiser* davon, daß er niemals nach der Weltherrschaft streben werde, ein Streben, das noch immer in Strömen von Blut geendet habe, wie das Beispiel Alexanders und Napoleons beweise, daß er sich dagegen ein Weltreich erträume, das nicht auf Eroberungen durch das Schwert gegründet sei, sondern durch gegenseitiges Vertrauen der nach gleichen Zielen steuernden Nationen, sprach er so, hörte niemand hin. Auch seines Kanzlers Wort, Weltpolitik bedeute nicht Herrschaft in der Welt, sondern Gleichberechtigung in der Welt, fand kein Echo.

Es war den eigenen Absichten dienlicher, ihn beispielsweise an der Rede zu messen, mit der er seinen Bruder Heinrich im Dezember 1897 auf die Ostasienreise schickte. Er trug ihm auf, draußen in der Fremde keinen Zweifel zu lassen, daß der deutsche Michel jedem, der ihn um Schutz angehe, sei es ein Fremder, sei es ein Landsmann, diesen Schutz gewähren würde. »Sollte es aber je irgendeiner unternehmen, uns an unserem guten Recht zu kränken oder schädigen zu wollen, dann fahre darein mit gepanzerter Faust.«

War die gepanzerte Faust schon nicht geeignet, die Welt von der Friedfertigkeit des Deutschen Reichs zu überzeugen, Heinrichs Antwort war es noch weniger. Der Prinz, ein Mensch von schlichter Denkungsart, der nicht auf die Universität geschickt worden war wie sein Bruder, weil er ja *nur*, wie es geheißen, ein Seemann werden sollte, er gab eine Antwort, die seiner Schlichtheit nicht entsprach. Geist und Stil ließen den Kaiser als Autor vermuten.

Nach seinem Dank an den erlauchten Bruder für das Opfer, das er ihm mit diesem schönen Kommando bringe, fuhr er fort: »Das eine versichere ich Eurer Majestät: mich lockt nicht Ruhm, mich lockt nicht Lorbeer, mich zieht nur eines: das Evangelium Eurer Majestät geheiligter Person im Auslande zu künden, zu predigen jedem, der es hören will, und auch denen, die es nicht hören wollen.«

Die Deutschen hatten sich nun den europäischen Nationen beigesellt, denen, nachdem sie ihr eigenes Haus gegründet hatten, dieses Haus zu eng geworden war; ihre Historiker haben ihnen dargelegt, daß das ein Fehler gewesen sei. Niemand sei weniger geeignet gewesen, Weltpolitik zu treiben – und zum Teufel mit den »ökonomischen Zwängen«! – als ihr Reich. Von den Nachbarn zwar respektiert, aber nicht geliebt, eher angefeindet, vom Schicksal mit Grenzen versehen, die von keinem natürlichen Bollwerk geschützt wurden, war ihre Umwelt zu gefährdet, als daß sie in der Welt hätten erfolgreich sein können. An den größten Staatsmann, den sie je hervorgebracht, hätten sie sich halten sollen, an Bismarck, dessen *Welt*karte eine *Europa*karte gewesen, der nicht umsonst vom *cauchemar des coalitions* heimgesucht worden war. Nur wenn das Reich in Europa mächtig wäre, würde es auch eine Macht in Übersee darstellen.

Doch derselbe Bismarck war nicht mehr imstande gewesen, neue Ufer zu weisen, Herausforderungen anzubieten, ohne die eine junge, aufstrebende Nation – 1898 war ein Drittel der Deutschen unter achtzehn Jahre alt – verkümmern muß.

So betrachtet, gehören alle Belehrungen, was man nicht hätte machen sollen, zu den Weisheiten von Nachgeborenen. Hätten sie damals gelebt, sie wären dem Zeitgeist in gleicher Weise ausgeliefert gewesen. Um das zu tun, was nach heutigem Ermessen »richtig« erscheint, hätte es Bescheidung, Vernunft und Weitblick bedurft, Eigenschaften, die sich bei Menschen selten finden, bei Völkern, die zum Kampf ums Dasein antreten, gar nicht.

»Kiek ma', Neptun!!«

Mitte Juni 1897 verließ ein hochgewachsener Mann seine Wohnung am Leipziger Platz und fuhr mit einer Droschke »erster Güte« in Richtung Unter den Linden. Wenn er den Passanten auffiel, dann nicht wegen seiner prächtigen Admiralsuniform – an Uniformen war man gewöhnt in Berlin –, sondern wegen seines gewaltigen, in zwei Zipfeln sich teilenden Vollbarts. »Kiek ma', Neptun«, sagten die Berliner. Vor dem Schloß angekommen, wurde er sofort zum Kaiser geführt, der ihn ungeduldig erwartete.

Wilhelm schätzte den Admiral Tirpitz wegen seiner Tatkraft und seiner Sachkenntnis, doch gleichzeitig war er ihm nicht ganz geheuer. Da war einer, der ihm nicht schmeichelte und nicht das sagte, was er hören wollte, der sich nicht wie ein Untergebener benahm, sondern Forderungen stellte. In Statur und Auftreten erinnerte er an Bismarck, und das war keine gute Erinnerung. Wie unbequem er auch schien, die Aufgabe, die ihm gestellt worden war, würde er erfüllen: dem Kaiser eine Kriegsflotte schaffen.

Von einer Flotte hatte Wilhelm seit jeher geträumt. Die schönsten Jugenderinnerungen waren verbunden mit Schiffen und dem Meer: Cowes, wo er an den Regatten teilnahm; Plymouth mit den Paraden der *grand fleet*; die Flottenbesuche in Kiel. Auf dem Gymnasium in Kassel bildeten Bücher über die Seefahrt seine Lieblingslektüre. Immer wieder las er in Alfred Th. Mahans Buch über den Einfluß der Seemacht auf die Geschichte, nach dessen Thesen ein Staat ohne Seegeltung keinen Anspruch erheben könne, auch eine Weltmacht zu sein. Als erster Hohenzoller hatte er bei seiner Thronbesteigung nicht nur eine Proklamation an die Armee erlassen, sondern auch an die Marine. Die Schiffe, die er vorgefunden, waren alte Pötte mit hölzernen Aufbauten, einige sogar noch mit Segeln. Nur die Torpedoboote hatten dem neuesten Stand der Schiffbautechnik entsprochen. Die Werften glichen Klempnerwerkstätten, und die für die Panzerung notwendigen Stahlplatten mußten aus England importiert werden.

Bei der Eröffnung des Kaiser-Wilhelm-Kanals 1895, der die Ostsee mit der Nordsee verband, schaute Wilhelm mißvergnügt auf die vier Panzerschiffe der veralteten Brandenburg-Klasse. Zum diamantenen Jubiläum der Großmutter Victoria schickte er die *König Wilhelm*, einen alten Eimer, für den er sich so genierte, daß er eine Depesche losließ, des Inhalts: »Dies ist die traurige Folge des Verhaltens jener Vaterlandslosen, die die Anschaffung der notwendigen Schiffe zu hintertreiben wissen.« Womit er den Reichstag meinte, der sich als wahres *Streich*orchester gezeigt hatte. Zu den vaterlandslosen Gesellen hätte er auch die Armeeoffiziere rechnen können, für die Wasser keine Balken hatte, und die ostelbischen Junker, denen jeder Matrose ein Ärgernis war. Sie waren nicht der Meinung ihres Allerhöchsten Herrn, daß der Deutschen Zukunft auf dem Wasser liege und der Dreizack des Meeresgottes in ihre Faust gehöre.

Der Kaiser, sonst schwankend in seinen Entschlüssen, mannigfaltigen Einflüssen zugänglich und stets zurückschreckend, wenn er auf Widerstand stieß – ging es um seine Flotte, wich er keinen Fingerbreit. Hier entwickelte er Tugenden, die man ihm auf anderen Gebieten gewünscht hätte: Beharrlichkeit, Fleiß, Umsicht. Michael Balfour, Brite reinsten Wassers und The-Kaiser-Biograph, weiß auch, warum.

»... im tiefsten Grunde war seine Haltung in der Flottenfrage Ausfluß seiner Haßliebe zum Lande seiner Mutter. Er wollte eine Flotte haben, weil England eine hatte, weil sie das Kennzeichen einer Weltmacht war, weil man mit ihrer Hilfe Aufmerksamkeit von den Engländern erzwingen könnte ...«

Alfred Tirpitz, der ihm in diesem Augenblick gegenübersaß und ihm klarlegte, wie er sich die Flotte des Deutschen Reichs denke und was das dazu notwendige Gesetz an Bestimmungen enthalten müsse, war Staatssekretär des Reichsmarineamts. Mutig, klug, ja gerissen, rücksichtslos und ohne Skrupel verfolgte er seine Ziele. Seine Flotte sollte keine für den Kaperkrieg bestimmte Kreuzerflotte werden – dazu fehle es dem Reich an überseeischen Stützpunkten –, eine Schlachtflotte mußte gebaut werden; stark genug, um gegen Frankreich und Rußland defensiv und offensiv zu operieren und gegen England die Nahblockade der deutschen Küsten zu verhindern, sei es auch in Form einer Entscheidungsschlacht. Wer diese Flotte angriff, würde ein hohes Risiko eingehen und den Angriff erst gar nicht führen, sondern eher geneigt sein, sich mit ihr zu verbünden. Der Risikogedanke, auf dem die deutsche Flottenpolitik gegenüber England beruhte, klang scheinbar logisch und leuchtete auch dem Laien ein. Vor dessen geistigem Auge erschien dabei das Bild zweier Nachbarn, von denen der stärkere sich hütet, sich mit dem schwächeren einzulassen, da die Gefahr bestand, auch Prügel *einstecken* zu müssen. Ein Fehlschluß, wie der Weltkrieg beweisen sollte. Die genial konstruierten, technisch hervorragend ausgerüsteten deutschen Kriegsschiffe haben die Blockade nicht verhindern können, in den Weltmeeren standen sie auf verlorenem

Posten, zur Entscheidungsschlacht im nassen Dreieck der Nordsee wagte man sie nicht einzusetzen.

Tirpitz zeichnete dafür verantwortlich. Man hat ihn deshalb den bösen Geist der deutschen Außenpolitik genannt, doch scheint er, sehr frei nach Goethe, eher ein Teil von jener Kraft, die stets das Gute will und stets das Böse schafft. Unheilvoll für Deutschland war es, daß ein Mann, der das zur Norm gewordene schreckliche Mittelmaß seiner Zeit turmhoch überragte, ja nach Bismarck die einzige große politische Begabung im wilhelminischen Deutschland war, an die richtige Stelle gesetzt, Segensreiches für sein Land hätte bewirken können, anstatt seine Fähigkeiten verderbenbringend zu verschwenden.

Dem Kaiser anzulasten, daß er hätte merken müssen, wie falsch Tirpitzens Konzeption im Grunde war, hieße den Kaiser überfordern. Ihm kam es auf die Erfüllung seines Traums an, auf die Schaffung eines Riesenspielzeugs, und es war ihm letztlich nicht so wichtig, ob es sich dabei um eine Kreuzerflotte handelte oder um eine Schlachtflotte.

Die Überzeugungskraft des Admirals stimmte auch die Reichstagsabgeordneten um, die neuen Wehrgesetzen mit Mißtrauen zu begegnen pflegten. Er machte ihnen die Vorlage dadurch schmackhaft, daß jegliche finanzielle Mehrbelastung von *leistungsfähigen Schultern* getragen werden sollte, auch täuschte er sie durch Hervorhebung unwichtiger und Verheimlichung wichtiger Details. Eine Taktik, die er zur Perfektion entwickelte. Seine Feinde nannten ihn deshalb den *Vater der Lüge* und kolportierten, er würde seinem Kutscher eine falsche Hausnummer nennen, weil er es einfach nicht über sich brächte, auch einmal eine wahre Ziffer zu nennen.

Die Abgeordneten bewilligten schließlich die Verstärkung der Kriegsmarine auf 19 Linienschiffe, 8 Küstenpanzerschiffe, 12 große und 30 kleine Kreuzer. Bereits zwei Jahre später sah das Gesetz insgesamt 35 Linienschiffe vor.

Auch der dritte Kraftakt gelang dem nimmermüden Admiral Tirpitz: das Volk davon zu überzeugen, daß es *diese* Flotte, und keine andere, bräuchte. Seine Propagandafeldzüge, die Mittel, die er zur Werbung einsetzte, die Berücksichtigung der Massenpsychologie, die Gründung des *Deutschen Flottenvereins* und sein Ausbau zu einer wahren Agitationsmaschine nahmen vieles vorweg, was wir heute unter *publicity* verstehen. Er ließ seine Agenten an die Tore der Universitäten klopfen, wohl wissend, daß es noch Professoren gab, die sich der 1848er Revolutionsjahre erinnerten, da die Flotte als ein liberales Ideal gegolten hatte. Ein Geschwader sogenannter Flottenprofessoren war das Ergebnis. Er holte die Journalisten auf seine Schiffe und ließ sie auf den Meeren herumkreuzen; er regte die Schriftsteller zu Romanen an, deren Helden die Kapitäne, die Steuerleute, die Matrosen der Kriegsmarine waren; er bugsierte Hunderte von Schulklassen durch die Marinehäfen und verfrachtete ihre Lehrer auf die Schulschiffe; er gründete eine Zeitschrift, *Die Flotte*, und brachte sie innerhalb weniger Jahre auf eine Auflage von 355 000 Exemplaren; und er tat etwas höchst Befremdliches: er lud sozialdemokratische Abgeordnete zu Probefahrten ein und diskutierte mit ihnen.

Werbung kostete auch damals viel Geld, und der Staat wäre nicht bereit gewesen, sie zu bezahlen. Um so bereitwilliger zeigten sich die Exportkaufleute, die Reeder, die Industriellen, darunter die Stahlproduzenten, denen man nicht erklären mußte, daß Panzerschiffe in nicht geringem Maße aus Panzerplatten bestanden. Doch nützt auch die aufwendigste Werbeaktion wenig, wenn nicht latent eine Bereitschaft für das vorhanden ist, wofür man wirbt.

Die Marine bot einem großen Teil der jungen Deutschen ein die Welt umfassendes Betätigungsfeld. Hier konnten sie ihren Idealismus, der in ihrem Land wenig gefragt war, in die Tat umsetzen. Sie dürsteten geradezu nach einer Aufgabe, nach Herausforderungen, und bei dieser Waffengattung glaubten sie sie gefunden zu haben. Hier spielten die Zitzewitzens und die Wedelstedts keine Rolle, sondern die Schulzes, die bei der Armee nur Konzessionsschulzes waren; hier waren die Offiziere in der Überzahl, die *Ariadne auf Naxos* nicht auf der Rennbahn suchten; hier wurde der Soldat mehr nach seiner Leistung beurteilt als nach seiner Herkunft. Der Kontakt der Mariner mit fremden Völkern und fremden Sitten führte zu Weltoffenheit und Toleranz. Kastengeist und Kommißdenken fegte ein frischer Wind hinweg.

Germaniam esse delendam

Die Geschichte der deutschen Flottenrüstung ist die Geschichte der deutsch-britischen Bemühungen um ein Bündnis: mit ihren Mißverständnissen, ihren Hoffnungen und ihrem Scheitern. Auf beiden Seiten, der britischen und der deutschen, hat sich eine Elite von Historikern mit diesem Thema auseinandergesetzt. Sie haben auf Tausenden von Seiten darzulegen versucht, wie es gewesen ist, warum es nicht anders gewesen sein konnte und wer die Schuldigen waren. Während die Engländer, ähnlich den Franzosen, ihre Geschichte mit schöner Subjektivität zu sehen pflegen und sich von des Zweifels Blässe nicht ankränkeln lassen, machen es sich ihre deutschen Kollegen weniger leicht. Hier ist der Streit darüber, wer letztlich die Schuld daran trug, daß zwei wie füreinander geschaffene Staaten nicht zueinanderfanden, bis heute nicht beigelegt.

Der Mann, der die ersten vorsichtigen Fühler ausstreckte, um zu erkunden, wie man in Deutschland über eine Verbesserung der gegenseitigen Beziehungen denke, hieß Joseph Chamberlain, war Kolonialminister und, im Gegensatz zu seinem Vorgesetzten, dem Premier Salisbury, den Deutschen nicht feindlich gesinnt. Deutschfreundlichkeit war trotzdem nicht der Grund seiner Bemühungen, sondern die Sorge um das eigene Land. Das erste Flottengesetz allerdings, das gerade den Reichstag passiert hatte, war nicht der Anlaß zu dieser Sorge: ein paar Schiffe mehr empfand noch niemand auf der Insel als eine Bedrohung.

Bedrohlich geworden war Englands Situation in etlichen Teilen der Welt. Die Russen hatten Port Arthur besetzt, Kosaken waren in die Mandschurei eingedrungen, es schien, als wollte Rußland ganz China unter seine Kontrolle bringen. Mit Frankreich stritt man sich über die beiderseitigen Interessen in Westafrika. Ein tollkühner französischer Marschall näherte sich mit einem Schiff auf Rädern nach einem viertausend Kilometer langen Marsch quer durch Afrika dem oberen Nil, und Ägypten war die Achillesferse des Empire. In Südafrika bahnte sich ein Krieg mit den Buren an. In der Südsee war man zurückgewichen. In dem Vertrag über den Ausbau des Panamakanals, der den Atlantik mit dem Pazifik verbinden sollte, hatte man den Amerikanern die Federführung überlassen müssen.

Britannien schien nichts anderes übrigzubleiben, als die gewohnte *splendid isolation*, wonach der Starke am mächtigsten allein ist, aufzugeben und sich nach einem Freund umzusehen, der verläßlich und stark war. Dieser Freund konnte nur Deutschland sein. Weil es eine leistungsstarke Industrie hatte, seine Armee als die schlagkräftigste der Welt galt und weil man, von einigen kolonialen Fragen abgesehen, keine größeren Differenzen miteinander hatte.

Mit den Engländern zusammenzugehen, die stärkste Seemacht mit der stärksten Landmacht zu einem Bündnis zu vereinen, dem keine Macht der Welt zu trotzen imstande wäre, hatte schon Bismarck als lockendes Ziel vorgeschwebt. 1879 war die Initiative von Lord Beaconsfield ausgegangen, zehn Jahre später war Bismarck an Salisbury herangetreten, man verhandelte also jetzt zum dritten Mal miteinander, und diesmal schien der Anfang verheißungsvoll. Chamberlain habe von einem allgemeinen Defensivbündnis gesprochen, von einer Art Anschluß an den Dreibund Deutschland-Österreich-Italien, berichtete Botschafter Hatzfeld nach Berlin.

Der Pferdefuß zeigte sich bald. Der Minister verhandelte mit Wissen seines Kabinetts, aber ohne dessen offiziellen Auftrag, womit der Premier sich die Möglichkeit vorbehielt, ihn verleugnen zu können. Auch stellte es sich heraus, daß die gewünschte Defensivallianz letztlich dazu bestimmt war, England in Ostasien die Russen vom Hals zu halten. Hier waren die Deutschen mißtrauisch, denn als Festlanddegen wären sie von England nicht das erstemal mißbraucht worden.

Der Kaiser bemerkte nicht zu Unrecht: »Chamberlain muß nicht vergessen, daß ich in Ostpreußen einem preußischen Armeecorps gegenüber drei russische Armeen und neun Kavalleriedivisionen hart an der Grenze stehen habe, ... die mir kein englisches Panzerschiff vom Leibe hält.«

Wilhelm, der, wie auch in manch anderem Fall, mehr Instinkt zeigte als seine Berater, empfahl, die Kontakte mit den Briten auf gar keinen Fall abreißen zu lassen und den Wunsch nach einem ersprießlichen Zusammenwirken deutlich zu erkennen zu geben. Denn: wäre England *bona fide,* von guter Geschäftsmoral, könnte ein zukünftiges Bündnis von höchstem Nutzen sein *und unser kolossaler Handel gesichert.* Auch glaubte er, wie seine Berater Bülow und Holstein, daß England Deutschland mehr bräuchte als Deutschland England und wenn man nur zu warten verstünde, würde sich der Preis erhöhen, den es für ein Bündnis zu zahlen bereit war. Schließlich hatten die Briten Schwierigkeiten und nicht die Deutschen. Abwarten, sich nicht binden, eine Politik der freien Hand betreiben, lautete die Devise. Chamberlains versteckten Hinweis, daß Frankreich auch zum Partner tauge, betrachtete man in Berlin als Bluff. Und ehe England zu Rußland fände, eher würde sich ein Walfisch mit einem Bären vermählen.

Wenn aus den Verhandlungen schon nichts herausgekommen war, als Druckmittel gegenüber einem Dritten würden sich die Protokolle gewiß eignen. Dachte Wilhelm und bewies damit aufs neue, wie unberechenbar er war. Ohne dem Kanzler und dem Außenminister ein Wort zu sagen, setzte er sich hin und schrieb einen Brief an seinen Vetter Nicky. Zar Nikolaus II. war knapp zehn Jahre jünger als Wilhelm, ein gutwilliger, freundlicher Mensch, doch schwach, unsicher, abhängig von den Großfürsten und der deutschfeindlichen Generalität. Dabei besaß er ein ausgeprägtes Majestätsbewußtsein und fühlte sich wie seine Ahnen als der Herrscher aller Reußen.

Dieses Gefühl litt zunehmend unter des Vetters gutgemeinten, aber nicht verlangten Ratschlägen, unter seiner lauten Kameraderie und den ständigen Appellen an die gemeinsamen monarchischen Interessen, die zum Kampf gegen Republik, Parlamentarismus und Revolution verpflichteten. Die Zarin Alexandra Feodorowna, jene Alix von Hessen, hatte den *student prince* Willy schon nicht so recht gemocht, als er von Bonn aus als *Wilhelm der Plötzliche* in ihre Darmstädter Idylle eingebrochen war, jetzt steigerte sich ihre Reserviertheit zu einer Antipathie, die sie auf alles Deutsche übertrug. Sie haßte die Bemutterung ihres Mannes, weil sie annahm, daß dahinter nicht Freundschaft stand, sondern Anmaßung.

Wilhelm spürte nichts von irgendwelchen Antipathien, er war von seiner Unwiderstehlichkeit überzeugt und von dem Glaubenssatz, daß Monarchen, noch dazu, wenn sie verwandt sind wie die Hohenzollern und die Romanows, zusammenzuhalten pflegen. Hätte man ihm berichtet, daß manches von dem, was er Vetter Nicky schrieb, via Kopenhagen nach London drang, er würde es nicht geglaubt haben. Denn Nickys Mutter und Onkel Edwards Frau waren Töchter des dänischen Königs.

In dem Brief an Vetter Nikolaus berichtete er von den – doch als streng vertraulich vereinbarten – Verhandlungen mit den Briten, verwandelte Chamberlains Vorschläge in ein festes Angebot und fragte unverblümt: »Was gibst Du mir, wenn ich ablehne?«

Nicky gab nichts, außer der Antwort, daß er ähnliche Angebote aus London bekommen und ebenfalls abgelehnt habe. Des Kaisers Meinung, wonach man Engländern eben doch nicht trauen könne, wurde damit erhärtet. Genau das hatten die Berater des Zaren mit dem Antwortbrief beabsichtigt. Und in Berlin entsann man sich der in der englischen Presse nach dem Jameson Raid verbreiteten Parole: »Germaniam esse delendam.« Der ältere Cato hatte sie einst in der Form geprägt: »Ceterum censeo Carthaginem esse delendam – Im übrigen bin ich der Ansicht, daß Karthago zerstört werden muß.« Womit er den Römern nach jeder Sitzung des Senats einhämmern wollte, daß ohne Vernichtung der phönizischen Handelsmetropole die eigene Weltmachtstellung gefährdet sei.

Die *Saturday Review*, eine viel beachtete Wochenzeitschrift, hatte das Wort zum Leitmotiv eines Artikels gemacht, in dem geschrieben stand: »Weil die Deutschen den Engländern so ähnlich sind im Wesen, im religiösen und wissenschaftlichen Denken, im Gefühlsleben und an Begabung, sind sie unsere vorbestimmten natürlichen Nebenbuhler. Überall auf der Welt, bei jedem Unternehmen, im Handel, in der Industrie, stoßen Engländer und Deutsche aufeinander. Die Deutschen sind ein wachsendes Volk, ihre Wohnsitze liegen über ihre Reichsgrenzen hinaus. Deutschland muß neuen Raum gewinnen oder bei dem Versuch untergehen.

Wäre morgen jeder Deutsche beseitigt, es gäbe kein englisches Geschäft noch irgendein englisches Unternehmen, das nicht wüchse. Hier wird der erste große Artenkampf der Zukunft sichtbar. Hier sind zwei wachsende Nationen, die aufeinander drücken rund um die Erde. Eine von beiden muß das

Feld räumen, eine von beiden wird das Feld räumen ... Macht Euch fertig zum Kampf mit Deutschland, denn Germaniam esse delendam.«

Der Artikel entsprach gewiß nicht der Meinung des englischen Kabinetts. Man hat es sich aber zu leicht gemacht, den Bericht lediglich als weltfremdes Produkt eines obskuren Blattes abzutun. Im Grunde gab er die Einstellung vieler Engländer wieder. Die Nationalisten in Deutschland haben ihn weidlich ausgeschlachtet, wenn es darum ging, mehr Schiffe zu fordern und mehr Divisionen. Durch ihn versuchten sie ihre These vom *perfiden Albion* zu beweisen, das den Deutschen die Luft zum Atmen nicht gönnte. Selbst bei der Frage, wer die Schuld am Weltkrieg trüge, spielte er noch seine Rolle.

DER VON BÜLOW

Zu den Männern, die England in besonderem Maß mißtrauten, gehörte Bernhard von Bülow, eine der interessantesten Erscheinungen in dem an schillernden Persönlichkeiten reichen Zeitalter. Seit Oktober 1897 Staatssekretär des Auswärtigen Amts, also Außenminister, seit 1900 Reichskanzler, zeichnete er zwölf Jahre lang für die Politik des Äußeren und des Inneren verantwortlich. Seine Talente schienen ihn für seine Ämter zu qualifizieren. Er kannte sich durch seine diplomatische Tätigkeit in der Welt aus, unterhielt sich mühelos in vier Sprachen, rezitierte auf den Bierabenden in der Reichskanzlei Horaz, Villon, Camões (nur leicht irritiert durch Stresemann, der den »Faust« auswendig kannte); bewährte sich als glänzender Redner vor dem Reichstag; prägte Bonmots, die die Runde machten in der Gesellschaft; besaß einen durchdringenden Verstand, Charme, Anpassungsfähigkeit und war, last not least, mit einer Frau verheiratet, die ein Haus zu führen verstand, mit einer Beccadelli di Bologna aus dem fürstlichen Haus der Camporeale. Seine Qualitäten wurden allerdings durch Untugenden weitgehend abgewertet.

Bülow war maßlos eitel, opportunistisch und unbelastet von jeglichem politischen Ethos. Ein Diplomat, aber kein Staatsmann, trat er seinem Herrn in entscheidenden Situationen nicht entgegen, sondern redete ihm zu Munde, wohl wissend, wie sehr unsichere Menschen den Weihrauch des Schmeichelns brauchen. Dem Grafen Eulenburg, der ihn dem Kaiser empfohlen hatte, schrieb er – und jede Zeile verrät die berechtigte Hoffnung, der Inhalt des Briefes würde Wilhelm mitgeteilt werden –: »Ich hänge mein Herz immer mehr an den Kaiser. Er ist so bedeutend!!! Er ist mit dem großen König und dem großen Kurfürsten weitaus der bedeutendste Hohenzoller, der je gelebt hat. Er verbindet in einer Weise, wie ich es nie gesehen habe, Genialität, auch echteste, ursprünglichste Genialität mit dem klarsten bon sens. Er besitzt eine Phantasie, die mich mit Adlerschwingen über alle Kleinlichkeiten emporhebt, und dabei den nüchternsten Blick für alles Mögliche und Erreichbare. Und welche Tatkraft!«

Er war Menschenkenner genug, um zu wissen, daß der Kaiser so nicht war. Wie er wirklich über seinen Herrn dachte und über die, die ihm dienten, hat er in seinen 1930 erschienenen *Denkwürdigkeiten* verraten. Ein amüsant zu lesendes, geistreiches Buch, das nur einen Nachteil hat: es feiert Bülow auf Kosten der Wahrheit; rechtfertigt Bülow, indem es andere ins Unrecht setzt; bewältigt Bülows Vergangenheit zu Lasten dessen, den er einst so hoch gelobt hatte. Wer Bülow nach seiner Entlassung, 1909, noch verteidigte, stimmte nach dem Erscheinen der Memoiren nachträglich dem Reeder Ballin zu, einer der wenigen unabhängigen Persönlichkeiten im Umkreis des Hofes: »Bülow ist ein Unglück für uns.« Wäre der Schüler Bismarcks der zweite Mann gewesen unter einem zum Staatsmann berufenen ersten Mann

– und darin liegt, wie auch im Falle Tirpitz, das eigentliche Unglück –, er wäre mit seinen Talenten durchaus nützlich gewesen.

Die politische Situation, die der neue Mann antraf, war für das Reich günstig. Nicht nur England blies allerorten der Wind ins Gesicht. Die Franzosen waren durch die *Affaire Dreyfus*, in deren Mittelpunkt ein wegen angeblicher Spionage für Deutschland zu Unrecht verurteilter jüdischer Hauptmann stand, in zwei Lager gespalten, in das der nationalistischen Rechten und der antimilitaristischen Linken. Während der Faschodakrise, als es zwischen Frankreich und England um das Gebiet am oberen Nil ging, drohte ein Krieg zwischen diesen beiden Ländern. Und Rußlands militärische und finanzielle Kräfte waren in Ostasien gebunden.

Deutschland, frei von internationalen Händeln, sah sich von den Großmächten umworben, nutzte aber die Gunst der Stunde schlecht. Es kam weder zu Verträgen noch zu wesentlichen Erwerbungen, sieht man von Kiautschou ab, das man dem englisch-russischen Gegensatz verdankte, von den für 16 Millionen Mark Spanien abgekauften Karolinen und Marianen in der Südsee und den beiden Samoainseln, die man den Engländern abtrotzen konnte, weil sie gerade ihren Krieg gegen die Buren vorbereiteten.

Das englische Angebot, auf Samoa zu verzichten und dafür bedeutenden Besitz in Westafrika einzutauschen, lehnte Berlin ab, zur Verzweiflung des deutschen Botschafters in London, des Grafen Hatzfeld, eines Diplomaten bester Schule, der sogar unter Bismarck seine Selbständigkeit gewahrt hatte und immer wieder für eine Verständigung des Reichs mit dem Empire eingetreten war. Hatzfeld wies darauf hin, daß das Angebot nicht nur vom kaufmännischen Standpunkt aus günstiger sei, sondern die Chance bot, mit England endlich ins – politische – Geschäft zu kommen. Er scheiterte am Einspruch Tirpitzens, der an nichts anderes dachte als an seine Flotte, und an den Nationalisten, die die *Perle der Südsee* zu einer Prestigeangelegenheit gemacht hatten. Dabei waren die Inseln, so ein Beamter des Auswärtigen, nicht die Gebühren wert für die zwischen Berlin und Apia, ihrer »Hauptstadt«, gewechselten Telegramme. Als wertlos erwiesen sich die Südsee-Eilande auch im Weltkrieg als Flottenstützpunkt.

Im Herbst 1899 begannen die Engländer ihren Feldzug gegen die Burenrepublik Transvaal (nach der sie mit dem Jameson-Überfall schon einmal gegriffen hatten) und den Oranjefreistaat. Ein für das Zeitalter des Imperialismus charakteristischer Gewaltakt. Doch diesmal von besonderer Frivolität. Es ging um die Schaffung eines von Kap bis Kairo reichenden britischen Kolonialreichs, und es ging um Beute. Nach anfänglichen erstaunlichen Erfolgen der tapfer kämpfenden Buren gewannen die Engländer die Oberhand durch massiven Einsatz von immer mehr Truppen und immer mehr Material und besetzten große Teile des Landes. Der Krieg aber zog sich noch zwei volle Jahre hin und zeigte nun sein grausamstes Gesicht.

Die Buren zogen sich mit den Resten ihrer Truppen in unwegsame Gebiete zurück und schlugen von dort aus blitzschnell zu, überfielen Proviantkolonnen und Postenstellungen, um ebenso schnell wieder zu verschwinden. Eine Gespensterarmee, den Guerillatrupps unserer Tage ähnlich, mit einer Taktik operierend, der die Engländer nichts entgegenzusetzen hatten. Der britische Oberbefehlshaber Roberts und sein Generalstabschef Kitchener antworteten in ihrer Ohnmacht mit blankem Terror. Die Farmen der Buren, insgesamt 30 000, wurden niedergebrannt, die Ernten vernichtet, das Vieh geschlachtet, die Brunnen vergiftet. Doch die Kriegführung der verbrannten Erde brach den Widerstand sowenig wie die Moral, und die Briten griffen zum letzten Mittel: sie *konzentrierten* die Familien der Freischärler in mit Stacheldraht eingezäunten speziellen Lagern und hielten sie dort als

Geiseln. Von den 120 000 Frauen und Kindern, die man in die *concentration camps* trieb, kamen über 25 000 durch Hunger, Seuchen und Mißhandlungen um.

Die Weltöffentlichkeit, die den heldenhaften Widerstand eines kleinen Volkes gegen eine Weltmacht mit Erschütterung verfolgte – und es gab kaum jemand, der nicht für die Buren gewesen wäre –, protestierte gegen die unmenschlichen Maßnahmen. Die Appelle an das Gewissen Britanniens, die Aufforderung, die Aggression einzustellen, blieben erfolglos. Englands Premier Salisbury erklärte sich für unfähig, die gegen Großbritannien erhobenen Vorwürfe zu begreifen. Kolonialminister Chamberlain versuchte, seine Landsleute mit der Bemerkung zu beruhigen: gehaßt im Leben werde eben immer der Starke. Als Ohm Krüger seinen Bittgang durch Europa antrat, um Hilfe für sein Volk flehend, wurde er von den Völkern gefeiert und von den Regierungen vertröstet. In Berlin, von wo aus das Sympathietelegramm an ihn abgesandt worden war, wurde er gar nicht erst empfangen.

Deutschland beachtete diesmal strenge Neutralität. Das Reich blieb gelassen, als die Franzosen – wieder einmal – nach Revanche riefen, *revanche pour Faschoda*, wo sie vor den Engländern einen demütigenden Rückzug hatten antreten müssen; es verhinderte eine von den Russen vorgeschlagene, gegen England gerichtete europäische Koalition, indem es den Preis dafür, Garantie des gegenseitigen Besitzstands, bewußt zu hoch festsetzte. Frankreich hätte damit ausdrücklich auf die Wiedergewinnung Elsaß-Lothringens verzichten müssen, und dazu war in Paris niemand zu bewegen.

Die Zurückhaltung, die den Kopf über das Herz siegen ließ, war politisch klug. Auch diesmal hätte man den Buren militärisch nicht helfen können. Daß der Kaiser und sein Außenminister aber nach London aufbrachen, als der Burenkrieg bereits im Gange war, fand das Volk in Deutschland zu klug. Man fürchtete, dieser Besuch würde als eine Sympathieerklärung für einen Aggressor ausgelegt werden. Selbst Kaiserin Auguste Viktoria, die, wie fast alle Frauen ihrer Zeit, politisch Lied für ein garstig Lied hielt und sich in die Politik nicht einmischte, wäre *die Sache* gern losgeworden. Die Sache aber fand statt, und der Empfang des Kaiserpaars in London war so ehrenvoll, wie sie einem Souverän in England noch nicht zuteil geworden war. Die Queen holte sogar das auf drei Millionen Pfund geschätzte goldene Tafelservice hervor. Auf Schloß Windsor schien jeder Stein den Deutschen an die Ferientage seiner Kindheit zu erinnern. Als er vor dem *Runden Turm* auf Victoria wartete, sagte er zu seiner Begleitung ehrfurchtsvoll: »Von diesem Schloß wird die Welt regiert ...«

Von Stimmungen und von der jeweiligen Atmosphäre abhängig, kam von Tag zu Tag das Britische in seinem Wesen stärker hervor, gewann der liberale englische Gentleman in ihm die Oberhand über den preußischen Junker. Ein Zwiespalt übrigens, der ihn sein Leben lang – unbewußt – irritiert hat. Die britischen Regierungsmitglieder, die den Kaiser nur aus seinen Reden kannten und ihn deshalb für großsprecherisch und töricht hielten, sahen sich eines Besseren belehrt. Chamberlain registrierte überrascht die außerordentliche Klarheit, mit der *the Kaiser* die wichtigsten europäischen Fragen erkannte. Der so leicht nicht zu beeindruckende Balfour bewunderte Elan, Spannkraft und Weitblick, die Wilhelm bei der Beratung der unterschiedlichsten Themen an den Tag legte. Ein Zeichen, daß es kein leeres Gerede war, wenn immer wieder von der Faszination die Rede ist, die Kaiser Wilhelm II. ausstrahlte.

Der Kolonialminister kam wieder auf sein Lieblingsthema zu sprechen, auf eine Verständigung zwischen Deutschland und England, in die er diesmal Amerika einbezogen wissen wollte, die drei *großen germanischen Nationen* zu einer Gruppe zusammenfassend. Er stellte Erwerbungen in Marokko dafür in Aussicht, ein Land, das England zwar nicht gehörte, aber seiner Anarchie wegen irgendwann zur Verteilung unter Europas Mächten anstehen würde. Daß dort ein rechtmäßiger Sultan regierte, schien niemanden zu stören.

Bülow, der einen großen Teil der Welt kannte, aber England nicht und entsprechend voreingenommen war, zeigte sich beeindruckt »vom Reichtum, von der Selbstsicherheit und dem Vertrauen in die Zukunft, das dieses Land atmete«. Er spürte sehr wohl die allem Deutschen entgegengebrachte Abneigung, erkannte aber gleichzeitig, daß diese Antipathie weit zurückblieb hinter der antienglischen Stimmung daheim, jenem Ressentiment, das sich aus den verschiedensten Quellen speiste. Dazu gehörten die Arroganz der Vettern von der Insel, ihre Herablassung, auch der Neid auf ihre Weltstellung; die Heuchelei, die von Gott spricht und Baumwolle meint; und die Tatsache, daß man den Briten nicht verübelte – keine Unterdrückung, keinen Verstoß gegen das Völkerrecht, keine Inhumanität –, was man den Deutschen nachzutragen pflegte bis zu Kind und Kindeskindern, dieses »Quod licet Jovi non licet bovi«, wonach dem Jupiter erlaubt ist, was dem Rindvieh nicht erlaubt ist.

Königin Victoria lobte nach dem Besuch den Kaiser als einen guten Freund, der Prince of Wales sogar als den besten und loyalsten Freund Englands. In der Tat kam der Besuch einem Freundschaftsdienst gleich, der den von allen Seiten attackierten Briten den Rücken stärkte. In der Politik gilt jedoch wie in der Geschäftswelt der Grundsatz des »Do ut des – Ich gebe, damit du gibst«, und der war hier nicht eingehalten worden. Deutschland hatte gegeben, England aber gab nichts außer vagen Versprechungen, Marokko betreffend und eine eventuelle Beteiligung an der Bagdadbahn.

Der deutsch-englischen Verständigung, zumindest ihrer Anbahnung, war damit nicht gedient. Das Angebot schien dem Reich zu gering, um dafür die Politik der freien Hand aufzugeben, sich an England zu binden und sich Rußland zum Feind zu machen. Feste Bindung nein, hieß es deshalb zum Abschied, Verständigung von Fall zu Fall, agreements, ja! Chamberlain, dem man den guten Willen nicht absprechen kann – die eigentliche Politik jedoch machte eben sein Premier, Lord Salisbury –, Chamberlain betonte in einer öffentlichen Rede noch einmal, wie wichtig es sei, wenn England, Deutschland und Amerika sich zu einer Tripelallianz zusammenfänden; und was die Deutschen und die Engländer beträfe, müsse man nicht alles schriftlich festlegen, *understanding* im Geist der leitenden Staatsmänner genüge auch.

Das Echo war auf beiden Seiten entmutigend. Die englische Öffentlichkeit wies auf die deutsche Flottenpropaganda hin, die jeder Verständigung im Wege stünde; die deutsche Presse reagierte so feindselig – und hier repräsentierte sie tatsächlich die öffentliche Meinung –, daß Bülow sich vor dem Reichstag gezwungen glaubte, Chamberlain die kalte Schulter zu zeigen.

Wie vor tausend Jahren die Hunnen …

Deutschland war in internationale Händel kaum verstrickt; in seinen Kolonien gab es wenig Probleme; es bekannte sich zur Weltpolitik, ohne sie konsequent zu betreiben; es redete vom Imperialismus, handelte aber nicht imperialistisch; es war friedfertiger als andere Großmächte, die das Wort, wonach Kanonen das *letzte* Mittel der Könige seien, ad absurdum führten; es erweiterte sein Gebiet nur unwesentlich, während sich die anderen Land um Land einverleibten. Und dennoch galt Deutschland überall als die kriegerischste, die aggressivste Macht, die nicht nur nach europäischer Hegemonie strebte, sondern als Fernziel die Weltherrschaft anvisierte.

Ein Widerspruch. Ein Widerspruch, der unvermeidlich ist, wenn ein Schaf ständig im Wolfspelz auftritt. Drei Begebenheiten mögen für sich sprechen ...

Im August 1894 brach die hochgerüstete Industriemacht Japan, ganz im Geiste des Imperialismus, mit China einen Krieg vom Zaun, drang in die Mandschurei ein, bedrohte Peking und nahm dem Reich der Mitte im Friedensvertrag von Shimonoseki Formosa und die Halbinsel Liaotung mit Port Arthur ab. Der Vertrag berührte die Interessen der Europäer in Ostasien, und Deutschland, Rußland und Frankreich zwangen Japan durch ihren Protest, Liaotang und Port Arthur wieder zu räumen. Während die Franzosen und Russen ihren Protest in diplomatischer Form vorbrachten, gingen die Deutschen mit den Japanern scharf ins Gericht. Unnötig scharf, denn das Deutsche Reich war mit Japan durch seinen Handel, seine militärischen und technischen Berater freundschaftlich verbunden und konnte durch seinen Protest ohnehin nicht so viel gewinnen wie die beiden anderen Mächte.

»Meine Sprache machte augenscheinlich Eindruck«, depeschierte der deutsche Gesandte in Tokio, ein Freiherr von Gutschmidt, selbstzufrieden nach Berlin. Der Eindruck war zumindest lang anhaltend: als die Japaner 1914 die Deutsche Regierung ultimativ zur Räumung von Kiautschou aufforderten, benützten sie genüßlich den Wortlaut der Note des Herrn Gutschmidt.

»Hunderte von Millionen werden aufgewendet, um furchtbare Zerstörungsmaschinen zu beschaffen, die heute als die letzte Errungenschaft der Wissenschaft betrachtet werden und schon morgen dazu verurteilt sind, infolge irgendeiner neuen Entdeckung auf diesem Gebiet jeden Wert zu verlieren. Die dauernde Gefahr, die in dieser Anhäufung von Kriegsmaterial liegt, verwandelt den bewaffneten Frieden unserer Tage in eine drückende Last. Diesem unablässigen Rüsten ein Ende zu setzen und nach Mitteln zu suchen, um den

Katastrophen vorzubeugen, welche die ganze Welt bedrohen, ist die höchste Aufgabe, die heute allen Staaten auferlegt ist.«

Dieser Aufruf stammt nicht aus den 70er oder 80er Jahren des 20. Jahrhunderts, er hat den russischen Zaren zum Autor. Nikolaus II. sprach damit aus, was Europas Untertanen längst dachten, und sie waren seiner Meinung, nach der die Regierungen baldig zu einer Abrüstungskonferenz zusammentreten sollten. Der Vorschlag allerdings hatte nicht die Friedenssehnsucht zur Mutter, sondern die Pleite. Rußlands finanzielle Mittel waren durch den Bau strategischer Eisenbahnen in Richtung Westen und die Erschließung Ostasiens so erschöpft, daß es sich neue Waffen und neue Divisionen nicht leisten konnte. Die Mächte sprachen deshalb von einem Danaergeschenk, von *pas sérieux*, von *hohler Phrase*, kamen aber dessenungeachtet 1899 im holländischen Den Haag zusammen. Keiner der 26 Staaten wollte sich mit dem Makel belasten, nicht für eine Abrüstung zu sein.

Die Konferenz wurde zur Farce, und die Mächte überboten sich an Heuchelei; wenn sie für den Frieden die Schwurhand hoben, kreuzten sie auf dem Rücken die Finger. Die Falken hatten, schon damals, überall die Macht und nicht die Tauben. Nach Meinung der internationalen Militärs war die Vorbereitung eines ewigen Friedens eine kindische Illusion, würde jede Abrüstungsregelung das Gleichgewicht zwischen den Armeen der Großmächte zerstören, müsse jeder Staat deshalb das Maß seiner Rüstung nach seinen eigenen Bedürfnissen bestimmen. Das war ihre Meinung, aber ihre Abgesandten hüteten sich, sie auszusprechen. Nur die deutschen Delegierten waren ehrlich (und töricht) genug, das zu sagen, was die anderen nur dachten. Sie handelten dabei im Sinne ihres Kaisers, der jedem Ohrfeigen angedroht hatte, der ihm mit einer Beschränkung der Wehrpflicht kommen würde. Mit gesundem Menschenverstand sollten sie dem *ganzen russischen*

Quatsch und den Lügen den Garaus machen. Sie taten es, zur Erleichterung aller, und verließen die Konferenz mit dem Odium, einen militaristischen, einen kriegslüsternen Staat vertreten zu haben.

Ende Juli 1900 bestieg Kaiser Wilhelm in Bremerhaven ein Rednerpodium und verabschiedete vor versammelter Front ein deutsches Expeditionscorps, das in China zusammen mit anderen europäischen Truppen die Ordnung wiederherstellen sollte. »Unordnung« war dort entstanden durch den Aufstand chinesischer Nationalisten, Boxer genannt, der sich vorwiegend gegen die ausländischen Mächte richtete. Vor allem die Europäer hatten mit ihrer Gier und ihrem Rassismus, auch mit ihrer christlichen Missionstätigkeit eine auf ihre alte Kultur stolze Nation verletzt und sich so verhalten, wie sie nun genannt wurden: *weiße Teufel*. Die Boxer töteten viele Europäer, drangen in Peking ein, ermordeten den deutschen Gesandten und belagerten die Gesandtschaftsgebäude.

Während Kaiser Wilhelm seine Ansprache an die Truppen hielt, wurden die Herren seiner Begleitung zusehends nervöser und Außenminister Bülow so erregt, daß er die anwesenden Journalisten noch während der Rede verpflichten ließ, die kaiserlichen Worte nicht ohne amtliche Korrektur zu veröffentlichen. Sie klangen so ungeheuerlich, daß Kanzler Hohenlohe seinem Staatssekretär des Äußeren zuraunte: »Das kann ich unmöglich im Reichstag vertreten, das müssen Sie tun.«

Bei der Abendtafel an Bord der »Hohenzollern« wurden die Zeitungen gebracht. Der Kaiser überflog seine dort abgedruckte Rede und sagte enttäuscht zu Bülow: »Sie haben ja gerade das Schönste weggestrichen.« Da brachte ein Bote noch ein in Bremerhaven erscheinendes Blättchen, und Wilhelm bemerkte während des Lesens mit steigendem Entzücken, daß dieser brave Reporter wortgetreu berichtete. Er hatte, wie sich später herausstellte, auf einer unweit des Rednerpodiums stehenden Baracke gesessen und eifrig mitstenographiert, seine Exemplare, eines guten Geschäftes gewiß, auch schon in alle Welt hinausgehen lassen.

Die dort abgedruckte Rede an die Soldaten lautete: »Kommt Ihr vor den Feind, so wird derselbe geschlagen! Pardon wird nicht gegeben! Gefangene werden nicht gemacht! Wer Euch in die Hände fällt, sei Euch verfallen! Wie vor 1 000 Jahren die Hunnen unter ihrem König Etzel sich einen Namen gemacht, die sie noch jetzt in Überlieferung und Märchen gewaltig erscheinen läßt, so möge der Name Deutscher in China auf 1 000 Jahre durch Euch in einer Weise betätigt werden, daß niemals wieder ein Chinese es wagt, einen Deutschen auch nur scheel anzusehen!«

Im Ausland haben diese Worte zunächst keineswegs so katastrophal gewirkt, wie es immer dargestellt wird. Martialische Reden von Generalen und Ministern war man im Zeitalter des Nationalismus gewöhnt. Der *Daily Telegraph* schrieb denn auch, daß des Kaisers Parole wohl die einzige Sprache sei, die die Asiaten verstünden. England habe sie schließlich nicht ohne Erfolg beim Aufstand der indischen Sepoys in die Tat umgesetzt. Nach dem Ausbruch des Weltkriegs jedoch entsann man sich der Kaiserrede von Bremerhaven und stellte sie in den Dienst der Greuelpropaganda, wonach die Deutschen, wie einst ihre »Vorfahren«, die Hunnen, mordend, vergewaltigend, brennend und sengend die Länder verheerten.

Bülow hat seinem Souverän noch an Bord der »Hohenzollern« vorgehalten, daß solche Worte »Wasser auf die Mühlen derjenigen seien, die das Land von Goethe und Schiller, von Humboldt und Kant als ein Land der Barbaren hinstellten und ihren Kaiser als blutdürstigen Eroberer«. Wilhelm reagierte, wie so oft, wenn man ihm entgegentrat, erst ärgerlich, trotzig, dann sichtlich betreten über das, was er angerichtet hatte. »Ich weiß, daß Sie nur mein Bestes wollen«, sagte er schließlich, »aber ich bin nun einmal, wie ich bin, und ich kann mich nicht ändern.«

Jener Zug war in ihm zum Vorschein gekommen, den Walther Rathenau mit sicherer Menschenkenntnis bemerkt hatte, als er nach einer Begegnung mit dem Mittvierziger schrieb: »Da saß ein jugendlicher Mann in bunter Uniform ..., zarte Haut, weiches Haar, kleine weiße Zähne. Ein rechter Prinz; dauernd mit sich selbst kämpfend, seine Natur bezwingend, um ihr Haltung, Kraft, Beherrschung abzugewinnen ... Viele haben es mir seither gestanden: Hilfsbedürftigkeit, Weichheit, Menschensehnsucht, vergewaltigte Kindlichkeit, die hinter physischer Kraftleistung, Hochspannung, schallender Aktivität fühlbar wurde, hat sie ergriffen und empfinden lassen: Diesen Menschen muß man schützen und mit starkem Arm behüten vor dem, was er fühlt und nicht weiß, was ihn zum Abgrund zieht.«

Die Bremerhavener Rede des Deutschen Kaisers wurde von allen ausländischen Zeitungen nachgedruckt. Sie lag ganz auf der Linie seiner früheren Appelle an die Völker Europas, ihre heiligsten Güter zu wahren vor der *gelben Gefahr*. Sie ließ auch alle ihr vorangegangenen Anweisungen vergessen, die chinesischen Ahnengräber nicht anzutasten, Frauen und Kinder zu schonen und immer daran zu denken, daß Menschen anderer Hautfarbe *ein Herz besäßen, das ebenfalls Ehrgefühl aufweist*.

Als die deutschen Soldaten in China an Land gingen, und hier liegt der Historie sanfte Ironie, war Peking von internationalen Truppen bereits befreit worden. Es gab nicht mehr viel zu tun für den zum Oberbefehlshaber des europäischen Expeditionscorps ernannten Feldmarschall Waldersee, spöttisch *Weltmarschall* genannt. Seine Lorbeeren, die er in Deutschland auf Vorschuß genommen hatte, waren verwelkt, noch ehe sie gepflückt, und taugten nicht mehr zu einem Siegeskranz. Mit seinem Marschallstab konnte er nur noch Sai

Chinhua imponieren, einer schönen Chinesin, die er sich zur Geliebten nahm. Ein wenig teuer allerdings war diese Idylle, denkt man an die 152 Millionen Goldmark, die der Ausflug ins Land der Mitte gekostet hatte.

Nehmt Alles in Einem, er war ein Mann

Am 30. Juli 1898 war Bismarck gestorben.

Körperlich hinfällig, doch geistig hellwach, hatte er das politische Geschehen bis zum Schluß wachsam verfolgt. Zweifelnd, auch verzweifelnd, zynisch bisweilen, schließlich resignierend, geriet er in einen Zustand, in dem er nicht mehr wußte, ob er sich über die Talfahrt der deutschen Politik freuen sollte, als Bestrafung der an seiner Entlassung Schuldigen, oder ob er sich zu grämen hatte. Noch pilgerten sie zu ihm hinaus nach Friedrichsruh, die Großen und die Größen aus Deutschland und dem Ausland; weniger seines Rates wegen, mehr aus Neugier oder um der Pietät zu genügen.

Hohenlohe kam, Bülow; Tirpitz, der sich den *Kugelsegen* holen wollte für seine Flotte (eine Schlachtflotte als politisches Druckmittel wies Bismarck zornig zurück); Prinz Heinrich, der die Stirn zu berühren bat, die sein Großvater, Wilhelm I., so oft geküßt habe; der Kaiser selbst, dem der Alte insgeheim unterstellte, er wolle nur wissen, wann endlich er mit seinem Rollstuhl (an den er im letzten Lebensjahr gefesselt war) in die Grube fahren werde. Politischen Gesprächen wich der Kaiser aus, erzählte Geschichten vom Hof, Anekdoten aus dem Kasino und ließ seinem Gastgeber – gespenstischer Höhepunkt des letzten Rendezvous – von einigen als Mannequins posierenden Grenadieren das neue Tornistermodell vorführen.

Die Kälte der Einsamkeit umfing ihn. Die wenigen Freunde, die er besaß, waren gestorben. Die Söhne hatten ihre eigenen Familien gegründet. Seine Frau war für immer von ihm gegangen. »... der Verkehr mit ihr, die tägliche Frage ihres Behagens, die Bestätigung der Dankbarkeit, mit der ich auf achtundvierzig Jahre zurückblicke. Und heut alles öde und leer«, schrieb er der Schwester. Mit Johannas Tod schien seine Existenz gebrochen. Sie gehörte zu den Frauen im Schatten, im Schatten des Genies. Geistig nicht ebenbürtig, ohne letztes Verständnis für das Werk, dienend, tröstend, sich aufopfernd, den Ehemann gegen jeden in Schutz nehmend, seine Freunde liebend und seine Feinde hassend, bilden diese Frauen den notwendigen festen Untergrund ehelichen Daseins.

»Gib, daß ich meine Johanna wiedersehe«, bittet er kurz vor seinem Tod seinen Gott.

Schlaflosigkeit, Sorge und Schmerz, die grauen Gefährten des Alters, verlassen ihn nicht mehr. Er wechselt vom Bett auf die Chaiselongue, von der Chaiselongue in den Lehnstuhl; leidet einen *Höllensabbath* von Qualen, wenn der Diener ihn ankleidet, und nur für kurze Zeit schafft Morphium Erleichterung. Der linke Fuß wird gefühllos, färbt sich schwarz. Der alte Mann läßt sich gern einreden, daß das von der dunklen Salbe herrührt, es ist aber, wie Schweninger diagnostiziert hat, Altersbrand, ein Gewebstod, verursacht durch den Verschluß der den Fuß versorgenden Schlagadern.

Er läßt sich auf die Terrasse hinausrollen in die Sonne, schaut auf seine Bäume, auf den Strauch mit den soeben erblühten La-Franca-Rosen und möchte noch einmal hinaus, um nach seinem Roggen zu sehen. Zu den wenigen Besuchern, die noch vorgelassen werden, gehört der alte Graf Lehndorf, einst Generaladjutant Kaiser Wilhelms I., und die beiden Alten plaudern über die Welt, wie sie damals war und wie sie heute ist. Daß der Reichstag es abgelehnt hatte, ihm zu seinem 80. Geburtstag zu gratulieren, hat er längst verwunden. Und auch die Bemerkung Wilhelms II., wonach er, Bismarck, lediglich ein *Handlanger* des alten Kaisers gewesen sei, dazu bestimmt, die erhabenen hohenzollernschen Gedanken auszuführen. Was war eigentlich wirklich wichtig gewesen? Erfolg, Anerkennung, Ruhm, hat ihn das glücklich gemacht? Nein, wirklich glücklich war er nur zweimal in seinem ganzen Leben: als er seinen ersten Hasen geschossen hatte und als ihm Johanna ihr Jawort gegeben.

Mitte Juli werden die Schmerzen so unerträglich, daß er den Kammerdiener Pippow mehrmals um seinen Revolver bittet. Plötzlich tritt Besserung ein; er setzt sich zu Tisch, ißt genießerisch, trinkt Champagner und unterhält die Tischrunde wie in alten Tagen: witzig, geistreich, voller Charme. Zwei Tage später, am späten Abend des 30. Juli, ist er tot. *Staatsraison* soll sein letztes vernehmbares Wort gewesen sein. Doch *letzten Worten* gegenüber ist Zweifel anzumelden, hören ihre Zeugen doch meist nur das, was sie, guten Glaubens, zu hören wünschen.

»Ich werde Deutschlands großem Sohn in Berlin im Dom an der Seite Meiner Vorfahren die letzte Stätte bereiten«, telegraphierte der Kaiser von Bord der »Hohenzollern«, mit der er wie in jedem Jahr in nordischen Gewässern kreuzte. Als Friedrichsruh in fliegender Hast erreicht war, teilte ihm Herbert von Bismarck am Sarge mit, daß die letztwillige Verfügung seines verstorbenen Vaters diesem Plan entgegenstehe. Er habe darin angeordnet, auf einem seinem Haus gegenüberliegenden Hügel bestattet zu werden. Nein, aus seiner Leiche sollten die kein Kapital mehr schlagen. Auch in der von ihm gewählten Grabinschrift zeigte sich Unversöhnlichkeit über den Tod hinaus. Sie lautet: Fürst Otto von Bismarck. EIN TREUER DEUTSCHER DIENER KAISER WILHELMS I.

Der Historiker Heinrich von Sybel hatte noch zu Lebzeiten Bismarcks einen Grabspruch entworfen, angesichts dessen der alte Herr die Hoffnung ausgedrückt hatte, »daß wir beide eines, wenn auch vortrefflich ausgeführten, Epitaphs einstweilen noch nicht bedürfen werden«. Das Epitaph sei hier wiedergegeben, weil nicht besser gesagt werden kann, was Bismarck für die Geschichte der Deutschen bedeutet: »Des Jahrhunderts gewaltigster Staatsmann / Der einer neuen Zeit die Gestalt gab / Unerschöpflich an Mitteln – furchtbar im Kampfe – gemäßigt im Sieg / Unter König Wilhelms Schutz Begründer des Reichs / Nach erreichtem Ziel friedwaltenden Sinns / Seines Hauses liebevolles Haupt / Ein Pfleger des Volks der Beschirmer des Staats / Demütig vor Gott – ein stolzer Patriot / Nehmt Alles in Einem / *Er war ein Mann* / Des geeinten Deutschlands größter Sohn.«

Le bonheur qui passe …

Der 8. Januar 1902 gilt als ein wichtiges Datum in der Geschichte der deutsch-englischen Beziehungen. Reichskanzler Bülow hielt an diesem Tag eine Rede vor dem Reichstag, in der er auf den Kolonialminister Chamberlain einging, der behauptet hatte, die Engländer wären im Burenkrieg nicht annähernd so grausam und barbarisch vorgegangen wie andere Nationen in ihren Kriegen, wie zum Beispiel auch *die Deutschen im Jahre 1870/71.*

Nun hatte das Deutsche Reich damals keinen Krieg gegen Frauen und Kinder geführt und auch keine Konzentrationslager eingerichtet, der Vergleich diente demnach nur dazu, von eigener Schuld abzulenken. Die Empörung in Deutschland war ungeheuerlich, der Volkszorn kochte über, und der Reichskanzler ließ sich von dieser Stimmung wohlig tragen, als er ausführte, des deutschen Heeres Wappenschild sei blank, und niemand habe das Recht, die sittliche Grundlage der deutschen Einheitskämpfe zu entstellen. Direkt auf Chamberlain eingehend, sagte er: »Hier gilt das Wort Friedrichs des Großen, der in einem ähnlichen Fall einmal gesagt hatte: ›Laßt den Mann gewähren und regt euch nicht auf, er beißt auf Granit.‹« Die allgemeine Anti-England-Atmosphäre verführte dann einen jener so gefährlichen wie dummen Abgeordneten alldeutscher Provenienz dazu, den englischen Minister *den verruchtesten Buben, den Gottes Erdboden trägt* zu nennen und die britischen Soldaten *Diebe und Raubgesindel.*

Damit war ein Schlußpunkt gesetzt unter alle Bemühungen der Engländer und der Deutschen, zu einem Übereinkommen zu gelangen. Wobei die Bülowsche Rede, *Granitbeißerrede* genannt, den Anlaß bot, aber nicht die Ursache war. Die jüngsten Verhandlungen hatten anfangs unter einem günstigen Stern gestanden, weil man sich im Jangtse-Abkommen, das den Handel in China betraf, gerade nähergekommen war. Sie wurden zusehends problematischer, weil auf beiden Seiten zwei Lager existierten, das eine, das die Verständigung unbedingt wollte, das andere, das sie unter Anführung scheinbar logischer Gründe ablehnte.

Die englischen Neinsager wurden vom Premier Salisbury angeführt, der sich fragte, wann denn eigentlich eine Isolierung für England wirklich gefährlich gewesen sei. Ihm entgegen standen Kolonialminister Chamberlain und Außenminister Landsdowne, die eine *splendid Isolation* für antiquiert hielten. In Deutschland standen Botschafter Hatzfeld und Botschaftsrat Eckardstein (der allerdings durch Übereifer mehr schadete als nützte) in der Tradition Bismarcks und suchten eine Allianz; Bülow und sein Souffleur Holstein waren der Meinung, daß die Engländer zu kommen hätten, und wenn sie nicht *kämen*, sollte man der niemandem verpflichtenden Politik *der freien Hand* treu bleiben.

Daß Deutschland 1901 ein Bündnis mit England leichtfertig abgelehnt habe, damit die große Chance ausschlagend, den Frieden in der Welt für mindestens ein halbes Jahrhundert zu sichern, ist spätestens seit der Veröffentlichung der englischen Akten als eine Legende entlarvt worden. Sonderlich geschickt sind die Verhandlungen jedoch von deutscher Seite nicht geführt worden. Die Forderung, ein Bündnis mit Deutschland müsse ein Bündnis mit Österreich-Ungarn und Italien einschließen, war für die Gegenseite nicht annehmbar. Wer wollte schon in die ewigen Balkanquerelen der »k.u.k.«-Monarchie verwickelt werden, ja vielleicht deren Grenzen gegen Rußland verteidigen müssen? Berlin aber bestand auf einem Alles, das hieß Einbeziehung des Dreibunds, oder einem Nichts, und das bedeutete gar kein Bündnis. Ein »Alles oder nichts«-Standpunkt, der selbst Teilabkommen ausschließt, Abkommen, die sich später zum Ganzen runden können, hat noch nie eine Grundlage für erfolgreiche Verhandlungen abgegeben.

Den Verantwortlichen in England und Deutschland wäre es schwergefallen (aber nicht unmöglich gewesen), ein Bündnis gegen die öffentliche Meinung in ihren Ländern zu schließen. Die als Vettern geltenden Völker, weil von Vorfahren abstammend, die miteinander verwandt waren, begegneten sich mit jener herzlichen Antipathie, wie sie nur Verwandte gegeneinander aufbringen. Unsympathischer waren den Engländern nur noch die als barbarisch verschrienen Russen, und doch kam es später zu einem Zusammengehen. Entscheidend für das endgültige Scheitern war wohl die Tatsache, daß beide Länder ein Bündnis nur mit halbem Herzen wollten. Jeder war überzeugt davon, den anderen nicht unbedingt zu brauchen. Mag eine solche Überzeugung englischerseits schon dubios sein, für Deutschland, das vom Westen her und vom Osten bedroht wurde, war sie verhängnisvoll. Es hätte demnach nur eines gegeben: den lebensgefährlichen Zangengriff Frankreichs und Rußlands, die sich zu einem Zweibund zusammengeschlossen hatten, aufzubrechen durch ein Bündnis mit England, ein Bündnis *um jeden Preis*.

Der Verzicht auf eine Flottenrüstung, wie sie im Flottengesetz von 1900 vorgesehen war, hätte auf jeden Fall zu dem zu zahlenden Preis gehört. Das Gesetz sah eine Verdoppelung des 1898 beschlossenen Schiffsbestands vor, wodurch in Zukunft zwei deutsche Schiffe drei englischen Schiffen gegenübergestanden hätten. Ein Verhältnis von zwei zu drei also wurde angestrebt. Da das eine Drittel der *grand fleet* zum Schutz der britischen Kolonien gebraucht wurde, ergäbe das in den heimischen Gewässern eine Parität. Eine Milchmädchenrechnung, wie sich herausstellen sollte, die nicht berücksichtigte, daß England imstande sein würde, die Überlegenheit auf See durch ebenfalls verstärkte Rüstung zu bewahren.

Trotzdem war der Zeitpunkt abzusehen, zu dem sich eine Insel, deren Macht, ja deren Existenz, auf ihren Verbindungen zur See beruhte – »Rule, Britannia, rule the waves!« – sich tödlich bedroht fühlen mußte. So hysterisch die Reaktion britischer Deutschenfresser auf das deutsche Flottenprogramm auch war (an ihrer Spitze der Admiral Fisher, der ernsthaft empfohlen hatte, die deutschen Schiffe zu *kopenhagenen*, das hieß, sie mitten im Frieden zu überfallen, so wie es Nelson 1801 getan hatte mit der dänischen Flotte vor Kopenhagen), das Unbehagen über Deutschlands Kreuzer und Schlachtschiffe wurde allmählich auch in weiten Kreisen des britischen Volks spürbar.

»Ich kann und will John Bull nicht erlauben, mir das Tempo meiner Schiffsbauten vorzuschreiben«, sagte Wilhelm. Bülow war derselben Meinung. Er achtete immer darauf, das zu meinen, was der Kaiser meinte, und auch nicht anderer Ansicht zu sein als die Mehrheit des Parlaments und der Öffentlichkeit. So viel Übereinstimmung schien ihm unabdingbar, wollte er seinen eigenen Platz an der Sonne behalten und, wie er es selbst einmal formuliert hatte, eine *historische Figur* werden. Holstein war ohnehin von tiefem Mißtrauen gegen alles Britische erfüllt und Gegner der *Kastanien-Theorie*, die einem vorschrieb, diese Früchte für einen anderen aus dem Feuer zu holen. Der Kaiser war vernarrt in seine Flotte, und ihm dieses Riesenspielzeug aus der Hand zu nehmen, wer hätte es wagen, wer erreichen können? Von jenen, die Einfluß auf ihn hatten, war es gar nicht erst versucht worden. Ohne Flotte, glaubten sie zu wissen, wären alle Weltmachtträume ausgeträumt.

Weltpolitik aber mußte das Deutsche Reich doch treiben, wollte es nicht zu einem Phäakendasein verkümmern. Verzicht auf Weltgeltung, Zähmung des nationalen Egoismus, Beschränkung auf das Erreichte, Einfrieren der Flottenrüstung – das alles hätte zu dem an England zu zahlenden Preis gehört. Davon aber wollten *die da oben* nichts wissen und in ihrer Mehrzahl auch *die da unten* nicht. *Selbstentmannung* könne man niemandem zumuten, hieß es.

Ein auf Fürstengunst und Popularität weniger bedachter Kanzler als Bülow, ein nicht wie Holstein durch Vorurteile verkrusteter Mann, ein nicht wie Tirpitz vom Flottenwahn mit Blindheit geschlagener Admiral, andere, bessere Männer also mit einer anderen, besseren Politik wären zu einem Bündnis mit England gekommen und hätten damit die Katastrophe verhindert. Hat man behauptet.

Beweisen läßt sich die Behauptung nicht. Schon deshalb nicht, weil sie voraussetzt, daß auch auf der anderen Seite andere bessere Männer eine andere, bessere Politik vertreten hätten. Und läßt sich die Frage beantworten, ob nicht alles politische Tun und Trachten ohnehin erfolglos gewesen wäre für ein Land, das die Ungunst des Schicksals in die Mitte Europas versetzt hatte und dem es keine von der Natur geschützten Grenzen zugeteilt? Wie wäre ein solches Reich zu sichern gewesen und seine Macht zu erhalten: dadurch, daß es stärker war als die anderen? Dadurch, daß es ein Gleichgewicht der Kräfte herzustellen suchte? Dadurch, daß es Verzicht leistete?

Fragen ...

Bleiben wir bei den Fakten. »Man sollte aber das Blatt nicht umschlagen«, meint Michael Balfour, und man spürt förmlich, wie sehr ihn das Geschehen nach so vielen Jahrzehnten noch erregt, »ohne einen Augenblick zu überlegen, welches die Folgen für die Menschheit gewesen wären, wenn sich ein wenig mehr Einsicht, mehr Weitblick und Großzügigkeit hätten durchsetzen können. Gegen Ende 1898 hatte Chamberlain Herrn Hatzfeld gegenüber von *le bonheur qui passe* [vom Glück, das gerade vorübergeht] gesprochen ... die günstigen Gelegenheiten vergingen ohne Sondierungen, und so wurde ein wichtiges Glied in der Kette der Ursachen geschmiedet, die zahllosen Menschen in der Welt Unheil brachte.«

Onkel Bertie und sein Neffe William

Zu berichten bleibt, wie sich das Glück, um bei dem Bild zu bleiben, immer weiter entfernte, bis es schließlich unerreichbar war. Wenige Wochen nach dem Ende der deutsch-britischen Bündnisgespräche gingen Engländer und Japaner ein Bündnis ein, in dem sie sich gegenseitige bewaffnete Hilfe versprachen, falls einer von ihnen in einen Krieg mit zwei anderen Mächten verwickelt werden sollte. Die Seelords verließen sich also nicht nur auf ihre Flotte und die Kreidefelsen. Womit die Argumentation Berlins, England würde seine *splendid isolation* niemals aufgeben, auch schon widerlegt war. Daß Rußland sich durch den Vertrag in seinen ostasiatischen Interessen getroffen fühlte, wurde augenfällig, als der russische Außenminister Lamsdorff in der Wilhelmstraße anfragte, ob man nicht, zusammen mit Frankreich, ein Abkommen schließen sollte, das die einstige gute Zusammenarbeit in Ostasien erneuerte. Für Bülow war das Anerbieten lediglich eine Bestätigung, daß jetzt auch Rußland *kam* und man sich die *freie Hand* weiterhin leisten konnte. Er sagte nein, und Lamsdorff sprach vom *kalten Wasserstrahl der Ablehnung*.

Kühler noch war das Klima in London geworden, das der Kaiser im November 1902 wieder einmal besuchte. Bei der Beerdigung der Queen ein Jahr zuvor war ihm überall Sympathie entgegengebracht worden. Die Engländer spürten vielleicht, daß, wenn jemand die gestörten Beziehungen wiederherstellen konnte, nur *the Kaiser* dafür in Frage kam. Seinem Kanzler schrieb er: »Chamberlain ist persönlich unter dem vermeintlichen Eindruck, aufs ärgste düpiert worden zu sein, schwer gereizt, und aus dieser Stimmung heraus beurteilt er unsere gesamte Politik ...« Wilhelm war im Gegensatz zu seinen Ratgebern sich der Gefahr immer bewußt, daß man mit der unsteten Politik eines Tages zwischen zwei Stühlen sitzen würde, zwischen dem russischen und dem britischen Stuhl.

Kurz vor diesem Besuch erst hatte der Kolonialminister den Franzosen durch einen Mittelsmann sagen lassen, mit den Deutschen habe er nichts mehr im Sinn, die Russen seien momentan einfach zu schwierig, aber ... Aber was die Engländer und die Franzosen betreffe, sollte man sich bald an einen Tisch setzen, so schwerwiegend seien die gegenseitigen Differenzen gar nicht.

Anfang Mai 1903 besuchte Englands neuer Souverän, König Eduard VII., die Hauptstadt Frankreichs, in der er sich als Prinz wohler gefühlt hatte, als es Mutter Victoria recht gewesen war. Auch in London hatte er die Frauen, selbst zweifelhafter Art, nicht verachtet, die Spieler und die Falschspieler nicht gemieden, den Geschäftemachern üblen Leumunds sich nicht entzogen. Eduard Albert, von Wilhelm *Uncle Bertie* genannt, hatte mit seinem sittenstrengen Berliner Neffen nichts gemeinsam außer der Lust, sich möglichst häufig umzukleiden, wobei er allerdings Zivil bevorzugte. Die beiden Herren waren sich in einer Art Haßliebe zugetan, in der im

Laufe der Jahre die Liebe sich verflüchtigte. Noch 1902 war *dear William* für Eduard lauter in seiner Gesinnung und loyal in seiner Freundschaft, später wurde er »the most brilliant failure in history – der glänzendste Versager der Geschichte«. Und für Wilhelm verwandelte sich der liebenswerte Oheim in einen *alten Pfau*, später sogar in den *leibhaftigen Satan*.

Mit seiner Leidenschaft für Wein, Weib und Gesang und seinen »affaires scandaleuses« war Eduard VII. jeder Zoll kein König. Dafür zeigte er, und besonders jetzt in Paris, andere Qualitäten. Die Pariser empfingen ihn unfreundlich, mit Hochrufen auf die Buren – auch Faschoda war noch nicht vergessen –, und sie verabschiedeten ihn jubelnd. Diese Wandlung hatte der Takt des alten Lebemanns bewirkt, seine gute Laune, sein Einfühlungsvermögen, seine ganze Art, sich volkstümlich zu geben, ohne sich etwas zu vergeben. Das Wort von der *entente cordiale*, dem herzlichen Einverständnis zwischen zwei Nationen, einer bündnisähnlichen Anbindung, die des feierlichen Briefs und Siegels ebenso entbehren konnte wie der Absegnung durch die Parlamente, das Wort hat er nicht erfunden, aber er hat dazu beigetragen, daß es Wirklichkeit wurde.

Ein Jahr nach der Pariser Reise wurde der erste Schritt getan. Frankreichs Außenminister Delcassé – Elsaß-Lothringen im Gedächtnis, die Revanche im Herzen – verzichtete für sein Land auf die ägyptischen Interessen und bekam dafür die Garantie, daß Marokko französisches Einflußgebiet sei. Noch in London erhielt er vom Zaren, der den Franzosen schon immer zu einer Verständigung mit England geraten hatte, ein Glückwunschtelegramm. Chamberlain beglückwünschte sich selber, nämlich dazu, den Deutschen gezeigt zu haben, daß er nicht geblufft hatte mit seiner Behauptung, es ginge auch ohne sie.

Holstein hatte den Ausdruck *Bluff* damals gebraucht und ein Abkommen zwischen London und Paris für Zukunftsmusik gehalten. Auch Bülow schien nach wie vor der Meinung zu sein, man könne, was England und Frankreich betraf, die Dinge gar nicht *pomadig* – einer seiner Lieblingsausdrücke – genug nehmen, und dem Reichstag teilte er mit, es existiere kein Anhaltspunkt dafür, daß die sogenannte *entente cordiale* »eine Spitze gegen irgendwelche andere Macht enthalte«. Wieder bewies der Kaiser mehr politischen Blick, als er feststellte, es sei doch höchst bemerkenswert, wie die Franzosen mit den Engländern ins reine gekommen seien, ohne das Band mit Rußland zu lockern. »Es ist nur natürlich«, so seine Folgerung, »daß für England jede Rücksichtnahme auf uns mehr und mehr in den Hintergrund treten wird.«

Was für Europa galt, traf für Ostasien gleichfalls zu: auf Deutschlands Beistand konnte man dort, seit dem japanischen Vertrag, weitgehend verzichten. Italien, der schwächste und unzuverlässigste Verbündete, den ein Land sich wählen kann, empfing Monsieur Delcassé mit Jubel; sein König feierte die Franzosen mit Trinksprüchen und schien vergessen zu haben, wem er eigentlich durch ein Bündnis verpflichtet war. Dem Papier nach verpflichtet war, denn man hatte längst ein Geheimabkommen mit Paris geschlossen, das den Franzosen auch in dem Fall Neutralität zusicherte, wenn sie in einen Krieg mit dem Deutschen Reich verwickelt werden würden. Ein Vertrag, den man in Deutschland, nachdem er offenbar geworden war, den *ersten Verrat* Italiens am Dreibund genannt hat.

Die neue Entente hielt auch den Belastungen stand, die durch den russisch-japanischen Krieg entstanden. Die Ostseeflotte der Russen war aus ihren Häfen ausgelaufen, mit dem Ziel, nach Umrundung des halben Erdballs die Japaner im Gelben Meer zu stellen. Ein wahnwitziges Unternehmen, das in der Katastrophe von Tsushima enden sollte. Bereits auf der Höhe der Doggerbank hatten die Kommandanten Torpedoboote mit dem Sonnenbanner zu entdecken geglaubt und einen Feuerhagel auf sie niedergehen lassen. Es waren aber keine Japaner, sondern Briten, die mit ihren Kuttern hier friedlich fischten. Ein solcher Irrtum genügte damals schon, um, zumindest für einige Tage, Kriegsgefahr zwischen England und Rußland heraufzubeschwören!

Frankreich war Rußlands Bündnispartner und Englands neuer Freund, eine prekäre Situation, die Kaiser Wilhelm durch eine Depesche an den Zaren sofort zu verschärfen suchte. Nikolaus jedoch erklärte sich mit einem Schiedsgericht in Den Haag einverstanden, was Wilhelm *unerhört schlapp* fand. Gegen das ihm angebotene russisch-deutsche Verteidigungsbündnis hatte der Zar nichts, vorausgesetzt, der Vertrag würde vor der Unterzeichnung in Paris vorgelegt werden. Sein Reich hatte von den Japanern zu Land und zu See schwere Schläge einstecken müssen, hätte Freunde in der Not dringend gebraucht und stellte trotzdem eine derartige Bedingung, die ein Scheitern des angebotenen Pakts einschloß. Ein Zeichen, daß ihm der alte Zweibund wichtiger war als ein neuer Kontinentalbund.

»Wir brauchen endlich einen außenpolitischen Erfolg«, mahnte Bülows engster Mitarbeiter, der Fürst Lichnowsky. Der Kanzler war derselben Meinung, und er machte sich daran, diesen Erfolg zu erringen: wenn England nicht über Rußland zu isolieren war vom Kontinent, dann mußte eben Frankreich unter Druck gesetzt werden. Marokko, das schöne, aber chaotische Land, schien sich als Punkt, wo der Hebel anzusetzen war, gut zu eignen ...

Die Landung in Tanger

Am 31. März 1905 nähert sich die *Hamburg* der Reede von Tanger. An Bord ist Kaiser Wilhelm II. mit seiner Entourage, der unter anderen neun Admirale im Ruhestand angehören, von denen einige von heftiger Seekrankheit befallen sind. Die See geht hoch, und der deutsche Geschäftsträger von Kühlmann, der mit einer Pinasse längsseits zu gehen versucht, springt schließlich mit einem gewaltigen Satz in das Fallreep und klettert an Bord. Triefend naß, von der Tschapka und den Sporen seiner Ulanenuniform tropft das Wasser – als Reserveoffizier trägt er selbstverständlich Uniform –, meldet er sich beim Kaiser, der ihn mit den Worten abfertigt: »Ich lande nicht!« S. M. hatte während der Kreuzfahrt fünf Telegramme von Bülow bekommen, in denen er beschworen wurde, unbedingt in Tanger an Land zu gehen: weil es wichtig sei, Flagge zu zeigen und die Souveränität des Sultans demonstrativ herauszustellen.

Der Kaiser entschließt sich dann doch zur Landung. »Uniform, meine Herren, und vorwärts!« Er gelangt wohlbehalten an Land, wo der Sultan für ihn und seine Begleitung Pferde bereitgestellt hat; es sind ungebärdige Berberhengste. »Ich bin Ihnen zuliebe, und weil es das Vaterland erheischte, gelandet«, hat Wilhelm später seinem Kanzler vorgehalten, »auf ein fremdes Pferd trotz meiner durch den verkrüppelten linken Arm behinderten Reitfähigkeit gestiegen, und das Pferd hätte mich um ein Haar ums Leben gebracht ... Ich ritt mitten zwischen den spanischen Anarchisten durch [die von Kühlmann bestochen waren, um Unruhen zu vermeiden], zwischen Gaunern und Abenteurern, weil Sie es wollten, und Ihre Politik davon profitieren sollte.«

Von Wilhelms Landung in Tanger hat das Deutsche Reich keineswegs profitiert. Im Gegenteil, der Kaiser erschien allen als Provokateur und Friedensstörer. Dabei war das Recht auf seiner Seite. Frankreich hatte sich angeschickt, Marokko »friedlich zu durchdringen«, wie die Errichtung eines Protektorats genannt wurde, und somit gegen die Madrider Konvention verstoßen, in der die Unabhängigkeit des Landes und die Gleichberechtigung aller dort Handel treibenden Völker garantiert worden war. Beide Garantien waren gefährdet und damit die wirtschaftlichen und handelspolitischen Interessen des Reichs.

Diese Gründe waren nicht vorgeschoben. Keine Großmacht konnte es sich leisten, ungefragt zur Seite gedrängt zu werden. Doch ging es Bülow und Holstein, so blauäugig waren sie nicht, keineswegs nur um Ökonomisches. Sie wollten Marokko zum Prüfstein der neuen Entente machen. Das hieß: Frankreich durch massive Drohungen derart in die Enge treiben, daß es nach seinen Verbündeten rufen würde. Die aber würden nicht antworten: Rußland war durch militärische Niederlagen und Revolutionswirren gelähmt, England würde es bei papierenen Protesten belassen. Einen Krieg wollte man in Berlin nicht – Frankreich sollte aber ruhig glauben, *daß* es einen wollte –, man war auf eine internationale Konferenz aus. Eine Versammlung der Nationen würde die Franzosen sehr bald erkennen lassen, wie isoliert sie waren. Derart eingeschüchtert, würde ihnen nichts anderes übrigbleiben, als ein Bündnis mit dem Deutschen Reich einzugehen.

Der erste Erfolg dieses scheinbar fein gesponnenen Plans stellte sich, trotz der mißglückten Eröffnung, bald ein. Delcassé, laut Auswärtigem Amt »unser unversöhnlichster und wohl klügster Feind in der Welt«, wurde gestürzt, an seine Stelle trat ein Mann mit dem Willen zur Verständigung, Rouvier mit Namen. Er schlug vor, den Konferenzplan fallenzulassen, und bot dafür die Regelung der kolonialen Differenzen in der Form an, wie sie sein Land mit England erzielt hatte, einschließlich gewisser Kompensationen für eventuelle Verzichtleistungen in Marokko. Die Möglichkeit, eine Versöhnung mit Frankreich zumindest einzuleiten, war gegeben, aber in Berlin hatte man sich auf die Konferenz kapriziert und sagte nein. Niemand beherrschte eben die Kunst besser, im Recht zu sein und sich trotzdem Feinde zu machen, als die Diplomatie des Deutschen Reichs. Frankreich nahm schließlich, nun auch von den USA gedrängt, die Konferenz an. Eine Zusage, die als ein Sieg für die Deutschen galt. Aber es gibt auch Pyrrhussiege …

Wilhelm II., der von den Verständigungsvorschlägen Rouviers wohlweislich nicht unterrichtet worden war – er hätte ja darauf eingehen können –, wandte sich inzwischen, wieder einmal, dem Land zu, dem schon seines Großvaters ganze (Bündnis-)Sympathie gegolten hatte: Rußland. Wie er das tat, hat er in einem ausführlichen Bericht an seinen Kanzler geschildert. Er gibt uns, wie kaum ein anderes Dokument, Einblick in sein Innerstes, und man liest ihn mit einer Mischung aus Staunen, Rührung und Fassungslosigkeit. Hatte die *Landung in Tanger* einem Operettenakt geglichen, das *Treffen zu Björkö* war eine Tragikomödie. Inhalt: zwei von den besten Absichten beseelte würdige Herren, davon überzeugt, vom Herrgott in ihre Ämter eingesetzt worden zu sein, einig in der Überzeugung, gegen eine Welt von Republikanern und Anarchisten zusammenstehen zu müssen, sich ihrer Verwandtschaft als Vettern bewußt, Willy und Nicky also versuchen, mit Hilfe eines Vertrages den Frieden zu bewahren und Europa vor dem Untergang zu retten. Ort der Handlung: die Zarenyacht *Polarstern*, unweit der Ostseeinsel Björkö ankernd.

»Jetzt, fühlte ich, war der Moment gekommen! – Wie wäre es denn, wenn wir so ein ›little agreement‹ machten?« schildert Wilhelm die Stunde der Wahrheit. »Ich besitze eine Abschrift, die ich so ganz zufällig in der Tasche bei mir habe. Der Zar faßte mich beim Arme und zog mich aus dem Saale in seines Vaters Kajüte und schloß sofort alle Türen selbst. ›Show it me please‹; dabei funkelten die träumerischen Augen in hellem Glanze. Ich zog das Kuvert aus der Tasche. Er las einmal, zweimal, dreimal … Ich bete ein Stoßgebet zum Lieben Gott, er möge jetzt bei uns sein und den jungen Herrscher lenken. Es war totenstill; nur das Meer rauschte, und die Sonne schien fröhlich und heiter in die trauliche Kabine, und gerade vor mir lag leuchtend weiß die ›Hohenzollern‹ und hoch in den Lüften flatterte im Morgenwind die Kaiserstandarte; ich las gerade auf deren schwarzem Kreuz die Buchstaben ›Gott mit uns‹, da sagte des Zaren Stimme neben mir ›that is quite excellent, I quite agree!‹ Mein Herz schlägt so laut, daß ich es höre; ich raffe mich zusammen und sage so ganz nebenhin: ›Should you like to sign it? It would be a very nice souvenir of our entrevue?‹ Er überflog noch einmal das Blatt. Dann sagte er: ›Yes, I will‹. Ich klappte das Tintenfaß auf, reichte ihm die Feder, und er schrieb mit fester Hand ›Nicolas‹, dann reichte er mir die Feder, ich unterschrieb. Mir stand das helle Wasser der Freude in die Augen – allerdings rieselte es mir auch von Stirn und Rücken herab – und ich dachte, Friedrich Wilhelm III., Königin Luise, Großpapa und Nikolaus I., die sind mir in dem Augenblicke wohl nahe gewesen? Herabgeschaut haben sie jedenfalls, und gefreut werden sie sich alle haben!«

Wenn die hehren Ahnen wirklich Zeuge gewesen waren, lange hätte ihre Freude nicht gedauert über den, laut Wilhelm, *Wendepunkt in der Geschichte Europas*. Die Berufspolitiker in Petersburg wischten das vom Tisch, was ihnen der Amateur Nikolaus gebracht hatte, weil unvereinbar mit dem russisch-französischen Zweibund. Dem Kaiser brachte der Vertrag sogar ein Entlassungsgesuch seines Kanzlers ein, weil angeblich wertlos wegen des Zusatzes *en Europe*, nur für Europa gültig. Wilhelm, der im Jagdschloß Rominten von allen Seiten Glückwünsche hatte entgegennehmen können wegen seines gelungenen Coups, war doppelt enttäuscht, ja so verzweifelt, daß er Bernhard Bülow, seinen *besten und intimsten Freund*, anflehte: »… lassen Sie mich nicht wieder etwas von ihrer Abgangsabsicht hören. Telegraphieren Sie mir nach diesem Brief ›allright‹, dann weiß ich, daß Sie bleiben, denn der Morgen nach dem Eintreffen Ihres Abschiedsgesuches würde den Kaiser nicht mehr am Leben treffen! Denken Sie an meine arme Frau und Kinder. W.«

Der pikierte Bernhard mit den Primadonnen-Allüren, wie ihn Philipp Eulenburg im Hinblick auf Björkö nannte, blieb. Sein Entlassungsgesuch war ohnehin nicht ernst gemeint. Im April 1906 stand er vor dem Reichstag, um sich über die gerade zu Ende gegangene Marokkokonferenz in Algeciras zu verantworten. Dreizehn Staaten waren dort zusammengekommen und hatten nach drei Monaten im Schlußcommunique festgestellt, daß es keine Sieger und keine Besiegten gegeben habe. Eine höfliche Formulierung, als Trostbonbon dazu bestimmt, den Deutschen die Niederlage zu versüßen. Statt Frankreich isoliert zu haben, sah sich das Reich, mit Ausnahme von Österreich, von den Nationen im Stich gelassen. Selbst Dreibundpartner Italien stimmte für die Gegenseite. Deutschlands Forderung nach internationaler Kontrolle wurde zwar formell erfüllt, das französische Übergewicht war in der Praxis davon kaum berührt, wie sich bald herausstellen sollte.

Nach Algeciras nahm die Isolierung des Deutschen Reichs beängstigende Formen an. In Frankreich kam Clemenceau ans Ruder: chauvinistisch und antideutsch vertrat er die Meinung, es gebe zwanzig Millionen Deutsche zuviel auf der Welt. Der neue russische Außenminister, Iswolski, war anglophil. Italien war praktisch vom Dreibund abgefallen und als Partner wertlos. England hatte sich vorbehaltlos hinter Frankreich gestellt, und wenn die Entente bisher noch brüchig gewesen sein mochte, jetzt festigte sie sich mehr und mehr. Die Generalstäbe beider Länder kamen von nun an zu regelmäßigen Beratungen zusammen; es konnte kein Zweifel daran bestehen, worüber sie berieten. 1906 lief die erste *Dreadnought* vom Stapel, ein Schlachtschiff neuen Typus, das, seinem Namen gemäß, tatsächlich nichts zu fürchten brauchte, so stark war die Panzerung, so groß die Tonnage, so weitreichend seine schwere Artillerie – das Wettrüsten zur See hatte begonnen, ein Rüsten, das von Deutschland nicht gewonnen werden konnte. England und Rußland, der Walfisch und der Bär, nach deutscher Meinung zu wesensfremd, um jemals zueinanderzufinden, beseitigten Streitpunkte, indem die Russen Afghanistan als englisches Interessensgebiet anerkannten, die Engländer auf eine Einmischung in Tibet verzichteten und beide über Persien einen Kompromiß erzielten.

An der Spitze der deutschen Politik stand ein Reichskanzler, der immer noch der Meinung war, die Zeit arbeite für Deutschland, und alles, was die anderen gegen das Reich unternähmen, gliche *papiernen Wurfgeschossen, die an dem festen Block*, den es zusammen mit Österreich bilde, machtlos abgleiten würden. Der Alptraum der Koalitionen, der Bismarck so oft den Schlaf geraubt, von solchen Träumen wurde der von Bülow nicht geplagt.

IX In Europa gehen die Lichter aus

Schüsse in Sarajewo

Reisender, kommst du nach Sarajewo, so wirst du vom Fremdenführer zu einer Brücke geführt, die einen kümmerlichen, im Sommer meist ausgetrockneten Fluß überspannt und nach einem Gymnasiasten, Gavrilo Princip mit Namen, *Principbrücke* heißt. Gegenüber, an der Mauer des *Museum Jungbosnien*, bezeichnet eine Gedenktafel die Stelle, wo der Achtzehnjährige am 28. Juni 1914 gestanden hatte. Er war in Belgrad ausgebildet worden in der Kunst, politisch mißliebige Menschen mit Hilfe einer Bombe, einer Handgranate oder eines Revolvers umzubringen. Sein Auftraggeber war die *Schwarze Hand*, eine Organisation, die es sich zum Ziel gesetzt hatte, die südslawischen Provinzen Bosnien und Herzegowina von Österreich loszureißen und alle Serben in einem Reich zu vereinen. Einer ihrer Führer, der serbische Generalstabsoberst Dragutin Dimitrijewitsch, war ein Experte auf dem Gebiet politischer Attentate und hatte diesmal ein edles Wild im Visier, Erzherzog Franz Ferdinand, dazu bestimmt, dem greisen Kaiser Franz Joseph auf dem Thron der Habsburger zu folgen.

Ein Mann, aus dem die meisten nicht klug wurden, dieser Erzherzog, schwer durchschaubar, abweisend, das Volk und den Adel gleichermaßen verachtend. Durch den Selbstmord des Kronprinzen Rudolf in Mayerling war er zum Thronfolger avanciert, hatte gegen den Widerstand des Kaisers seine große Liebe geheiratet, eine aus tschechischem Adel stammende, nicht ebenbürtige Gräfin, war Generalinspekteur der Armee geworden und wußte ziemlich genau, was er nach seiner Thronbesteigung alles anders machen würde.

Reformen schwebten ihm vor, darunter eine so umstürzende Reform wie die Heranziehung der Slawen als drittes staatstragendes Element des Habsburgerreiches. Ein Plan, der ihm die Feindschaft der den Staat beherrschenden Deutschen und Ungarn eingebracht hatte, ohne die Slawen zu gewinnen. Die Serben in ihrem eigenen kleinen Königreich an der Donau, die es doch hätten begrüßen müssen, daß ihren slawischen »k.u.k.«-Brüdern, den Kroaten, Bosniaken, Dalmatinern, mehr politischer Einfluß, vielleicht sogar in einem eigenen Reichsteil, winkte, waren ebenfalls gegen solche Reform. Denn wer von den fünf Millionen Südslawen würde ihrer »Los von Wien«-Parole noch folgen, wenn ihnen ein zukünftiger Bundesstaat Österreich-Ungarn, etwa nach dem Vorbild der USA, gleichen Schutz und gleiche Rechte böte? Diese »Gefahr« hat fraglos eine Rolle gespielt bei der Planung des Attentats durch die der serbischen Rechtsopposition nahestehenden Männer im Hintergrund, ausschlaggebend war der Gedanke, die auf Ausgleich bedachte Belgrader Regierung auf einen militantchauvinistischen Kurs zu zwingen.

Franz Ferdinand nutzte ein Truppenmanöver, um die bosnische Hauptstadt Sarajewo zu besuchen. Bosnien, den Österreichern im Berliner Kongreß zur Verwaltung anvertraut, war von Wien 1908 annektiert worden, ein völkerrechtswidriger Akt, der zur sogenannten Bosnischen Krise geführt hatte. Am 28. Juni 1914, einem schwülen Sommertag, einem Sonntag, fährt der Erzherzog im offenen Automobil durch die Straßen, die von Tausenden von Menschen gesäumt sind. Er trägt die hellblaue Generalsuniform mit grünem Federhut, neben ihm sitzt seine Gemahlin Sophie. Auf dem an der Miljacka entlangführenden Appelkai fliegt ein schwarzer Gegenstand auf den Wagen zu, prallt am zurückgeschlagenen Verdeck ab und explodiert unter dem Begleitfahrzeug. Der Attentäter wird gefaßt, die Wagenkolonne setzt ihren Weg zum Rathaus fort, wo Franz Ferdinand sich nach kurzer, erregter Auseinandersetzung entschließt, den bei dem Bombenwurf verletzten Offizier im Lazarett zu besuchen. Zu Sophie sagt er: »Mir scheint, i' werd' heut noch ein paar Kugerln bekommen.« Den Vorschlag eines Majors der Militärkanzlei, die Straßen und Plätze nun endlich durch Militär besetzen zu lassen, wie es auch beim Besuch des Kaisers geschehen sei, lehnt er ab.

Und jetzt bedient sich das Schicksal eines unaufmerksamen Automobilchauffeurs, dergestalt, daß der Mann, statt den Kai entlang zu fahren, in die Lateinerstraße einbiegt, auf seinen Irrtum aufmerksam gemacht, den Wagen abbremst und dabei ziemlich genau an der Stelle für einen Moment hält, wo Princip, der nach dem mißglückten Bombenwurf seines verhafteten Komplicen an Selbstmord denkt, unentschlossen wartet und die nicht mehr erwartete Chance bekommt, das Attentat doch noch auszuführen. Mit zwei, drei Schritten springt er auf den Wagen zu, zieht die Pistole und feuert. Franz Ferdinand wird am Hals getroffen, die zweite Kugel durchschlägt die Karosserie und trifft die Herzogin im Unterleib. Während sie sterbend nach vorn sinkt, beugt sich der Erzherzog über sie und sagt: »Sopherl, Sopherl!! Stirb mir nicht, bleib für unsere Kinder!«

Der Attentäter wurde überwältigt und später zu 20 Jahren Zwangsarbeit verurteilt. »Beide Pferde gut verkauft«, lautete das Telegramm, das Princips Komplicen nach Belgrad drahteten. Kaiser Franz Joseph, der nie hatte verstehen können, wie ein Thronfolger eine Mesalliance eingehen konnte, nur der Liebe wegen, seufzte in einer Mischung aus Betroffenheit und Erleichterung: »Eine höhere Gewalt hat wieder jene Ordnung hergestellt, die ich leider nicht zu erhalten vermochte ...« In Belgrad feierten die Zeitungen Gavrilo Princip als einen Helden, der eine aus dem Mittelalter stammende Figur beseitigt habe. Der Chef der österreichischen Militärkanzlei, ein Oberst Brosch, notierte mit geradezu seherischer Gabe: »Nur das vermag ich zu erkennen, daß das Schicksal unseren Un-

BERLINER MORGENPOST

20 Pfennig

Nr. 175. Montag, 29. Juni 1914. 17. Jahrg.

Der österreichische Thronfolger und seine Gattin ermordet.

Die beiden Attentate.

tergang besiegelt zu haben scheint … Finis Austriae.« Er hätte hinzufügen können: »Finis Europae.«

Den Europäern aber erschien das Attentat von Sarajewo nicht als Menetekel, als Flammenschrift, die den nahen Untergang verkündete. Anschläge auf Politiker, Fürsten und Könige waren immer wieder vorgekommen, und keiner von ihnen hatte zu einem Krieg geführt. Bei den Deutschen war die Meinung vorherrschend: das ist eben der Balkan mit seinen ewigen Querelen, Scharmützeln, Gemetzeln, Feldzügen, noch 1912 und 1913 hatten dort die Völker aufeinander eingeschlagen; eine Gegend, die, man kannte seinen Bismarck, die gesunden Knochen keines einzigen pommerschen Musketiers wert war. Es war Ferienzeit, Urlaubszeit, und die Menschen in den Städten, auf dem Land, an der See, auf dem Meer freuten sich ihres Lebens. Ein schöner Sommer, der Sommer 1914, so warm, so strahlend, so früchteschwer und erntereich …

Die Regierenden in Paris, St. Petersburg, London, Rom und Berlin rechneten mit einer scharfen Reaktion Österreichs. Eine Großmacht konnte sich nach den damaligen Spielregeln einen derartigen Affront ohne Prestigeverlust nicht leisten, an Schlimmeres aber dachte man auch in diesen Kreisen nicht. Offizielle Entschuldigungen von seiten der Serben, Wiedergutmachungsforderungen von seiten Wiens waren selbstverständlich, Abbruch der Beziehungen denkbar, eine schwere europäische Krise möglich, aber ein Krieg?

Österreichs Außenminister Berchtold, als subaltern und furchtsam bekannt, war diesmal nicht ängstlich und plädierte für eine Generalabrechnung mit den Serben. Serbien bilde Attentäter aus, versorge sie mit Waffen, biete ihnen nach der Tat Schutz, sei Brutstätte aller nationalrevolutionären Bewegungen, die für die Doppelmonarchie existenzbedrohend sein mußten. Generalabrechnung hieß für Berchtold nichts anderes als Krieg, einen kleinen Krieg allerdings nur, Einmarsch in Serbien, Besetzung, Einverleibung; das heißt, man würde sich großzügig zeigen und den Rumänen, den Bulgaren, den Albanern auch etwas zukommen lassen. So einfach war das?

Es war nicht einfach. Weil es Rußland gab, und von den – slawischen – Russen hatten die – slawischen – Serben es schriftlich, das Hilfsversprechen im Falle eines Angriffs durch Österreich-Ungarn. Da das einen größeren Krieg bedeuten würde, empfahl es sich, in Berlin anzufragen, ob Deutschland in solchem Fall seiner Bündnispflicht nachkommen würde. Um so mehr, da Berlin in den Balkankriegen 1912 und 1913 Österreich daran gehindert hatte, gegen Serbien loszuschlagen, in der berechtigten Sorge, daß der europäische Friede dadurch gefährdet werden könnte. Wien hatte sich damals zutiefst verstimmt gezeigt und sich im Stich gelassen gefühlt.

Österreich war ein Land, mit dem Deutschland verbunden war durch die Sprache, die Kultur, durch die Geschichte und die Ahnen, gab es überhaupt einen Moment des Überlegens, konnte man diesem im wahren Sinn des Wortes brüderlichen Land jetzt Hilfe versagen? *Brüderlich* wird der Österreichkenner sagen, ja schon, aber ... Aber was für ein Unterschied bei aller Gemeinsamkeit mit diesem Land, Österreich genannt! Da ist erst einmal der Unterschied in der Mentalität, und der läßt sich am ehesten noch mit einer Anekdote erklären. »Die Lage ist ernst, aber keineswegs hoffnungslos«, sagte der deutsche Verbindungsoffizier in einer Krisensituation des Weltkriegs. Sein österreichischer Kollege meinte: »Die Lage ist hoffnungslos, aber keineswegs ernst.«

Und da wären die vielen, vielen Völker. Die Flügel des doppelköpfigen Adlers behüteten das Volk der Deutschen, der Ungarn, der Polen, der Tschechen, der Slowaken, der Kroaten, der Serben, der Slowenen, der Rumänen, der Ukrainer, der Italiener. Von den einzelnen Parteien innerhalb der Volksgruppen nicht zu reden (die Tschechen beispielsweise zerfielen in Alttschechen, Jungtschechen, tschechische Agrarier, tschechische Klerikale und tschechische nationale Sozialisten), und von den verschiedenen Religionen schon gar nicht. Sie alle versammelten sich im Reichsrat, im ungarischen Parlament, in vierundzwanzig Landtagen und waren sich nicht nur niemals einig, sondern bereit, sich gegenseitig an die Kehle zu springen, wenn es um so weltbewegende Dinge ging, ob man den Kroaten oder den Ukrainern eine neue Schule zu bewilligen habe. Wenn sie überhaupt an etwas glaubten, ein wenig, gelegentlich, mit Reserve, aber wiederum, letztlich, und überhaupt, dann doch ... – dann an den Kaiser! Vielleicht weil er überhaupt nicht so war, wie man sich einen Österreicher vorzustellen hatte ...

Eine legendäre Persönlichkeit, der Franz Joseph, so lange auf dem Thron wie kein Herrscher jemals zuvor, 1914 waren es sechsundsechzig Jahre, pflichtgetreu, penibel, sachlich (Kaiserin Elisabeth, Sissy genannt, über ihren Gemahl: »Er ist ja nur ein Feldwebel«), um fünf Uhr früh bereits am Schreibtisch im Schloß Schönbrunn, dem Labyrinth von Sälen und Säulen, vor sich Berge von Akten; bei den Vorträgen seiner Minister ein guter Zuhörer, den Kopf leicht vorgeneigt und ein gelegentliches »Ah so. So. Soso« murmelnd. Seinen jungen Kollegen Wilhelm achtete er, schätzte ihn aber nicht, denn jede Art von Betriebsamkeit, von Sich-öffentlich-produzieren war ihm zuwider; weise geworden durch Erfahrung und Leid, verkörperte er das Philosophem, wonach die beste Nation die Resig-Nation sei: seinen Bruder Maximilian hatten sie als Kaiser von Mexiko standrechtlich erschossen, sein Sohn, Kronprinz Rudolf, brachte sich und die Geliebte um, die Gemahlin Elisabeth wurde von einem italienischen Anarchisten erstochen. Die Sprachen seiner Untertanen, Ungarisch, Tschechisch, Kroatisch, Polnisch, Italienisch und selbstverständlich Deutsch, sprach er geläufig; über das merkwürdigste Staatengebilde, das Europa je gesehen, herrschte er mit Toleranz, Nonchalance und einem Laissez-faire, das k.u.k.-Feinde Schlampigkeit zu nennen pflegen; doch, nehmt alles nur in allem, ein Gebilde war's, dem viele nachtrauerten, nachdem sie in eigenen Nationalstaaten versammelt, aber nicht geborgen waren.

Franz Josephs Vielvölkerstaat war trotz gemeinsamer Sprache, Kultur und Herkunft nicht unbedingt der Verbündete, den sich Deutschland gewünscht hätte. Österreich-Kenner Lichnowsky, deutscher Botschafter in London, fragte sich 1914, ob es die Mühe lohne, sich so fest an diesen in allen Fugen krachenden Staat anzuschließen. Die zu den Manövern eingeladenen deutschen Generalstabsoffiziere äußerten sich skeptisch über Kampfkraft und Zuverlässigkeit der k.u.k.-Armee, ihre Führer schienen ihnen etwas überaltert, deutlicher gesagt, als eine Assemblée von Greisen aus der Schule des seligen Radetzky. Was den österreichischen Soldaten betraf, von den Preußen abschätzig *Kamerad Schnürschuh* genannt, so war das ein ungerechtes Urteil, wie sich 1914/18 erweisen sollte.

Der Sprung ins Dunkle

»An dieser Stelle habe ich den Lump davongejagt«, hatte Kaiser Wilhelm zum König von Württemberg bei einem Spaziergang durch den Tiergarten gesagt und mit dem Zeigefinger auf den Kiesweg gewiesen. Gemeint war Bernhard von Bülow, der »Prachtkerl«, der sein Bismarck hatte werden sollen. Sein Stern hatte zu verblassen begonnen, als im Oktober 1908 in englischen Zeitungen ein Interview veröffentlicht worden war. Wilhelm hatte hier einige grundsätzliche Bemerkungen über das deutsch-englische Verhältnis gemacht – wie üblich in der besten Absicht, denn er wollte dieses Verhältnis verbessern –, doch die, milde ausgedrückt, rührende Ungeschicklichkeit, mit der sie vorgebracht worden waren, hatte Gegenteiliges bewirkt. Nicht nur in England war man über ihn hergefallen, in Deutschland wurde die Veröffentlichung zu einem Skandal, *Daily Telegraph Affaire* genannt, die den Reichstag wochenlang beschäftigte und die Parteien quer durch die Bänke derart aufbrachte gegen das *persönliche Regiment* des Monarchen, daß Wilhelm sich zu der öffentlichen Erklärung gezwungen sah, in Zukunft mehr Zurückhaltung zu üben. Die Schuld an der Affäre schob er Bülow zu; nicht zu Unrecht: der Kanzler hatte das ihm zur Prüfung übersandte Manuskript nicht gelesen, sondern es von seinem Urlaubsort Norderney einfach einem untergeordneten Beamten nach Berlin weitergereicht. Kaiser Wilhelm, tief erschüttert über die ihm plötzlich von allen Seiten entgegenschlagende Ablehnung, ja Antipathie, war einem Nervenzusammenbruch nahe und hatte mit dem Gedanken gespielt abzudanken. Erholt hat er sich vom Daily-Telegraph-Eklat nie wieder. Anstelle forschen Auftretens, des Selbstbewußtseins und des Elans war Unsicherheit getreten. Seine Züge waren härter geworden, die Augen nicht mehr blitzend, die bitteren Linien um die Mundpartie deutlich sichtbar. Kanzler Bülow, der ihn im Reichstag mehr schlecht als recht verteidigt hatte, galt ihm von Stund an als ein Verräter. Ein dreiviertel Jahr darauf genehmigte er im Zusammenhang mit dem Scheitern einer Steuervorlage Bülows Abschiedsgesuch.

Theobald von Bethmann Hollweg hieß der neue Mann. Bülow hatte ihn als Nachfolger empfohlen und mit den Worten charakterisiert: »Kein Renner, kein großer Springer, aber ein braves Kommißpferd, das ruhig und sicher geht.« Bethmann hatte noch andere Vorzüge: Fleiß, Aufrichtigkeit, Skepsis, Bildung; ein Politiker aber war er nicht und ein Kanzler schon gar nicht. Man nannte den 1,90 Meter großen, hageren, etwas steifen Herrn nicht umsonst den *Immerhin*, nach seinem am häufigsten gebrauchten Wort, das seinen Hang zum Zaudern, zur Entschlußlosigkeit, zur Passivität verriet. Das größte Manko des aus dem Reichsamt des Inneren kommenden Staatssekretärs jedoch war die Tatsache, daß er keinerlei Erfahrung in der Außenpolitik besaß. Die fünf Jahre seiner Amtstätigkeit, von 1909 bis 1914, waren nicht ausreichend gewesen, um dieses Manko zu beseitigen. Und ausgerechnet dieser Mann hatte nach dem Attentat von Sarajewo weitreichende außenpolitische Entschließungen mitzutragen ...

Wie war hier zu entscheiden? Was war das Falsche, was das Richtige? Sollte man auf die Militärs hören und es auf einen Krieg ankommen lassen, einen Krieg, der ohnehin kommen würde, doch dann zu einem ungünstigeren Zeitpunkt, war es doch ein offenes Geheimnis, daß Rußland wegen seines Rüstungsprogramms erst 1916 kriegsbereit sei, dann aber, das glaubte der Generalstab, von seiner Kriegsbereitschaft Gebrauch machen würde? Sollte man Wien, wie in den Balkankriegen, mäßigen, es also wieder, nach österreichischer Meinung, *im Stich lassen*, damit das Bündnis gefährden, ja die Österreicher sogar in das andere Lager treiben und auch die letzten Freunde verlieren? Und wenn man Österreich wenigstens für eine Art Strafaktion den Rücken stärkte, eine militärische Unternehmung, die auf rasche Weise vollendete Tatsachen schuf? Würde Rußland dann trotzdem eingreifen, oder wäre der Konflikt zu lokalisieren und lediglich eine internationale Krise die Folge?

Bethmann, der Mann des Einerseits und Andrerseits, eben jener *Immerhin*, entschloß sich, besser: wurde entschlossen, den Österreichern anheimzustellen, was sie zu tun gedächten. Nämlich: was Serbien betreffe, »so könne Seine Majestät zu den zwischen Österreich-Ungarn und diesem Land schwebenden Fragen naturgemäß keine Stellung nehmen, da sie sich seiner Kompetenz entzögen. Kaiser Franz Joseph, könne sich aber darauf verlassen, daß S.M. im Einklang mit seinen Bündnispflichten und seiner alten Freundschaft treu an der Seite Österreich-Ungarns stehen würde.«

Das war ein Blankoscheck, und was Wien mit dem Scheck machen würde, war für das Reich riskant, glich einem Sprung ins Dunkle. Doch Bethmann Hollweg glaubte an eine Lokalisierung des Konflikts, eben wegen jener mangelnden Kriegsbereitschaft Rußlands. Würden sich die Russen wider Erwarten militärisch engagieren, so war es höchst zweifelhaft, ob die Franzosen und die Engländer bereit wären, ausgerechnet für Serbien zu sterben. Die Teilnahme und die Sympathie, die Wien von aller Welt bekundet wurde nach dem Attentat, war überdies unübersehbar. Rückten Paris und London von Petersburg ab, bestand die Chance, die Entente auseinander zu manövrieren und das europäische Bündnissystem in einem für Deutschland positiven Sinn zu ändern.

Ein Gedankengebäude, bei dem in jedem Raum das Risiko wohnte, und doch zu verwirklichen, wenn Österreich rasch und entschlossen zuschlug. »Ein schnelles fait accompli, und dann freundlich gegen die Entente, dann kann der Choc ausgehalten werden«, vertraute Kurt Riezler, Privatsekretär und engster Ratgeber Bethmanns, seinem Tagebuch an. Der Gefahr, daß sich trotz allen Wägens und Abwägens ein europäischer Krieg entwickeln könnte, war man sich bewußt, glaubte aber, es darauf ankommen lassen zu müssen; denn, so das Auswärtige Amt, »... keinen Präventivkrieg, aber wenn der Kampf sich bietet, dürfen wir nicht kneifen«.

Die Voraussetzung für das Gelingen des Plans, ein schnelles Vorgehen Österreichs, erfüllte sich trotz der deutschen Rückenstärkung nicht. Es dauerte bis zum 23. Juli, bis sich die Politiker in Wien geeinigt hatten, Serbien ein Ultimatum zu stellen, in dem gefordert wurde: Unterdrückung jeder Propaganda und aller Aktionen, die auf österreichisch-ungarisches Staatsgebiet zielen; gerichtliche Untersuchung gegen die Teilnehmer am Mordanschlag, soweit sie sich in Serbien befinden, unter Mitwirkung österreichischer Beamter.

Die Antwort der Serben auf das Ultimatum gilt noch heute als ein diplomatisches Meisterstück, trotz der kurzen Frist, die Belgrad dafür eingeräumt worden war. Sie ging auf die österreichischen Forderungen weitgehend ein, machte lediglich bei dem Passus Einwendungen, in dem die souveränen Rechte eines Staates verletzt worden waren; schlug überdies die Behandlung aller strittigen Punkte durch den Haager Gerichtshof vor. Wer die Antwort las, mußte den Eindruck fairen Verhaltens gewinnen, das die Tür zu Verhandlungen offenließ und dem Geschädigten nach den Grundsätzen des Völkerrechts keinen Grund zu militärischen Maßnahmen bot. Die Folge der Antwortnote war ein Meinungsumschwung bei den Regierenden Europas: an die Stelle der Verurteilung Serbiens war Verständnis für Serbien getreten. Daß die serbische Regierung (und der russische Militärattacke in Belgrad!) von dem geplanten Attentat gewußt hatten, sich aber außerstande geglaubt, es zu verhindern, davon ahnten sie nichts.

Auch der Deutsche Kaiser war von der Note Belgrads befriedigt. Er kam gerade von der alljährlichen Nordlandkreuzfahrt zurück. Bethmann hatte ihm zu dieser Fahrt geraten und auch den Chef des Generalstabs Moltke bei seiner Karlsbader Kur nicht gestört, um die kritische Situation nicht zu einer Krise zu machen. Wilhelm äußerte erstaunt und erleichtert zugleich, seinem Friedenswillen dabei genauso Ausdruck gebend wie seinem gesunden Menschenverstand: »Das ist mehr, als man erwarten konnte. Ein großer moralischer Erfolg für Wien, aber damit fällt jeder Kriegsgrund fort ... Darauf hätte *ich* niemals Mobilmachung befohlen.«

Die Österreicher hatten nämlich inzwischen, wie Belgrad auch, ihre Streitkräfte mobilisiert, ja Serbien sogar den Krieg erklärt. Sosehr man in Berlin anfangs auf eine rasche militärische Aktion gedrängt hatte, nach der Antwort Serbiens neigte man zu einer Kurskorrektur, dergestalt, daß man dem Bündnispartner nicht mehr zum Krieg riet, sondern lediglich zur Erlangung eines Faustpfands, wozu beispielsweise die Besetzung Belgrads sich eignen würde. »Wir sind bereit, unsere Bündnispflicht zu erfüllen«, drahtete Bethmann jetzt seinem Botschafter in Wien, »müssen es aber ablehnen, uns von Wien leichtfertig und ohne Beachtung unserer Ratschläge in einen Weltbrand hineinziehen zu lassen.« Eine Kurskorrektur war auch deshalb nötig, weil Österreich zwar eine Kriegserklärung abgegeben hatte, aber immer noch nicht imstande war, seine Truppen marschieren zu lassen. Die Chance einer Lokalisierung schwand damit mehr und mehr ...

Die Maschine des Krieges

Und nun griff der Chef des Generalstabs Moltke ein, der zwar auch Helmuth hieß, sonst aber wenig gemein hatte mit dem genialen Feldherrn, dem kühlen Konstrukteur der Siege von Königgrätz und Sedan, von dem Umstand abgesehen, daß er der Neffe war. Ein hünenhafter Mann, breitschultrig, dabei höchst sensibel, Stimmungen ausgeliefert, nicht selten depressiv, zur Mystik neigend; und seine Nerven waren so schwach wie seine Gesundheit. Wenn etwas für ihn sprach, dann war es sein Freimut, mit dem er, hierin einem Einäugigen unter Blinden gleichend, dem Kaiser die Wahrheit sagte. Als Wilhelm ihn 1906 zum Nachfolger Schlieffens ernannt hatte, war Moltke vergeblich vorstellig geworden, von der Ernennung abzusehen, da er sich dem Posten nicht gewachsen fühle. Doch Zivilcourage und Selbsterkenntnis genügen nicht, um ein Millionenheer im Frieden zu führen, und im Krieg schon gar nicht.

Moltke wandte sich an seinen Kollegen in Wien, den österreichischen Generalstabschef Conrad von Hötzendorf, und ließ ihm telegraphisch mitteilen: »Für Österreich-Ungarn zur Erhaltung Durchhalten des europäischen Krieges letztes Mittel. Deutschland geht unbedingt mit.« Gleichzeitig empfahl er, die Londoner Vermittlungsbemühungen abzulehnen. Der britische Außenminister Grey hatte eine Reihe von Vorschlägen gemacht, und Berlin war bereit gewesen, jenen Vorschlag zu unterstützen, der direkte Verhandlungen zwischen Wien und Petersburg vorsah. Wien hatte sich dazu bereit erklärt, halben Herzens, denn der Außenminister und besonders die Generale wollten nun gegen Serbien marschieren, was immer daraus entstehen mochte.

Auch in Berlin begannen die Militärs im Machtkampf mit den Zivilisten die Oberhand zu gewinnen. Der Sieg fiel ihnen um so leichter, da in Deutschland die militärische Führung der politischen Führung, im Gegensatz zu parlamentarisch regierten Ländern, *nicht* untergeordnet war. Beiden übergeordnet war der Monarch: er sollte die beiden rivalisierenden Gruppen koordinieren. Dieser Aufgabe allerdings war Wilhelm nicht gewachsen. Der Mangel an Zusammenarbeit zwischen den zivilen und den militärischen Stellen mit ihren sich widersprechenden Direktiven führte zu dem Ausruf Berchtolds: »Das ist gelungen! Wer regiert: Moltke oder Bethmann?« Moltke regierte, und seinen Argumenten konnte Bethmann schwerlich etwas entgegensetzen.

Die Russen hatten eine Teilmobilmachung angeordnet. Jeder Tag, den man zögerte, die eigenen Truppen zu mobilisieren, mußte den deutschen Kriegsplan gefährden. Der Schlieffenplan, wie er nach seinem Urheber, Alfred Graf von Schlieffen hieß, sah vor, den Russen, die ihre Truppen aus dem Riesenreich erst zusammenziehen mußten, durch rasche Mobilisierung zuvorzukommen und, den dadurch gewonnenen Vorsprung nützend, das Gros der Armee gegen die Westfront zu werfen, um den gefährlichsten Gegner in einer großen Umfassungsschlacht zu vernichten. An der dadurch zwangsläufig entblößten Front im Osten sollte man sich inzwischen strategisch defensiv verhalten: mit einem Mindestmaß eigener Truppen und, hier lag einer der Gründe für Moltkes Drängen in Wien auf totale Kriegsbereitschaft, mit den Divisionen der k.u.k.-Armee.

Die russische Teilmobilisierung vom 29. Juli und die einen Tag später ausgerufene Generalmobilmachung setzte die gewaltige europäische Kriegsmaschine in Bewegung. Alle Versuche, sie anzuhalten, weil man plötzlich Angst bekam vor dem Monster, das man geboren und so gut genährt hatte, oder auch nur, um sich ein Alibi zu sichern, diese Versuche waren zum Scheitern verurteilt. Dazu gehörten Greys Anstrengungen, die Londoner Botschafter der beteiligten Mächte zusammenzubringen; gehörten Wilhelms beschwörende Telegramme an seinen *Freund und Vetter* Nikolaus, daß jede militärische Maßnahme das Unheil beschleunigen würde; gehörte Bethmanns Mahnung, Wien möge sich mit den Russen an einen Tisch setzen; gehörte des Zaren Vorschlag, den Streitfall vor den Haager Gerichtshof zu bringen; gehörte der Ratschlag Frankreichs an Rußland, die Mobilisierung aufzuschieben; gehörten die gegen den Krieg gerichteten Demonstrationen der Sozialdemokraten in Deutschland; und gehörte der Brief, den

Nikolaus bekam und der aus den Worten bestand: »Fürchte den Herrgott, großer Zar! Eine Mutter ...«

Vielleicht haben einige der Verantwortlichen den Herrgott gefürchtet, doch stärker als ihre Furcht war die Eigengesetzlichkeit, mit der die einmal in Gang geratenen Dinge sich zu entwickeln begannen:

28. Juli:
Kriegserklärung Österreich-Urigarns an Serbien.

29. Juli:
Äußerung des britischen Außenministers Grey, England werde sich im Kriegsfall auf die Seite Rußlands und Frankreichs stellen.

30. Juli:
Generalmobilmachung Rußlands.

31. Juli:
Generalmobilmachung Österreich-Ungarns. Verkündung der drohenden Kriegsgefahr durch das Deutsche Reich. Befristetes Ultimatum an Rußland, jede Kriegsmaßnahme gegen Deutschland und Österreich-Ungarn einzustellen. Ultimatum an Frankreich, binnen 18 Stunden eine Neutralitätserklärung für den Fall eines deutsch-russischen Konflikts abzugeben.

1. August:
Mobilmachung Deutschlands und, da das Ultimatum von Petersburg nicht beantwortet wurde, Kriegserklärung an Rußland.
Allgemeine Mobilmachung in Frankreich. Mobilmachung der britischen Flotte. Erklärung Frankreichs, es werde gemäß seinen Interessen handeln, das heißt zu Rußland stehen. Deutsch-

An das Deutsche Volk.

Seit der Reichsgründung ist es durch 43 Jahre Mein und Meiner Vorfahren heißes Bemühen gewesen, der Welt den Frieden zu erhalten und im Frieden unsere kraftvolle Entwickelung zu fördern. Aber die Gegner neiden uns den Erfolg unserer Arbeit.

Alle offenkundige und heimliche Feindschaft von Ost und West, von jenseits der See haben wir bisher ertragen im Bewußtsein unserer Verantwortung und Kraft. Nun aber will man uns demütigen. Man verlangt, daß wir mit verschränkten Armen zusehen, wie unsere Feinde sich zu tückischem Überfall rüsten, man will nicht dulden, daß wir in entschlossener Treue zu unserem Bundesgenossen stehen, der um sein Ansehen als Großmacht kämpft und mit dessen Erniedrigung auch unsere Macht und Ehre verloren ist.

So muß denn das Schwert entscheiden. Mitten im Frieden überfällt uns der Feind. Darum auf! zu den Waffen! Jedes Schwanken, jedes Zögern wäre Verrat am Vaterlande.

Um Sein oder Nichtsein unseres Reiches handelt es sich, das unsere Väter neu sich gründeten. Um Sein oder Nichtsein deutscher Macht und deutschen Wesens.

Wir werden uns wehren bis zum letzten Hauch von Mann und Roß. Und wir werden diesen Kampf bestehen auch gegen eine Welt von Feinden. Noch nie ward Deutschland überwunden, wenn es einig war.

Vorwärts mit Gott, der mit uns sein wird, wie er mit den Vätern war.

Berlin, den 6. August 1914.

Wilhelm.

land fordert Belgien auf, den Durchmarsch seiner Truppen zuzulassen, mit der Garantie, Besitzstand und Unabhängigkeit des Landes zu wahren und alle Schäden zu ersetzen.

2. August:
England betont, es werde nach der Konvention von 1912 die französische Nordküste schützen. Italien erklärt den Bündnisfall für nicht gegeben, da Österreich der Angreifer sei.

3. August:
Kriegserklärung Deutschlands an Frankreich als Antwort auf die unbefriedigende Note zum deutschen Ultimatum und auf die französische Mobilmachung. Einmarsch in Belgien nach Ablehnung der deutschen Note durch Brüssel.

4. August:
England stellt Deutschland ein bis Mitternacht befristetes Ultimatum, die Neutralität Belgiens zu wahren, was einer Kriegserklärung gleichkommt.

6. August:
Kriegserklärung Österreich-Ungarns an Rußland. Kriegserklärung Serbiens an Deutschland.

Wer waren die Schuldigen?

71 Millionen Menschen in der ganzen Welt nahmen teil am ersten Weltkrieg. 10 Millionen erlebten sein Ende nicht; viele davon starben auf grauenhafte Weise: sie wurden erschossen, zerschmettert, erstochen, ertränkt, vergast. Unter den Gefallenen waren fast zwei Millionen Deutsche. Über vier Millionen Deutsche wurden verwundet. Die Liste der Gefallenen und Verwundeten ist eine Liste des Schreckens, ange-

sichts derer es kaum noch belangvoll erscheint, die Kriegskosten zu nennen: sie betrugen fast tausend Milliarden Goldmark, eine Billion also, allein 194 Milliarden davon entfielen auf das Deutsche Reich.

Wer war schuld daran, daß zivilisierte Völker übereinander herfielen, um sich mit den ausgeklügelten Methoden ihrer Technik und Wissenschaft gegenseitig umzubringen?

Für die Alliierten stand die Antwort auf diese Frage fest. Eine von der Pariser Friedenskonferenz Anfang 1919 eingesetzte Kommission, deren fünfzehn Mitglieder den Siegerstaaten angehörten, kam zu dem Ergebnis: »Der Krieg ist von den Mittelmächten mit Vorbedacht geplant worden, und er ist das Ergebnis von Handlungen, die vorsätzlich und in der Absicht begangen wurden, ihn unabwendbar zu machen.« Diese Erkenntnis lag dem Artikel 231 des Versailler Vertrages zugrunde, dem sogenannten Schuldartikel, in dem es hieß: »Deutschland erkennt an, daß Deutschland und seine Verbündeten als Urheber für alle Verluste und Schäden verantwortlich sind, die die alliierten und assoziierten Regierungen und ihre Staatsangehörigen infolge des Krieges, der ihnen durch den Angriff Deutschlands und seiner Verbündeten aufgezwungen wurde, erlitten haben.«

Die Historiker der Entente urteilten gerechter als ihre vom Geist der Rache erfüllten Politiker. Aus den Geheimakten, die von den einzelnen Mächten nach und nach freigegeben wurden, ergab sich für sie ein anderes Bild. Es war nicht vollkommen das gleiche Bild, das sich die Deutschen machten über Schuld und Ursache, waren sie doch in erster Linie darum bemüht, den Vorwurf der Alleinschuld zurückzuweisen. Aus den Bergen von Akten wurden Berge von Büchern mit dem Generaltitel *Die Kriegsschuldfrage*. In diesen Publikationen stimmten die beteiligten Wissenschaftler zumindest in einem überein: daß *keiner* Regierung der Vorwurf gemacht werden könne, sie habe bewußt auf die Entfesselung eines

Weltkriegs hingearbeitet. Keiner – und das hieß, auch der deutschen Regierung nicht. In einer gemeinsamen Erklärung deutscher und französischer Historiker aus dem Jahre 1951 wird allerdings darauf hingewiesen, daß die Verantwortlichen in Deutschland es versäumt hätten, rechtzeitig mäßigend auf die Politik Österreichs einzuwirken.

Die Frage nach der Kriegsschuld, die man beantwortet zu haben glaubte, wurde 1961 erneut gestellt durch die sich an der Publikation des Historikers Fritz Fischer entzündende Kontroverse. Hiernach habe Deutschland durch den *Griff nach der Weltmacht*, so der Titel des Buchs, den Weltkrieg planmäßig herbeigeführt, in der Absicht, die Hegemonie über ganz Europa zu gewinnen. Womit Deutschland praktisch wieder zum Hauptschuldigen geworden war.

So töricht der in diesem Zusammenhang erhobene Vorwurf der Nestbeschmutzung war, so wenig überzeugend wirkte die These auf das Gros der Historiker, die 1964 auf einer Tagung in erbitterten Redeschlachten den ersten Weltkrieg noch einmal führten. Besonders die älteren unter ihnen wandten sich gegen die Behauptung, und hierauf beruhte zu nicht geringem Teil die Fischersche These, daß die zwischen 1914 und 1918 propagierten Kriegs*ziele*, und die waren in der Tat maßlos, entlarvend seien für die Kriegs*ursache*. Ziel und Ursache seien für sie eben nicht ein und dasselbe! Gerhard Ritter, einer der großen Historiker unserer Zeit, sprach in diesem Zusammenhang von einer Selbstverdunkelung deutschen Geschichtsbewußtseins, das die frühere Selbstvergötterung verdrängt habe. Das werde sich nicht weniger verhängnisvoll auswirken als der Überpatriotismus von ehedem!

Maß und Mäßigung haben die Politiker in allen Ländern vermissen lassen. Das bekannte Wort Lloyd Georges, wonach die führenden Staatsmänner in den Krieg hineingeschlittert, hineingestolpert seien, ohne Absicht, eher aus Dummheit, spricht sie nicht frei. Nicht umsonst gebraucht die Sprache das Wort von der *sträflichen* Dummheit. Wer die Dokumente der Julikrise studiert, dem wird eins ins Auge springen: die Oberflächlichkeit der Verantwortlichen, ihre Unfähigkeit, ihre Überheblichkeit und ihre Leichtfertigkeit. »Cette fois, c'est la guerre! – Diesmal ist es der Krieg!« lautete der Satz, mit dem Rußlands und Frankreichs Außenminister sich augenzwinkernd in St. Petersburg voneinander verabschiedeten. Berchtolds rechte Hand, ein Herr Fogatsch, antwortete auf die Warnung, es könne schließlich zu einem europäischen Krieg kommen, mit den Worten: »Na, so wird's halt losgehen.« Deutschlands Außenminister, ein Herr Jagow, meinte, daß man nicht »kneifen« dürfe. Und so weiter, und so fort ...

Sie alle wollten den Krieg nicht, taten aber nicht genug, um den Frieden zu erhalten. Keiner von ihnen war gewillt, auf das zu verzichten, was er für sein Land als unverzichtbar ansah: Frankreich nicht auf die Gelegenheit zur *revanche*, in der Hoffnung, Elsaß-Lothringen wiederzugewinnen; Österreich nicht auf seinen kleinen Krieg mit Serbien, einen Kraftakt, der den Vielvölkerstaat festigen sollte; Rußland nicht auf seine Hilfe für die »slawischen Brüder«, sprich: auf die totale Beherrschung des Balkans mit dem Fernziel Dardanellen; England nicht auf die Chance, Deutschlands übermächtig gewordene, das europäische Gleichgewicht störende Stellung zu beseitigen; Deutschland nicht darauf, durch einen Krieg die Umklammerung zu sprengen und mehr Anteil an Weltgeltung und Weltmacht zu erlangen.

Man hat eingewandt, daß andere, bedeutendere Persönlichkeiten nötig gewesen wären, ein Bismarck zum Beispiel, ein Palmerston, ein Thiers, um solchen Verzicht zu ermöglichen und das eigene Interesse hinter die Interessen der Gesamtheit zu stellen. Doch diese *anderen* Politiker waren Kinder ihrer Zeit gewesen, und die Zeit war jetzt eine andere; sie schien reif für einen Krieg, weil die Atmosphäre vergiftet worden war mit den Schwaden des Hurrapatriotismus, des Chauvinismus; mit den durch die internationale Presse verbreiteten Tiraden des Hasses, der gegenseitigen Verachtung, der Eifersucht; mit den Enttäuschungen, die man erlitten hatte, mit den Demütigungen, die man sich zugefügt.

Auch glaubten die Menschen in Europa mit einer an Fatalismus grenzenden Ergebung, daß der große Krieg einmal kommen müsse und man sowenig dagegen tun könne wie gegen eine Naturkatastrophe. Der Krieg, so dachten viele, würde ihnen die Möglichkeit bieten, auszubrechen aus dem grauen Einerlei des Alltagslebens. Eine schmucke Uniform tragen, Abenteuer erleben in harter Männergesellschaft, sich um das Vaterland verdient machen und vielleicht ein Held werden mit Orden auf der Brust, das waren verlockende Vorstellungen: für den Buchhalter, der Morgen für Morgen mit seinen Ärmelschonern ans Stehpult trat; für den Arbeiter, der tagsüber am Fließband stand und abends sich mit der Frau zankte; für den Beamten, der in seinem Provinznest zu verdorren glaubte. Von den Berufssoldaten nicht zu reden, denen ein Leben ohne einen Krieg ein verfehltes Leben war. »So stumpf, ach so stumpf war der Friede!« heißt es im Gedicht eines Fähnrichs. In London sangen sie fröhlich »God save the king«, in Paris begrüßten sie jubelnd *la guerre,* in Wien zogen sie winkend über den Ring. In Berlin, in München, in Dresden, in Hamburg strömten die Menschen begeistert auf die Straßen.

FESTZUG IN DEN TOD

Am 1. August hielt der Kaiser seine *Balkonrede* an die auf dem Schloßplatz versammelten, nach Tausenden zählenden Menschen. »Kommt es zum Kampf, so hören alle Parteien auf! Auch Mich hat die eine oder andere Partei wohl angegriffen. Das war in Friedenszeiten. Ich verzeihe es heute von ganzem Herzen! Ich kenne keine Parteien und auch keine Konfessionen mehr; wir sind heute alle deutsche Brüder und nur noch deutsche Brüder.« Ein Satz, der, drei Tage später in ähnlicher Form wiederholt, zu dem geflügelten Wort wurde: »Ich kenne keine Parteien mehr, ich kenne nur noch Deutsche.«

Zu den *Deutschen* gehörten nun auch die Sozialdemokraten, deren Führer man ursprünglich bei einem Kriegsausbruch hatte verhaften wollen. Sie waren die einzigen gewesen, die sich von der patriotischen Begeisterung nicht hatten anstecken lassen, sie hatten sogar gegen den Krieg demonstriert und eines ihrer Reichstagsmitglieder, Hermann Müller, nach Paris geschickt. Er sollte die auf den Kongressen der Sozialistischen Internationale verabredeten Maßnahmen koordinieren. Ihnen gemäß sollten die Proletarier aller Länder den Dienst mit der Waffe verweigern und damit jeden Krieg zwischen ihren Völkern unmöglich machen. *So* aber schienen die französischen Genossen das nicht gemeint zu haben! Zwar forderten sie die Deutschen auf, dem Ruf zu den Waffen nicht zu folgen, sie selbst aber würden selbstverständlich an die Front gehen, führe ihr Land doch einen Verteidigungskrieg. Tief enttäuscht, ja verstört, machte sich Herr Müller auf die Rückreise, gerade noch rechtzeitig, ehe die Grenze gesperrt wurde.

Die sozialdemokratischen Reichstagsabgeordneten beschlossen, dem Land, dessen Kaiser sie als Rotte von Menschen bezeichnet hatte, nicht wert, den Namen Deutsche zu tragen, die Kriegskredite zu bewilligen. Leicht gemacht haben sie sich den Entschluß, wie die leidenschaftlichen Diskussionen über das Für und Wider beweisen, nicht, und ihre Argumente sind ehrenwert: »Die Sozialdemokratie hat die verhängnisvolle Entwicklung mit allen Kräften bekämpft. Ihre Anstrengungen sind vergeblich gewesen. Jetzt stehen wir vor der ehernen Tatsache des Krieges. Uns drohen die Schrecken feindlicher Invasionen. Es gilt diese Gefahr abzuwehren, die Kultur und die Unabhängigkeit unseres eigenen Landes sicherzustellen. Da machen wir wahr, was wir immer betont haben: wir lassen in der Stunde der Gefahr das eigene Vaterland nicht im Stich.«

Kaiser Wilhelm, der oft genug mit dem Säbel gerasselt hatte, war in dem Moment, da er ihn ziehen sollte, ein anderer. Das Martialisch-Bramarbasierende war von ihm abgefallen. Er schlief schlecht, aß wenig, ging gebeugt mit hängenden Schultern umher. Exkanzler Bülow, der im Schloß seine Aufwartung machte, zeigte sich *bis ins Innerste ergriffen* beim Anblick des bleichen Gesichts seines Monarchen. »Er sah erregt und dabei doch angespannt aus. Die Augen flackerten unruhig. Er schien mir um zehn Jahre gealtert ...« Später wurde Moltke gemeldet, und als Bülow sich beim Hinausgehen noch einmal umwandte, wirkten die beiden Männer auf ihn, als hätten sie das Haupt der schreckenerregenden Medusa erblickt.

Daß Wilhelm II. diesen Krieg nicht gewollt hat, steht außer Zweifel. Wenn er ihn gewollt, hätte er ihn früher haben können, zu einem Zeitpunkt, der für sein Land günstiger gewesen wäre. Mit der Hölle des Schlachtfelds hatte er nichts im Sinn, seine Welt war die der bunten Paraden, der Manöver mit ihren Kriegsspielen; nein, seine prächtigen Soldaten sollten nicht totgeschossen werden, die stolzen Schiffe nicht versenkt. Wie nur wenige sonst hatte er sich in den Juliwochen bemüht, den Frieden zu retten. Im Gegensatz zur Meinung der Militärexperten glaubte er nicht an einen raschen Sieg, eher an ein verlustreiches Ringen, das, je länger es dauern würde, um so weniger Aussicht bot auf ein gutes Ende. Viel Feind war eben nicht viel Ehr', viel Feind bedeutete die sichere Niederlage einer Nation, die an Zahl und an Wirtschaftskraft unterlegen war, die über ein Viertel ihrer Rohstoffe und ihrer Nahrungsmittel importieren mußte. Um diese Erkenntnis in die Tat umzusetzen, dazu fehlte es dem Kaiser nicht nur an Format, er war auch längst nicht mehr

Herr der Dinge – und Herr des komplizierten politischen Systems seines Reichs war er nie gewesen.

Er flüchtete sich in den Zorn des Ohnmächtigen: »... die berühmte ›Einkreisung‹ Deutschlands ist nun doch endlich zur vollsten Tatsache geworden, trotz aller Versuche unserer Diplomaten und Politiker, sie zu hindern ... und hohnlächelnd hat England den glänzendsten Erfolg seiner beharrlich durchgeführten pur antideutschen Weltpolitik. Eine großartige Leistung, die Bewunderung erweckt, selbst bei dem, der durch sie zugrunde geht!«

Wilhelm ist nach 1918 zum willkommenen Sündenbock geworden. Die Alliierten beluden ihn mit der Schuld, den Weltkrieg entfesselt zu haben, die Deutschen mit der Schuld, daß es überhaupt so weit kommen konnte. Hier taten sich besonders die diversen Memoirenschreiber hervor, darunter Tirpitz, Bethmann, Bülow, die alles hätten besser gemacht – wenn man sie nur gelassen. Wirklich schuldig hätte Wilhelm jedoch nur sein können, wenn er wirklich regiert hätte. Die Macht dazu besaß er – Bismarck hatte den Monarchen nicht umsonst zum eigentlichen Leiter der Politik erklärt –, auch das Wollen, aber am Können mangelte es; denn nicht Befähigung hatte ihn an die Macht gebracht, sondern Geburt. Sein *persönliches Regiment* war kein Regieren, es war ein Hineinregieren. Ein Hineinregieren, das sich die berufsmäßigen Politiker nicht nur gefallen ließen, sie unterstützten es durch Rückgratlosigkeit, Opportunismus und Schmeichelei.

Er regierte nicht, aber er repräsentierte, und zwar nicht nur im Sinne gesellschaftlich-politischen Auftretens. Er repräsentierte den Staat in der Betätigung seines Talents, den Mittelpunkt zu bilden und instinktiv zu erfassen, was der Augenblick erheischte. Er verkörperte dieses Deutschland in seinem Stolz auf die so spät errungene Einigung, in seiner Freude über das mit harter Arbeit Erreichte, in seiner Überheblichkeit, seiner Kraftmeierei und seiner Fortschrittsgläubigkeit auch.

Niemals zuvor hat so vollkommen ein sinnbildlicher Mensch sich in der Epoche, eine Epoche sich im Menschen gespiegelt, meinte Walter Rathenau. In seinen berühmt-berüchtigten Reden sagte der Kaiser das, was die Mehrheit seiner Untertanen in diesem Moment fühlte. Er war so wie sie, und sie wollten ihn so haben, wie er war.

Wer Wilhelm II. in Bausch und Bogen verdammt, muß deshalb auch seine Väter und Vorväter in Bausch und Bogen verdammen. Der österreichische Schriftsteller Egon Friedell fordert uns in dem 1931 erschienenen Band seiner großartigen Kulturgeschichte auf, diesem Herrscher eine gewisse Pietät zu bewahren. »Denn ein Kulturvolk wird allem Ehrfurcht entgegenbringen, das einmal Macht über sein Leben besessen hat [vorausgesetzt, die Macht war nicht verbrecherisch, muß, nach Hitler, hier hinzugefügt werden], es wird seine früheren Leitsterne auch dann noch bejahen, wenn es eines Tages erkennt, daß sie Wandelsterne waren, denn irgendwie waren sie ja ein Stück seines Himmels; es wird in einem solchen Falle den Edelmut besitzen, zu sagen: ich habe geirrt, und der weithin sichtbare Exponent meines Irrtums war nicht schlechter, nicht törichter, nicht gottloser als ich, nur *exponierter*.«

Die Deutschen glaubten, angegriffen worden zu sein von einer Welt von Feinden, die ihnen die Macht und die Herrlichkeit ihres noch jungen Vaterlands nicht gönnte. Der Ausbruch des Krieges erschien ihnen wie ein reinigendes Gewitter: auf dem Schlachtfeld würde es sich nun erweisen, wem der Herrgott recht gab. Mehr als zwei Millionen junger Männer meldeten sich freiwillig, ganze Abiturklassen eilten zu den Fahnen.

Es war ein vaterländischer Rausch, eine ekstatische Gläubigkeit, die sich nicht auf die »Straße« beschränkte, von der man noch hätte annehmen können, daß sie seit eh und je gejubelt hat. Künstler, Intellektuelle, Wissenschaftler, dem Staat sonst nicht immer wohlgesinnt, reihten sich ein. Männer wie

Max Weber freuten sich über den *großen und wunderbaren Krieg* und beklagten, ihres Alters wegen nicht mehr als Soldat an ihm teilnehmen zu dürfen. Thomas Mann schrieb: »... als sittliche Wesen ... hatten wir die Heimsuchung kommen sehen, mehr noch: auf irgendeine Art ersehnt; hatten im tiefsten Herzen gefühlt, daß es so mit der Welt, mit unserer Welt nicht mehr weitergehe.« Berühmte Schauspieler wie Alexander Moissi und Paul Wegener zählten zu den Kriegsfreiwilligen, Gerhart Hauptmann, Alfred Kerr, Klabund schrieben Kriegsgedichte.

»Eine Stadt von zwei Millionen, ein Land von fast fünfzig Millionen«, schreibt Stefan Zweig, der in den letzten Julitagen in Berlin war, »empfanden in dieser Stunde, daß sie Weltgeschichte, daß sie einen nie wiederkehrenden Augenblick miterlebten, und daß jeder aufgerufen war, sein winziges Ich in diese glühende Masse zu schleudern, um sich dort von aller Eigensucht zu läutern. Alle Unterschiede der Stände, der Sprachen, der Klassen, der Religionen waren überflutet für diesen einen Augenblick von dem Gefühl der Brüderlichkeit. Fremde sprachen sich an auf der Straße, Menschen, die sich jahrelang ausgewichen, schüttelten einander die Hände ... Jeder einzelne erlebte eine Steigerung seines Ichs, er war nicht mehr der isolierte Mensch von früher, ... er war Volk, und seine Person, seine sonst unbeachtete Person hatte einen Sinn bekommen.«

Sie steckten ihren Soldaten Blumen in die Gewehrläufe und schmückten sie, als zögen sie hinaus zu einem Fest. Sie ahnten nichts von dem Inferno, das sie an der Front und in der Heimat erwartete; nichts von den apokalyptischen Reitern, die den Hunger bringen, die Krankheit, die Not und den Tod.

In Europa gingen die Lichter aus ...

Stammtafel der Hohenzollern ab Friedrich Wilhelm III.

Friedrich Wilhelm IV., König
*1795, †1861
∞ Elisabeth v. Bayern

Wilhelm I., König v. Preußen,
Deutscher Kaiser, *1797, †1888
∞ Augusta v. Sachsen-Weimar

Charlotte (Alexandra)
*1798, †1860
∞ Nikolaus I. v. Rußland

Friedrich III. (Friedrich Wilhelm),
König und Kaiser, *1831, †1888
∞ Viktoria v. England

Luise, *1838, †1923
∞ Friedrich I. v. Baden
Friedrich II. v. Baden
*1857, †1928

Bruder: Wilhelm, Prinz v.Baden
Max v. Baden,
dt. Reichskanzler (Okt. – Nov. 1918)
*1867, †1929

Wilhelm II., König u. Kaiser
*1859, †1941
∞ Auguste Viktoria
v. Schleswig-Holstein-Sonderburg-
Augstenburg, II Hermine v. Reuß

Heinrich
*1862, †1929
∞ Irene v. Hessen

Viktoria
*1866, †1929
∞ I Adolf v. Schaumburg-Lippe
II Alexander Zoubkoff

Sophi
*1870, †1
∞ Konstar
v. Griech

Wilhelm, Kronprinz, *1882, †1951
∞ Cecilie
v. Mecklenburg-Schwerin

Eitel Friedrich, *1883, †1942
∞ Sophie Charlotte
v. Oldenburg (gesch.)

Adalbert, *1884, †1948
∞ Adelheid
v. Sachsen-Meiningen

Wilhelm, *1906, †1940
∞ Darothea
v. Salviati

Louis Ferdinand, *1907
∞ Kira Großfürstin
v. Rußland

Hubertus, *1909, †1950
∞ Magdalene
Prinzessin Reuß

Friedrich Wilhelm, *1939
∞ Waltraud Freydag

Michael, *1940
∞ Jutta Jörn

Marie Cécile, *1942
∞ Friedrich August
Hz. v. Oldenburg

Kira
*1943
†1967

Louis Ferdinand
*1944

Christan Sigismund
*1946

Xenia
*1949
†1992

Friedrich Wilhelm III., König
*1770, †1840
∞ I Luise v. Mecklenburg-Strelitz

.arl
, †1883

Albrecht
*1809, †1872

st Wilhem, *1887, †1949
∞ Alexandra V. zu
.wig-Holstein-Sonderburg
Glücksburg (gesch.)

Oskar, *1888, †1958
∞ Ina Marie Gräfin
v. Bassewitz

Joachim, *1890, †1920
∞ Marie Auguste
Prinzessin v. Anhalt

Viktoria Luise, *1892, †1980
∞ Ernst August
v. Braunschweig

riedrich, *1911, †1967
Lady Brigid Guinness

Alexandrine, *1915

Cecilie, *1917
∞ C. K. Harris

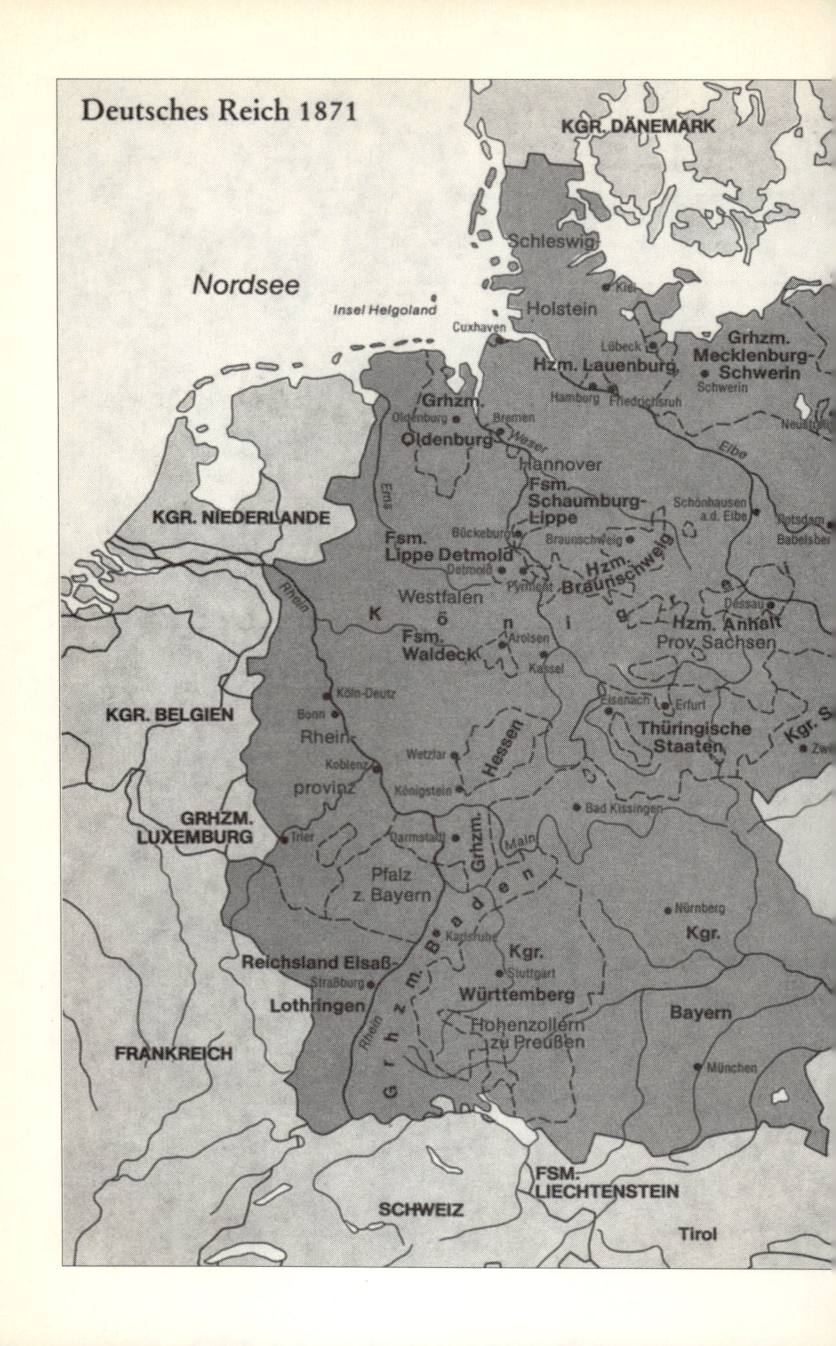

Deutsches Reich 1871

WEDEN
Ostsee
Bornholm
Memel
Königsberg
Pregel
Alle
Danzig
Varzin
Prov. Preußen
Pommern
Stettin
Preußen
Weichsel
RUSSLAND
Posen
Posen
Kongreßpolen
Oder
Dolzig a.d. Lausnitz
KAISERREICH
Breslau
Schlesien
Prag
men
ÖSTERREICHISCH- UNGARISCHE
Donau
Wien
MONARCHIE
Österreich
Ungarn

Europa 1898
ATLANTISCHER OZEAN
NORWEGEN
Kristiania
Schottland
Skagerrak
Irland
GROSSBRITANNIEN
Nordsee
DÄNEMARK
Kopenhagen
England
Themse
NIEDERLANDE
Amsterdam
Elbe
DEUTSC
Windsor
London
Doorn
Der Kanal
BELGIEN
Brüssel
Longchamps
Spa
REICH
Sedan
LUXEMBURG
Versailles
Paris
Luxemburg
Loire
Rhein
Weißenburg
Belfort
Meerbusen von Biscaya
FRANKREICH
SCHWEIZ
LIECHTENST
Bern
Vaduz
Alpen
Toblach
Garonne
Biarritz
Po
San Remo
ITALIEN
PORTUGAL
G. du Lion
Ligurisches Meer
Lissabon
Tejo
Madrid
ANDORRA
Apennine
SPANIEN
Korsika
Rom
Balearen
Sardinien
Tyrrhenisches Meer
Algeciras
Gibraltar (Brit.)
Tanger
Mittelländisches
Algier
Tunis
MAROKKO
ALGERIEN
Tunesien
Großer Atlas

Weißes Meer
Uralgebirge
Bottnischer Meerbusen
DEN
Dwina
Onega-See
Finnland
Ladoga-See
Insel Björkö
Finnischer Meerbusen
Stockholm
Wolga
Moskau
Ostsee
Dwina
RUSSLAND
Alexandrowo
Warschau
Weichsel
Polen
Wolga
Karpaten
Dnjepr
Theiß
ERREICH-UNGARN
Asowsches Meer
Kaukasien
Donau
B.v. Odessa
Kaukasus
Belgrad
RUMÄNIEN
Bukarest
Schwarzes Meer
SERBIEN
Plewna
BULGARIEN
MONTE NEGRO
Sofia
Armenien
Cetinje
Ost-Rumelien
Konstantinopel
T
Ü
R
K
E
Bosporus
Albanien
Kurdistan
Korfu
Ägäisches Meer
Kleinasien
GRIECHENLAND
Mesopotamien
isches Meer
Athen
Taurus
Syrien
Kreta (Kandia)
Zypern (Brit.)
e e r

Zeittafel 1859–1914

1859 Geburt Wilhelms II. (27. Januar). Bismarck preußischer Gesandter in Petersburg; Österreich verliert die Lombardei an das Königreich Piemont-Sardinien. Tod des Fürsten Metternich, von Bettina v. Arnim, Wilhelm Grimm, Alexander v. Humboldt; der französische Philosoph Henri Bergson, der deutsche Philosoph Edmund Husserl (Begründer der »Phänomenologie«), die italienische Schauspielerin Eleonora Duse, der norwegische Schriftsteller Knut Hamsun geboren. Richard Wagner »Tristan und Isolde«.

1861 Bürgerkriege in den USA und Japan (dort Ende des feudalistischen Zeitalters); Einigung Italiens unter König Victor Emanuel II. von Sardinien (ohne Rom u. Venetien). Tod von Prinz Albert, Gemahl der Queen Victoria und Großvater Kaiser Wilhelms II.

1862 Bismarck wird preußischer Ministerpräsident; Otto v. Wittelsbach als griechischer König abgesetzt. Theodor Fontane »Wanderungen durch die Mark Brandenburg«; Anselm Feuerbach malt »Iphigenie«. Lyon Foucault gelingt Messung der Lichtgeschwindigkeit.

1866 Schlacht bei Königgrätz im preußisch-österreichischen Krieg, Preußen erringt die Vormachtstellung in Deutschland; Prinz Karl v. Hohenzollern-Sigmaringen wird Fürst von Rumänien.

1870 Deutsch-Französischer Krieg. Gründung der Zentrumspartei. Verkündung des Dogmas von der Unfehlbarkeit des Papstes »ex cathedra« auf dem 1. Vatikanischen Konzil. Wladimir Iljitsch Lenin und Rosa Luxemburg geboren. John D. Rockefeller gründet »Standard Oil Company«. Heinrich Schliemann beginnt mit der Ausgrabung des antiken Troja. Wilhelm v. Kügelgen »Jugenderinnerungen eines alten Mannes«.

1871 Kommuneaufstand in Paris; Deutschland erhält im Frankfurter Frieden mit Frankreich die »Reichslande« Elsaß-Lothringen; Wilhelm I., König v. Preußen, wird Deutscher Kaiser; das Deutsche Reich erhält eine Verfassung und ein einheitliches Strafrecht (StGB). Naturalismus in der Literatur mit Emile Zolas »Les Rougon-Macquart«; im Zeichen der Frauenemanzipation Zulassung von Frauen zum Studium (Zürich); Charles Darwin »Die Abstammung des Menschen«.

1872 Kulturkampf in Preußen. Rudolf Mosse gründet »Berliner Tagblatt«. Franz Grillparzer gestorben; Wilhelm Busch »Die fromme Helene«. Yellowstone Park erster Naturschutzpark der Welt.

1873 Dreikaiserbündnis zwischen Wilhelm I. von Deutschland, Franz Joseph I. von Österreich und Zar Alexander II. von Rußland. »Gründerkrise« durch zu schnelles Wachstum der deutschen Wirtschaft. Napoleon III. stirbt in England; Spanien wird Republik. Leo Tolstoi beginnt den Roman »Anna Karenina«.

1874 Attentat auf Bismarck; Heinrich Hoffmann v. Fallersleben (»Deutschlandlied«) gestorben, Winston Churchill geboren. Die USA verdrängen England aus der Stellung der führenden Industriemacht der Welt. Einführung der Pockenschutzimpfung in Deutschland. Johann Strauß »Die Fledermaus«; Richard Wagner »Götterdämmerung«; Bildung des Begriffs »Impressionismus« (an Claude Monets Bild »Impression, soleil levant«).

1875 Die britische Regierung legalisiert Streiks; Gründung der »Sozialistischen Arbeiterpartei Deutschlands« in Gotha. Erfindung des Fahrrad-Freilaufs; erste Sechstagerennen (in England). Erforschung des Befruchtungsvorgangs am Seeigel-Ei durch Oskar Hertwig. Eduard Mörike und Hans Christian Andersen gestorben, Thomas Mann, Rainer Maria Rilke, C.G. Jung und Albert Schweitzer geboren.

1876 Queen Victoria wird Kaiserin von Indien. Robert Koch erkennt die krankheitserregende Wirkung von Bakterien am Milzbrand. Heinrich Schliemann gräbt Königsgräber in Mykene aus; Beginn der Bayreuther Festspiele; Felix Dahn »Ein Kampf um Rom«. Erstmals wird der Ärmelkanal, durchschwommen.

1877 Russisch-türkischer Krieg (bis 1878). Edison baut den ersten Walzenphonographen. Deutschland führt die amtliche Fleischbeschau ein; aus den USA wird der Kartoffelkäfer in Europa eingeschleppt. Eduard Manet vollendet »Nana«; Henrik Ibsen »Die Stützen der Gesellschaft«; Peter I. Tschaikowskij »4. Sinfonie«.

1878 Zwei Attentate auf Kaiser Wilhelm I.; Berliner Kongreß; Serbien, Montenegro und Rumänien werden selbständige Staaten; Österreich besetzt Bosnien und Herzegowina. Adolf v. Baeyer gelingt die Indigo-Synthese. Pariser Weltausstellung; Gründung des Weltpostvereins. Friedrich Nietzsche »Menschliches, Allzumenschliches«.

1879 Der ehemalige preußische Kriegsminister Albrecht Graf v. Roon gestorben, Josef Stalin und Albert Einstein geboren. Werner v. Siemens baut Elektrolokomotive. Henrik Ibsen »Nora«; Fedor Dostojewskij arbeitet an dem Roman »Die Brüder Karamasow«.

1880 Bürgerkrieg in Argentinien. Louis Pasteur entdeckt Staphylo-, Strepto- und Pneumokokken. Konrad Duden »Orthographisches Wörterbuch der deutschen Sprache«. Gustave Flaubert und Jacques Offenbach gestorben. Oswald Spengler geboren; Zola veröffentlicht seinen Roman »Nana«, Jens Peter Jacobsen »Niels Lyhne«. Auguste Rodin »Der Denker«. William Cody (Buffalo Bill) zieht mit einer Western-Show durch Europa.

1881 Ermordung Zar Alexanders II.; Gründung der russischen Geheimpolizei Ochrana. Bau der ersten elektrischen Straßenbahn in Berlin durch Siemens; Einführung der Tollwut-Schutzimpfung durch Pasteur.

Dostojewskij gestorben, Pablo Picasso geboren; von Offenbach erscheint postum die Oper »Hoffmanns Erzählungen«; Ibsen »Gespenster«; Leopold v. Ranke »Weltgeschichte«; Johanna Spyri »Heidis Lehr- und Wanderjahre«; Arnold Böcklin »Die Toteninsel«; Wilhelm Leibl vollendet »Drei Frauen in der Kirche«.

1882 Dreibund zwischen Deutschland, Österreich und Italien; Engländer besetzen Ägypten. Robert Koch entdeckt Tuberkelbazillus. Conrad Ferdinand Meyer »Gustav Adolfs Page«; Alphonse Daudet »Tartarin de Tarascon«.

1883 Mahdi-Aufstand im Sudan. Gründung der sozialistischen Fabian Society (G.B. Shaw) in England. Karl Marx und Richard Wagner gestorben, Joachim Ringelnatz geboren. In Indonesien explodiert der Vulkan Krakatau. Friedrich Nietzsche beginnt mit der Herausgabe von »Also sprach Zarathustra«. Antonio Gaudy beginnt mit dem Bau der Kathedrale in Barcelona. Eröffnung der Metropolitan Opera in New York.

1884 Erwerb der Kolonie Deutsch-Südwestafrika; Gründung der linksliberalen »Deutschfreisinnigen Partei« und der »Deutschen Kolonialgesellschaft« (Carl Peters). Deutschland führt die Unfall-Pflichtversicherung ein. Goodwin und Eastman erfinden photographischen Film; Ottmar Mergenthaler entwickelt Setzmaschine; Erreger von Cholera, Diphtherie und Wundstarrkrampf werden entdeckt; Tod von Gregor Mendel (Mendelsches Gesetz); Chromosomen werden als Erbträger erkannt. Erstmals Verwendung des Begriffs »industrielle Revolution« für die Periode nach 1770 (Arnold Toynbee).

1885 Frankreich erwirbt die Kolonien Annam und Tonking in Ostasien. Bismarck erhält den päpstlichen Christus-Orden. Erfindung der Kunstseide durch Chardonnet, der Gasglühlichtlampe durch Auer, des Druckknopfes und des rauchlosen Schießpulvers. Friedrich

Engels veröffentlicht den 2. Band von »Das Kapital« seines verstorbenen Freundes Karl Marx; Gründung der Deutschen Goethegesellschaft; Zola »Germinal«; Guy de Maupassant »Bel ami«; Johannes Brahms »4. Sinfonie«; Johann Strauß »Der Zigeunerbaron«; Vollendung von Schloß Herrenchiemsee (für Ludwig II. von Bayern).

1886 Ludwig II. von Bayern und Leopold v. Ranke gestorben. Entwicklung des Lochkartenverfahrens durch Hermann Hollerith; den Brüdern Mannesmann gelingt das Walzen nahtloser Röhren. Nietzsche »Jenseits von Gut und Böse«; Adolf v. Harnack beginnt mit der Herausgabe seines »Lehrbuchs der Dogmengeschichte«; Max Klinger beginnt mit dem Beethoven-Denkmal; Tod von Franz Liszt; Wilhelm Furtwängler geboren; Auguste Rodin »Der Kuß«. New York erhält von Frankreich die Freiheitsstatue.

1887 Rückversicherungsvertrag mit Rußland. Das »Tagebuch« der Brüder Goncourt erschienen; Hans v. Marées gestorben; Giuseppe Verdi »Othello«. Emil Berliner entwickelt das Platten-Grammophon. Eröffnung des Berliner Wintergartens.

1888 »Dreikaiserjahr«: Kaiser Wilhelm I. und Friedrich III. gestorben, Wilhelm II. wird Deutscher Kaiser. Internationale Suezkanal-Konvention. In Theodor Storms Todesjahr erscheint seine Novelle »Der Schimmelreiter«; von Gerhart Hauptmann »Bahnwärter Thiel«, von Nietzsche »Nietzsche contra Wagner«; Vincent van Gogh »Sonnenblumen«, »Fischerboote am Strand«; Edvard Grieg »Peer-Gynt-Suite Nr. 1«.

1889 II. (sozialdemokratische) Internationale in Paris; Brasilien wird Republik; Selbstmord des österreichischen Thronfolgers Erzherzog Rudolf. Maximilian Harden gründet mit Theodor Wolff und den Brüdern Horst die »Freie Volksbühne«, die unter Leitung von Otto Brahm mit Gerhart Hauptmanns neuestem Stück »Vor Sonnenuntergang« und Ibsens »Gespenster« beginnt.

Nietzsche (»Götzendämmerung«) fällt in geistige Umnachtung. Richard Strauss »Don Juan«; Alters- und Invalidenversicherung wird in Deutschland für Arbeiter eingeführt. Fertigstellung des Eiffelturms zur Pariser Weltausstellung.

1890 Entlassung Bismarcks; die von Carl Peters erworbenen Gebiete Deutsch-Ostafrikas werden unter den Schutz des Reiches gestellt. Robert Koch entwickelt das Tuberkulin. Brücke über den Firth of Forth in Schottland. Generalkommission der Freien Gewerkschaften Deutschlands als Dachorganisation der sozialistischen Gewerkschaften gegründet.

1891 Gründung des Internationalen Friedensbüros in Bern; Erfurter Programm der SPD; Helmuth v. Moltke und Ludwig Windthorst gestorben. Selma Lagerlöf »Gösta Berling«, Frank Wedekind »Frühlings Erwachen«, Oscar Wilde »Das Bildnis des Dorian Gray«. Päpstliche Enzyklika »Rerum novarum«, Toulouse-Lautrec »La Goulou«; Tschaikowskij »Nußknacker-Suite«. Erster Segelflug von Otto Lilienthal.

1892 Gründung der Deutschen Friedensgesellschaft in Berlin; Gründung der »Zukunft« durch Maximilian Harden. Hauptmann »Die Weber«; August Bebel »Christentum und Sozialismus«; Leoncavallo »Der Bajazzo«. Gründung der General Electric in den USA; Werner von Siemens gestorben. Cholera-Epidemie in Hamburg (letzte in Deutschland).

1893 Gründung des Bundes deutscher Landwirte. Max Halbe »Jugend«, Hauptmann »Der Biberpelz«, Reinhold Koser »König Friedrich der Große«, Anton Dvořak »5. Sinfonie«. Behring entwickelt Diphtherie-Serum.

1894 Verurteilung von Dreyfus in Frankreich. Zar Nikolaus II. Nachfolger von Alexander III. Entdeckung des Pestbazillus. Baron de Coubertin gründet die modernen Olympischen Spiele; erste Tibet-Reise Sven Hedins. Kipling »Das Dschungelbuch«; Anton Bruckner »9. Sinfonie«.

1895 Friedrich Engels gestorben; Gründung der London School of Economics. Entdeckung der Röntgen-Strahlen; Fertigstellung des Kaiser-Wilhelm-Kanals. Radierungen von Käthe Kollwitz zum schlesischen Weberaufstand; Edvard Munch »Der Schrei«; Arthur Niekisch wird Dirigent des Berliner Philharmonischen Orchesters.

1896 Gründung des Nationalsozialen Vereins durch Friedrich Naumann. Heinrich v. Treitschke gestorben. Entdeckung der radioaktiven Strahlung des Urans durch Antoine Henri Becquerel. Erste Olympische Spiele der Neuzeit in Athen. Beginn des Baus der Berliner U-Bahn und Hochbahn. Guglielmo Marconi gelingt erstmals Übertragung drahtloser Signale. Henryk Sienkiewicz »Quo vadis«, Anton Tschechow »Die Möwe«; Giacomo Puccini »La Bohème«.

1897 Aufstand der Hottentotten in Deutsch-Südwestafrika. Sir Ronald Ross entdeckt Übertragung der Malaria durch Anopheles-Fliege. Frankreich führt die Rückstoßbremse bei Geschützen ein. Jakob Burckhardt und Johannes Brahms gestorben.

1898 Otto v. Bismarck und William Gladstone gestorben. Krieg zwischen USA und Spanien. Entwicklung der Braunschen Röhre; Entdeckung von Radium und Polonium durch Ehepaar Curie; Gewinnung des Kalkstickstoff-Düngers durch Caro und Frank. Theodor Fontane und Conrad Ferdinand Meyer gestorben, Ernest Hemingway und Bertold Brecht geboren. Max Liebermann, Max Slevogt und Walter Leistikow gründen »Berliner Sezession«. Strindberg »Nach Damaskus«, Leo Graf Tolstoi »Auferstehung«. Gründung der »Berliner Morgenpost« durch Leopold Ullstein.

1899 Ausbruch des Buren-Kriegs; Cuba wird selbständige Republik; Haager Friedenskonferenz zur friedlichen Beilegung von internationalen Konflikten. Ernest Rutherford entdeckt die Alpha- und Beta-Strahlen, Einsatz von Aspirin als Heilmittel. Ernst Haeckel

»Die Welträtsel«, H.St. Chamberlain »Die Grundlagen des 19. Jahrhunderts«; Max Eyth »Hinter Pflug und Schraubstock«, Ludwig Ganghofer »Das Schweigen im Walde«, Arthur Schnitzler »Reigen«; Ludwig Thoma wird Schriftleiter des »Simplicissimus«, Karl Kraus gründet »Die Fackel«.

1900 Bernhard v. Bülow wird Reichskanzler, Wilhelm Liebknecht gestorben, Niederschlagung des Boxeraufstands in China. Weltausstellung und Olympiade in Paris. Start des ersten Zeppelins. Max Planck entwickelt Quantentheorie. Berlin erhält die ersten Autodroschken. Bürgerliches Gesetzbuch wird eingeführt. Oscar Wilde und Friedrich Nietzsche gestorben, Jack London »Wolfblut«, Adolf v. Harnack »Das Wesen des Christentums«. Ausgrabung der minoischen Kultur auf Kreta durch Arthur Evans.

1901 Queen Victoria und Kaiserin Friedrich gestorben; Eduard VII. König von Großbritannien. Lenin und Plechanow gründen Zeitschrift »Iskra«. Medizin-Nobelpreis an Emil v. Behring für Diphtherie-Serum; Internationales Arbeitsamt in Genf und Internationaler Gewerkschaftsbund gegründet. C.K. Gilette produziert Rasierapparate. Herstellung von Elektrostahl im Lichtbogenofen durch Héroult. Max Hodler »Der Frühling«, Fritz Klimsch »Der Kuß«, Thomas Mann »Buddenbrooks«, G.B. Shaw »Cäsar und Cleopatra«, Frank Wedekind »Marquis von Keith«.

1902 Italien erneuert Dreibund. Lenin »Was tun?« Gründung der Freien Hochschule in Berlin durch Bruno Wille (Volkshochschulbewegung). 2. Berliner orthographische Konferenz formuliert Regeln für die deutsche Rechtschreibung; erste Strecke der Berliner U-Bahn fertiggestellt. Ausbruch des Montagne Pelée (Martinique) fordert 26 000 Tote. Literatur-Nobelpreis an Theodor Mommsen; Tod von Emile Zola; Selma Lagerlöf »Jerusalem«; Olaf Gulbransson beim »Simplizissimus«; Max Slevogt »Der Sänger d'Andrade als

Don Juan«; Max Klinger »Beethoven«; Claude Debussy »Pelleas und Melisande«.

1903 Spaltung der russischen Sozialisten in »Menschewiki« und »Bolschewiki«. Gründung des Deutschen Museums für Naturwissenschaften und Technik. Nobelpreis an Marie und Pierre Curie, Gründung der Firma Telefunken. Erster Motorflug von Orville und Wilbur Wright. Erstes »Tour de France«-Radrennen. Maxim Gorki »Nachtasyl«; Richard Dehmel »Zwei Menschen«; Gerhart Hauptmann »Rose Bernd«; Jack London »Ruf der Wildnis«. Gustav Klimt, Fakultätsbilder für die Aula der Wiener Universität; Paul Gauguin gestorben; Eugen d'Albert »Tiefland«; Arnold Schönberg »Gurrelieder«. Otto Weininger »Geschlecht und Charakter«.

1904 »Entente cordiale« zwischen Frankreich und Großbritannien. Russisch-japanischer Krieg. Hottentotten- und Herero-Aufstände in Deutsch-Südwestafrika. Einführung der Sicherheitszündhölzer im Deutschen Reich. Entwicklung des Kreiselkompasses und der Radio-Elektronenröhre. Synthetische Herstellung des Hormons Adrenalin. Gründung des I.G. Farben-Konzerns durch Carl Duisberg. Gründung der Daimler-Werke in Untertürkheim. Olympiade in St. Louis (USA). Elisabeth Förster-Nietzsche »Das Leben F. Nietzsches«, Sigmund Freud »Zur Psychopathologie des Alltagslebens«; Max Halbe »Der Strom«; Anton Dvořak gestorben, Giacomo Puccini »Madame Butterfly«. Isadora Duncan gründet Schule für Mädchenerziehung in Berlin.

1905 Revolution in Rußland. Friedensnobelpreis für Bertha v. Suttner, Entdeckung des Syphiliserregers durch Schaudinn. Berlin erhält erste Mütterberatungsstelle. Spezielle Relativitätstheorie von Einstein. Heinrich Mann »Professor Unrat«, Jakob Burckhardt »Weltgeschichtliche Betrachtungen« (postume Ausgabe), Adolph v. Menzel und Jules Verne gestorben, Erich

Heckel, E.L. Kirchner und Karl Schmidt-Rottluff gründen »Die Brücke«, Max Reinhardt, Paul Wegener, Alexander Moissi und Victor Barnowsky arbeiten an Berliner Theatern.

1906 Rehabilitierung des französischen Hauptmanns Dreyfus. Wilhelm Voigt als Hauptmann von Köpenick. Henrik Ibsen gestorben, Helene Lange und Gertrud Bäumer vollenden »Handbuch der Frauenbewegung«. Gustav Wyneken gründet Freie Schulgemeinde Wikkersdorf; Gründung der Gartenstadt Hellerau bei Dresden. 1. Internationaler Krebsforscher-Kongreß. Vollendung des Simplon-Tunnels. Erdbeben zerstört San Francisco.

1907 2. Haager Friedenskonferenz; Rasputin am russischen Zarenhof. Stapellauf der »Lusitania«; Herstellung von Essigsäure aus Azetylen; Erfindung der Duraluminium-Legierung. Eröffnung des Berliner Teltow-Kanals. Gründung der Presseagentur United Press, der Edeka (Einkaufsgenossenschaft deutscher Kolonialwarenhändler). Literatur-Nobelpreis an Rudyard Kipling. Selma Lagerlöf »Die wundersame Reise des kleinen Nils Holgersson mit den Wildgänsen«; Maxim Gorki »Die Mutter«; Leo Fall »Der fidele Bauer«; Edvard Grieg gestorben; Wolfgang Fortner geboren. Vollendung des Hochzeitsturms auf der Mathildenhöhe in Darmstadt. Alfred Adler »Studien über die Minderwertigkeit von Organen«; Henri Bergson »Die Entwicklung des Lebens«. Maria Montessori richtet eigenes Kinderhaus ein.

1908 Bulgarien wird unabhängiges Königreich; Revolution der »Jungtürken« in der Türkei, die die Herzegowina und Bosnien an Osterreich verliert. Gründung von General Motors Company in den USA und von MAN in Augsburg. Erdbeben in Messina (84 000 Tote); Olympiade in London. Schulreform in Preußen ermöglicht allgemeines Frauenstudium. Gründung der Boy-Scouts durch Baden-Powell (deutsche Pfadfinder

1911). Else Lasker-Schüler »Die Wupper«; Rainer Maria Rilke »Neue Gedichte«; Julius Bierbaum »Prinz Kuckuck«; Ferdinand Hodler »Auszug der Jenenser Studenten 1813«; Wilhelm Busch gestorben; Adolf Loos »Ornament und Verbrechen«; Entstehung des Begriffs Kubismus (Matisse); Béla Bartók »1. Streichquartett«.

1909 Bethmann Hollweg deutscher Reichskanzler; Friedrich von Holstein und Adolf Stoecker gestorben. Flug von Blériot über den Ärmelkanal. Gustav Krupp von Bohlen und Halbach wird Leiter der Krupp-Werke. Gründung der John-Rockefeller-Stiftung. Erste Berliner Flugwoche und Sechstagerennen. Entwicklung des Salvarsan (Syphilis-Heilmittel) durch Paul Ehrlich und den Japaner Hata. Selma Lagerlöf erhält Literatur-Nobelpreis; Thomas Mann »Königliche Hoheit«; Jakob Wassermann »Caspar Hauser«; Felicitas Rose »Heideschulmeister Uwe Karsten«; Richard Strauss »Elektra«.

1910 Gründung der Fortschrittlichen Volkspartei (Friedrich Naumann); Eduard VII. von England gestorben; Robert Koch gestorben; Entdeckung des Fleckfiebererregers; Adolf von Harnack Präsident der neugegründeten Kaiser-Wilhelm-Gesellschaft. Paul Heyse erhält Literatur-Nobelpreis; Karl May vollendet »Winnetou«; Franz Molnar »Liliom«; Wilhelm Raabe, Leo Graf Tolstoi, Mark Twain gestorben; Zeitschrift »Der Sturm« von Herwarth Walden gegründet; Wilhelm Dilthey »Der Aufbau der geschichtlichen Methode in den Geisteswissenschaften; Ludwig Klages »Prinzipien der Charakterologie«; Franz Marc »Pferd in Landschaft«; Igor Strawinsky »Der Feuervogel«.

1911 2. Marokko-Krise; Revolution in China unter Sun Yat-sen; Roald Amundsen erreicht als erster den Südpol. Entdeckung des Vitamins B_1 gegen Beriberi (Begriff Vitamin dafür neu geschaffen); Entdeckung der Supraleitfähigkeit. Zusammenfassung der sozialen

Versicherungen in der Reichsversicherungsordnung. Fritz von Unruh »Offiziere«; Carl Sternheim »Die Hose«; Eröffnung des Hebbel-Theaters in Berlin; Stiftung des Kleist-Preises; Georges Braque »Die Geige«; Gustav Mahler gestorben; Richard Strauss »Der Rosenkavalier«; Igor Strawinsky »Petruschka«.

1912 1. Balkankrieg; Lenin übernimmt Leitung der »Prawda«; Arizona wird 48. Staat der USA. Entwicklung des synthetischen Kautschuks durch Fritz Hofmann; Einführung der Luftpost in Deutschland, des Kindergeldes in Frankreich; Untergang der »Titanic«. Deutschland hat rund 30 000 Millionäre. Olympische Spiele in Stockholm. Felix Dahn, Karl May, August Strindberg gestorben; Waldemar Bonsels »Die Biene Maja«; Anatole France »Die Götter dürsten«; George Bernard Shaw »Pygmalion«; Romain Rolland »Jean Christophe«; Lovis Corinth »Florian Geyer«; Programmschrift »Der Blaue Reiter« (Münchner Malerkreis um Marc, Klee, Kandinsky, Feininger). Rudolf Steiner gründet »Anthroposophische Gesellschaft«; Büste der Nofretete gefunden; Sven Hedin »Von Pol zu Pol«. Eduard Fuchs »Illustrierte Sittengeschichte vom Mittelalter bis zur Gegenwart«.

1913 2. Balkankrieg. August Bebel gestorben. Josef Stalin »Marxismus und die nationale Frage«. Kautsky veranstaltet Volksausgabe von Karl Marx »Das Kapital«. Fest der Freideutschen Jugend auf dem Hohen Meißner (Wandervogel-Bewegung). Atommodell von Niels Bohr; Kohlehydrierverfahren durch Friedrich Bergius entwickelt; Ammoniak-Synthese nach dem Haber-Bosch-Verfahren; Entdeckung der Rückkopplungsschaltung und industrielle Fertigung der Vakuum-Radioröhre. Hanns Heinz Ewers »Alraune«; Bernhard Kellermann »Der Tunnel«; D.H. Lawrence »Söhne und Liebhaber«; Agnes Günther »Die Heilige und ihr Narr«; Gorch Fock »Seefahrt ist not«; Maxim Gorki »Meine Kindheit«; Gustav Meyrink »Des deutschen

Spießers Wunderhorn«; Eröffnung der Deutschen Bücherei in Leipzig; Albert Schweitzer wird Arzt in Lambarene. Film »Der Student von Prag« mit Paul Wegener und Werner Krauss.

1914 Ausbruch des 1. Weltkriegs. Ricarda Huch »Der große Krieg in Deutschland« (Geschichte des 30jährigen Krieges); Ernst Stadler (»Der große Aufbruch«, expressionistische Lyrik, 1914), Hermann Löns und August Macke gefallen.

Zitierte Literatur

Vorwort

M. Balfour, The Kaiser and His Times, London 1964
St. Zweig, Die Welt von Gestern, Stockholm 1944

1. Kapitel

Kaiser Wilhelm II. Aus meinem Leben, 1859–1888. Berlin/Leipzig 1927
O. Fürst v. Bismarck, Gesammelte Werke (Friedrichsruher Ausgabe), 15 in 19 Bänden. Berlin 1924–1935
Letters of Queen Victoria, hg. v. A.C. Benson u.a., 3 Bde., London 1907–1932
V. Cowles, The Kaiser, New York 1963 Ponsonby, Sir Frederick, Letters of the Empress Frederick, London 1928
Kaiser Friedrich III., Tagebücher 1848–1866, hg. v. H.O. Meisner, Leipzig 1929
Briefe, Reden u. Erlasse des Kaisers u. Königs Friedrichs III., hg. v. G. Schuster, Berlin 1907
Aus drei Vierteljahrhunderten. Erinnerungen und Aufzeichnungen von Friedrich Ferdinand Graf von Beust, 2 Bde., Stuttgart 1887
F. Stern, Gold and Iron, New York 1977
Am Hof der Hohenzollern. Aus dem Tagebuch der Baronin Spitzemberg, hg. v. R. Vierhaus, Göttingen 1960
S. Fischer-Fabian, Preußens Gloria, Locarno 1979
W. Lange-Eichbaum/W. Kurth, Genie, Irrsinn und Ruhm, München 1967
H. Sponsel, Die Ärzte der Großen, Düsseldorf 1976
J. Heiß, Bismarck zu Hause, Minden 1936
W. Windelband, Bismarck und die europäischen Großmächte, Essen 1942

G. Hauptmann, Das Abenteuer meiner Jugend, Berlin 1937
J. Ziekursch, Politische Geschichte des neuen deutschen Kaiserreichs, 3 Bde., Frankfurt 1927
J.K. Bluntschli, Allgemeines Staatsrecht, 3 Bde., Zürich 1851/52 und 1875/76
E. Schmidt-Volkmar, Der Kulturkampf in Deutschland, Berlin 1962.
M. v. Bunsen, Kaiserin Augusta, Berlin 1940
H. Bosbach, Fürst Bismarck und die Kaiserin Augusta, Köln 1936

2. Kapitel

G. Hinzpeter, Kaiser Wilhelm II. Eine Studie, nach der Natur gezeichnet, Bielefeld 1888
La Révolution russe, hg. v. R. Kohn, Paris 1963
V. Spéranski, La Maison à destination spéciale, Paris 1929
Kaiser Wilhelm II., Jugenderinnerungen, Leipzig 1926
Das Deutsche Kaiserreich, 1871–1914. Ein historisches Lesebuch, hg. v. G. Ritter, Göttingen 1977
Militär-Wochenblatt, Jg.74, Berlin 1889
M. Weber, Jugendbriefe, Tübingen 1936
F. Rehbein, Das Leben eines Landarbeiters, Jena 1911
E.C. Conte Corti, Alexander von Battenberg, Wien 1920
F. Hartau, Wilhelm II., Hamburg 1978
The Private Diaries of Daisy Princess of Pleß, hg. v. D. Chapman-Houston, London 1950
I. Weber-Kellermann, Die Familie, Frankfurt 1976

3. Kapitel

F. Philippi, Alt-Berlin. Erinnerungen aus der Jugendzeit, Berlin 1915
W. Treue, Gesellschaft, Wirtschaft und Technik in Deutschland im 19. Jahrhundert, in: Gebhardt, Handbuch der deutschen Geschichte, Bd. 3, Stuttgart 1970
A. Lange, Berlin zur Zeit Bebels und Bismarcks, Berlin 1972

Schreiben von Herrn Dr. med. Stryck, 1887, aus: Geo, Nr. 4/1978
B. Beuys, Familienleben in Deutschland, Reinbek 1980
Th. Ramm, Ferdinand Lassalle als Rechts- und Sozialphilosoph, Meisenheim 1953
F. Lassalle, Gesammelte Reden und Schriften, hg. v. E. Bernstein, 13 Bde., Berlin 1919
A. Bebel, Aus meinem Leben, Stuttgart/ Berlin 1910–14
Die deutsche Arbeiterbewegung, 1848–1919 in Augenzeugenberichten, hg. v. U. Schulz, Düsseldorf 1968
K. Marx, Werke, Schriften, Briefe, hg. v. H.-J. Lieber, 3 Bde., Stuttgart 1960
Marx und Engels Studienausgabe, hg. v. I. Fetscher, 4 Bde., Frankfurt 1966/67
F. Engels, Briefe an Bebel, Berlin 1958
Festgabe für Werner Sombart zum 70. Geburtstag, hg. v. A. Spiethoff, in: Schmollers Jahrbuch, 56 (1932)
F. Mehring, Karl Marx. Geschichte seines Lebens, Frankfurt 1964
F. Mehring, Gesammelte Schriften und Aufsätze, hg. v. E. Fuchs, 6 Bde., Berlin 1929–31
W. Blumenberg, Karl Marx in Selbstzeugnissen und Bilddokumenten, Hamburg 1962
W. Kiaulehn, Berlin, München und Berlin 1958
F. Heer, Die großen Dokumente der Weltgeschichte, Frankfurt 1978
Ch. v. Tiedemann, Persönliche Erinnerungen, Leipzig 1898
H. v. Treitschke, Der Sozialismus und der Meuchelmord, Preußische Jahrbücher, 43 (1878)
L. Gall, Bismarck. Der weiße Revolutionär, Frankfurt am Main 1980
Th. Schieder, Das Problem der Revolution im 19. Jahrhundert, in: Staat und Gesellschaft im Wandel der Zeit, München 1958
Die Sozialdemokratie im deutschen Reichstag, 1871–1893, 5 Bde., Berlin 1907–1909

4. KAPITEL

Kaiser Wilhelm des Großen Briefe, Reden und Schriften, hg. v. E. Berner, 2 Bde., Berlin 1906
A. v. Roon, Denkwürdigkeiten, 3 Bde., Berlin 1905
Œuvre de Frédéric le Grand. Säkularausgabe, hg. v. J. Preuß, 31 Bde., Berlin 1846–1857
L. Schneider, Kaiser Wilhelm, Berlin 1875
F. Adami, Das Buch von Kaiser Wilhelm, 2 Bde., Bielefeld und Leipzig 1888/89

5. KAPITEL

E.C. Conte Corti, Wenn ... Sendung und Schicksal einer Kaiserin, Graz 1954
K.F. Nowak, Das III. Deutsche Kaiserreich, Berlin 1929
R. vorn Bruch in seinem Nachwort zu W. Richter, Friedrich III., München 1981
G. Mann, Deutsche Geschichte des 19. u. 20. Jahrhunderts, Frankfurt 1958
E. Eyck, Bismarck, 3 Bde., Zürich 1944

6. KAPITEL

E. Schröder, Ein Tagebuch Kaiser Wilhelms II., Breslau 1903
V. Cowles, a.a.O.
F. Kracke, Prinz und Kaiser, München 1960
G. Richter, Friedrich von Holstein, Göttingen 1969
V. Hentschel, Preußens streitbare Geschichte, Düsseldorf 1980
W. Schüßler, Bismarcks Sturz, Leipzig 1921
H. Mirabeau, De la monarchie prussienne sous Frédéric le Grand, 7 Bde., London 1789
M. Hank, Kanzler ohne Amt, München 1977
M. Busch, Tagebuchblätter, 3 Bde., Leipzig 1899
E. Schweninger, Dem Andenken Bismarcks, Leipzig 1899
Die Diplomatischen Akten des Auswärtigen Amtes 1871–1914

Die Große Politik der europäischen Kabinette 1871–1914, im Auftrag des Auswärtigen Amtes, hg. v. J. Lepsius, A. Mendelssohn-Bartholdy und F. Timme, 40 Bde., Berlin 1922–1927
J.A. Nichols, Germany after Bismarck, the Caprivi Era, Cambridge (Mass.) 1958
A. Lange, Das wilhelminische Berlin, Berlin 1967
H. Hofmann, Fürst Bismarck 1890–1898, 3 Bde., Stuttgart 1913/14
Otto von Bismarck, Gespräche, hg. v. W. Andreas unter Mitwirkung von K.F. Reinking, 3 Bde., Bremen 1963–1965
Reden des Kaisers, hg. v. E. Johann, München 1966
Das persönliche Regiment. Reden und sonstige öffentliche Äußerungen Wilhelms II., München 1907
E. Eyck, Das persönliche Regiment Wilhelms II., Zürich 1948
C. Graf v. Moltke, Die Versöhnung zwischen Kaiser und Kanzler, in: Die Woche, Berlin 1934
Aus 50 Jahren. Erinnerungen, Tagebücher und Briefe aus dem Nachlaß des Fürsten Philipp zu Eulenburg-Hertefeld, Berlin 1925

7. Kapitel

Ch. Fürst zu Hohenlohe-Schillingsfürst, Denkwürdigkeiten, hg. v. F. Curtius, Stuttgart/Leipzig 1906
Reden des Kaisers, hg. v. E. Johann, München 1966
Fürst B. v. Bülow, Denkwürdigkeiten, 4 Bde., Berlin 1930/31
B. Beuys, a.a.O.
Die Gartenlaube, Jg. 1885
M. v. Bunsen, Die Welt, in der ich lebte, 1860–1912. Leipzig, o.J.
Th. Fontane, Der Stechlin, München 1978
Das Deutsche Kaiserreich, a.a.O.
Der Sommer- und Winter-Geheimrat, aus: Th. Fontane, Werke, Schriften und Briefe, München 1978
Ch. Fürst zu Hohenlohe-Schillingsfürst, Denkwürdigkeiten der Reichskanzlerzeit, hg. v. K.A. v. Müller, Stuttgart 1931

G. Ortmann, Mit Gott für König und Vaterland, München 1979
G. Mann, a.a.O.
F. Rehbein, a.a.O.
F. Rehbein, Das Leben eines Landarbeiters, hg. v. P. Göhre, Jena 1911
W. Treue, Gesellschaft, Wirtschaft und Technik Deutschlands im 19. Jahrhundert, aus: Gebhardt, Handbuch der deutschen Geschichte, Bd. 17, Stuttgart 1970
S. Fischer-Fabian, Venus mit Herz und Köpfchen (Eine Liebeserklärung an die Berlinerin), Berlin 1959
H. Schramm, Der gute Ton, Berlin 1895
A. Riekmann, Handschriftliches Tagebuch einer höheren Tochter, 1870–1876; zitiert nach Weber-Kellermann, Die Familie, Frankfurt 1974

8. Kapitel

L. Michell, The Life of Cecil Rhodes, 2 Bde., London 1910
M. Weber, Gesammelte Politische Schriften, München 1921
Handbuch der Deutschen Geschichte, hg. v. L. Just, Bd. IV, Konstanz 1972
Reden des Kaisers, hg. v. E. Johann, München 1966
Das Persönliche Regiment, Reden und sonstige öffentliche Äußerungen Wilhelms II., hg. von W. Schröder, München 1907
A.T. Mahan, The Influence of Seapower upon History, New York 1890
Saturday Review, 11.9.1897
W. Rathenau, Der Kaiser, Berlin 1919
M. Balfour, a.a.O.
Die große Politik der europäischen Kabinette … a.a.O., Bd. 19

9. Kapitel

G. Ritter, Eine neue Kriegsschuldthese? Aus: Deutsche Kriegsziele 1914–1918, Berlin 1964
Deutschland im Ersten Weltkrieg, hg. v. U. Cartarius, München 1982

Juli 1914, hg. v. I. Geiß, München 1980
Ph. Scheidemann, Der Zusammenbruch, Berlin 1921
Th. Mann, Gedanken im Kriege, ... 1918
Stefan Zweig, Die Welt von Gestern, Stockholm 1944

Bildnachweis

Archiv für Kunst und Geschichte: 9, 14, 19, 21, 22, 29, 35, 40, 43, 52, 55, 59, 66
ullstein bild: 5, 8, 11, 17, 20, 28, 30, 31, 32, 33, 34, 37, 39, 41, 42, 45, 48, 51, 54, 57, 60, 62, 63, 64, 66, 68, 71, 72
ullstein bild – Archiv Gerstenberg: 2, 15, 70; Abbildungen im Text auf S. 373 und S. 385
Die Abbildungen 23 und 24 wurden folgendem Werk entnommen: Universal-Lexikon der Kochkunst, Verlagsbuchhandlung von J. Weber, Leipzig 1897.

Der Verlag hat jede Anstrengung unternommen, um den Inhaber der Bildrechte ausfindig zu machen. Nicht erwähnte Rechteinhaber mögen sich bitte mit uns in Verbindung setzen, sie werden in nachfolgenden Auflagen aufgenommen.

Register

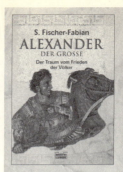

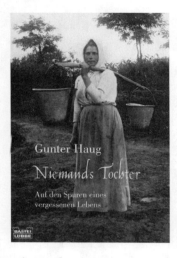